"十四五"职业教育国家规划教材

Qiaohan Shigong Jishu

桥涵施工技术

(第2版)

刘金凤　主　编
乔　捷　陈州文　副主编
卫建华　主　审

人民交通出版社股份有限公司
北　京

内 容 提 要

本书为“十四五”职业教育国家规划教材。全书主要内容包括桥涵的分类和结构组成、施工前的准备工作及施工测量、桥梁基础施工、桥梁墩台施工、钢筋混凝土梁式桥施工、拱桥施工、悬索桥施工、斜拉桥施工、桥面系及附属工程施工、涵洞施工10个学习任务。本书力求体现学生进入工地的岗位情况，突出实用性与可操作性，理论与实践相呼应，非常便于一体化教学使用。

本书既可作为职业院校道路桥梁类施工及养护专业教材，也可供相关专业技术人员参考使用。

本书配有数字资源，读者可免费扫码观看。本书配套多媒体课件及教学资源包（包含教案、课程标准、案例等），教师可通过加入职教路桥教学研讨群（QQ561416324）获取。

图书在版编目(CIP)数据

桥涵施工技术/刘金凤主编.—2版.—北京：人民交通出版社股份有限公司，2021.8

ISBN 978-7-114-17225-0

Ⅰ.①桥… Ⅱ.①刘… Ⅲ.①桥涵工程—工程施工 Ⅳ.①U445.4

中国版本图书馆CIP数据核字(2021)第063959号

“十四五”职业教育国家规划教材

书　　名：**桥涵施工技术**（第2版）

著 作 者：刘金凤

责任编辑：刘　倩

责任校对：孙国靖　扈　婕

责任印制：张　凯

出版发行：人民交通出版社股份有限公司

地　　址：(100011)北京市朝阳区安定门外外馆斜街3号

网　　址：http://www.ccpcl.com.cn

销售电话：(010)59757973

总 经 销：人民交通出版社股份有限公司发行部

经　　销：各地新华书店

印　　刷：北京武英文博科技有限公司

开　　本：880×1230　1/16

印　　张：21.5

插　　页：2

字　　数：494千

版　　次：2017年8月　第1版

2021年8月　第2版

印　　次：2023年12月　第2版　第7次印刷　总第11次印刷

书　　号：ISBN 978-7-114-17225-0

定　　价：56.00元

第2版前言

《桥涵施工技术》是全国职业院校道路运输类专业课程教材，自2017年8月出版发行以来，受到广大师生及工程技术人员的一致好评，被全国多所职业院校选为专业教材和培训用书。在《桥涵施工技术》使用期间，交通运输部又相继颁布了《公路工程质量检验评定标准　第一册　土建工程》（JTG F80/1—2017）和《公路桥涵施工技术规范》（JTG/T 3650—2020）等行业标准。为使教材内容与最新标准规范相对应，也为了弥补原教材中的不足，编者对《桥涵施工技术》进行了修订改版。《桥涵施工技术》（第2版）入选“十四五”职业教育国家规划教材。

本版教材与第1版相比，主要做了如下修改：

（1）《公路桥涵施工技术规范》（JTG/T 3650—2020）（以下简称“新规范”）将原先的扩大基础修改为浅基础，本版教材对学习任务三的学习活动一中相关内容进行了修改。

（2）新规范增加了平面控制测量和高程控制测量的相关技术要求，将“GPS测量”修改为“卫星定位测量”。本版教材对学习任务二中与桥涵施工测量有关的内容进行了修改。

（3）新规范取消了HPB235、HRB335两种钢筋，增加了对HRBF400、HRB500、HRBF500等钢筋的施工技术要求，本版教材对学习任务五中涉及钢筋的相关内容进行了修改。

（4）针对拱桥施工，新规范取消了“装配式混凝土桁架拱和钢架拱”，将“无支架和少支架缆索吊装”修改为“无支架和少支架预制安装”。本版教材对学习任务六中有关拱桥施工的相关内容进行了修改。

本版教材在编写过程中，按照工作过程和学习者自主学习要求设计和安排教学活动，以一项具体的工作任务为载体，按照施工过程来安排内容，每个学习任务就是一个比较完整的施工方案，不仅有每一种桥（涵）的施工工艺流程，还详细地讲解了每一道工序的施工方法和质量控制要点，力求做到理论教学和实践教学融通合一、专业学习和工作实践学做合一、能力培养和工作岗位对接合一。

教材在编写过程中力求突出以下特色：

1. 坚持育人导向，注重课程思政

为贯彻落实立德树人根本任务，在原有教材的基础上，以“小贴士”的形式，增加了桥涵施工过程中的课程思政内容（见“本书课程思政设计”），实现在育人导向、价值引领方面与课程思政同向同行，寓价值观于知识传授和能力培养之中，引导学生树立正确的价值观，自觉践行职业精神,真正做到课堂“三分钟”,育人“细无声”,构建全员全过程全方位育人大格局。

2. 创新教材形式,契合认知需求

基于学生的认知特点,开发学习与工作融合的一体化教材。根据学生进入工作岗位后的工作内容,本书划分10个学习任务来引导学生学习,并将学习任务分解成学习目标、学习情境描述、相关知识、施工方法及质量检验、操作实训、知识拓展等若干环节,引导学生循序渐进地开展专业知识和技能学习,以契合学生的认知需求。

3. 丰富教学资源,创新教学手段

为进一步提高学习效果,书中插入了大量桥涵施工图片及施工流程图,部分内容增加了视频和动画(见“本书配套资源”)(扫封二上二维码观看),便于学生直观地理解桥涵施工方法及施工过程。另外,本版教材配套了教学课件、电子教案、课程标准、案例等教学辅助资源,便于教师授课。

4. 坚持产教融合,校企双元开发

本书编写过程中,组建了由行业专家、企业能工巧匠、学校专职教师组成的编写团队,体现校企合作双元育人理念,实现专业对接产业、教学过程对接生产过程的目标,满足教材的先进性、实践性和适用性。

本教材的学习任务一和学习任务九由广西壮族自治区桂东公路发展中心伍阳编写;学习任务二和学习任务五中的学习活动三由山西交通技师学院卫申蔚编写;学习任务三和学习任务五中的学习活动一由山西交通技师学院刘金凤编写;学习任务四和学习任务八由广东省城市技师学院陈州文编写;学习任务五中的学习活动二和学习任务七由山西交通技师学院徐海滨编写;学习任务六和学习任务十由山西交通技师学院乔捷编写。全书由刘金凤担任主编,乔捷和陈州文担任副主编,特邀山西省交通规划勘察设计院有限公司的桥隧专家、正高级工程师卫建华担任主审。此外,本书在编写过程中,参考和引用了大量有关文献资料,在此对原作者表示感谢!

本书可作为职业院校道路与桥梁工程技术及相关专业教材,亦可作为交通土建专业的勘察、设计和施工技术人员培训教材。由于编者水平有限,加之时间仓促,书中错误和疏漏在所难免,望广大读者予以指正,以便我们不断修改完善。

编　者

2021年3月

第1版前言

改革开放三十多年来全国公路建设得到快速发展，这对促进国民经济的健康发展起到了重要作用。在公路建设过程中，无论是高速公路还是农村公路，在遇到沟渠、河流等障碍时都需要修建桥梁或涵洞来跨越障碍，可以说有路就有桥，路桥是不可分离的。因此，桥涵施工技术是路桥类专业学生必修的一门专业课。

一体化课程是按照经济社会发展需要和技能人才培养规律，根据国家职业标准，以综合职业能力为培养目标，通过典型工作任务分析，构建课程体系，并以具体工作任务为学习载体，按照工作过程和学习者自主学习要求设计和安排教学活动的。一体化课程体现理论教学和实践教学融通合一，专业学习和工作实践学做合一，能力培养和工作岗位对接合一的特征。通过企业实践专家访谈会的形式确定各门课程的典型工作任务，然后将典型工作任务转化为学习任务。

本教材的特点就是以一项具体的工作任务为载体，按照施工过程来安排内容，每个学习任务就是一个比较完整的施工方案，不仅有每一种桥涵的施工工艺流程，还详细地讲解了每一道工序的施工方法和质量控制要点。

在编写过程中，我们力求体现学生进入工地的岗位情况，突出实用性与可操作性，理论与实践交相呼应，非常便于一体化教学使用。本教材具体特点如下：

(1)教材内容与职业院校路桥类专业教学标准、考核标准相衔接，适合现代桥梁工程机械化施工与养护的要求。

(2)根据学生进入工作岗位后的工作内容，划分10个学习任务来引导学生学习，又将学习任务分解成学习目标、学习情境描述、相关知识、施工方法及质量检验、操作实训、知识拓展等若干环节，引导学生循序渐进地学习，符合学生的认知规律。

(3)每个学习任务前均设置了学习情境描述与学习目标，便于学生学习时与工程实践相联系。

(4)为了进一步提高学习效果，教材中插入了大量桥涵施工图片及施工流程图，便于学生更直观地理解桥涵施工方法及施工过程。

(5)为进一步提高课堂及课后学习效果，本教材配套有课件，便于教师授课及学生理解掌握桥涵施工工艺及施工要求。

本教材的学习任务一和学习任务九由广西公路技校伍阳老师编写；学习任务二和学习

任务五中的学习活动三由山西交通技师学院卫申蔚老师编写;学习任务三和学习任务五中的学习活动一由山西交通技师学院刘金凤老师编写;学习任务四和学习任务八由广东省交通运输高级技工学校陈州文老师编写;学习任务七和学习任务五中的学习活动二由山西交通技师学院徐海滨老师编写;学习任务六和学习任务十由山西交通技师学院乔捷老师编写。全书由刘金凤担任主编,由乔捷和陈州文担任副主编,全书由山西交通技师学院卫申蔚担任主审。

由于编者水平有限,时间仓促,书中错误和疏漏在所难免,望广大读者予以指正,以便我们再版时不断修改完善。

编　者
2017 年 6 月

本书课程思政设计

为了提升课程思政育人效果，方便教师将课程思政融入教学活动，现将本书中各类课程思政元素进行归纳、整理，如下表所示。

教学模块	思政元素提炼	思政元素融入方法
学习任务一 桥涵的分类和结构组成	民族自豪感，爱国精神，专业理想	通过对“中华民族古代科技文明的辉煌成就——赵州桥”“世界十大最长跨海大桥中，我国独占其六”“‘世界第一跨’平南三桥实现多项‘首创’”“世界最长跨海大桥——港珠澳大桥”等相关内容的学习，激发学生民族自豪感、爱国精神和学习兴趣，树立正确的专业理想
学习任务二 施工前的准备工作及施工测量	无私奉献的品格修养，精益求精的职业素养，团队协作精神；民族自豪感	从公路工程具有施工周期长、工作环境相对艰苦等特点出发，引导学生养成团结协作的精神和吃苦耐劳的品格；通过了解“北斗卫星导航系统”的先进性，使学生感受到中国工程的强大，并了解新时代交通强国建设的相关内容
学习任务三 桥梁基础施工	“工程安全第一、质量百年大计”等职业素养，一丝不苟工匠精神；理论联系实际工作方法	在桥梁基础施工、钻孔灌注桩施工中，通过讲解施工质量控制要点，使学生加深对严肃认真的工作作风和一丝不苟的工匠精神的理解；引导学生通过分析问题、总结经验，不断提升自身解决实际问题的能力
学习任务五 钢筋混凝土梁式桥施工	职业责任感，工程质量终身制思想；节约意识；安全意识，融合发展思维方式	从准确计算钢筋下料长度、提升钢筋绑扎质量、严格控制混凝土制作过程的各个环节，加深学生对职业责任感的理解，树立工程质量终身制思想；在确保工程质量的前提下有效节约资源、降低工程成本；牢固树立安全意识，并了解智能技术在施工中的应用，使学生自觉践行职业精神，同时具有开阔的知识视野
学习任务六 拱桥施工	民族自豪感；大国工匠精神	了解我国石拱桥的悠久历史；通过介绍现代拱桥从有支架施工到无支架施工的发展历程，引出大国工匠——郑皆连院士的事迹，激励青年学生勇于担当，传承发扬大国工匠精神
学习任务七 悬索桥施工	民族自豪感，专业自豪感，奋斗精神	了解武汉杨泗港长江大桥的建成标志着我国目前已有六座悬索桥跻身世界排名前十行列，建设交通强国是新时代赋予交通运输行业的历史使命，激励学生要弘扬奋斗精神，增强使命担当，为早日建成交通强国贡献力量
学习任务八 斜拉桥施工	民族自豪感，专业自豪感，创新精神	了解我国大跨径斜拉桥发展历程，我国自主设计建造的世界首座跨度超千米的公铁两用斜拉桥再次领先世界，培养学生建设交通强国的使命担当；港珠澳大桥钢箱梁制造中，我国研发的世界上规模最大、焊接精度最高的钢箱梁自动化生产线，激励学生勇于创新
学习任务十 涵洞施工	安全意识，责任意识，规范意识	让学生了解质量不合格的工程会给人民的生命和财产带来严重损失，引导学生增加对职业的敬畏，树立质量安全意识、责任意识，培养严格按照技术规范进行施工的职业素养

本书配套资源

本书配套了丰富的学习资源和教学辅助资源，包括视频、动画、教学课件、电子教案、课程标准、案例等，这些资源不仅可以帮助学生更好地理解知识点、激发学习兴趣，而且可为教师组织和实施教学提供帮助。

一、学习资源

序号	资 源 名 称	资源类型	页码
1	资源 1-1-1:重庆巫山长江大桥	视频	2
2	资源 1-1-2:金门大桥美学鉴赏	视频	9
3	资源 3-1-1:水中扩大基础土石围堰施工	动画	60
4	资源 3-2-1:导管法灌注水下混凝土施工工艺	动画	75
5	资源 4-1-1:实体重力式桥墩构造	动画	85
6	资源 4-1-2:柱式桥墩	动画	87
7	资源 4-1-3:重力式 U 形桥台构造	动画	89
8	资源 4-1-4:薄壁轻型桥台	动画	91
9	资源 4-1-5:框架式轻型桥台	动画	92
10	资源 5-1-1:T 形梁构造	动画	115
11	资源 5-1-2:T 形梁构造与安装示意	动画	115
12	资源 5-3-1:小箱梁构造与安装示意	动画	160
13	资源 6-1-1:石拱圈构造	动画	194
14	资源 7-1-1:主缆构造展示	动画	218
15	资源 7-1-2:混凝土桥塔展示	动画	218
16	资源 8-1-1:斜拉桥的特点	动画	243
17	资源 8-3-1:斜拉桥双边箱混凝土主梁构造示例	动画	251
18	资源 8-3-2: 斜拉桥钢箱梁构造	动画	251
19	资源 8-4-1:平行钢丝斜拉索冷铸锚制造安装	动画	256
20	资源 9-1-1:对接式伸缩缝	视频	265
21	资源 9-1-2:钢板式伸缩缝	视频	266
22	资源 9-1-3:模数式伸缩缝	视频	267
23	资源 9-2-1:板式橡胶支座	动画	273
24	资源 9-2-2:盆式橡胶支座	动画	273
25	资源 9-2-3:球形钢支座	动画	273
资源使用说明:请先使用微信扫描封二的数字资源码进行绑定(注意数字资源码绑定一次即失效),进入“交通教育”微信公众号,点击菜单“用户服务-开始学习”,选择已绑定的教材,观看相关资源。(同时支持手机版和电脑版微信)			

二、教学辅助资源

本教材配套教学课件、电子教案、课程标准、案例等，教师可通过加入职教路桥教学研讨群(QQ561416324)获取。

目录

学习任务一

桥涵的分类和结构组成

桥梁是供公路、铁路、渠道、管线、行人等跨越河流、山谷、线路或其他障碍时所修建的具有承载能力的架空建筑物。桥梁由上部结构(包括主要承重结构和桥面系)和下部结构(包括桥墩、桥台和基础)两大部分组成。按受力体系,桥梁可分为梁桥、拱桥、刚架桥、悬索桥、组合体系桥。按长度和跨径,桥梁可分为特大桥、大桥、中桥、小桥、涵洞。

本学习任务主要学习桥梁和涵洞的分类和结构组成,要求学生了解桥梁和涵洞的定义,能描述桥梁和涵洞的结构组成以及类型,并能概括出各种桥梁和涵洞的特点以及适用条件。

学习活动一　桥梁的认识

学习目标

1. 了解桥梁的定义;
2. 能描述桥梁的结构组成;
3. 能描述桥梁的类型;
4. 能概括各种桥梁的特点和适用条件;
5. 培养团队协助、信息收集、应用知识解决实际问题的能力,培养善于沟通的品质,以及责任意识、规范意识的职业素养,为发展职业能力奠定良好的基础;
6. 结合中国桥梁发展成就,培养爱党爱国情怀,培养爱国自豪感和为祖国繁荣而努力的情操,弘扬我国优秀传统文化,以工匠精神激发爱国主义热情,以创新精神鼓励建造优质工程;
7. 结合对桥梁的认知实习,融合遵纪守法、诚实守信、爱岗敬业、爱护环境教育,培养对待工作认真、谨慎、负责的态度,培养工作安全意识,弘扬精益求精的工匠精神。

建议完成本学习活动的时间为2课时。

学习情境描述

图1-1-1所示为几种不同类型的桥梁,请说出6座桥分别属于什么类型?各由哪些部分组成?这些桥型通常采用什么材料?适用范围是什么?

a)开封黄河大桥

b)赵州桥

c)虎门大桥辅航道桥

d)江阴长江大桥

e)苏通长江大桥

f)重庆巫山长江大桥(资源1-1-1)

资源1-1-1:重庆巫山长江大桥

图1-1-1　几种不同类型的桥梁

相关知识

一、桥梁发展简史

1.我国古代桥梁建设的成就

小贴士

中华民族古代科技文明的辉煌成就——赵州桥

赵州桥,又名安济桥,为区别于城西门外的永通桥(小石桥),当地人又称其为大石桥。这么长的桥,全部用石头砌成,下面没有桥墩,只有一个拱形的大桥洞,横跨在三十七米多宽的河面上。大桥洞顶上的左右两边,还各有两个拱形的小桥洞。平时,河水从大桥洞流过,发大水的时候,河水还可以从四个小桥洞流过。这种设计,在建桥史上是一个创举，既减弱了流水对桥身的冲击力，使桥不容易被大水冲毁，又减轻了桥身的重量，节省了石料。这座桥不但坚固，而且美观。桥面两侧有石栏，栏板上雕刻着精美的案：有的刻着两条相互缠绕的龙，嘴里吐出美丽的水花；有的刻着两条飞龙，前爪相互抵着，各自回首遥望；还有的刻着双龙戏珠。所有的龙似乎都在游动，真像活了一样。

赵州桥是世界上现存年代久远、跨度最大、保存完整的单孔坦弧敞肩石拱桥，其建造工艺独特，在世界桥梁史上首创"敞肩拱"结构形式，具有较高的科学研究价值；雕作刀法苍劲有力，艺术风格新颖豪放，显示了隋代浑厚、严整、俊逸的石雕风貌，桥体饰纹雕刻精细，具有较高的艺术价值。赵州桥在我国造桥史上占有重要地位，是中华民族古代科技文明的辉煌成就，对全世界桥梁建筑有着深远的影响。

我国是世界文明古国之一，有着悠久的历史文化，我国建造桥梁已有4000多年的历史，在世界桥梁建筑史上写下光辉灿烂的篇章。在公元纪元初期，梁桥、悬索桥和拱桥三大桥梁体系已在我国形成。

梁桥是我国出现最早的桥梁，早在原始社会，我国就有了独木桥，以及由数根圆木拼成的木梁桥。天然石料是大自然赋予人类最早的、强度高且经久耐用的建筑材料，几千年来修建的古代桥梁也以石桥居多。在秦汉时期我国就开始修建石梁桥。世界上尚存最长、工程最艰巨的石梁桥是位于福建泉州的万安桥（图1-1-2），也称洛阳桥，建于1053—1059年，全长834m，是我国第一座濒临海湾的石梁桥。1240年建造的福建漳州虎渡桥，总长约335m，有些石梁长达23.7m，每根宽1.7m，高1.9m，重达200多吨，是利用潮水涨落浮运架设的，足以证明我国古代加工和安装桥梁的高超技术。

图1-1-2　泉州万安桥

悬索桥，又称吊桥。早期悬索桥主要用藤、竹、铁链等架设而成。我国是世界上最早有悬索桥的国家，藤、竹吊桥距今已有3000多年的历史，比西方国家早了近千年。我国保留至今比较完整的悬索桥是1706年建成的净跨径100m、宽2.8m的四川泸定县大渡河铁索桥（又称泸定桥，图1-1-3）和1803年建成的跨径约61m、全长340余米的四川灌县安澜竹索桥。

我国在东汉中期已经修建拱桥，距今已有1800多年历史。举世闻名的河北赵县赵州桥（又名安济桥，图1-1-4），是我国古代石拱桥的杰出代表。它建于隋代大业年间（605—618年），由著名匠师李春设计，全长50.83m，净跨径37.02m，宽9m，净矢高7.23m，是一座空腹式圆弧形石拱桥，距今已有1400多年的历史。1991年，赵州桥被美国土木工程师学会选定为世界第十二处"国际土木工程历史古迹"。此外，始建于1189年的北京永定河上的卢沟桥、建于1736—1795年的北京颐和园内的玉带桥、苏州的枫桥等，都是我国古代石拱桥的杰出代表。

图1-1-3 泸定大渡河铁索桥

图1-1-4 赵州桥

2. 我国现代桥梁建设的成就

小贴士

世界十大最长跨海大桥中,我国独占其六!

在我国,各种高难度的大桥比比皆是。目前,世界十大最长跨海大桥,我国占了其中的六座。截至2020年底,世界十大最长跨海大桥分别是:中国港珠澳大桥(55km)、日本濑户大桥(37.3km)、美国切萨皮克湾大桥(37km)、中国青岛海湾大桥(36.48km)、中国杭州湾跨海大桥(35.673km)、中国东海大桥(32.5km)、中国泉州湾跨海大桥(26.699km)、中国舟山金塘大桥(26.54km)、法赫德国王大桥(25km)、俄罗斯克里米亚大桥(19km)。我国六座桥梁情况如下。

1. 港珠澳大桥

港珠澳大桥是连接香港、珠海、澳门的超大型跨海通道,全长55km,其中主体工程“海中桥隧”长35.578km,海底隧道长约6.75km,是世界最长的跨海大桥,位列世界十大最长跨海大桥之首。主体工程耗资约327亿元人民币,整体工程估计约700亿元。设计寿命为120年,能够抵抗8级地震、16级台风。

2. 青岛海湾大桥

青岛海湾大桥又称青岛胶州湾大桥,位于山东省青岛市,是我国自行设计、施工、建造的特大跨海大桥,是青岛市规划的胶州湾东西两岸跨海通道“一路、一桥、一隧”中的“一桥”。大桥全长36.48km,投资额近100亿,于2006年12月26日开工,历时4年完工。大桥于2011年6月30日全线通车。

3. 杭州湾跨海大桥

杭州湾跨海大桥全长35.673km,该桥北起浙江省嘉兴市海盐郑家埭,南至宁波市慈溪水路湾。大桥引入了景观设计概念,借助“长桥卧波”的美学理念,呈现S形曲线,具有较高的观赏性、游览性。在离南岸大约14km处,有一个面积达1.2万平方米的海中平台。这一海中平台是救援平台,同时也是一个绝佳的旅游休闲观光台。

4. 东海大桥

东海大桥全长32.5km,起始于上海市浦东新区芦潮港,北与沪芦高速公路相连,南跨杭州湾北部海域,直达浙江嵊泗县小洋山岛。东海大桥是上海国际航运中心深水港工程的一个组成部分。大桥按双向六车道加紧急停车带的高速公路标准设计,桥宽

31.5m，设计车速80km/h，可抗12级台风、7级地震，设计基准期为100年。

5. 泉州湾跨海大桥

泉州湾跨海大桥位于东亚文化之都、海上丝绸之路起点泉州市。泉州湾跨海大桥是起止于晋江和惠安的跨海大桥，大桥全长26.699km，是福建省目前最长的桥梁。

6. 舟山金塘大桥

舟山金塘大桥全长26.54km，位于舟山金塘岛与宁波镇海间的灰鳖洋海域，起点为金塘小岭，终点位于老海塘西侧426m，其中海上部分长18.27km。金塘大桥于2006年4月正式开工，总投资77亿元，2009年11月22日正式通车。在建设期间，该地区遭遇两次超强台风袭击，正处于架梁期的大桥安然无恙，在大自然的面前交上一份优秀答卷。

中华人民共和国成立后，桥梁建设取得了迅速发展。1957年10月15日，我国第一座长江大桥——武汉长江大桥（图1-1-5）建成，是一座公铁两用钢桁架梁桥，主桥采用3×128m三联连续梁，全长1670m，桥面宽18m，结束了我国万里长江无桥的历史。

图1-1-5　武汉长江大桥

1969年我国成功建成了南京长江大桥（图1-1-6），主桥为钢桁架梁，跨径布置为128m + 3×160m + 3×160m + 3×160m。南京长江大桥是我国第一座自行设计、制造与施工，并使用国产高强钢材的现代大型桥梁，是我国建设长江大桥的一个重要里程碑。

在拱桥方面，1972年建成了单跨116m石拱桥——丰都九溪沟大桥（图1-1-7），建成时是世界上跨径最大的石拱桥，保持纪录18年之久。

图1-1-6　南京长江大桥

图1-1-7　丰都九溪沟大桥

1989年建成的主跨200m的重庆涪陵乌江大桥（图1-1-8），是一座采用由中国独创的转体施工技术建成的特大跨钢筋混凝土箱形拱桥。

1997年5月竣工通车的重庆万县长江大桥（图1-1-9），主跨420m，是当时世界上跨径最大的钢筋混凝土拱桥。

2003年6月28日建成通车、主跨550m的上海卢浦大桥（图1-1-10），是当时世界上最大跨径的钢箱拱桥，所采用的全焊接技术是当时世界钢结构桥梁发展的最新技术和发展方向。

广西平南三桥（图1-1-11）是荔浦至玉林高速公路平南北互通连接线上跨越浔江的一座

特大桥,全长1035m,主跨575m,中承式钢管混凝土拱桥,是目前世界最大跨径的拱桥,被誉为同类型桥梁"世界第一跨"。

图1-1-8　涪陵乌江大桥

图1-1-9　万县长江大桥

图1-1-10　上海卢浦大桥

图1-1-11　平南三桥

小贴士

"世界第一跨"平南三桥实现多项"首创"

"世界第一跨"平南三桥位于广西贵港市平南县西江大桥上游6km,是荔浦至玉林高速公路平南北互通连接线上跨越浔江的一座特大桥。大桥全长1035m,主桥为跨径575m的中承式钢管混凝土拱桥,引桥采用预应力混凝土连续箱梁。其主桥桥面宽36.5m,设双向四车道,另设2条非机动车道、2条人行道。全桥总用钢量15000t,设计通车时速为60km/h。

平南三桥于2020年12月28日正式建成通车,实现了多项关键技术的突破。首创将"圆形地连墙+卵石层注浆加固"的拱座基础方案成功应用到拱桥施工领域;首创配备300t吊装能力的缆索起重机系统,且搭建高达200m的装配式塔架,实现电气化自动控制;首创应用北斗卫星定位系统、智能张拉等技术,以力主动控制代替刚度被动控制,将200m高度的塔架顶部偏位精确控制在20mm以内;首创基于影响矩阵原理的"过程最优,结果可控"扣索一次张拉计算理论,实现大跨径拱桥主拱圈线形控制技术的新突破,使9000t拱肋合龙精度控制在3mm内;首创采用C70自密实无收缩复合膨胀混凝土,运用真空辅助连续四级泵送工艺,助力钢管混凝土拱桥管内混凝土灌注施工品质迈上新的台阶。

目前我国建成的斜拉桥有100多座,而大跨径混凝土斜拉桥的数量位居世界第一。1991年建成的钢混凝土斜拉桥——上海南浦大桥,主跨423m,拉开了我国开始修建400m以上大跨度斜拉桥的序幕。2008年5月1日建成通车的双塔钢箱梁钢筋混凝土斜拉桥——杭州湾跨海大桥(图1-1-12),线路全长36km,桥梁总长35.673km,是当时世界上最长的跨海大桥。

a)

b)

图 1-1-12　杭州湾跨海大桥

2008 年 6 月 30 日建成通车的江苏苏通长江大桥(图 1-1-13),主跨 1088m,主塔高 300.4m,斜拉索长度达到 577m,群桩基础尺寸为世界最大规模,当时创下四个世界之最。

a)

b)

图 1-1-13　苏通长江大桥

2009 年建成的主跨 1018m 的香港昂船洲大桥(图 1-1-14),是目前世界上已建成的主跨第四长的钢斜拉桥。

图 1-1-14　香港昂船洲大桥

2018 年 10 月 24 日建成通车的港珠澳大桥(图 1-1-15),全长 55km,集桥梁、隧道和人工岛于一体,是目前世界上已建成的最长的跨海大桥。其建设难度之大,被誉为桥梁界的“珠穆朗玛峰”。

图 1-1-15　港珠澳大桥

小贴士

集"桥-岛-隧"于一体的港珠澳大桥,全长55km,为目前世界最长的跨海大桥。港珠澳大桥是中国境内一座连接香港、广东珠海和澳门的桥隧工程,位于中国广东省珠江口伶仃洋海域内,为珠江三角洲地区环线高速公路南环段。主体工程集"桥-岛-隧"于一体,包括22.9km的钢结构主体桥梁,一条6.7km建设在海平面以下40m深处的世界最长的海底沉管隧道,以及连接隧道和桥梁的4个人工岛。桥面为双向六车道高速公路,设计速度100km/h,工程项目总投资额1269亿元。

2018年10月24日,经过6年筹备、9年建设的港珠澳大桥建成通车。它的建成,不仅标志着中国从桥梁大国走向桥梁强国,也意味着粤港澳大湾区建设正式驶入快车道。

没有这座大桥之前,由于伶仃洋的阻隔,珠海、澳门与香港之间的陆上交通需要3个多小时。20世纪90年代末,香港回归祖国,为应对亚洲金融危机的影响,香港特别行政区政府认为有必要尽快建设连接港珠澳三地的跨海通道,以发挥港澳优势,寻找新的经济增长点。这一计划得到了中央人民政府的支持,2009年12月15日,东接香港特别行政区、西接广东省珠海市和澳门特别行政区的港珠澳大桥正式开工,这是在"一国两制"框架下粤港澳三地首次合作建设的超大型跨海交通工程。然而,港珠澳大桥横跨珠江口、伶仃洋,这里是世界最繁忙的航道之一,每天有4000多艘船舶穿行,同时,大桥还毗邻周边机场,空域管理对大桥建设施工及大桥本身的规模都有诸多限制。

针对跨海工程"低阻水率""水陆空立体交通线互不干扰""环境保护"以及"行车安全"等苛刻要求,港珠澳大桥采用了"桥、岛、隧三位一体"的建筑形式。大桥全路段呈S形曲线,桥墩的轴线方向和水流的流向大致取平,既能缓解驾驶员的驾驶疲劳,又能减少桥墩阻水率,还能提升建筑美观度。从大桥主体工程项目采用桥、岛、隧组合的设计,到大胆创新施工技术、施工方式,港珠澳大桥建设相关各方通力合作,在保证工程进度的同时,也最大限度地减少了工程及建设期间给这一区域海空交通运输带来的影响。

港珠澳大桥因其超大的建筑规模、空前的施工难度和顶尖的建造技术而闻名世界。与此同时,港珠澳大桥也创造了桥梁建设史上诸多世界第一。大桥全长55km,是世界第一长的跨海大桥;海底沉管隧道全长6.7km,是世界第一长的海底沉管隧道;海底隧道最深48m,是世界第一深的沉管隧道。

港珠澳大桥项目所体现的不仅仅是中国过去几十年建桥技术的积累,它同时也在重新定义中国制造未来的方向。

2005年4月30日建成通车、主跨1490m的江苏润扬长江公路大桥(图1-1-16),是我国第一座大跨径的组合型桥梁。1997年建成、主跨1377m的香港青马大桥(图1-1-17),是香港连接大屿山、香港国际机场及市区的干线公路的重要组成部分。

3.世界桥梁建筑的现状

英国福斯桥(图1-1-18),又称福斯铁路桥,是指爱丁堡城北福斯河上的双伸臂梁铁路桥。福斯桥建成于 1890 年,是英国人引以为豪的工程杰作。福斯桥主跨 519m,铁路高出水位 47.8m,桥梁桁架做成向内倾斜,塔顶宽约 10m,塔底宽 36.6m,全桥共计 3 个桥塔,6 个伸臂,各长 206m,悬跨长 107m。

图 1-1-16　润扬长江大桥

图 1-1-17　香港青马大桥

1937 年建成的主跨 1280m 的美国旧金山金门大桥(图 1-1-19),是世界著名的桥梁之一,是近代桥梁工程的一项奇迹。

图 1-1-18　英国福斯桥

图1-1-19　旧金山金门大桥(资源 1-1-2)

1980 年建成的克罗地亚 KRK 大桥(图 1-1-20),由 390m + 244m 的两座钢筋混凝土上承式拱桥组成。拱桥的宽度与跨度之比仅 1/30,异常纤细,这是该桥的主要设计特点。

资源 1-1-2:金门大桥美学鉴赏

1998 年 4 月 5 日建成通车的日本明石海峡大桥(图 1-1-21),主跨 1991m,首次采用 1800MPa 级超高强钢丝,使主缆直径缩小并简化了连接构造。这也是第一座用顶推法施工的跨谷悬索桥,由著名的法国埃菲尔集团公司承建。

图 1-1-20　克罗地亚 KRK 大桥

图 1-1-21　日本明石海峡大桥

1999 年建成的日本多多罗大桥(图 1-1-22),主梁为钢箱梁,主跨达 890m,是当时世界上跨径最大的斜拉桥。

俄罗斯岛大桥是2012年俄罗斯新建成的跨海大桥(图1-1-23),主跨1104m,主桥墩高320m,总长3.1km,是目前世界上已建成的跨径最大的斜拉桥。

图1-1-22　日本多多罗大桥

图1-1-23　俄罗斯岛大桥

二、桥梁的结构组成

1. 基本组成

桥梁由上部结构和下部结构两大部分组成。

1)梁桥(图1-1-24)

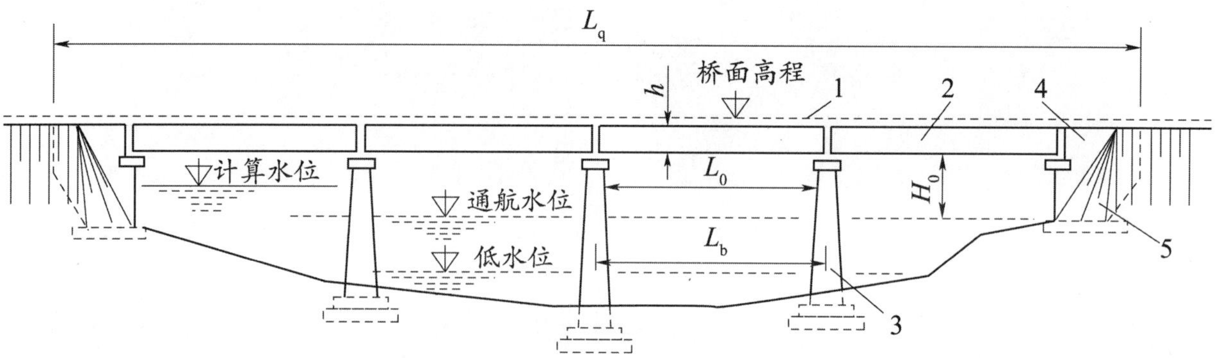

图1-1-24　梁桥的基本组成

1-桥面;2-主梁;3-桥墩;4-桥台;5-锥形护坡

L_q-桥梁全长;L_0-净跨径;L_b-标准跨径;H_0-桥下净空高度;h-桥梁建筑高度

(1)上部结构

上部结构又称桥跨结构,是路线中断时跨越障碍(如河流、山谷、线路等)的结构物。它包括主梁和桥面系,作用是承受车辆荷载,并通过支座将荷载传给墩台。

(2)下部结构

下部结构是指修建在地基上,用于支承上部结构并向下传递荷载的建筑物,包括桥墩、桥台和基础。桥台设在桥跨结构的两端,如果单跨不能满足要求,则需要在两桥台之间设置桥墩。桥梁墩台除了有支承和传递荷载的作用外,桥墩还需承受风压力、流水压力、冰压力和船舶撞击等荷载,桥台与路堤衔接,还要抵御路堤的土压力,起到防止路堤填土滑坡和塌落的作用。基础位于结构的最下部,将上面的荷载传到地基,往往深埋于地面下,是桥梁施工中难度较大的一个部分,也是确保桥梁安全使用的关键部分,属于隐蔽工程。

通常会在桥跨结构与桥梁墩台的支承处设置的传力装置,称为支座。它不仅要传递荷载,还要保证桥跨结构在荷载、温度变化或其他因素作用下能产生一定的位移。

除了基本结构外,桥梁还有一些附属结构,包括桥台两侧翼墙、锥形护坡、护岸、导流结构物等,主要是为保护桥墩、桥台、桥头路基所修筑的。

2)拱桥(图 1-1-25)

拱桥的组成与梁桥不同的是:拱桥无须设置支座,上部结构主要包括主拱圈和桥面系。

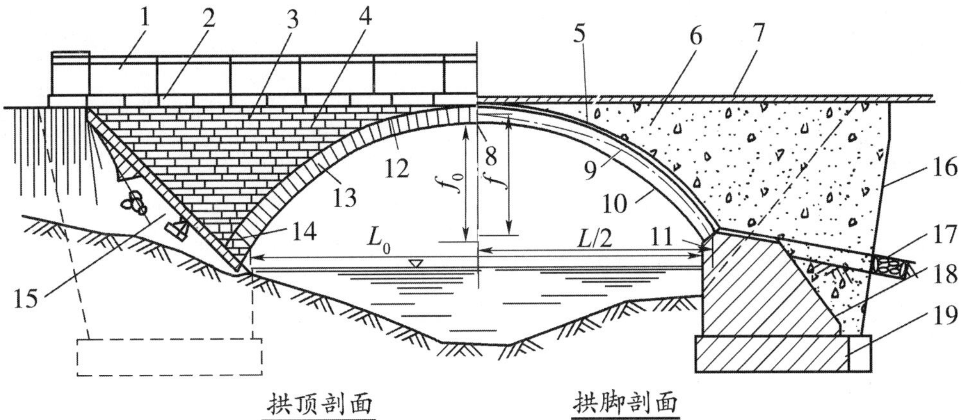

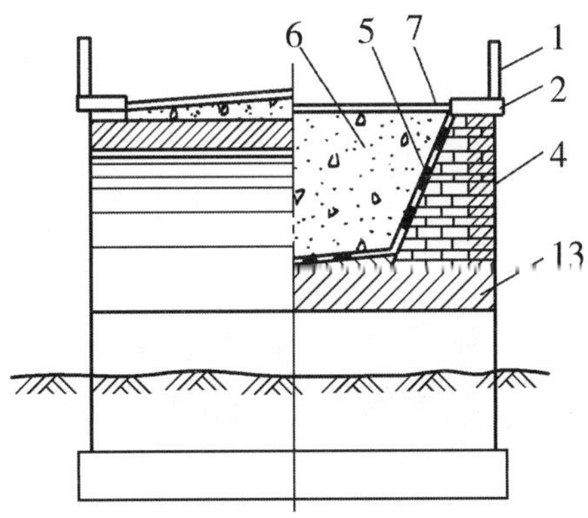

图 1-1-25 拱桥的基本组成

1-栏杆;2-人行道;3-伸缩缝;4-侧墙;5-防水层;6-拱腹填料;7-桥面铺装;8-拱顶;9-拱轴线;10-拱腹;11-起拱线;12-拱背;13-主拱圈;14-拱脚;15-锥坡;16-桥台;17-盲沟;18-挡墙;19-基础

f_0-净矢高;f-计算矢高;L_0-净跨径;L-计算跨径

2. 桥梁主要尺寸

桥梁的主要尺寸包括长度尺寸、高度尺寸和宽度尺寸,如图 1-1-24 所示。

1)长度尺寸

(1)净跨径 L_0:对于梁桥,净跨径是指设计洪水位上相邻两个桥墩(或桥台)之间的净距;对于拱桥,净跨径是指每孔拱跨两个拱脚截面最低点之间的水平距离。

(2)计算跨径 L:对于有支座的梁桥,计算跨径是指桥跨结构相邻两个支座中心之间的距离;对于拱桥,计算跨径是指两个相邻拱脚截面形心点之间的水平距离。因为拱圈(或拱肋)各截面形心点的连线称为拱轴线,所以计算跨径也是指拱轴线两个端点之间的水平距离。

(3)标准跨径 L_b:对于梁桥、板桥,标准跨径以两个桥墩中线之间桥中心线长度或桥墩中线与桥台台背前缘线之间桥中心线长度为准;对于拱桥、涵洞,标准跨径以净跨径为准。根据《公路桥涵设计通用规范》(JTG D60—2015)的规定,当标准设计或新建桥涵的跨径在50m及以下时,宜采用标准化跨径。公路桥涵标准跨径共有0.75m、1.0m、1.25m、1.5m、2.0m、2.5m、3.0m、4.0m、5.0m、6.0m、8.0m、10m、13m、16m、20m、25m、30m、35m、40m、45m、50m共21种。

(4)总跨径 $\sum L_0$:也称桥跨孔径,是指多孔桥梁中各孔净跨径的总和。它反映了桥下宣泄洪水的能力。

(5)桥梁全长 L_q:简称桥长,对于有桥台的桥梁是指两岸桥台侧墙或八字墙尾端间的距离;对于无桥台的桥梁为桥面系长度。

(6)多孔跨径总长 L_d:梁桥为多孔标准跨径总和;拱桥为两岸桥台内拱脚截面最低点(起拱线)之间的水平距离;其他形式桥梁为桥面系行车道长度。

2)高度尺寸

(1)桥梁高度 H:简称桥高,是指桥面与低水位之间的高差或桥面与桥下线路路面之间的距离。

(2)桥梁建筑高度 h:是指桥上行车路面(或轨顶)高程至桥跨结构最下缘之间的垂直距离。

(3)桥梁容许建筑高度 $h_{容}$:是指桥面高程与桥下通航或排洪必需的净空高度之差。

(4)桥下净空高度 H_0:是指桥跨结构最下缘至设计洪水位或设计通航水位之间的垂直距离。

3)宽度尺寸

(1)桥面净空:是指为保证车辆、行人的安全而在桥面上保留的一定空间限界(垂直于行车方向),包括净宽度和净高度,与所在公路的建筑限界相同。

(2)桥下净空:是指为满足桥下通航(行车、行人)的需要,对上部结构底缘以下规定的空间限界。它应根据计算水位(设计水位计入壅水、浪高等)或最高流冰水位加安全高度确定。

三、桥梁分类

桥梁的种类多种多样,常见的分类方法,主要是根据桥梁的受力体系、桥梁的长度和跨径、行车道位置、桥跨结构所采用的材料等来划分。

1. 按桥梁的受力体系划分

桥梁结构的基本受力体系主要有梁式、拱式、刚架式、悬吊式四种。由两种或两种以上基本体系组合而成的,称为组合体系。因此,桥梁按受力体系分,主要有以下几种。

1)梁桥

梁桥是一种在竖向荷载作用下无水平反力的结构,主要承重结构是梁(板)。梁(板)主要承受弯矩,墩台只承受竖向压力,自重大,跨越能力小,多用于中小跨径桥梁。所用材料主要是钢筋混凝土和预应力混凝土,如图1-1-26所示。

2)拱桥

拱桥的主要承重结构是拱圈或拱肋。它的特点是在竖向荷载作用下,拱圈或拱肋主要承受压力，但也承受弯矩。墩台处除承受竖向压力和弯矩外，还承受水平推力。拱桥跨越能力较大，造型美观，施工比较困难，适用于几十米到几百米的大中跨径的桥梁。所用材料主要是圬工(砖、石、混凝土)和钢筋混凝土，如图1-1-27所示。

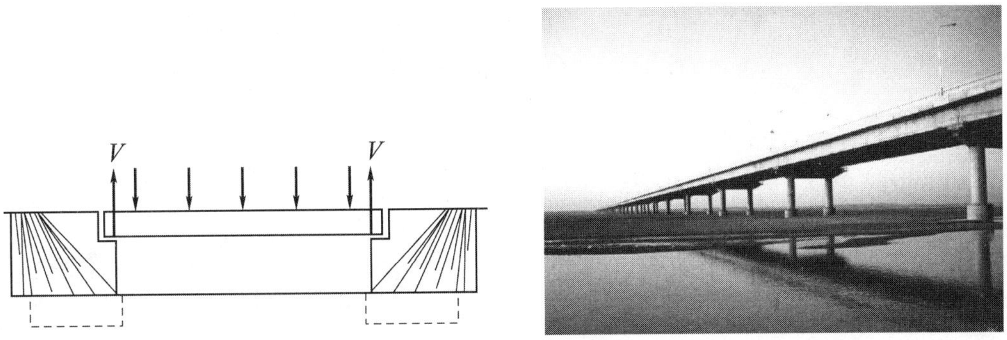

a) b)

图1-1-26 梁桥

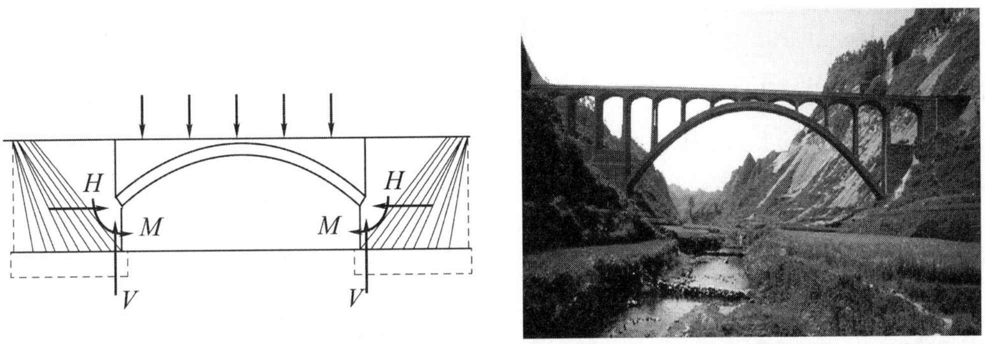

a) b)

图1-1-27 拱桥

3)刚架桥

刚架桥的主要承重结构是上部结构的梁或板与下部结构的立柱或横墙结合在一起的刚架结构。在竖向荷载作用下，主梁受弯，墩柱受压，柱脚处产生竖向反力、水平反力和弯矩。这种受力情况介于梁和拱之间，适用于中小跨径桥梁。所用材料主要是钢筋混凝土，如图1-1-28所示。

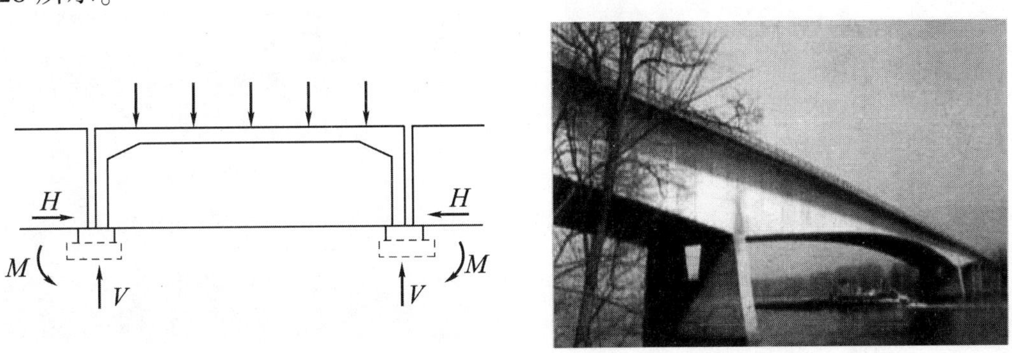

a) b)

图1-1-28 刚架桥

4)悬索桥

悬索桥又称吊桥，主要承重结构是悬挂在两边塔架上的强大缆索。在竖向荷载作用下，缆索只承受拉力。荷载由加劲梁经过吊杆传递给缆索，再通过主缆传到塔架，最后通过锚碇传给地基。墩台除承受竖向反力外,还承受水平推力。悬索桥是有水平反力(推力)的结构,具有很大的跨越能力,也是目前世界上最大跨径的桥型,对动荷载要求较高,适用于大型及特大型桥梁。所用材料主要是混凝土、钢材、预应力钢索,如图1-1-29所示。

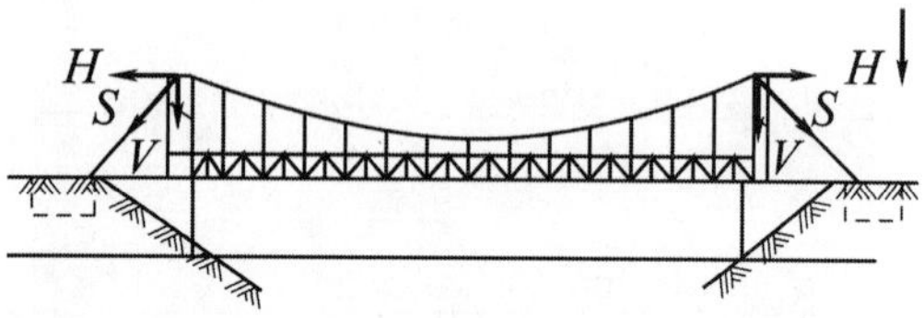

a)

b)

图1-1-29　悬索桥

5)组合体系桥

组合体系桥梁由两种及以上不同受力体系结构所组成,两种及以上体系均为主要承重结构,互相联系,共同受力。图1-1-30、图1-1-31所示分别为梁拱组合的系杆拱桥、拉索和梁组合的斜拉桥。斜拉桥的主要承重结构由索塔、斜拉索和主梁组成。

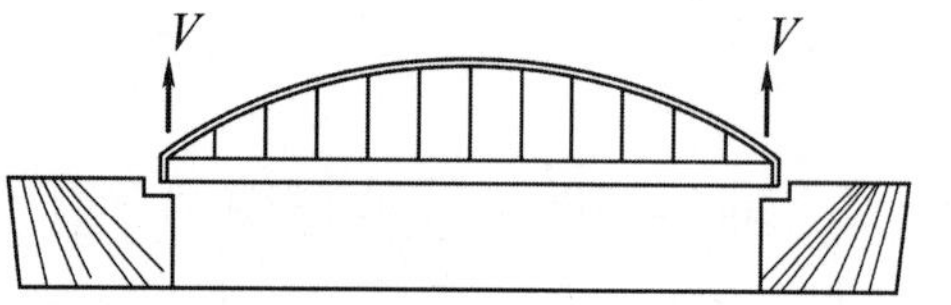

a)

b)

图1-1-30　系杆拱桥

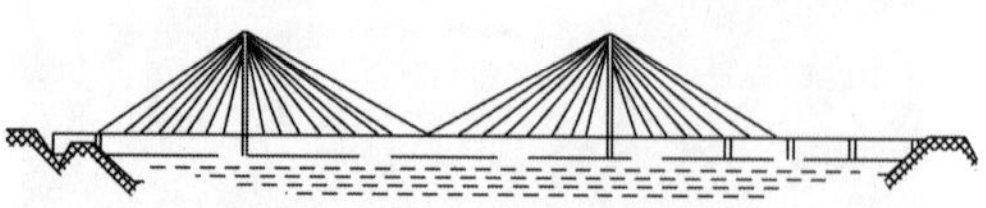

a)

b)

图1-1-31　斜拉桥

2. 按桥梁的长度和跨径划分

根据《公路桥涵设计通用规范》(JTG D60—2015)的规定,按桥梁的长度和跨径划分,桥梁可以分为特大桥、大桥、中桥、小桥和涵洞,划分标准见表1-1-1。

桥梁分类　　　　表 1-1-1

桥梁分类	多孔跨径总长 L_d(m)	单孔标准跨径 L_b(m)
特大桥	$L_d > 1000$	$L_b > 150$
大桥	$100 \leqslant L_d \leqslant 1000$	$40 \leqslant L_b \leqslant 150$
中桥	$30 < L_d < 100$	$20 \leqslant L_b < 40$
小桥	$8 \leqslant L_d \leqslant 30$	$5 \leqslant L_b < 20$
涵洞	—	$L_b < 5$

注:圆管涵及箱涵不论管径或跨径大小、孔数多少,均称为涵洞。

这种分类只能理解为行业管理的分类,不反映桥梁工程设计、施工的复杂性。国际上一般认为单跨跨径小于 150m 属于中小桥,大于 150m 即称为大桥,而特大桥仅与桥型有关。

3. 按行车道的位置划分

按行车道位置的不同,桥梁可以分为上承式桥、中承式桥和下承式桥。行车道布置在主要承重结构之上的桥,称为上承式桥,如图 1-1-32a) 所示;行车道布置在主要承重结构中间的桥,称为中承式桥,如图 1-1-32b) 所示;行车道布置在主要承重结构之下的桥,称为下承式桥,如图 1-1-32c) 所示。上承式桥主要修建在山岭区,中、下承式桥主要修建在平原或城镇地区。

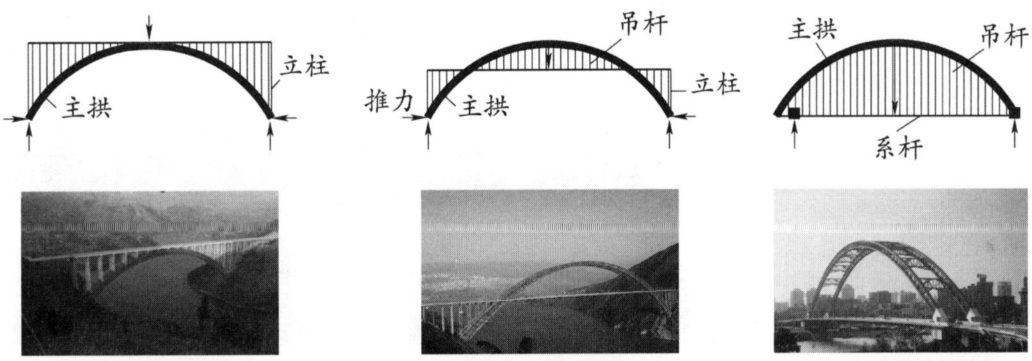

a)上承式拱桥　　b)中承式拱桥　　c)下承式拱桥

图 1-1-32　拱桥按行车道位置划分

4. 按上部结构所用材料划分

按上部结构所用材料,桥梁可以分为木桥、钢筋混凝土桥、预应力混凝土桥、圬工桥(包括砖桥、石桥、混凝土桥)和钢桥等。

5. 按用途划分

按使用用途,桥梁可以分为公路桥、铁路桥、公路铁路两用桥、农用桥、人行桥和运水桥(渡槽)等。

6. 按跨越障碍的性质划分

按跨越障碍的性质,桥梁可以分为跨河桥、跨线桥、高架桥和栈桥等。

7. 按特殊使用条件划分

按特殊使用条件,桥梁可以分为浮桥、漫水桥和开启桥等。

8. 按使用年限划分

按使用年限,桥梁可分为永久性桥和临时性桥等。

四、桥梁的特点和适用条件

此处仅介绍梁桥和拱桥的特点和适用条件。

1. 梁桥

梁桥是以受弯的梁或板作为主要承重结构的桥梁。其特点是构造简单、施工方便、造价低、维修容易,设计理论与施工技术都比较成熟。但是当跨径增大时,结构自重随着增大,跨越能力小。

1)按承重结构的静力体系划分

按承重结构的静力体系的不同,梁桥可以分为简支梁桥、悬臂梁桥和连续梁桥三种,如图1-1-33所示。

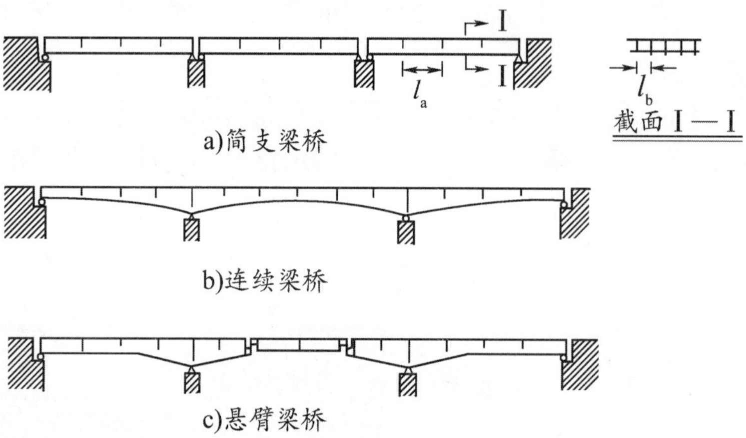

图1-1-33 梁桥按静力体系划分

(1)简支梁桥

简支梁桥属于静定结构,其主梁依靠两个支点支承在相邻两个桥墩或桥台上,如图1-1-34所示。其构造简单,施工方便,相邻桥孔单独受力,可以将承重结构设计成标准跨径,便于工厂规范化施工,但随着跨径的增大,结构自重也增大,跨越能力受到限制。其适用于跨径20m以下的桥梁。

(2)悬臂梁桥

悬臂梁桥属于静定结构,承重结构的一端或两端在支点向外悬出,如图1-1-35所示。其特点是支点截面产生负弯矩从而减小跨中的正弯矩,但容易产生裂缝,行车舒适性不如连续梁桥,目前较少采用。其跨越能力比简支梁桥大,适用于跨径40~50m的桥梁。

图1-1-34 简支梁桥

图1-1-35 悬臂梁桥

(3)连续梁桥

连续梁桥属于超静定结构,主梁不间断地连续跨越几个桥跨而形成承重结构,如图1-1-36所示。其特点是在荷载作用下,支点截面产生负弯矩,从而大大减小跨中的正弯矩,跨越能力大,节省材料用量。通常将3~5孔做成一联,在一联内没有桥面接缝,行车舒适,但温度变化、支座变位会产生附加内力,需修建在良好的地基上。其适用于跨径60~70m的桥梁。

图1-1-36　连续梁桥

2)按承重结构的横截面形式划分

按承重结构的横截面形式,梁桥可以分为板桥、肋式梁桥和箱形梁桥三种。

(1)板桥

板桥的主要承重结构是矩形的钢筋混凝土板或预应力混凝土板,如图1-1-37所示。其构造简单、施工方便、建筑高度小。但从力学性能方面来看,位于受拉区的混凝土不但不能充分发挥作用,反而增大了结构重量,当板的跨径稍大时,就显得不经济。因此,钢筋混凝土简支实心板桥的常用跨径为5~8m,空心板桥的常用跨径为8~13m,预应力混凝土简支空心板桥的常用跨径为13~25m。

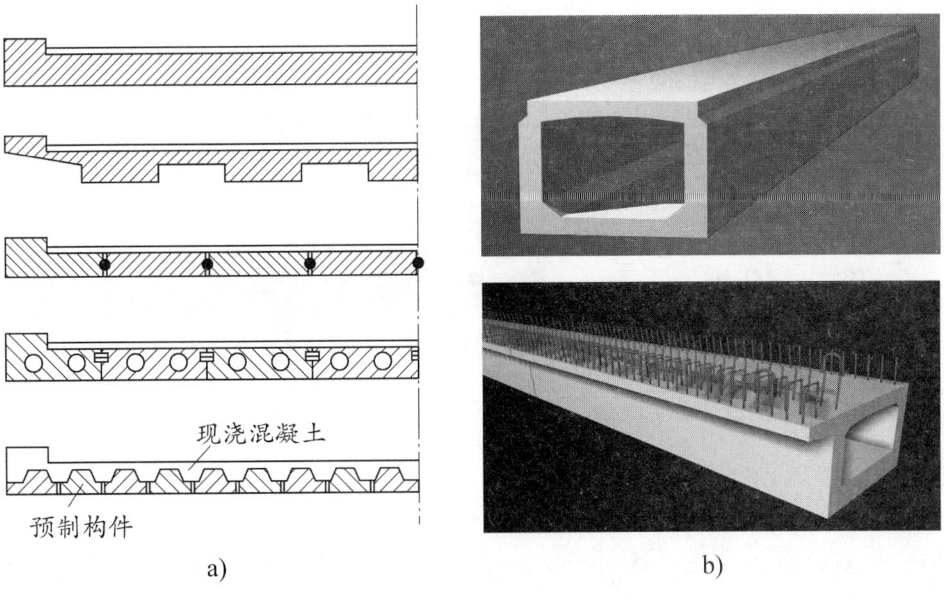

图1-1-37　板桥

(2)肋式梁桥

肋式梁桥主要承重结构是梁肋(腹板)与翼板(桥面板)结合在一起的肋梁,如图1-1-38所示。其特点是受拉区混凝土得到很大程度的挖空,减轻了结构的重量,跨越能力增大。肋式梁桥的横截面又分为T形和Π形,常见的是T形梁。钢筋混凝土简支肋式梁桥的常用跨径为10~16m,预应力混凝土简支肋式梁桥的常用跨径为25~50m。

(3)箱形梁桥

箱形梁桥的主要承重结构是一个或多个封闭的薄壁箱形截面梁,如图1-1-39所示。箱形梁桥因底板能承受较大压力,所以它既能承受正弯矩,也能承受负弯矩。同时箱形梁桥整体受力性能好,抗弯抗扭刚度大,箱壁可以做得很薄,能有效地减轻重量。箱形梁桥的截面高度常采用变高度的,在支点处较高,在跨中处较矮。箱形梁桥适用于30m以上较大跨径的悬臂梁桥、连续梁桥、预应力混凝土简支梁桥和斜拉桥,但对于普通钢筋混凝土简支梁桥不宜采用。

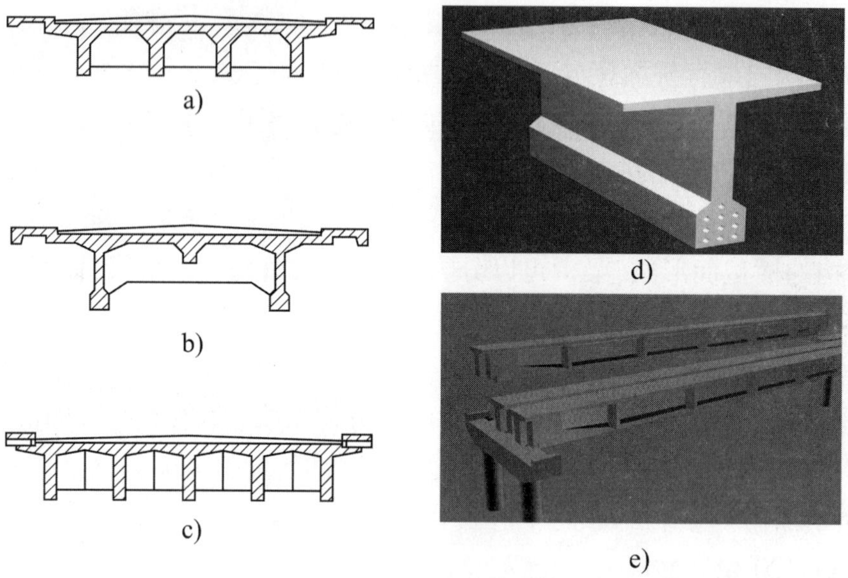

图1-1-38　肋式梁桥

图1-1-39　箱形梁桥

3)按有无预应力划分

按有无预应力,梁桥可以分为钢筋混凝土梁桥和预应力混凝土梁桥。

钢筋混凝土梁桥,又称普通钢筋混凝土梁桥,其特点是砂石材料可以就地取材,结构构造简单,承重结构可采用工厂规范化施工,适应范围广,不受基础条件限制。与钢桥相比,钢筋混凝土梁桥的钢材用量与养护费用减少,但结构自重大,跨径较小,耐久性差,不能充分使用钢材。

预应力混凝土梁桥,又称预应力钢筋混凝土梁桥,承重结构通过高强钢筋的预应力,使混凝土在承载前预先受压。其特点是能合理采用高强钢材和高强混凝土,从而节省钢材用量,减轻结构自重,增大跨越能力,提高结构的承载能力、抗裂性,增强结构的刚度和耐久性。但其施工工艺较复杂,质量要求较高,需要专门的预应力张拉设备。预应力混凝土又分为全预应力混凝土和部分预应力混凝土两种。

4)按施工方法划分

按施工方法不同,梁桥可以分为整体式梁桥、装配式梁桥和组合式梁桥。

(1)整体式梁桥

建桥的全部工作都在施工现场进行,由于全桥在纵向和横向都是现场整体浇筑(图1-1-40),所以整体性好,可以根据需要做成各种外形。但施工进度慢,又要耗费较多的支架和模板材料。

(2)装配式梁桥

上部结构在工厂或工地预制场分块预制,再运到现场吊装就位,然后在接头处将构件连接成整体,如图1-1-41所示。装配式桥的预制构件质量易于保证,而且还能与下部工程同时施工,加快了施工进度,并能节约支架和模板材料。

图1-1-40　整体式梁桥

图1-1-41　装配式梁桥

(3)组合式梁桥

承重结构的梁或板,一部分采用预制安装,另一部分就地浇筑。预制安装部分可作为现浇部分的模板和支架,现浇部分的混凝土则将预制部分结合成整体,共同承受结构自重和汽车荷载,如图1-1-42所示。

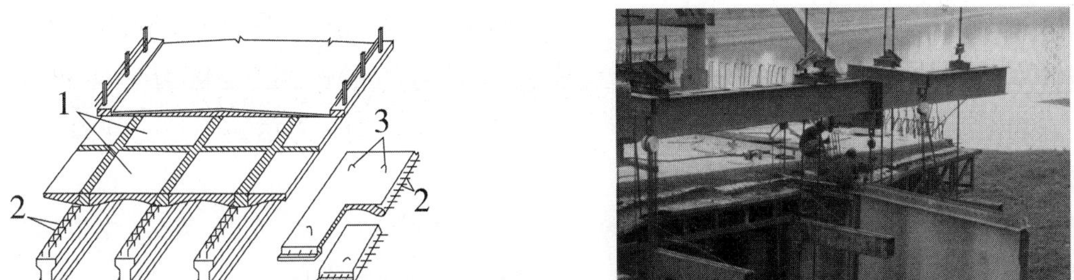

a)组合式梁桥概貌

b)先预制安装波纹钢腹板,再在上面现浇混凝土结合成整体

图1-1-42　组合式梁桥

1-预制微弯板现浇接缝混凝土;2-伸出钢筋;3-起吊环;4-预制工字形主梁

组合式梁桥与装配式梁桥相比,预制构件的重量可以显著减小,便于运输和安装。但是组合式梁桥施工工序较多,桥上现浇混凝土的工作量较大,而且预制部分的结构在施工过程中要单独承受桥面现浇混凝土的重力,所以总的材料用量要比装配式梁桥多一些。

2.拱桥

拱桥是我国历史悠久、使用广泛的一种桥梁结构。它外形美观,造型多样,且经久耐用。拱桥和梁桥的区别在于,不仅外形(主要承重结构的形状)不同,而且受力不同。梁式结构在竖向荷载作用下,支承处仅仅产生竖向支承反力,而拱式结构在竖向荷载作用下,支承处不仅产生竖向反力和弯矩,而且还产生水平推力。

拱桥的形式多种多样,构造各有差异,可以按照不同的方式将拱桥分为各种类型。

1)按主拱圈所使用的材料划分

按主拱圈(拱肋、拱箱)所使用的建筑材料,拱桥可分为圬工拱桥、钢筋混凝土拱桥和钢拱桥。

2)按拱上建筑的形式划分

按拱上建筑形式,拱桥可分为实腹式拱桥和空腹式拱桥。

实腹式拱桥构造比较简单,施工方便,但重量大,常用于跨径20m以下的拱桥,如图1-1-43所示。

空腹式拱桥圬工体积小,桥形美观,可以增大泄洪能力,但施工不如实腹式拱桥简单,常用于跨径在25m以上的拱桥,如图1-1-44所示。

图1-1-43 实腹式拱桥

图1-1-44 空腹式拱桥

3)按主拱圈采用的拱轴线形式划分

按主拱圈采用的拱轴线形式,拱桥可分为圆弧线拱桥、抛物线拱桥和悬链线拱桥。

从施工方面来看,圆弧线拱桥比抛物线拱桥和悬链线拱桥简单;从力学性能方面分析,悬链线拱桥比圆弧线拱桥受力好;而对于大跨径拱桥,为了改善拱圈受力,可以采用高次抛物线拱桥。

4)按结构受力体系划分

按结构受力体系,拱桥可分为简单体系拱桥和组合体系拱桥。

(1)简单体系拱桥是指上承式拱桥的拱上建筑或中、下承式拱桥的拱下悬吊(统称为行车道系结构),不参与主拱一起承受荷载,桥上的全部荷载由主拱单独承受,主拱是桥跨结构的主要承重构件,拱的水平推力直接由墩台或基础承受。按照主拱圈的静力特点,简单体系拱桥又可以分为三铰拱、两铰拱和无铰拱三种形式,如图1-1-45所示。

①三铰拱:属于外部静定结构。主拱圈一般不采用三铰拱,三铰拱常用于公路空腹式拱桥拱上建筑的边腹拱。

②两铰拱:属外部一次超静定结构。由于取消了拱顶铰,使结构整体刚度较三铰拱大。

③无铰拱:属外部三次超静定结构。在自重及外荷载作用下,拱内的弯矩分布比两铰拱及三铰拱均匀,材料用量省。由于无铰,结构的刚度大、构造简单、施工方便、维护费用低,因此在实际中使用最广泛。

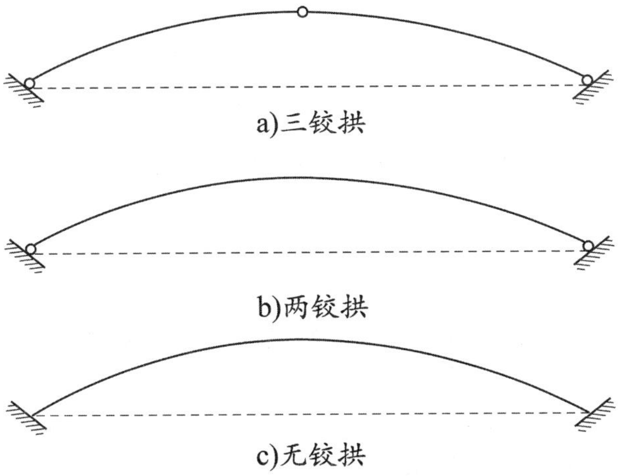

图 1-1-45　拱圈(肋)的静力图式

(2)组合体系的拱桥是将行车系结构与主拱圈按不同的构造方式构成一个整体,共同承受荷载。根据不同的组合方式和受力特点,组合体系拱桥又可以分为无推力的和有推力的组合体系拱两类。

①无推力的组合体系拱。拱的推力由系杆承受,墩台不承受水平推力。根据拱肋和系杆刚度的大小及吊杆的布置形式可以分为系杆拱、蓝格尔拱、洛泽拱、尼尔森系杆拱、尼尔森蓝格尔拱、尼尔森洛泽拱 6 种,如图 1-1-46 所示。其中,a) 是具有竖直吊杆的柔性系杆刚性拱——系杆拱;b) 是具有竖直吊杆的刚性系杆柔性拱——蓝格尔拱;c) 是具有竖直吊杆的刚性系杆刚性拱——洛泽拱;d)、e)、f) 分别是用斜吊杆来代替竖直吊杆的柔性系杆刚性拱、刚性系杆柔性拱、刚性系杆刚性拱,分别称为尼尔森系杆拱、尼尔森蓝格尔拱、尼尔森洛泽拱。

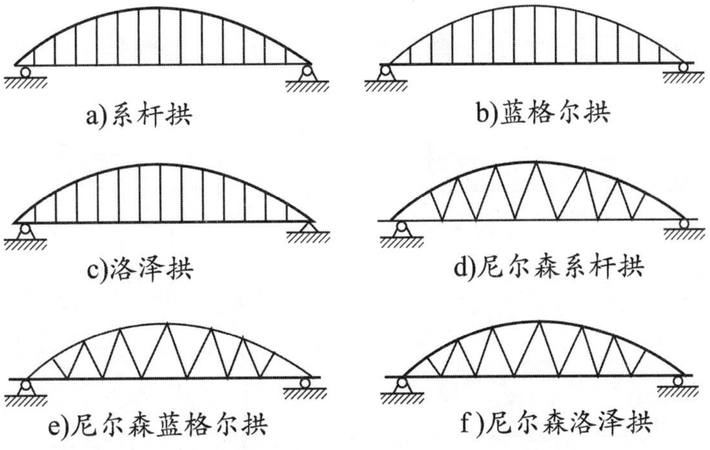

图 1-1-46　无推力的组合体系拱

②有推力的组合体系拱。没有系杆,由单独的梁和拱共同受力,拱的推力仍由墩台承受。根据梁和拱的刚度大小可分为倒蓝格尔拱和倒洛泽拱 2 种,如图 1-1-47 所示。其中,a) 是刚性梁柔性拱(倒蓝格尔拱);b) 是刚性梁刚性拱(倒洛泽拱)。

(3)拱片桥是由上边缘与桥面纵向平行、下边缘是以拱形的有推力结构的拱片为主要承重结构,如图 1-1-48 所示。在拱片中,行车道系与拱肋刚性联成一整体,共同承受荷载,故它仅能用于上承式桥梁。

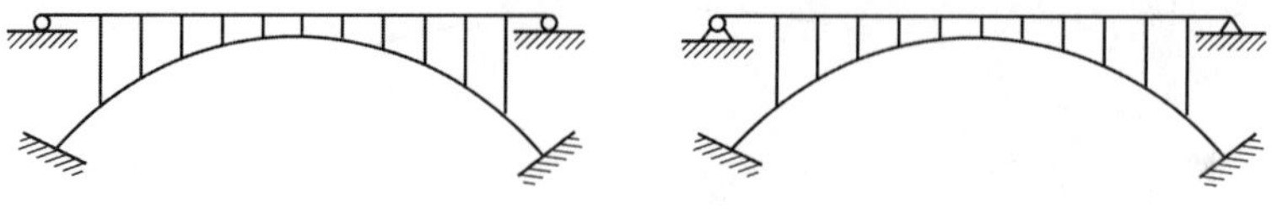

图1-1-47　有推力的组合体系拱

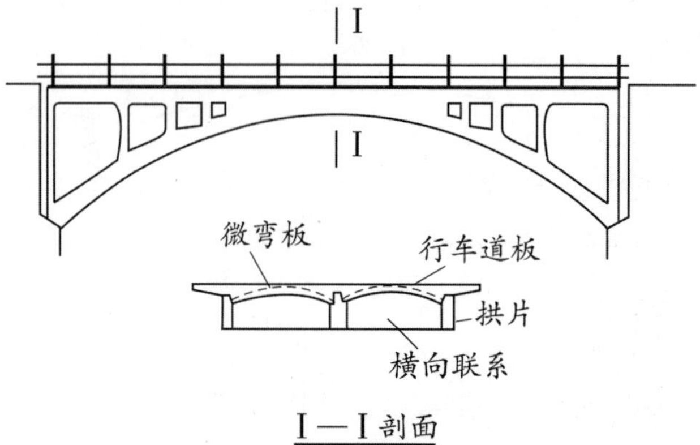

图1-1-48　拱片桥

根据桥梁宽度不同,拱片桥由两片以上的拱片组成,并用横向联系将各拱片联成整体,行车道板支承在拱片上。拱片桥可以做成无铰、两铰或三铰,它的推力由墩台承受。

5)按行车道的位置划分

按行车道位置的不同,拱桥可以分为上承式拱桥、中承式拱桥和下承式拱桥。行车道布置在主要承重结构之上的桥,称为上承式拱桥;行车道布置在主要承重结构中间的桥,称为中承式拱桥;行车道布置在主要承重结构之下的桥,称为下承式拱桥。

6)按主拱圈截面形式划分

按主拱圈截面形式,拱桥可分为板拱桥、肋拱桥、双曲拱桥和箱形拱桥,如图1-1-49所示。

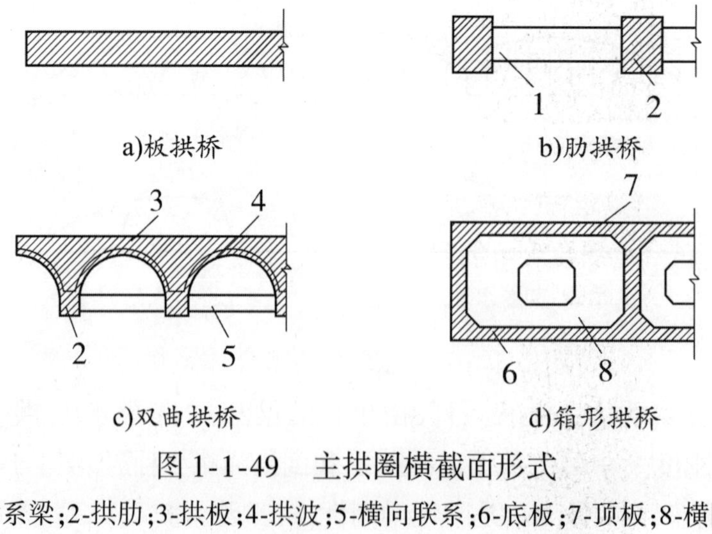

图1-1-49　主拱圈横截面形式

1-横系梁;2-拱肋;3-拱板;4-拱波;5-横向联系;6-底板;7-顶板;8-横隔板

(1)板拱桥。采用矩形截面,构造简单、施工方便,因而使用广泛。但材料用量多,结构自重大,通常只在地基条件好的中、小跨径圬工拱桥中采用。

(2)肋拱桥。在板拱桥的基础上,将板拱划分成两条(或多条),形成分离的、高度较大的拱肋，肋与肋之间由横系梁相连，这就形成了肋拱桥。与板拱桥相比，肋拱桥节省了材料用量，从而大大减轻了结构自重，提高了承载能力，多用于较大跨径的拱桥。

(3)双曲拱桥。这种拱桥的拱圈横截面是由一个或多个小拱组成，由于主拱圈在纵向及横向均呈曲线形，故称为双曲拱桥。与板拱桥相比，双曲拱桥可以节省材料、减小结构重力，特别是它的预制部件分得细，吊装质量小，在公路桥梁上曾获得过较广泛的应用，但由于其组合截面施工程序多，整体性能较差，易开裂，会诱发上部结构的突然垮塌，目前已很少采用，只用在低等级公路中。

(4)箱形拱桥。箱形拱桥截面外形与板拱桥相似，由于截面被挖空，所以节省很多材料，截面抗弯、抗扭刚度较大，主拱圈横向整体性和结构稳定性好，截面应力比较均匀，适用于无支架施工，是大跨径钢筋混凝土拱桥主拱圈截面的基本形式。箱形截面施工比较复杂，因此，跨径在50m以上的拱桥采用箱形截面才合理。

学习活动二　涵洞的认识

学习目标

1. 了解涵洞的定义；
2. 描述各类涵洞的结构组成；
3. 描述涵洞的类型；
4. 通过教师的指导，能概括各种涵洞的特点和适用条件；
5. 培养团队协助、信息收集、应用知识解决实际问题的能力，培养善于沟通的品质，以及责任意识、规范意识的职业素养，为发展职业能力奠定良好的基础；
6. 结合对涵洞的认知实习，融合遵纪守法、诚实守信、爱岗敬业、爱护环境教育，培养工作认真、谨慎、负责的态度，培养工作安全意识，弘扬精益求精的工匠精神。

建议完成本学习活动的时间为2课时。

学习情境描述

图1-2-1所示为圆管涵和盖板涵的模型，请说出这两种涵洞各由哪些部分组成？这些涵洞通常采用什么材料？适用范围是什么？

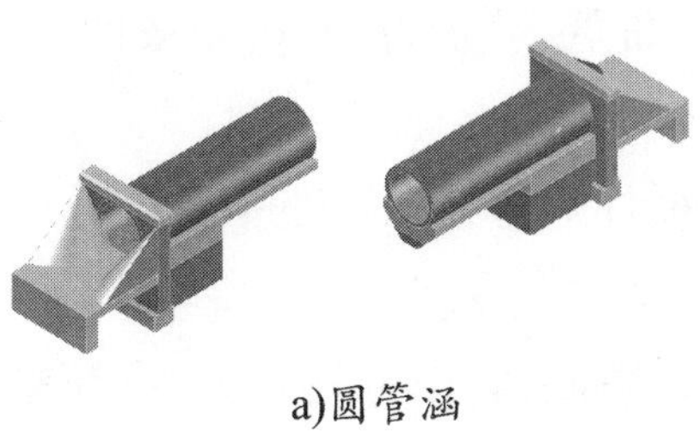

a)圆管涵

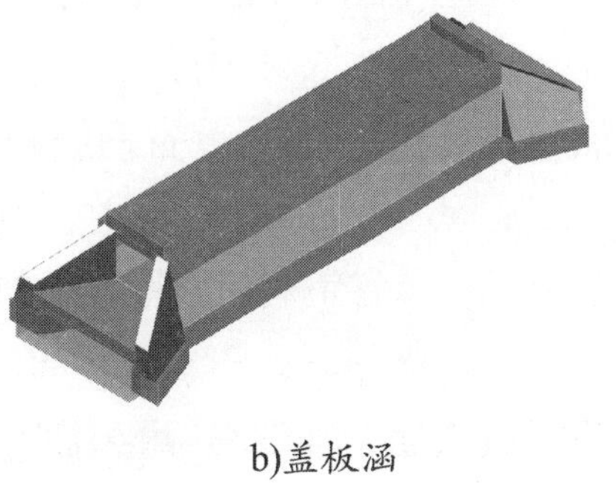

b)盖板涵

图1-2-1　涵洞模型

相关知识

涵洞是指为宣泄地面水流（包括小河沟）而设置的横穿路基的小型排水构造物。根据《公路桥涵设计通用规范》（JTG D60—2015）的规定，凡单孔标准跨径 $L_k < 5m$ 的构造物（圆管涵和箱涵不管管径或跨径大小、孔数多少）均称为涵洞。有些涵洞可用作通道，供行人或车辆通过。

涵洞构造简单，造价低，在公路工程中数量较多，工程量占公路工程比重较大，是公路工程中必不可少的组成部分。

一、涵洞的组成

涵洞由洞身和洞口建筑两部分组成，如图1-2-2所示。

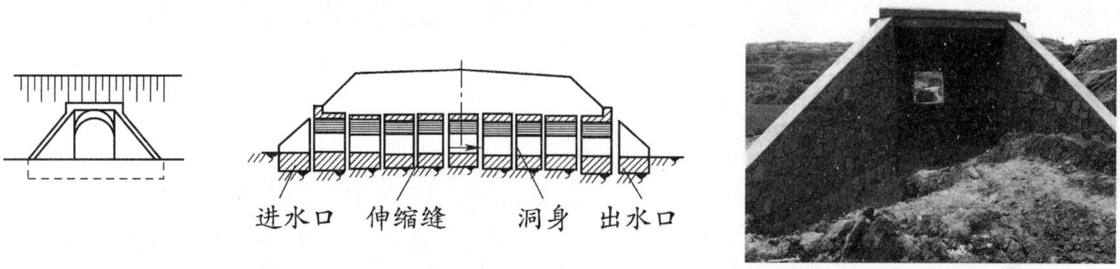

a)　b)　c)

图1-2-2　涵洞

洞身是涵洞的主要部分，是路堤下的过水通道，主要承受涵洞上活载压力和填土压力，要求具有一定的强度、刚度和稳定性。

洞口由进水口与出水口组成，连接着洞身与路基边坡，使水流能顺畅地通过洞身，并保证洞口周围的路基边坡不受冲刷，需对涵底和进出水口河床一定范围内进行加固铺砌，必要时还需要加设调治构造物和消能设施。进水口起束水导流的作用，出水口起散水防冲的作用。

二、涵洞的分类

涵洞的类型有很多种，主要按以下几种方法分类。

1.按建筑材料划分

按建筑材料划分，涵洞可分为砖涵、石涵、混凝土涵和钢筋混凝土涵。

（1）砖涵。便于就地取材，但强度低，容易损坏，适用于平原或石料缺乏地区。

（2）石涵。便于就地取材，节省钢筋和水泥，造价低，养护费用低，耐久性好，适用于石料丰富地区。

（3）混凝土涵。节省钢材，可现浇或预制，但损坏后修理和养护困难，适用于石料缺乏地区。

（4）钢筋混凝土涵。强度高，耐久性好，养护费用低，但用钢量较大，工序多，造价高，适用于石料缺乏或软土地基地区。

2. 按洞顶填土划分

按洞顶填土划分，涵洞可分为明涵和暗涵。

(1)明涵。明涵是指洞顶不填土或填土厚度小于 50cm 的涵洞，适用于低路堤、浅沟渠，如图 1-2-3 所示。

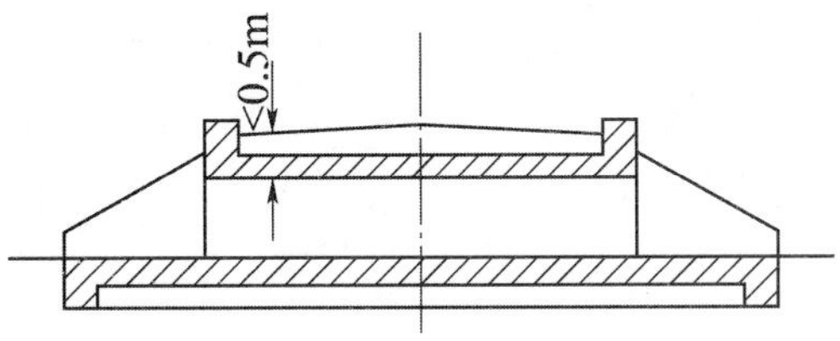

a)

b)

图 1-2-3　明涵

(2)暗涵。暗涵是指洞顶有填土且填土厚度大于或等于 50cm 的涵洞，适用于高路堤、深沟渠，如图 1-2-4 所示。

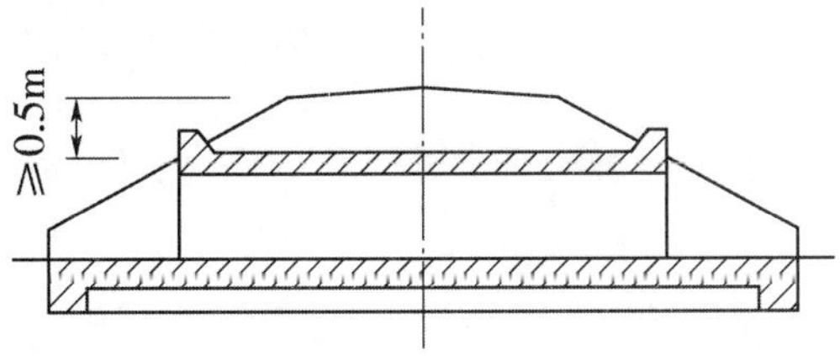

图 1-2-4　暗涵

3. 按构造形式划分

按构造形式划分，涵洞可分为圆管涵、盖板涵、拱涵和箱涵。

(1)圆管涵。圆管涵主要由管身、基础、接缝及防水层组成。它是农村公路路基排水中最常用的涵洞结构类型，如图 1-2-5 所示。圆管涵管径一般为 0.5 ~ 1.5m，两端仅需设端墙，不需设墩台，受力情况和适应基础的性能较好，圬工数量少，造价低，但在低路堤上使用会受到限制，主要用于填土高度较大的小跨径暗涵。

a)

b)

图 1-2-5　圆管涵

(2)盖板涵。盖板涵主要由盖板、涵台、基础、洞身铺底、伸缩缝及防水层等部分组成,如图1-2-6所示。盖板涵构造简单,维修方便,施工技术简单,泄水能力较大,跨径小时用石盖板,跨径大时用钢筋混凝土盖板,适用于一般路堤的暗涵或低路堤的明涵。

a) b)

图1-2-6 盖板涵

(3)拱涵。拱涵主要由拱圈、护拱、拱上测圈、涵台、基础、铺底、沉降缝及排水设施等组成,如图1-2-7所示。拱涵采用拱形顶板,利用拱结构良好的抗压性能,跨径和承载能力较大,砌筑技术容易掌握,但自重大,施工工序多,适用于跨越深沟或高路堤的涵洞。

a) b)

图1-2-7 拱涵

(4)箱涵。箱涵主要由钢筋混凝土涵身、翼墙、基础、变形缝等部分组成,如图1-2-8所示,是一种广泛应用于市政给排水工程和道路工程的结构形式。因箱涵为整体闭合式钢筋混凝土框架结构,所以具有良好的整体性及抗震性,但用钢量大,施工复杂,造价高,一般较少采用,仅适用于软土地基的涵洞。

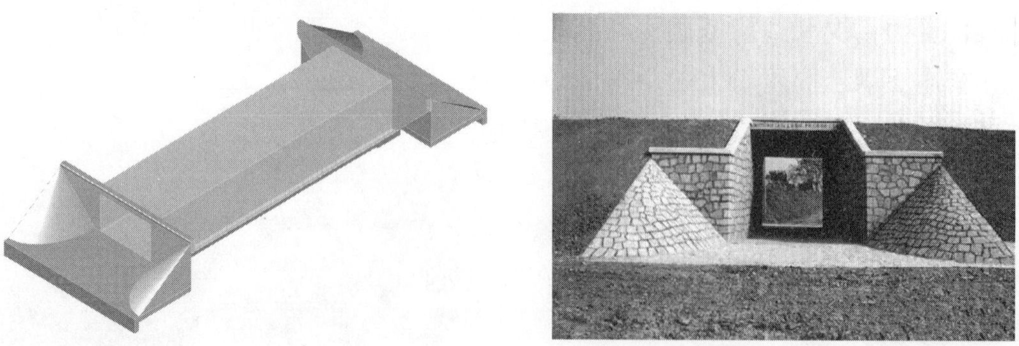

a) b)

图1-2-8 箱涵

4.按水力性质划分

水流通过涵洞的水流深度不同,直接影响涵洞过水的水力状态,从而产生不同涵洞水力

计算的图式。因此,按涵洞过水的水力性质不同,涵洞可分为以下几种:

(1)无压力式涵洞。入口处水深小于洞口高度,洞内水流均具有自由水面;涵洞宜设计成无压力式的,如图 1-2-9a)所示。

(2)半压力式涵洞。入口处水深大于洞口高度,水流仅在进水口处充满洞口,其他部分均具有自由水面,如图 1-2-9b)所示。

(3)压力式涵洞。入口处水深大于洞口高度,在涵洞全长范围内都充满水流,无自由水面,如图 1-2-9c)所示。

(4)倒虹吸管涵。进出水口设置竖井,涵洞内全部充满水流,如图 1-2-10 所示。倒虹吸管涵是公路工程中较为特殊的构造物,适用于路堑挖方高度不能满足设置渡槽的净空要求时的灌溉渠道。

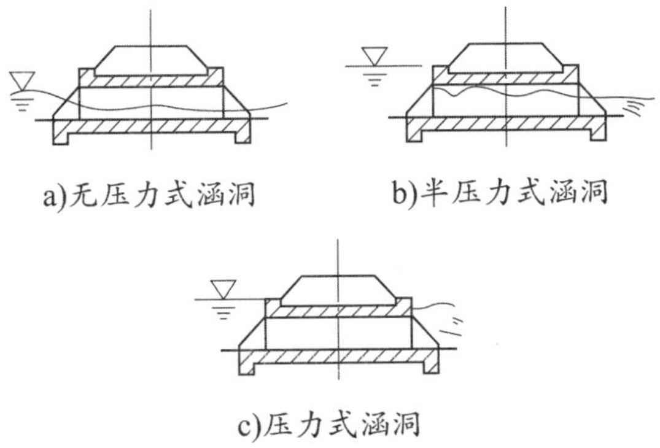

图 1-2-9　涵洞按水力性能划分

图 1-2-10　倒虹吸管涵

操作实训

制作桥梁模型

1. 安全教育

阐述安全操作要求。

2. 实训目的及要求

通过实训练习,掌握桥梁的类型和结构组成。

3. 实训准备工作

(1)准备桥梁结构的相关书籍。

(2)准备纸张、塑料泡沫、剪刀、胶水、线等工具。

4. 操作步骤

(1)人员组织:学生以 6 ~ 8 人为一组,全班只设一个指导教师。

(2)学生按规定进行操作,指导教师在旁边进行讲解。

5. 注意事项

(1)制作完模型后,必须进行一定的承载检验。

(2)安全使用制作工具。

(3)团结合作。

6. 质量验收及评定

步骤	1	2	3	4	5	6
存在问题						
得分						
总分						

7. 实训总结

复习思考题

一、填空题

1. 桥梁由________、________两大部分组成。
2. 桥梁按受力体系可分为________、________、________、________、________5 种。
3. 桥面系通常包括________、________、________、________、________、________、________等。
4. 斜拉桥的主要承重结构由________、________、________组成。
5. 涵洞按构造形式可分为________、________、________、________四种。

二、选择题

1. 梁桥桥跨结构相邻两个支座中心之间的距离,称为(　　)。

A. 净跨径　　B. 计算跨径　　C. 标准跨径　　D. 总跨径

2. (　　)是指桥面与低水位之间的高差或桥面与桥下线路路面之间的距离。

A. 桥高　　B. 桥下净空高度

C. 桥梁容许建筑高度　　D. 桥梁建筑高度

3. 矢跨比是指(　　)之比。

A. 净矢高与净跨径　　B. 净跨径与净矢高

C. 计算矢高与计算跨径　　D. 计算跨径与计算矢高

4. 梁桥的横截面形式不包括(　　)。

A. 板式　　B. 肋式　　C. 双曲式　　D. 箱形

5. 拱桥拱上建筑形式可分为(　　)。

A. 明式与暗式　　B. 梁式与拱式

C. 重力式与轻型　　D. 实腹式与空腹式

三、判断题

1. 多孔跨径总长 $30\text{m} < L_d < 100\text{m}$,单孔标准跨径 $20\text{m} \leq L_b < 40\text{m}$ 的桥梁称为大桥。(　　)

2. 装配式钢筋混凝土 T 形梁内的钢筋主要有纵向受力钢筋、斜钢筋、箍筋、架立钢筋、分布钢筋。(　　)

3. 梁桥与拱桥的区别是不仅外形不同,而且受力不同。(　　)

4. 拱桥按行车道位置,可分为上承式拱桥与下承式拱桥两种。(　　)

5. 按规定,涵洞要设计成压力式的。(　　)

四、简答题

1. 薄壁箱形截面有什么优点?

2. 支座的作用是什么?它有哪几种类型?

3. 拱桥有什么特点?

4. 什么是双曲拱桥?它由哪几部分组成?有什么特点?

5. 空腹式拱上建筑与实腹式拱上建筑的区别是什么?

学习任务二

施工前的准备工作及施工测量

施工准备工作是为桥梁工程的施工建立必要的技术和物资条件，统筹安排施工力量和施工现场。施工准备工作内容通常包括劳动组织准备、技术准备、物资准备和施工现场准备等。施工测量主要学习平面控制测量、水准测量、施工放样的基本内容和基本要求。

本学习任务要求理解劳动组织准备、技术准备、物资准备和施工现场准备及平面控制测量、桥涵高程控制测量等工作内容，能描述劳动组织准备、技术准备、物资准备和施工现场准备技术要求，能描述平面控制测量、桥涵高程控制测量的技术要求及水准测量注意事项等主要内容。

学习活动一　施工前的准备工作

学习目标

1. 通过查阅资料，明确施工准备工作的基本任务；
2. 描述施工准备工作的主要内容；
3. 审核图纸和合同，描述技术准备的目的和要求；
4. 描述劳动组织和物资准备的主要工作内容；
5. 描述施工现场准备的主要工作内容。

建议完成本学习活动的时间为4课时。

学习情境描述

A城市与B城市间要修建一条二级公路，经设计定线，确定本条公路要跨越一条河流，在河流处修建一座小桥。C公司通过竞标成为这座小桥的施工总承包单位，C公司即将开始施工前的准备工作。

相关知识

施工前应建立健全质量保证体系和质量管理体系，明确质量方针、质量目标和质量责任，同时应建立质量管理机构，制定质量管理制度和质量检验流程，提出质量保证措施，对工程的施工实施质量控制。

施工前应建立健全安全生产施工管理体系，落实安全责任，提出安全技术组织措施，对施工中存在的各种风险源进行分析、评估，提出防范对策，制订必要的突发事件应急预案，使施工能安全地进行。

施工准备工作内容通常包括劳动组织准备、技术准备、物资准备和施工现场准备等。

施工前的准备工作是为桥梁工程的施工建立必要的技术和物资条件，统筹安排施工力量和施工现场，是企业搞好目标管理、推行技术经济承包的重要依据，也是施工得以顺利进行的基本保证。施工单位在承接了施工任务后，要尽快做好各项准备工作，创造有利的施工条件，使施工工作能连续、均衡、有节奏、有计划地进行，从而按质、按量、按期完成施工任务。

一、劳动组织准备

1. 建立组织机构

确定组织机构应遵循的原则是：根据工程项目的规模、结构特点和复杂程度，确定各职能部门的设置，人员配置应力求精干，以适应任务的需要；坚持合理分工与密切协作相结合，使之便于指挥和管理，分工明确，责权分明。

建立项目部施工组织机构，如图 2-1-1 所示。为了有效地进行各项管理工作，在项目经理之下应设置一定职能部门，分别处理有关的职能事务。

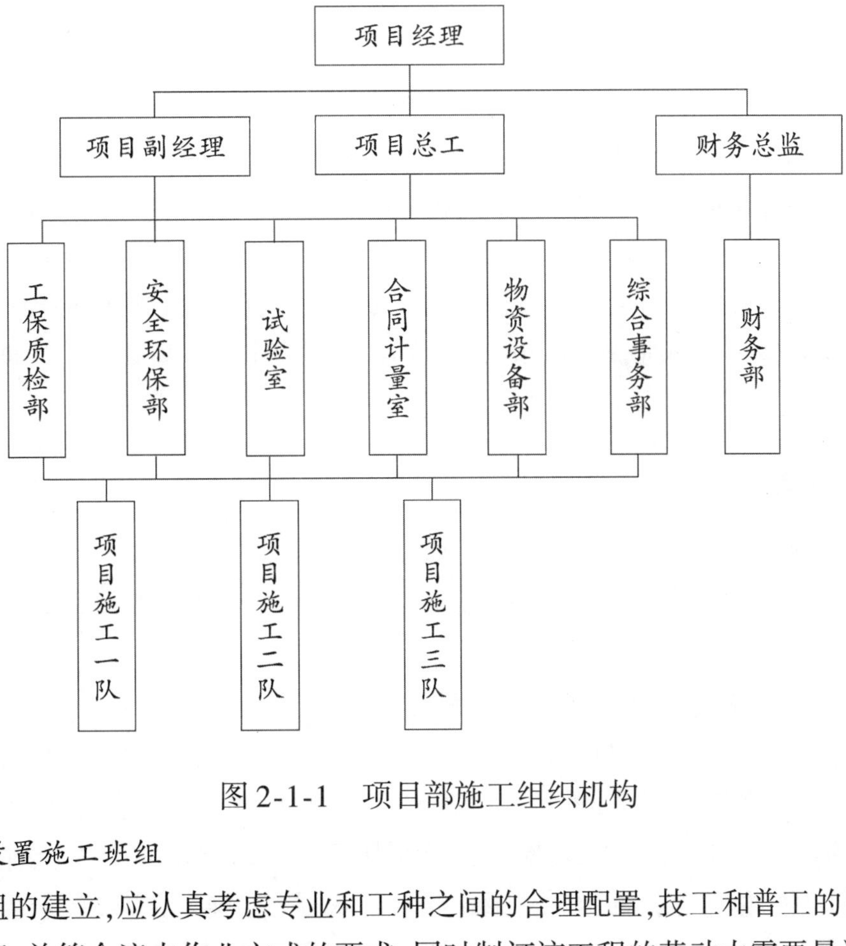

图 2-1-1　项目部施工组织机构

2. 合理设置施工班组

施工班组的建立，应认真考虑专业和工种之间的合理配置，技工和普工的比例要满足合理的劳动组织，并符合流水作业方式的要求，同时制订该工程的劳动力需要量计划。

3.组织劳动力进场及培训

在建立工地组织领导机构后,按照各分部分项工程的开工日期和劳动力需求计划,分批分阶段地组织劳动力进场,并及时组织上岗前的技术、安全操作规程以及消防、文明施工等方面的培训教育工作。

按操作层和管理层配备施工人员。操作层分为以下几个工种:混凝土工、钢筋工、模板工、电焊工、架子工、力工及其他特殊工种。管理层人员包括工段长、技术管理员、质量管理员、试验员、安全管理员。以上所有人员在工程开工前都必须经岗前培训,合格后方可上岗。

4.施工组织设计、施工计划和施工技术交底

(1)桥涵工程施工前应熟悉设计文件,对结构设计尺寸和关键施工参数进行核对,且应由设计单位进行设计交底。

(2)应在对工程进行施工调查及现场核对后,根据设计要求、技术可行性及现场情况等,编制实施性施工组织设计。

(3)对于技术复杂或危险性较大的分部分项工程,应制订安全可靠、技术可行、经济合理的专项施工方案。

(4)在单位工程或分部工程开工之前,应将工程的设计内容、施工组织设计、施工计划和施工技术等要求,详尽地向施工班组和工人进行交底,以保证工程能严格按照设计图纸、施工工艺、安全技术措施、降低成本措施和施工验收规范的要求进行施工,新技术、新材料、新结构和新工艺的实施方案和保证措施得以落实,有关部位的设计变更和技术措施等事项贯彻执行。

5.建立健全各项管理制度

必须建立健全施工现场各项管理制度,以便各项施工活动能顺利进行,在施工过程中,有章不循其后果是严重的,无章可依则更为危险。

各项管理制度包括技术交底制度、技术质量责任制度、工程技术档案管理制度、施工图纸学习与会审制度、技术部门及各级人员的岗位责任制、工程材料和构件的检查验收制度、工程质量检查与验收制度、安全操作制度、材料出入库制度、机具使用保养制度等。

二、技术准备

技术准备是施工准备的核心。由于任何技术上的差错和隐患都可能危及人身安全和造成质量事故,带来生命、财产和经济方面的巨大损失,因此必须认真做好技术准备工作。

1.熟悉设计文件、研究施工图纸和现场核对

施工单位在收到拟建工程的设计图纸和有关技术文件后,应尽快组织工程技术人员熟悉、研究所有技术文件和图纸;桥涵工程施工前,工程技术人员应熟悉设计文件,对结构设计尺寸和关键施工参数进行核对;检查图纸和其各组成部分之间有无矛盾和错误;在几何尺寸、坐标、高程、说明等方面是否一致;技术要求是否正确;并与现场情况进行核对。尤其要注意的是图纸的完整性、一致性,检查说明与设计是否一致,平、纵、横三断面是否

一致,构造物设计功能与实际布置是否一致,同时要做详细记录,记录应包括对设计图纸的疑问和有关建议。

2. 原始资料的进一步调查分析

对拟建工程进行实地勘测,进一步获得有关原始数据的第一手资料,这对于正确选择施工方案、制订技术措施、合理安排施工顺序和施工进度计划是非常必要的。

1)自然条件的调查分析

(1)地质条件调查。应了解地质构造、墩(台)位处的基岩埋深、土的性质和类别、地基土的承载力、岩层状态及岩石性质、覆盖层土质、土的冻结深度、地震级别和烈度等。

(2)气象条件调查。应调查桥位处的气温、气候条件、降雨量、降雪情况、冰冻情况、台风、风速、风向及历年记录,冬、雨季期限及冬季地层冻结厚度等。

(3)水文条件调查。应了解桥位处河流流量和水质,年水位变化情况,最高洪水位和最低枯水位的时期及持续时间、流速和漂浮物;受潮汐影响河流或水域中潮水的涨落时间,潮水位的变化规律和潮流;地下水位的高低变化、含水层的厚度和流向;冰冻地区的河流封冻时间,融冰时间、流冰水位、冰块大小等情况。

(4)施工现场的地形地物条件的调查。

小贴士

公路工程是关系国计民生的重大工程,投资金额巨大,因此,对其工程质量要求很高。同时,公路工程具有野外作业、施工周期长、工作环境相对艰苦等特点,因此,公路工程技术人员除了应熟练掌握施工作业技能以外,还需要有吃苦耐劳、严谨细致的工作作风,良好的沟通表达和团结协作能力,以及热爱本专业的职业素养。

2)技术经济条件的调查分析

技术经济条件主要包括:施工现场的动迁状况及当地可利用的地方材料状况,沥青、水泥、钢材等材料供应状况,交通运输状况,劳动力及其技术水平状况,当地生活物资供应状况,施工用电用水状况,设备租赁状况,当地消防治安状况及承包单位的资历状况等。将调查结果进行整理归纳,形成文件。由建设单位、设计单位、监理单位及施工单位联合召开图纸会审会议,经各方研究后,对所有问题进行记录,形成“图纸会审纪要”。

3. 施工前的设计技术交底

设计技术交底应由建设单位(业主)主持,设计单位、监理单位和施工单位(承包人)参加。先由设计单位说明工程的设计依据、意图和功能要求,并对特殊结构、新材料、新工艺和新技术提出设计要求。然后施工单位经认真研究图纸及对设计意图的理解,对设计图纸提出疑问、建议和变更,并对所探讨的问题逐一做好记录,形成“设计技术交底纪要”。该纪要最后由建设单位正式行文,参加单位共同会签盖章,作为与设计文件同时使用的技术文件和指导施工及进行工程结算的依据。

4.制订施工方案、进行施工设计

在掌握设计文件和设计图纸,正确理解设计意图和技术要求,以及进行各项调查之后,对投标时初步拟订的施工方法和技术措施等重新进行评价和深入研究,以制订更符合现场实际情况的施工方案。

施工方案确定后,还应对工程施工中所用的临时受力结构和大型临时设施,进行专项设计与验算,明确质量和安全的验收标准,并编制安装、使用、维护和拆除的作业方案。施工设计应在保证安全的前提下,尽量考虑使用现有材料和设备,因地制宜,使所设计的临时结构装卸简便、经济适用、通用性强。其中,临时受力结构主要包括承重支架、作业平台、模板、悬浇挂篮、临时支挡、各种围堰等;大型临时设施主要包括混凝土搅拌站、梁板构件的预制场、钢筋加工制作厂房、库房等。

5.编制施工组织设计

施工组织设计是施工准备工作的重要组成部分,也是指导工程施工中全部生产活动的基本技术经济文件。编制施工组织设计的目的在于合理、全面、有计划地组织施工,从而实现设计意图,优质高效地完成施工任务。

6.编制施工预算

施工预算是根据施工图纸、施工组织设计或施工方案、施工定额等文件进行编制的。施工预算是施工企业内部控制各项成本支出、考核用工、签发施工任务单、限额领料的依据,也是签订分包合同及确定分包价格的依据。

三、物资准备

各种材料、构件、制品、机具和设备是开展桥梁工程施工所需的物资,这些物资的准备工作必须在相应的工程开工之前完成,方能满足工程连续施工的需求。

物资准备工作的内容主要包括:

(1)工程材料的准备。工程材料的准备,具体包括水泥及钢筋材料的检查与保管,钢筋的调直、除锈、接长设备以及钢筋加工机械(切断机、弯曲机、电焊机等)准备,粗细集料的检查、进场与存放,构件和制品的加工准备。物资准备工作的程序,应根据施工预算、分部分项工程的施工方法和施工进度安排制订需要量的计划;与有关单位签订供货合同;拟订各种材料运输计划和运输方案;按施工平面图的要求,组织物资按计划时间进场,在指定地点、按规定方式进行储存或堆放,以便随时供工程施工使用。

(2)施工机具设备的准备。根据工程特点进行机械种类、数量的配备。常用设备有混凝土搅拌机、混凝土运输车等。特殊结构常配备的机械如下:

①钻孔桩施工设备:黏土、砂土一般配备回旋钻机;砂砾、岩质土配备冲击钻等,也可配备回旋钻;钻孔灌注桩混凝土浇筑拔导管时一般需要配备起重机,为避免卡管建议配备大吨位起重机。

②桥面施工设备:振捣棒、平板振捣器、振捣梁。

③下部施工设备:混凝土浇筑时常采用起重机,墩高大于20m时采用混凝土输送泵。

④其他机械如振拔机、螺旋钻等只在特殊情况下使用。

(3)试验检测设备的准备。桥涵工程开工前,首先建立完备的试验室,标定试验机具,建立以专业且有丰富试验经验的试验人员为首的试验队伍,做各种材料的进场试验,为施工提供准确的指导性数据。

试验仪器的配备包括万能试验机、胶砂搅拌机、胶砂振动台、水泥稠度仪、烘箱(105℃ ± 5℃)、套筛(砂、碎石各一套)、混凝土试模、砂浆试模等。

(4)其他各种小型生产工具、小型配件等的准备。

四、施工现场准备

施工现场的准备工作,主要是为工程的施工创造有利的施工条件和物资保障。

1.施工控制网测设

按照设计单位提供的桥位总平面图和测图控制网中所设置的基线桩、水准标点及重要桩志的保护桩等资料,复测三角控制网,恢复并加密施工控制桩,建立满足施工要求的平面和立面施工测量控制网。

2.进行标准化施工的策划和实施

应结合工程的规模、工期、地形特点,进行标准化施工的策划和实施,合理布置施工现场,各种临时设施应满足工程施工的需要及安全施工的要求。

3.搞好“四通一平”

“四通”是指水通、电通、路通、通信通;“一平”是指场地平整。当需要蒸汽养护以及在寒冷冰冻地区施工时,还需考虑供热工作。

4.补充钻探

桥涵工程在初步设计时所依据的地质钻探资料,因钻孔较少、孔位较远而不能满足施工的需要,因此必须对有些地质情况不明了的墩位进行补充钻探,以查明墩位处的地质情况,为基础工程的施工提供资料。

5.建造临时设施

按照施工总平面图的布置,建造所有生产、办公、生活、居住和储存等临时用房,以及临时便道、混凝土拌和站、构件预制场地等。图 2-1-2 为某大桥施工总平面图。

6.安装调试施工机具

对所有施工机具,必须在开工之前进行检查和试运转。

7.材料的试验和储存堆放

按照材料的需要量计划,应及时提供材料的试验申请计划,如混凝土和砂浆的配合比试验和强度试验、钢材的机械性能试验等。组织材料进场,按规定的地点和指定的方式进行储存堆放。

8.冬、雨季施工安排及消防、安保措施

按照施工组织设计要求,检查落实冬、雨季施工的临时设施和技术措施。建立消防、安保等组织机构和有关的规章制度,布置好消防、安保措施。

9.建立健全施工现场各项管理制度

根据工程特点,建立健全施工现场必要的各项规章制度。

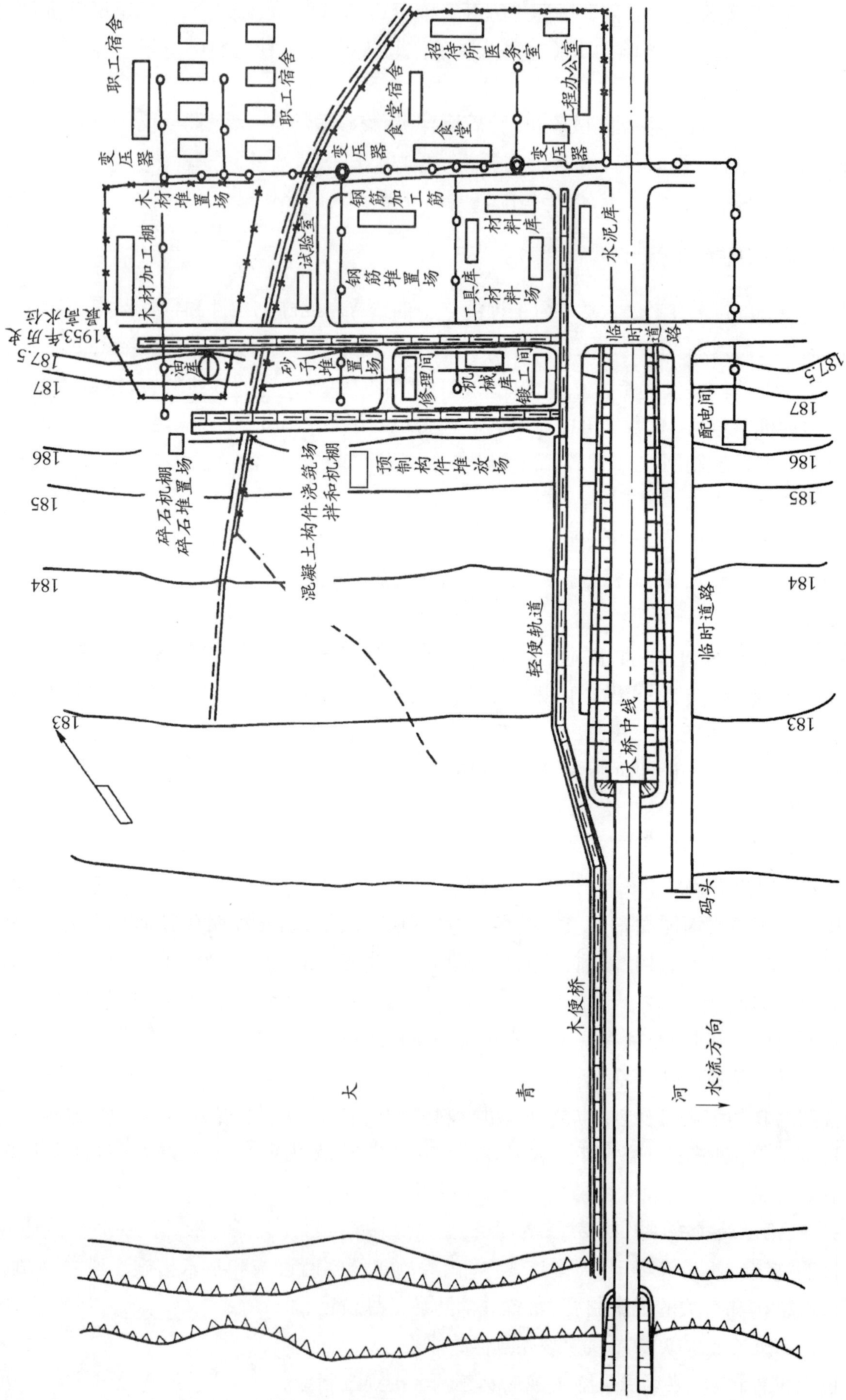

图2-1-2　某大桥施工总平面图

学习活动二　桥涵施工测量

学习目标

1. 能描述平面控制点的布设要求；
2. 能描述高程控制测量的技术要求；
3. 能描述跨河水准测量的基本要求；
4. 能描述水准测量的注意事项。

建议完成本学习活动的时间为4课时。

学习情境描述

A城市与B城市间要修建一条二级公路，经设计定线，确定本条公路要跨越一条河流，在河流处修建一座中桥。C公司通过竞标成为这座中桥的施工总承包单位，C公司即将开始施工测量工作。

相关知识

施工测量是在工程开工前及施工中，根据设计图在现场进行的平面控制测量和高程控制测量，以及恢复道路中线、定出桥梁构造物位置等测量放样的作业。

一、桥涵施工测量的要求

桥涵施工测量应满足下列要求：

(1)施工前应由勘测设计单位对控制性桩点进行现场交桩，并进行控制点复测，保护好其成果。根据具体施工的需要，对控制点进行加密、优化。对测量的控制性桩点，应编号绘于施工总平面图上，并注明各有关标志坐标以及其相互间的距离、角度、高程等，采取有效措施妥善保护，以便于寻找。在施工过程中，应对控制网进行定期复测或不定期的检测。当发现控制点稳定性有问题时，应立即进行局部或全面复测。

(2)施工测量应贯穿于整个施工过程之中，除对桥涵各分项工程进行准确施工放样外，在施工过程中，还应随时进行监测，并做测量记录和相应的评定，发现问题及时处理。

(3)在进行桥梁施工放样时，先对桥梁各墩台控制性里程桩号、基础坐标、设计高程等数据进行复核计算，核对计算结果与设计文件中所提供数据是否相符。

(4)涵洞测量放样时，应注意核对设计文件与现场涵洞所处的地形、涵底坡度、斜交角度是否相符。

(5)各分项工程完成后的测量，须按《公路工程质量检验评定标准　第一册　土建工程》(JTG F80/1—2017)要求进行项目检查。

(6)桥梁总体实测项目：

①测定桥面中线。

②桥面宽。

③桥长。

④桥面高程。

二、桥涵施工的平面控制测量

桥涵施工的平面控制测量应满足下列要求。

1. 施工控制网的建立

施工控制网的布设,应根据总平面设计和施工地区的地形条件来确定,并应作为整个工程施工设计的一部分。平面控制网的布设应符合因地制宜、技术先进、经济合理、确保质量的原则。平面控制网应采用三角测量或全球导航卫星系统(GNSS)测量方法进行。布设时,必须考虑到施工的程序、方法、施工现场的布置情况以及可利用的桥址地形图,拟订布设方案。

各级公路桥涵施工的平面控制测量等级不得低于表2-2-1的规定。为防止控制点的标桩被破坏,所布设的点位应画在施工设计的总平面图上。

平面控制测量等级选用 表2-2-1

多跨桥梁总长 L(m)	单跨桥梁 L_K(m)	其他构造物	测量等级
$L \geqslant 3000$	$L_K \geqslant 500$	—	二等
$2000 \leqslant L < 3000$	$300 \leqslant L_K < 500$	—	三等
$1000 \leqslant L < 2000$	$150 \leqslant L_K < 300$	高架桥	四等
$L < 1000$	$L_K < 150$	—	一级

桥梁轴线精度应满足表2-2-2的规定。

桥梁轴线相对中误差 表2-2-2

测量等级	桥梁轴线相对中误差	测量等级	桥梁轴线相对中误差
二等	≤1/150000	四等	≤1/60000
三等	≤1/100000	一级	≤1/40000

桥涵工程中较常用的几种三角网图形如图2-2-1所示。使用时,应根据具体情况因地制宜地选择一种。图形的选择主要取决于桥长或河宽、设计要求、仪器设备和地形条件。

2. 平面控制点的布设要求

(1)四等及以上平面控制网中相邻点之间的距离不得小于500m,一级平面控制网中相邻点之间的距离在平原、微丘区不得小于200m,重丘、山岭区不得小于100m,最大距离不应大于平均边长的2倍。

(2)特大桥及特殊结构桥梁的每一端应至少埋设3个平面控制点。

(3)点位的位置应便于加密,易于保存、寻找,同时便于测角、测距及桥梁中线、桥墩、桥台的放样。

(4)桥梁平面控制网宜布设成四边形。平面控制网三角测量,三角网的基线应不少于两条,可设于桥头的一端或两端。基线位置一般应设在土质坚实、地形平坦且便于准确丈量的地方,其纵坡宜为1/12～1/10,基线的一端应与桥梁轴线连接,并宜近于垂直。当桥梁轴线较长时,应将基线设置于桥的两端。基线长度一般不小于桥梁轴线长度的0.7倍,受限制地段不小于0.5倍。

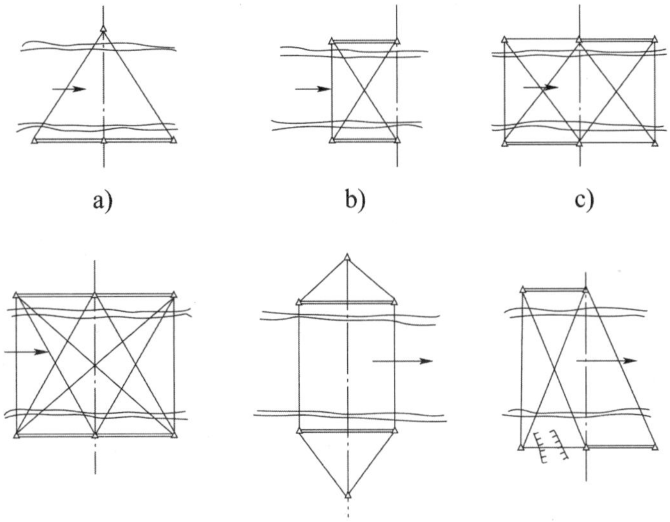

a)　b)　c)　d)　e)　f)

图2-2-1　桥涵工程中较常用的几种三角网图形

桥涵三角测量的主要技术要求应符合表2-2-3的规定。

三角测量的主要技术要求　表2-2-3

测量等级	测角中误差(″)	起始边边长相对中误差	三角形闭合差(″)	测回数		
				DJ_1	DJ_2	DJ_6
二等	≤±1.0	≤1/250000	≤3.5	≥12	—	—
三等	≤±1.8	≤1/150000	≤7.0	≥6	≥9	—
四等	≤±2.5	≤1/100000	≤9.0	≥4	≥6	—
一级	≤±5.0	≤1/40000	≤15.0	—	≥3	≥4

(5)各等级三角控制网应布设为近似等边的三角网,图形应力求简单,并具有足够的强度;三角形内角一般大于30°、小于120°。

(6)构成三角网的各点,应便于采用前方交会法进行墩台放样,并应使各点间能互相通视。桥轴线应作为三角网的一边。两岸中线上应各设一个三角点,并便于墩台放样。三角点不可设置在被河水淹没、存储材料区、车辆来往频繁及地势过低需建高架桥方能通视处。

(7)大桥、特大桥及特殊结构桥梁的平面控制测量坐标系,其投影长度变形值应不大于10mm/km,投影分带位置不得选在桥址处。

(8)当采用独立坐标系、抵偿坐标系时,应确认与国家坐标系的转换关系。

(9)平面控制测量应采用卫星定位测量、导线测量、三角测量或三边测量等方法进行。卫星定位测量的技术要求应满足表2-2-4的规定。

卫星定位测量技术要求　　表2-2-4

测量等级	固定误差 a(mm)	比例误差系数 b	闭合环或附合线路边数
二等	≤5	≤1	≤6
三等	≤5	≤2	≤8
四等	≤5	≤3	≤10
一级	≤10	≤3	≤10

各级导线测量的主要技术要求应符合表2-2-5的规定。

导线测量的主要技术要求　　表2-2-5

测量等级	附(闭)合导线长度(km)	边数	每边测距中的误差(mm)	单位权中误差(″)	导线全长相对闭合差	方位角闭合差(″)
三等	≤18	≤9	≤ ±14	≤ ±1.8	1/52000	$\leq 3.6\sqrt{n}$
四等	≤12	≤12	≤ ±10	≤ ±2.5	1/35000	$\leq 5\sqrt{n}$
一级	≤6	≤12	≤ ±14	≤ ±5.0	1/17000	$\leq 10\sqrt{n}$

注:1. n 为测站数。

2. 以测角中误差为单位权中误差。

3. 导线网节点间的长度不得大于表中长度的0.7倍。

桥涵三边测量的主要技术要求应符合表2-2-6的规定。

三边测量的主要技术要求　　表2-2-6

测量等级	测距中误差(mm)	测距相对中误差
二等	≤ ±9.0	≤1/330000
三等	≤ ±14.0	≤1/140000
四等	≤ ±10.0	≤1/100000
一级	≤ ±14.0	≤1/35000

3. 卫星定位测量平面控制网的布设要求

宽阔水域或海上桥梁工程的基础工程施工测量应采用卫星定位测量。卫星定位测量平面控制网宜分为首级网、首级加密网、一级加密网和二级加密网四个等级。一级加密网和二级加密网的布设应满足下列要求:

(1)点位不应选在大功率发射台或高压线附近,距离高压线不应小于100m,距离大功率发射台不宜小于400m。

(2)点位应避开由于地面或其他目标反射所引起的多路径干扰的位置。

(3)高度角为15°的上方,应无妨碍通视的障碍物。

(4)加密网应采用与全桥统一的坐标系统,由三角形或大地四边形组成。加密网应至少与附近2个高级网点联测,加密点应与2个以上控制点通视,加密点按一级卫星定位测量精度施测。

(5)控制网点应安全、稳定,应定期或不定期对其进行检测。

4.卫星定位测量

北斗卫星导航系统是我国自主研发、独立运行的全球卫星导航系统,自该系统提供服务以来,已在全国交通运输、农林渔业、水文监测、气象测报、通信授时、电力调度、救灾减灾、公共安全等领域得到广泛应用,服务于国家重要基础设施,产生了显著的经济效益和社会效益。基于北斗系统的导航服务已被电子商务、移动智能终端制造、位置服务等厂商采用,广泛进入我国大众消费、共享经济和民生领域,其应用的新模式、新业态、新经济不断涌现,深刻改变着人们的生产生活方式。

1)北斗卫星导航系统建设背景

(1)1994年北斗一号开始研发。

(2)2000年年底,建成北斗一号系统,向中国提供服务。

(3)2012年年底,建成北斗二号系统,向亚太地区提供服务。

(4)2020年,建成北斗三号系统,向全球提供服务。北斗三号全球卫星导航系统,主要有实时导航、快速定位和精确授时三大作用。

2)北斗卫星导航系统组成及特点

北斗卫星导航系统(BDS)是继美国全球定位系统(GPS)、俄罗斯格洛纳斯卫星导航系统(GLONASS)、欧盟的伽利略卫星导航系统(GALILEO)之后第四个成熟的卫星导航系统,由空间卫星部分、地面监控部分、用户接收机部分组成。其可在全球范围内全天候、全天时为各类用户提供高精度、高可靠定位、导航、授时服务,并具短报文通信能力,星基增强、地基增强、精密单点定位、短报文通信和国际搜救等多种服务能力。它的定位精度达6m,测速精度可达0.2m/s,授时精度可达10ns。

3)北斗卫星导航定位系统

北斗卫星导航定位系统需要发射35颗卫星,足足比GPS多出11颗,其中有5颗是静止轨道卫星,30颗是非静止轨道卫星,采用“东方红”-3号卫星平台。30颗非静止轨道卫星又细分为24颗中轨道(MEO)卫星和6颗倾斜同步(IGSO)卫星,24颗MEO卫星平均分布在倾角56°的三个平面上,轨道高度21500km。

4)卫星定位测量应符合以下要求

(1)观测组必须执行调度计划,按规定的时间进行同步观测作业。观测人员必须按照卫星定位接收机操作手册的规定进行观测作业。卫星定位观测的主要技术要求应符合表2-2-7的规定。

卫星定位测量观测的主要技术要求　　表2-2-7

项　目	测量等级			
	二等	三等	四等	一级
卫星高度角(°)	≥15	≥15	≥15	≥15

续上表

项目		测量等级			
		二等	三等	四等	一级
时段长度	静态(min)	≥240	≥90	≥60	≥45
	快速静态(min)	—	≥30	≥20	≥15
平均重复设站数(次/点)		≥4	≥2	≥1.6	≥1.4
同时观测有效卫星数(个)		≥4	≥4	≥4	≥4
数据采样率(s)		≤30	≤30	≤30	≤30
GDOP		≤6	≤6	≤6	≤6

注:GDOP(卫星导航几何因子)是指在导航变化量为最大的方向上,导航坐标的变化量与距离的变化量之比,即导航坐标梯度。

(2)天线安装在脚架上,对中整平时,对中误差不得大于1mm。

(3)每时段观测应在测前、测后分别量取天线高,两次测得的天线高之差应不大于3mm,并取平均值作为天线高。观测时应防止人员或其他物体触动天线。

(4)接收机开始记录数据后,应随时注意卫星信号和信息存储情况。在现场应按规定作业顺序填写观测手簿,不得事后补记。

(5)每日观测结束后,应将外业数据文件及时转存到存储介质上,不得做任何剔除或删改。

(6)应每隔1.5km选择一个桥墩先行施工其基础,并在该基础上设立稳定可靠的控制点,作为其他墩台施工放样的基准点。

小贴士

中国高铁跑得这么稳,竟和天上的北斗卫星有关!

乘客可以在以350km/h时速运行的高铁车厢中"闲庭信步",在车窗边上竖硬币不倒,都有赖于高铁线路的高平顺性。一旦轨道不够平顺,就会导致机车车辆出现系统震动,对轮轨噪声、轮轨相互作用力以及乘车舒适性、安全性等都会产生直接影响。

北斗三号全球卫星导航系统首次工程化应用于高铁建设领域,直接服务于轨道精调,确保轨道的位置和平顺性严格达到设计标准。

5. 水平角测量

水平角观测应符合以下要求:

(1)观测前应严格整平对中,对中误差应小于1mm;观测过程中,气泡中心位置偏离不得超过一格。水平角测量的主要技术要求应符合表2-2-8的要求。

水平角观测的主要技术要求　　表 2-2-8

测量等级	经纬仪型号	光学测微器两次重合读数之差(″)	半测回归零差(″)	同一测回中 2c 较差(″)	同一方向各测回间较差(″)	测回数
二等	DJ_1	≤1	≤6	≤9	≤6	≥12
三等	DJ_1	≤1	≤6	≤9	≤6	≥6
	DJ_2	≤3	≤8	≤13	≤9	≥10
四等	DJ_1	≤1	≤6	≤9	≤6	≥4
	DJ_2	≤3	≤8	≤13	≤9	≥6
一级	DJ_2	—	≤12	≤18	≤12	≥2
	DJ_6	—	≤24	—	≤24	≥4

注：当观测方向的垂直角超过 ±3°时，该方向的 2c 较差可按同一观测时间段内相邻测回进行比较。

(2)当水平角观测方向数大于 3 个时，应归零。

(3)水平角方向观测应在通视良好、成像清晰稳定时进行。二等及以上应分两个时段施测。

(4)当方向总数超过 6 个时，可分两组观测，每组方向数应大致相等，且包括两个共同方向，其中一个为共同零方向。

6. 距离测量

三角网基线边的边长应采用光电测距仪施测。光电测距的主要技术要求应符合表 2-2-9 的规定。

光电测距的主要技术要求　　表 2-2-9

测量等级	观测次数		每边测回数		一测回读数间较差(mm)	单程各测回较差(mm)	往返较差
	往	返	往	返			
二等	≥1	≥1	≥4	≥4	≤5	≤7	$\leq\sqrt{2}(a+bD)$
三等	≥1	≥1	≥3	≥3	≤5	≤7	
四等	≥1	≥1	≥2	≥2	≤7	≤10	
一级	≥1	—	≥2	—	≤7	≤10	

注：1. 测回是指照准目标一次，读数 4 次的过程。

2. 表中 a 为固定误差，b 为比例误差系数，D 为水平距离(km)。

三、桥涵高程控制测量

1. 高程控制测量技术要求

(1)公路桥梁高程系统宜采用 1985 年国家高程基准。

(2)同一个公路工程项目应采用同一个高程系统，并与相邻工程项目的高程系统衔接，桥位水准点高程测量应与路线控制高程联测。

(3)桥梁和其他构造物的高程控制测量等级不得低于表2-2-10的规定。

高程控制测量等级选用 表2-2-10

多跨桥梁总长 L(m)	单跨桥梁 L_K(m)	其他构造物	测量等级
$L \geqslant 3000$	$L_K \geqslant 500$	—	二等
$1000 \leqslant L < 3000$	$150 \leqslant L_K < 300$	—	三等
$L < 1000$	$L_K < 150$	高架桥	四等

桥涵控制网每千米观测高差中误差应满足表2-2-11的规定。

高程控制测量的技术要求 表2-2-11

测量等级	每千米观测高差中误差(mm)		附合或环线水准路线长度(km)
	偶然中误差 M	全中误差 M_W	
二等	±1	±2	100
三等	±3	±6	10
四等	±5	±10	4

(4)高程控制测量的主要技术要求:

高程控制测量应采用水准测量或三角高程测量的方法。

①水准测量的主要技术要求应符合表2-2-12的规定。

水准测量的主要技术要求 表2-2-12

测量等级	往返较差、附合或环线闭合差(mm)		检测已测测段高差之差(mm)
	平原、微丘区	山岭、重丘区	
二等	$\leqslant 4\sqrt{l}$	$\leqslant 4\sqrt{l}$	$\leqslant 6\sqrt{L_i}$
三等	$\leqslant 12\sqrt{l}$	$\leqslant 3.5\sqrt{n}$或$\leqslant 15\sqrt{l}$	$\leqslant 20\sqrt{L_i}$
四等	$\leqslant 20\sqrt{l}$	$\leqslant 6.0\sqrt{n}$或$\leqslant 25\sqrt{l}$	$\leqslant 30\sqrt{L_i}$

注:计算往返较差时,l 为水准点间的路线长度(km);计算附合或环线闭合差时,l 为附合或环线的路线长度(km);n 为测站数;L_i为检测已测测段长度(km),小于1km时按1km计算。

②光电测距三角高程测量的主要技术要求应符合表2-2-13的规定。

光电测距三角高程测量的主要技术要求 表2-2-13

测量等级	测回内同向观测高差较差(mm)	同向测回间高差较差(mm)	对向观测高差较差(mm)	附合或环线闭合差(mm)
四等	$\leqslant 8\sqrt{D}$	$\leqslant 10\sqrt{D}$	$\leqslant 40\sqrt{D}$	$\leqslant 20\sqrt{\sum D}$

注:D 为光电测距边长度,以km计算。

2. 高程控制点布设要求

(1)宽阔水域或海上桥梁工程的高程控制网应采用全桥统一的高程基准。对首级网点、首级加密网点和全桥高程贯通测量，采用不低于国家二等水准测量的要求。对一级和二级加密网点，应采用不低于国家三等水准测量的要求。

(2)先行施工桥墩的高程控制应采用卫星定位测量，其他桥墩、桥塔及上部结构可根据跨海和跨宽阔水域贯通测量成果，采用常规的高程测量方法测量。

(3)进行桥涵工程施工放样测量时，应对桥涵各墩台的控制性里程桩号、基础坐标、设计高程等数据进行复核，确认无误后再施测。

(4)施工水准网中的各水准点，对于大桥和特大桥应构成连续水准环。

(5)大桥和特大桥每端设置不少于 2 个水准点，作为水准网的控制点。

3. 水准测量观测的技术要求

(1)水准测量的观测方法应符合表 2-2-14 的规定。

水准测量的观测方法　　表 2-2-14

测量等级	观测方法		观测顺序
二等	光学观测法	往返	后—前—前—后
	中丝读数法		
三等	光学观测法		
	中丝读数法		
四等	中丝读数法	往	后—后—前—前

(2)在野外进行水准测量观测时，各项主要技术要求应符合表 2-2-15 的规定。

水准测量观测的主要技术要求　　表 2-2-15

测量等级	水准仪的型号	水准尺类型	视线长度(m)	前后视较差(m)	前后视累积差(m)	视线离地面最低高度(m)	红黑面读数差(mm)	黑红面高差较差(mm)
二等	DS_{05}	铟瓦	≤50	≤1	≤3	≥0.3	≤0.4	≤0.6
三等	DS_1	铟瓦	≤100	≤3	≤6	≥0.3	≤1.0	≤1.5
	DS_3	双面	≤75				≤2.0	≤3.0
四等	DS_3	双面	≤100	≤5	≤10	≥0.2	≤3.0	≤5.0

(3)尺垫应踏实，水准尺应立直，三脚架的两条腿应交替平行于路线方向。

(4)四等水准测量当采用“后—后—前—前”观测顺序时，后尺垫须在全部观测作业完毕并合格后方可移开。

4. 跨河水准测量基本要求

(1)应在水面较窄、土质坚实、便于设站的河段跨河。跨河视线不得通过草丛、沙丘、沙滩、芦苇的上方。仪器位置应选在开阔、通风之处。跨河水准测量的布置如图2-2-2所示。

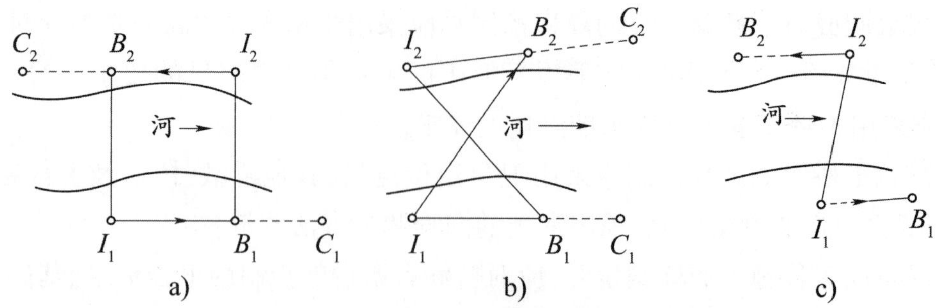

图2-2-2　跨河水准测量布置图

(2)两岸设置的水准仪应接近等高,视线距水面的高度不小于2m;两岸置镜点至水边的距离也宜接近相等,且地形类似。

(3)当水准路线通过宽度为各等级水准测量标准视线长度2倍以下的江河、山谷时,可用一般观测方法进行,但在测站上应变换一次仪器高度,观测2次,2次高差之差应符合表2-2-16的规定。

跨河水准测量2次观测高差之差(Ⅰ)　　表2-2-16

测量等级	高差之差(mm)	测量等级	高差之差(mm)
二等	≤1.5	四等	≤7
三等	≤7		

(4)当高程视线长度超过各等级水准测量标准视线长度的2倍以上时,应按表2-2-17选择观测方法。

跨河水准测量2次观测高差之差(Ⅱ)　　表2-2-17

观测方法	跨越视线长度(m)	观测方法	跨越视线长度(m)
直接读数法	三、四等≤300	倾斜螺旋法	≤1500
光学读数法	≤500	测距三角高程法	≤3500

5.水准测量注意事项

(1)测量前应检校好仪器,标尺要扶竖直。

(2)应在坚实地面上设站和选定转点,并尽可能使前后视距相等。

(3)视线长度一般在100m以内,视线高度一般高于地面不小于0.3m,瞄准读数时,要仔细对光,消除视差。

(4)读数前要严格使管水准器气泡居中,读数后应及时检查气泡位置。

(5)读数时做到不重、不漏;阳光较强时,应使用遮阳伞。

四、施工放样

桥梁施工放样的目的是将桥梁设计图上所有的结构物的位置、大小及高低在实地标定出来,以作为施工的依据。在施工过程中,放样和检测构造物几何尺寸,用以实现从设计图纸到工程实物的质和量的转变。

施工放样前，测量人员必须熟悉结构物的总体布置图及细部结构设计图，按照由整体到局部的原则，以控制网作为放样依据，找出主要点及主要轴线的设计位置及各部分间的几何关系，并结合现场条件，以确定所采用的放样方法。施工放样是保证施工质量的一个方面。

1. 施工放样的基本方法

1）已知距离的放样

如图 2-2-3 所示，已知直线 AB 在实地的方向，即方位角和 A 点在地面上的位置及 AB 两点之间的距离 D_{AB}，试放样确定 B 点在地面上的位置。

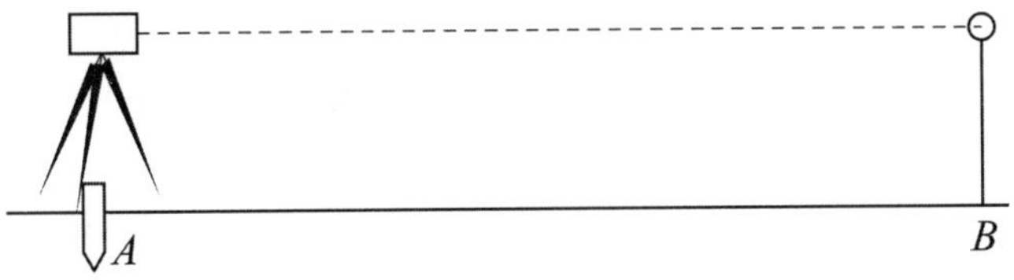

图 2-2-3　已知距离的放样

利用全站仪距离放样功能即可进行已知距离的放样，即在 A 点安置全站仪，瞄准 AB 直线方向，沿此方向线立棱镜，观测者指挥棱镜前后左右移动，直至"对准放样点尚差的水平距离 dHD = 0"，此时棱镜位置为 B 点在地面上的实际位置。

综上所述，利用全站仪距离放样功能即可放样已知距离。

2）正倒镜分中法放样已知角度

如图 2-2-4 所示，O、A 为已知点，OB 为待定方向，已知 OA 与待定方向 OB 的夹角为 $\angle AOB = \beta$，试确定待定方向 OB。

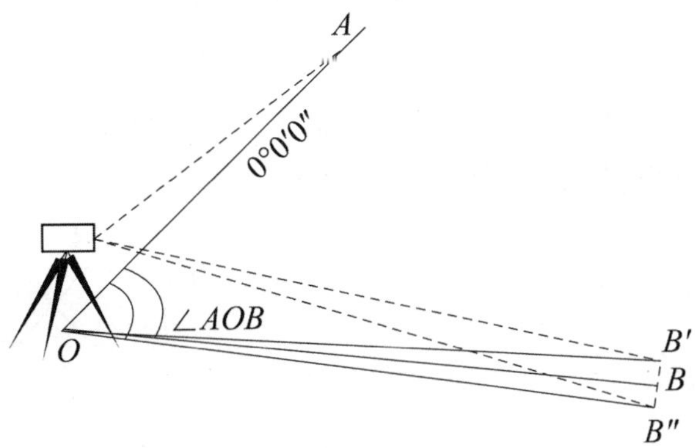

图 2-2-4　正倒镜分中法放样水平角

其操作步骤为：选择 O 点为测站点，将全站仪安置在 O 点，对中、整平后，用正镜后视 A 点置零，判断待定边 OB 是在 OA 边的左侧还是右侧，若在 OA 边的右侧应顺时针转动望远镜，使水平角读数为 β，在地面上标出一点 B'；若在 OA 边的左侧应逆时针转动望远镜，倒镜瞄准 A 点，用同样的方法在地面上标出一点 B''，取 B' 和 B'' 的中点 B，则 $\angle AOB$ 为所放样的水平角 β。正倒镜分中法放样已知水平角 β，采用两个盘位拨角是为了校核。

3）已知坐标的放样

已知坐标的放样有直角坐标法、角度距离法、角度交会法和距离交会法等几种方法。

(1) 直角坐标法。全站仪坐标放样是工地上最常用的施工放样方法。

在全站仪程序菜单 Menu 中新建文件名；输入测站点 O 坐标 (x_0, y_0)；输入后视点 A 的坐标(x_A,y_A),并瞄准后视点 A;分别输入待放样点 B、C 等放样点坐标并放出平面位置,如图 2-2-5 所示。

(2)角度距离法。角度距离法又称为极坐标法,如图 2-2-6 所示。P 为待放样点,A、B 为控制点。以 A 为极点,则可根据 AP、AB 之间的夹角 $\beta=\alpha_{AP}-\alpha_{AB}$,计算出 AP 的距离 D_{AP}。

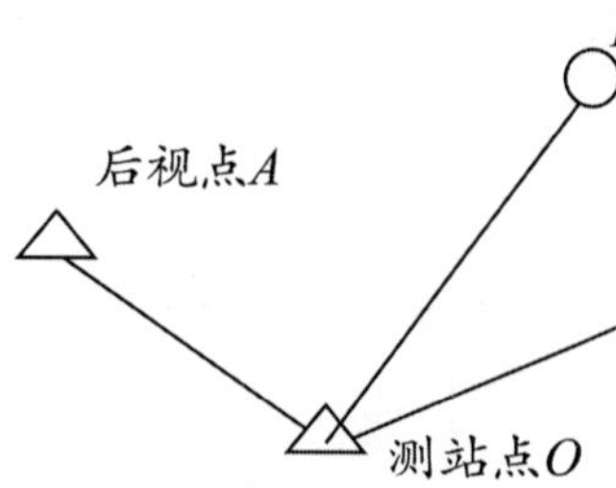

图 2-2-5　直角坐标法放样

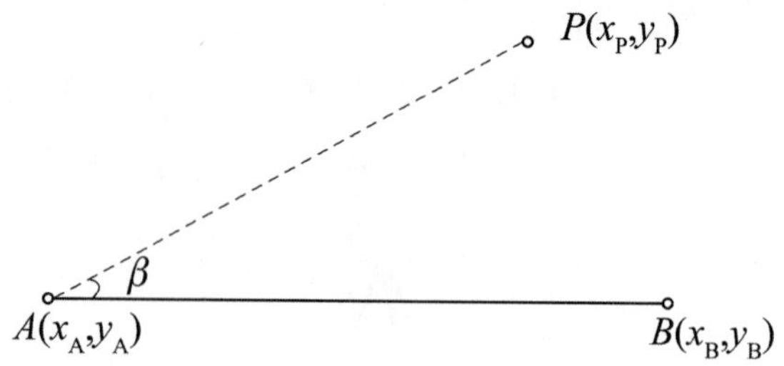

图 2-2-6　极坐标放样

现场放样时,将全站仪置于 A 点,瞄准 B 点,度盘读数置零。然后拨角度 β,盘右镜再拨一次,以平均方向作为 AP 的方向,沿此方向利用全站仪距离放样功能放样出距离 D_{AP},即待放样点 P 的位置。

直角坐标法、角度距离法的详细放样步骤见《公路工程测量》教材,此处不再赘述。

(3)角度交会法。如图 2-2-7 所示,先根据控制点 A、B 和待放样点 P 的坐标,反算出 β_1、β_2。再在 A、B 点上安置全站仪或经纬仪,分别放出 β_1、β_2,并在交会方向线上的 P 点前后分别标定骑马桩 1、2 和 3、4,最后在 1、2 和 3、4 点上分别拉线,其交点为交会点。其交会角应为 30°~150°。此法适用于地面不平或丈量距离困难的地段。

(4)距离交会法。如图 2-2-8 所示 A、B 为已知控制点,P 为待定点,根据控制点 A、B 和待放样点 P 的坐标,求出 AP、BP 水平距离 a 和 b。测设时,分别在 A、B 两点安置全站仪,利用距离放样功能,并在交会方向线上 P 点前后盘左放样出 1、2 点,盘右放样出 3、4 点,最后在 1、2 和 3、4 点上分别拉线,其交点为交会点 P 点。

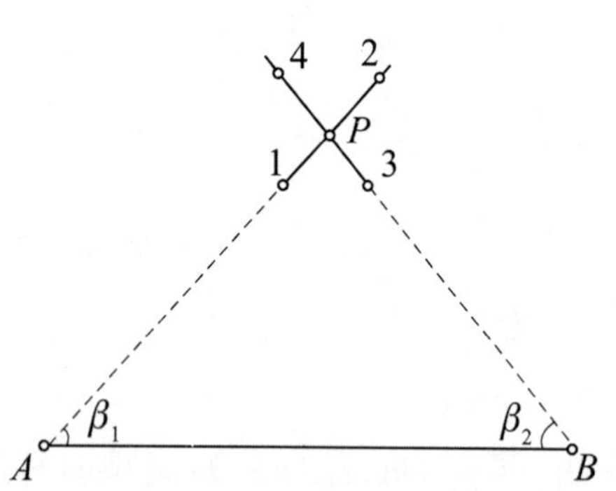

图 2-2-7　角度交会法

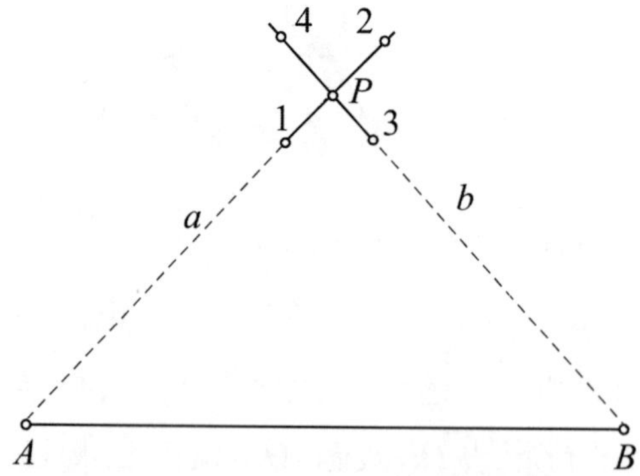

图 2-2-8　距离交会法

(5)后方交会法放样点位。前方交会法是在已知点设置仪器,观测未知点的方向,求这些方向线的交点来得到未知点的位置。而后方交会法是在未知点附近设置仪器,观测至已知点的距离和方向,求这些方向线的交点即可得到未知点。

后方交会法如图 2-2-9 所示。A、B、C、D 为施工控制网点,P_0为待放样点,P 为采用适当的方法求得的靠近 P_0的过渡点。按后方交会的作业方法,将仪器置于过渡点 P 上,观测角度 α、β,计算出 P 点坐标。P 点坐标确定后,根据其实测坐标和 P_0的设计坐标,计算出 PP_0的距离和方位角,用极坐标法放出 P_0 点。

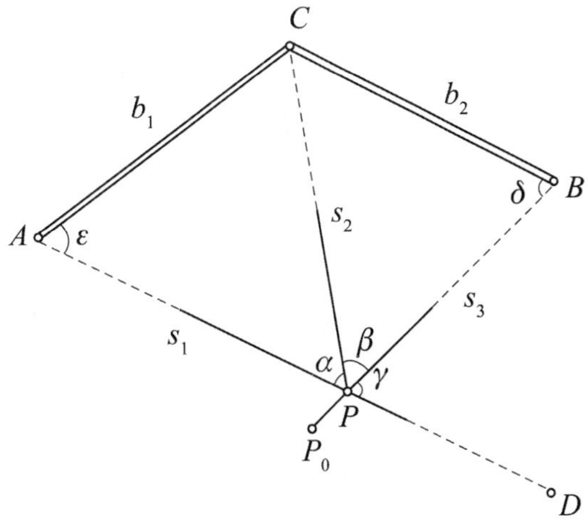

图 2-2-9　后方交会法放样点位

2. 涵洞放样

当涵洞位于直线部分时,其中心应根据线路控制桩的方向和附近百米桩里程来测定。若位于曲线上时,应根据曲线测设方法测定。正交涵洞的轴线垂直于路线中线,斜交涵洞的轴线与路线中线前进方向的右侧成斜交角 θ,θ 与 90°之差称为斜度 φ,如图 2-2-10 所示。涵洞轴线确定后,利用全站仪距离放样功能,放样出上下游涵长,并保证进出水口顺畅,可用小木桩标定涵端,用大木桩控制轴线,并以此为基准测定基坑和基础在平面上的尺寸,并用木桩标出,如图 2-2-11 所示。

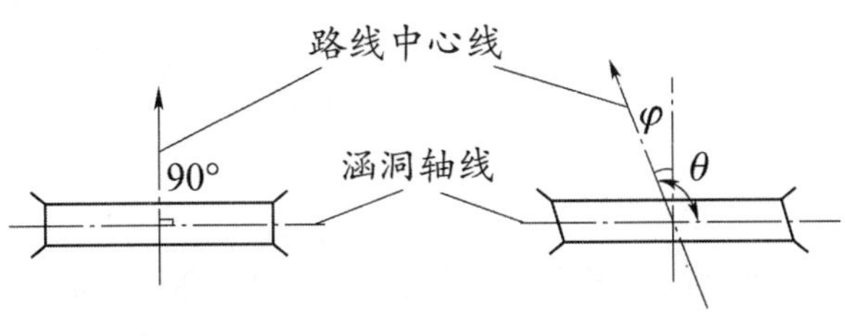

图 2-2-10　正交与斜交涵洞

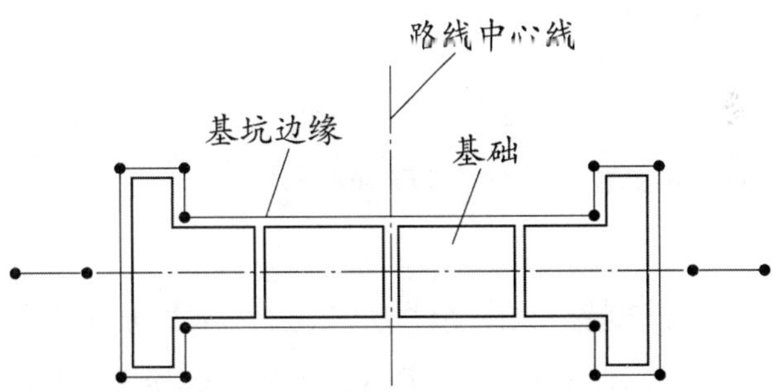

图 2-2-11　涵洞基础放样

3. 锥体护坡放样

1)图解法

图解法又称为双点双距图解法。根据锥坡的高度 H,按照纵坡和横坡的坡率算出坡脚椭圆曲线的长轴 a 及短轴 b 的长度,$a = mh$,$b = nH$,在小方格纸上按 1∶50 或 1∶100 的比例画出椭圆,并求出椭圆曲线上若干个点的定位距离(双距)。放样步骤如下:

(1)如图 2-2-12 所示,作两条正交直线,量取 $AB = AB' = a$,$AC = b$,以 C 为圆心,以 a 为半径画圆弧,与 BB' 交于 F、F' 两点,得椭圆的两焦点,拿一根细线固定其两端在 F、F' 点处,用一铅笔尖靠细线拉紧滑动即可作出半个椭圆 BCB'。

(2)将 BC 弧等分成若干段,用比例尺在图上量出曲线上各点的定位距离,即(u_1,v_1),…,(u_n,v_n),并列于表 2-2-18 中。

定位距离数据　　表2-2-18

距　离	点　别						
	1	2	3	4	5	…	n
u	u_1	u_2	u_3	u_4	u_5	…	u_n
v	v_1	v_2	v_3	v_4	v_5	…	v_n
$u+v$	u_1+v_1	u_2+v_2	u_3+v_3	u_4+v_4	u_5+v_5	…	u_n+v_n

(3)先根据 a、b 纵横轴长,测设 A、B、C 点,再用两根皮尺,将零点固定在 A、C 点上,相应地截取 u_1、v_1交会于1点,u_2、v_2交会于2点……交会时,注意将两尺拉紧,并置于同一水平面上。如用一根皮尺放样时,可取$(u+v)$双距之和,将皮尺的 O 点固定于 A(或 C)点,在 C(或 A)点皮尺的读数应为$(u+v)$。在皮尺 v_1 长度处两边拉紧,即可交会得出1点,其余各点依次类推。操作方法如图2-2-13所示。

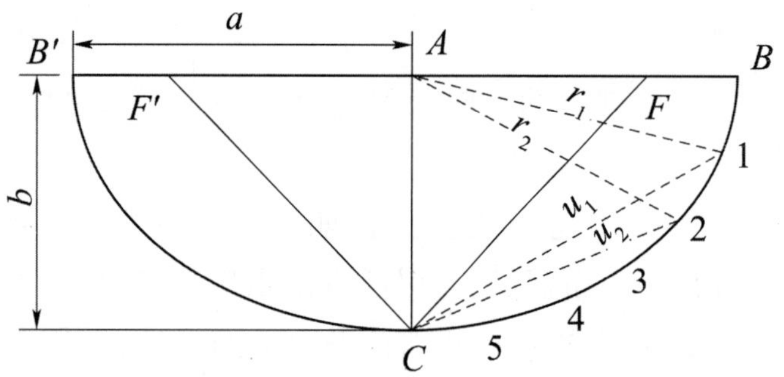

图2-2-12　双点双距图解法

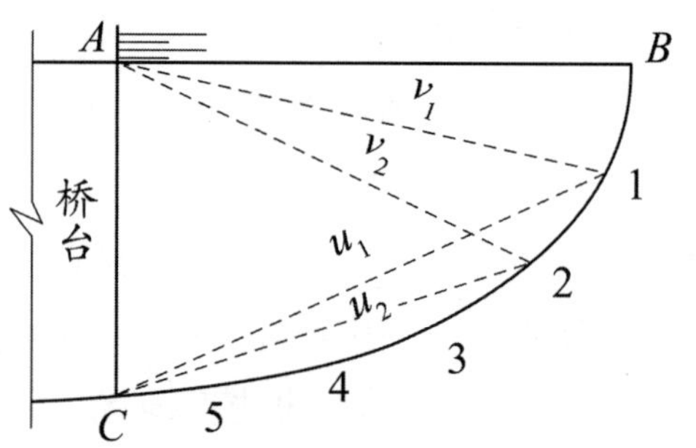

图2-2-13　双点双距图解法放样图式

2)坐标值量距法

在锥坡不高、干地、底脚地势平坦、桥涵中线与水流流向正交的情况下,用椭圆曲线放样时,可采用坐标值放样法。

(1)椭圆曲线内侧量距法

根据锥坡的高度 H 和坡率 m 及 n,计算出锥坡底面椭圆的长、短半轴,即长半轴 $a=m\times H$,短半轴 $b=n\times H$,$P(x,y)$点为椭圆上的任意点。将长半轴 a 分为 n 等分,相应于 n 等分的坐标 y 为:

$$Y=\pm\frac{b}{a}\sqrt{a^2-(na)^2}=b\sqrt{1-n^2}$$

一般将 a 分为10等分,每一等分的长度为 $a/10$。假定 x_1为第一等分,则 $n_1=0.1a$,x_2为第二等分,则 $n_2=0.2a$,依次类推。将 n_1、n_2、n_3等各值代入上式,可计算各纵坐标 y_1、y_2、y_3等各值,见表2-2-19。用此坐标值利用全站仪放样椭圆曲线内侧距离,即可放样出椭圆曲线,如图2-2-14所示。

内侧量距法椭圆曲线坐标值　　表2-2-19

等分 n 值	横　坐　标	x	纵　坐　标	y
1/10	X_1	$0.1a$	Y_1	$0.995b$
2/10	X_2	$0.2a$	Y_2	$0.980b$

续上表

等分 n 值	横　坐　标	x	纵　坐　标	y
3/10	X_3	$0.3a$	Y_3	$0.954b$
4/10	X_4	$0.4a$	Y_4	$0.917b$
5/10	X_5	$0.5a$	Y_5	$0.866b$
6/10	X_6	$0.6a$	Y_6	$0.800b$
7/10	X_7	$0.7a$	Y_7	$0.714b$
8/10	X_8	$0.8a$	Y_8	$0.600b$
9/10	X_9	$0.9a$	Y_9	$0.436b$
9.5/10	$X_{9.5}$	$0.95a$	$Y_{9.5}$	$0.312b$
10/10	X_{10}	a	Y_{10}	0

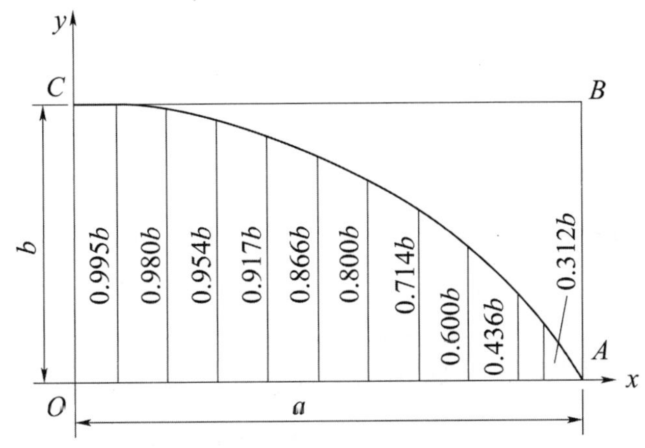

图 2-2-14　椭圆曲线放样图式(内侧量距法)

(2)椭圆曲线外侧量距法

桥涵施工时,为减少回填工作量,有时将开挖基坑的弃土堆放在锥坡内,因此,在锥坡内侧放样将发生困难。此时可按图 2-2-15 所示,在椭圆曲线的外侧即在 OX 轴对面的平行线 ED 上,按表 2-2-20 所列的坐标值,用全站仪在 OX 轴的平行线 ED 上,放样出各等分点 $0.1a$、$0.2a$、$0.3a$、…、a,即可放出 P_1、P_2、P_3 等各点,然后用连续曲线连接起来,即成一椭圆曲线。

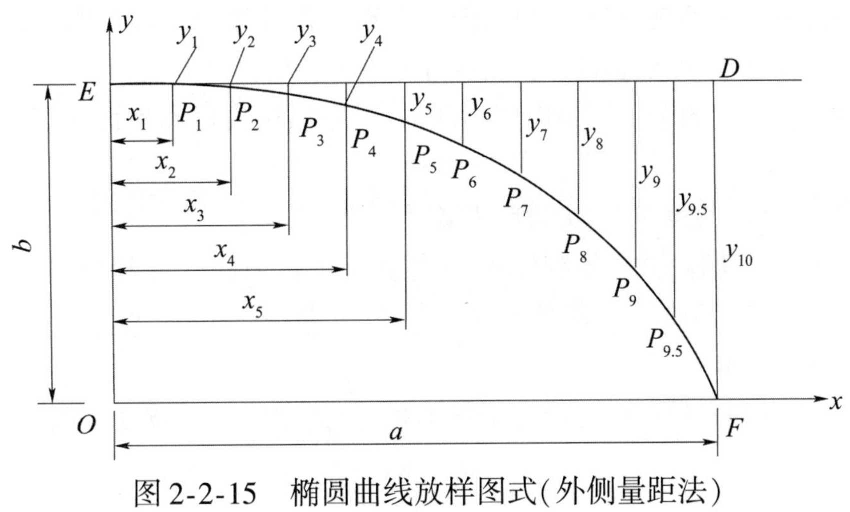

图 2-2-15　椭圆曲线放样图式(外侧量距法)

外侧量距法椭圆曲线坐标值　　表2-2-20

等分 n 值	横坐标	x	纵坐标	y
1/10	X_1	0.1a	Y_1	0.005b
2/10	X_2	0.2a	Y_2	0.20b
3/10	X_3	0.3a	Y_3	0.046b
4/10	X_4	0.4a	Y_4	0.083b
5/10	X_5	0.5a	Y_5	0.134b
6/10	X_6	0.6a	Y_6	0.200b
7/10	X_7	0.7a	Y_7	0.286b
8/10	X_8	0.8a	Y_8	0.400b
9/10	X_9	0.9a	Y_9	0.564b
9.5/10	$X_{9.5}$	0.95a	$Y_{9.5}$	0.688b
10/10	X_{10}	a	Y_{10}	b

操作实训

利用全站仪进行锥体护坡平面位置的放样

1. 安全教育

(1)实训场地(如学院操场),实训期间不准到处乱跑,不准打闹,不准玩手机,不准坐仪器箱,全站仪取出后应将箱盖盖好,应遵守实训场地规章制度。

(2)正确使用全站仪、棱镜、铁钉、工程线等工具。

(3)上课前以组整队集合,小组组长清点学生人数,学生统一着迷彩服,全班分6个小组进行操作训练。

(4)在实训过程中,学生应爱护并妥善保护仪器、工具,正确使用仪器,各组间不得任意调换仪器、工具。

2. 实训目的及要求

各小组通过本次实训提高全站仪操作使用能力,能描述全站仪椭圆曲线内侧量距法和外侧量距法的操作步骤,熟悉锥体护坡各等分点坐标的计算方法。

要求学生具备一定的全站仪操作使用能力,具备坐标放样和坐标计算的能力。培养学生的团队合作、配合和沟通能力,以及吃苦精神和严谨的学习工作态度。

3. 实训准备工作(场地布置、实训所用器材)

每小组成员分工协作,共同编制计划,根据实际的锥坡高度 H 和坡率 m 及 n,计算出锥坡底面椭圆的长、短半轴,并计算各等分点坐标,罗列所用仪器、工具和其他用料类型及数量清单交由仪器室准备。

核对仪器、工具和其他用料是否与用料单相符,详细阅读锥坡施工图纸,检查图纸有无错漏。

4. 操作步骤(实训操作程序、操作方法、实训组织与实施)

采用椭圆曲线内侧量距法。

根据工程图纸给定锥坡的高度 H 和坡率 m 及 n,计算出锥坡底面椭圆的长、短半轴(长半轴 $a=mH$,短半轴 $b=nH$),一般将 a 分为 10 等分,每一等分的长度为 $a/10$。各等分点纵、横坐标见表 2-2-20。用此坐标值利用全站仪放样椭圆曲线外侧距离。

(1)如图 2-2-15 所示,操作实训时,将全站仪安置于横桥向的锥坡端点 F 点,对中、整平。

(2)在全站仪程度菜单 Menu 中新建文件名;输入测站点 F 坐标$(0,a)$;输入后视点 O 的坐标$(0,0)$(后视点 O 为坐标原点),并瞄准后视点 O;分别输入待放样各等分点坐标。

(3)利用全站仪的坐标放样功能即可依次放样锥坡外侧距离,放样出各等分点的平面位置,并在实地钉设小钉,待各等分点放样完成后,将各等分点与锥坡顶进行挂线,作为锥坡施工的依据,如图 2-2-15 所示。

(4)同理,利用全站仪的坐标放样功能可依次放样锥坡内侧距离,可放样出各等分点的平面位置,如图 2-2-14 所示。各等分点纵、横坐标见表 2-2-19,用此坐标值利用全站仪放样椭圆曲线内侧距离。

5. 注意事项

要求正确使用全站仪,各等分点放样位置要准确,放样精度应满足要求,挂线应顺直,挂线不宜过松也不宜过紧。

6. 质量验收及评定或实习报告、实训总结

实训结束后,学生小组间互评,指导教师对每个小组上交的作品评定打分,要求学生每人编写一份实训报告,对锥坡放样过程进行总结,写出实训的心得体会。

复习思考题

一、填空题

1. 施工准备通常包括________、________、________和________等工作。
2. ________技术准备是施工准备的核心。
3. 四等及以上平面控制网中相邻点之间的距离不得小于________。
4. “四通一平”是指________、________、________、________和平整场地。
5. 技术交底一般由________主持,设计、监理和施工单位(承包人)参加。

二、选择题

1. 各等级三角控制网应布设为近似(　　)。

A. 等边三角网　　B. 等腰三角网　　C. 直角三角网　　D. 任意三角网

2. 基线长度一般不小于(　　)的0.7倍。

A. 桥梁跨径　　B. 桥梁轴线长度

C. 计算跨径　　D. 桥梁高度

3. 同一个公路工程项目应采用(　　)高程系统。

A. 三个　　B. 两个　　C. 同一个　　D. 不同

4. 桥梁平面控制网宜布设成(　　)。

A. 五边形　　B. 任意多边形

C. 三角形　　D. 四边形

5. 高程控制点布设时,大桥和特大桥每端设置不少于(　　)水准点,作为水准网的控制点。

A. 三个　　B. 两个

C. 一个　　D. 四个

三、判断题

1. 在特大桥的两端至少分别布设一对相互通视的首级平面控制点。(　　)

2. 各等级三角控制网应布设为近似等边的三角网,图形应力求简单,并具有足够的强度,三角形内角一般大于30°、小于150°。(　　)

3. 平面控制点位的位置应便于加密、易于保存、寻找,同时便于测角、测距及桥梁中线、桥墩(台)的放样。(　　)

4. 跨河水准测量应在水面较宽、土质坚实、便于设站的河段跨河。(　　)

5. 跨河水准测量跨河视线不得通过草丛、沙丘、沙滩、芦苇的上方。(　　)

四、简答题

1. 施工现场的"四通一平"的含义是什么?

2. 施工现场准备工作主要包括哪些内容?

3. 简述正倒镜分中法放样已知角度的方法。

4. 简述卫星定位测量平面控制网的布设要求。

5. 简述桥涵施工测量应满足的要求。

学习任务三

桥梁基础施工

桥梁基础是将桥梁墩台所承受的各种荷载传递到地基上的构造物。桥梁基础按照构造和施工方法的不同分为浅基础、桩基础、沉井基础、管桩基础和地下连续墙等类型。桥梁基础根据埋置深度的不同,可分为浅基础和深基础。浅基础是将墩(台)及上部结构传递来的荷载直接传递至较浅的支承地基的一种基础形式。深基础按照施工方法的不同,分为桩基础、沉井基础及地下连续墙。桩基础是深入土层中的柱形结构,其作用是将从桩顶以上的结构物传来的荷载传递到较深的地基持力层中去,主要有钻孔灌注桩基础、挖孔桩基础、沉入桩基础等。本学习任务主要学习浅基础及钻孔灌注桩基础的施工技术。

本学习任务要求学生理解浅基础定位放样的方法及步骤、基坑开挖及桥梁浅基础施工中常用的基坑排水方法,能描述浅基础及钻孔灌注桩基础的施工方法及施工工艺流程,能描述浅基础及钻孔灌注桩基础的施工质量检验方法及质量控制要点。

学习活动一　浅基础施工

学习目标

1. 能描述基础定位放样的方法及步骤;
2. 能描述坑壁不加支撑的基坑开挖的施工要求;
3. 能描述围堰种类和适用条件;
4. 能描述桥梁基础施工中常用的基坑排水方法。

建议完成本学习活动的时间为4课时。

学习情境描述

某二级公路工程第四合同段在K31+068处设计有一座单跨13m小桥,全桥位于路线的直线段内,桥型为钢筋混凝土空心板桥,设计图纸已经下发给施工单位。根据总工期的要求,这座小桥施工的时间为9个月。此桥采用浅基础,其构造如图3-1-1所示。本学习活动主要学习基础定位放样与基坑开挖、围堰种类和施工要求、基坑排水、浅基础的施工方法和质量检验、基底检验与处理等内容。

项目负责人(教师)派单,由施工员(学生)在规定时间内完成该基础施工的详细施工流程。教师根据图片和浅基础施工视频进行讲解,学生通过学习和观察后能够描述基础定位放样与基坑开挖的方法,能描述围堰种类和施工要求,能描述基坑排水的方法,能说出浅基础的施工方法和质量检验及基底检验与处理方法,由教师进行考核评价。

a)

b)

图3-1-1　浅基础

相关知识

一、基础定位放样与基坑开挖

浅基础的施工内容包括基础定位放样、基坑开挖、基坑排水、基底处理及浇筑基础结构物。

1. 基础定位放样

基坑开挖前,应复核基坑中心线、方向和高程,并应按地质水文资料,结合现场情况,决定开挖坡度、支护方案及地面的防水、排水措施。

基础定位放样是根据桥梁中心线与墩台的纵横轴线,推算出基础边线的定位点,再放线画出基坑的开挖范围,如图3-1-2所示。基坑底部的尺寸一般较基础设计平面尺寸每边各增加0.5~1.0m,以便于支撑、排水与立模板。坑壁垂直的无水基坑坑底,可不必加宽,直接利用坑壁作基础模板。

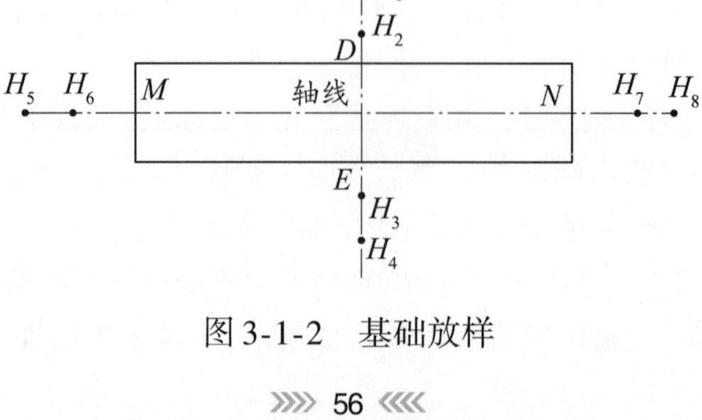

图3-1-2　基础放样

2. 基坑开挖

1) 基坑开挖施工的一般规定

(1) 基坑开挖施工应安排在枯水或少雨季节施工，基坑开挖应连续施工。当采用机械开挖时，应避免超挖，应在挖至基底前预留一定厚度，由人工开挖至设计高程。

(2) 基坑顶面应设置防止地面水流入基坑的拦水设施及各种排水设施。在基坑开挖时，应对基坑边缘顶面的各种荷载进行严格限制，并在基坑边缘与荷载间设置护道。当基坑深度小于或等于4m时，应设置宽度不小于1m的护道；当基坑深度大于4m时，护道的宽度应适当加宽或采取加固措施。

(3) 开挖过程中进行排水时，应不对基坑的安全产生影响，在确保基坑坑壁稳定的情况下，方可进行基坑内排水。

(4) 基坑开挖施工完成后不得长时间暴露、被水浸泡或被扰动，及时检验其高程、尺寸和基底承载力，合格后尽快进行基础施工。

(5) 当基坑深度较小，坑壁土层稳定时，可直接放坡开挖。

(6) 当基坑坑壁坡度不易稳定并有地下水影响时，应对坑壁进行支护。

(7) 基坑开挖时，必须保证施工时的安全。

2) 坑壁不支护的基坑开挖

(1) 对于在干涸河滩、河沟中，或者在经改河、筑堤能排除地表水的河沟中进行的基坑开挖工程，当地下水位低于基底或渗透量少、不影响坑壁稳定或基础埋置不深、施工期较短时，若不影响邻近建筑物安全，可选用坑壁不加支撑的基坑。

(2) 基坑坑壁坡度应按地质条件、基坑深度、施工方法等情况确定，无水基坑且土层构造均匀时，基坑坑壁坡度应满足表3-1-1的要求。若土的湿度有可能使坑壁不稳定而引起坍塌，基坑坑壁坡度应缓于该湿度下的天然坡度。

基坑坑壁坡度　　表3-1-1

坑壁土类别	坑壁坡度		
	坡顶无荷载	坡顶有静荷载	坡顶有动荷载
砂类土	1:1	1:1.25	1:1.5
卵石、砾类土	1:0.75	1:1	1:1.25
粉质土、黏质土	1:0.33	1:0.5	1:0.75
极软岩	1:0.25	1:0.33	1:0.67
软质岩	1:0	1:0.1	1:0.25
硬质岩	1:0	1:0	1:0

(3) 当基坑为渗水的土质基底时，坑底平面尺寸应根据排水要求和基础设计所需基坑大小而定。一般基底应比基础的平面尺寸增宽0.5～1.0m。

(4) 当基坑深度在5m以内，土的湿度正常时，可采用斜坡坑壁开挖或按坡度比值挖成阶梯形坑壁，每梯高度以0.5～1.0m为宜，可作为人工运土出坑的台阶。当基坑深度大于

5m时,坑壁坡度应适当放缓或加做平台,如图3-1-3所示。

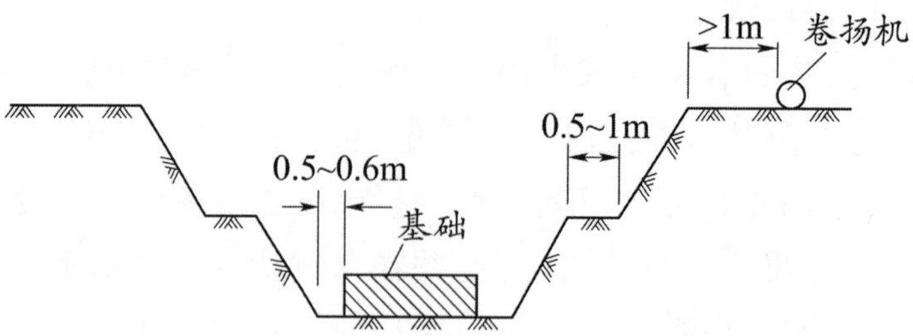

图3-1-3　坑壁不加支撑的基坑开挖

3)坑壁有支护的基坑开挖

(1)当基坑较浅且渗水量不大时,可采用竹排、木板、混凝土板或钢板对坑壁进行支护,木板、钢板支护如图3-1-4所示。

(2)当基坑深度小于或等于4m且渗水量不大时,可采用槽钢、H型钢、工字钢进行支护。

(3)当地下水位较高,基坑开挖深度大于4m时,宜用锁口钢板桩或锁口钢管桩围堰进行支护。

(4)在条件许可时,采用水泥土墙、混凝土围圈或桩板墙进行支护。

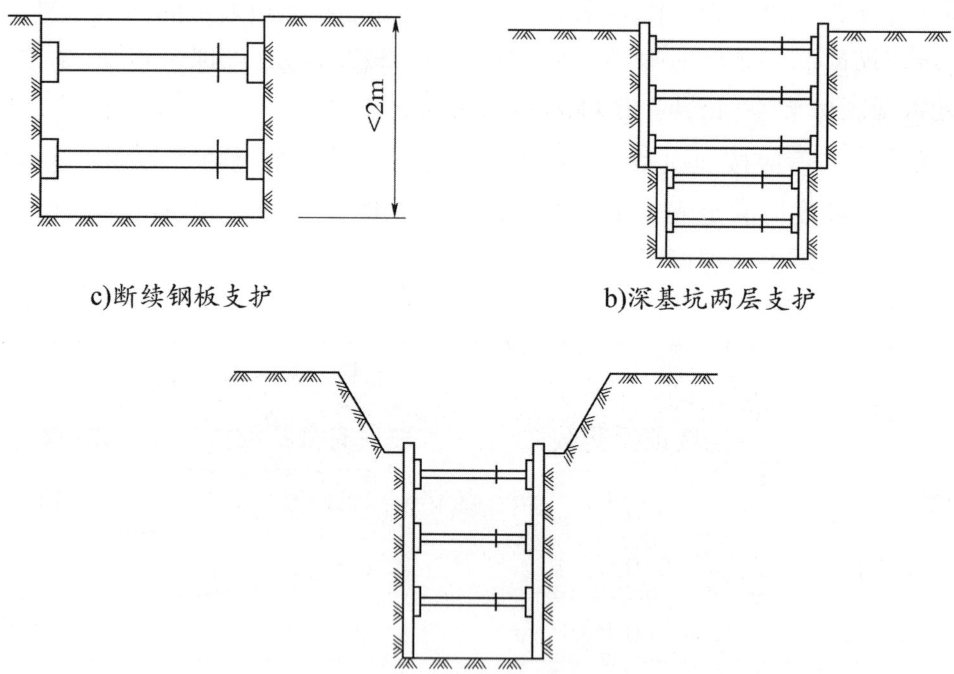

c)断续钢板支护　　b)深基坑两层支护

c)上部放坡,下部连续支护

图3-1-4　木板、钢板支护

4)基坑坑壁加固

当基坑坑壁采用喷射混凝土、锚杆喷射混凝土、预应力锚索及土钉支护等方式进行加固时,施工应符合下列规定:

(1)喷射混凝土护壁。对基坑开挖深度小于10m的较完整中风化基岩,可直接喷射混凝土加固坑壁。喷射混凝土前应将坑壁上的松散层或岩渣清理干净,一般喷护厚度为5~

8cm,一次喷护需1～2h,一次喷护达不到设计厚度,应等第一层喷层终凝后再补喷,直至达到厚度要求为止。喷射混凝土护壁施工如图3-1-5所示。

①喷射混凝土的强度、厚度应不小于设计值。混凝土应采用机械搅拌并使用专用机械喷射。

②喷射作业前,应对机械设备、各种管路、电线等进行检查并试运转。

③喷射完成后,检查混凝土的平均厚度、强度,均不得小于设计要求。

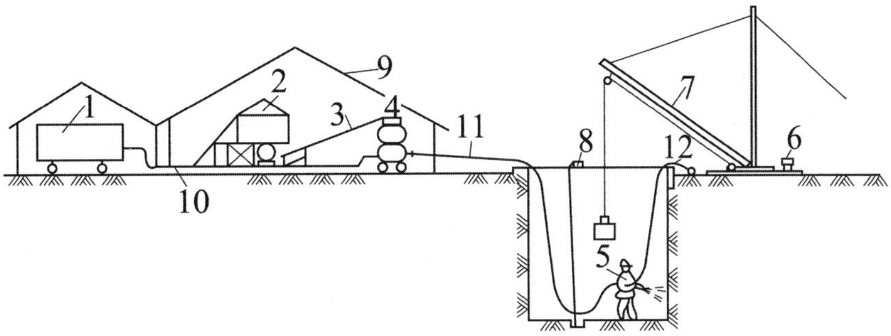

图3-1-5　喷射混凝土护壁

1-空压机;2-拌和机;3-皮带运输机;4-喷射机;5-喷射手;6-卷扬机;7-扒杆;8-抽水机;9-拌和堆料棚;10-高压管路;11-混凝土喷射管路;12-高压水管路

(2)锚杆挂网喷射混凝土护壁。当基坑为不稳定的强风化岩质地基或淤泥质黏土时,可用锚杆挂网喷射混凝土护壁,如图3-1-6所示。当采用锚杆挂网喷射混凝土支护时,各层锚杆或锚索进入稳定层的长度和间距、钢筋直径应符合设计要求。当孔深小于或等于3m时,应采用先灌浆后插入锚杆的施工工艺;当孔深大于3m时,应采用先插入锚杆后灌浆的施工工艺。锚杆应居中固定,注浆应采用孔底注浆法,其注浆管应插至距离孔底50～100mm处,注浆压力不应小于0.2MPa。锚杆的平均抗拉拔力不小于设计值,最小拔力不小于设计值的90%。混凝土喷射表面应平顺,钢筋和锚杆不外露。

图3-1-6　锚杆挂网喷射混凝土护壁

(3)采用预应力锚索加固坑壁。预应力锚索编束、安装和张拉应符合预应力锚索的要求。

(4)采用土钉支护加固坑壁。施工前应制订专项施工方案和施工监控方案,配备适宜的机具设备。土钉支护中的开挖、成孔、土钉设置及喷射混凝土面层等的施工应符合《基坑土钉支护技术规程》(CECS 96:97)的要求。

(5)不论何种加固方式,均应按设计要求,逐层开挖、逐层加固,坑壁或边坡上有明显出水点处应设置导管排水。

二、围堰与排水(资源3-1-1)

水中开挖基坑,必须先沿基坑周围修筑围堰,以便排水开挖基坑和砌筑基础圬工。

资源3-1-1:水中扩大基础土石围堰施工

1. 土石围堰一般要求

土石围堰的高程、平面尺寸及填筑应满足下列要求:

围堰顶面的高程应高出施工期间可能出现的最高水位0.5~0.7m。其外形尺寸应考虑河流断面被压缩后,流速增大引起水流对围堰、河床的集中冲刷及影响通航、导流等不利因素。堰内平面尺寸应满足基础施工的要求(包括坑内集水沟、排水井、工作余裕空间等所必需的工作面),应满足堰身强度和稳定性要求,不得任意压缩。围堰填筑应分层进行,要求防水严密,尽量减少渗漏,以减轻排水工作,为此需注意堰身修筑质量。除工程本身需要外,一般情况下宜充分利用枯水期施工,如在洪水、高潮时期,应做好周密保护。围堰材料尽量就地取材。

2. 围堰种类和适用条件

1)围堰种类

围堰包括土围堰,土袋围堰,竹笼、木笼、铅丝笼和钢笼围堰,以及膜袋围堰四种类型。

2)围堰适用条件

(1)土围堰

①适用条件。适合在水深1.5m以内,水流流速0.5m/s以内,河床土质渗水较小时采用。土围堰如图3-1-7所示。

②施工要求。筑堰宜用黏性土或砂夹黏土,超出水面后应进行夯实。筑堰时由上游开始至下游合龙,筑堰前应将堰底河床上的树根、石块、杂物清除干净。堰外坡面受水流冲刷时,应及时进行防护。

(2)土袋围堰

①适用条件。适合在水深3m以内,水流流速在1.5m/s以内,河床土质渗水性较小时采用。土袋围堰如图3-1-8所示。

②施工要求。围堰中心部分可填筑黏土及黏性土芯墙,堆码的土袋的上下层和内外层应相互错缝,尽量堆码密实平整。袋内填黏性土,装填量为60%。流速较大时,过水面及迎水面袋内可装填粗砂或卵石。堰外边坡坡度为1:0.5~1:1,堰内边坡坡度为1:0.2~1:0.5,如图3-1-8所示。

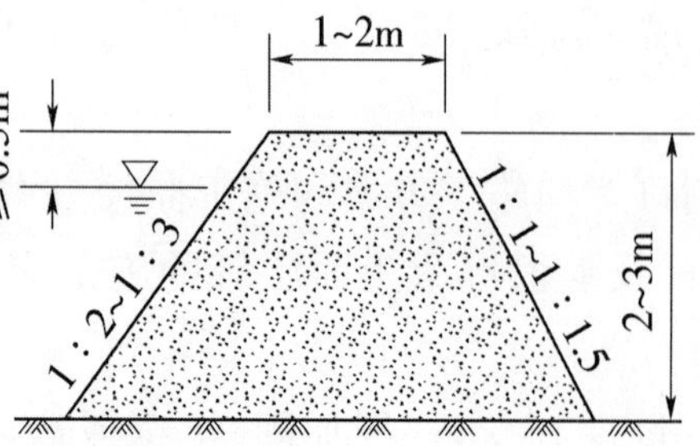

图3-1-7 土围堰

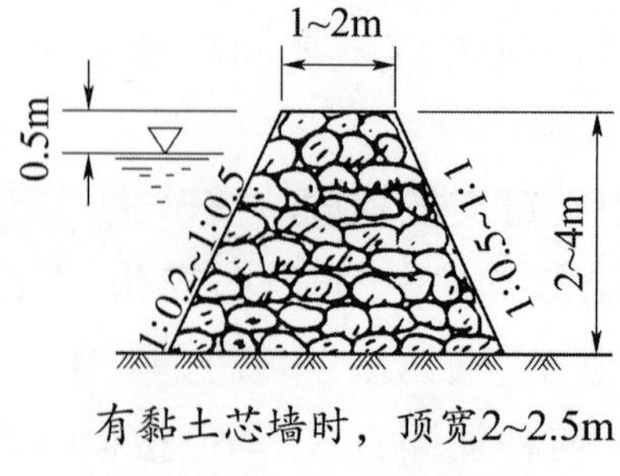

图3-1-8 土袋围堰

(3)竹笼、木笼、铅丝笼及钢笼围堰

①适用条件。当流速较大、水深在4m以内且能满足泄洪要求时,采用竹笼、木笼、铅丝笼及钢笼围堰;当水深超过4m时采用钢笼围堰。

②施工要求。各种笼体制作应坚固,应满足使用要求。围堰可采用钢筋串联、螺栓连接以及铁丝捆扎的方式。可以用单层或双层竹笼、铅丝笼围堰,单层时在围堰内填土袋,在外侧堆土袋;双层时在两层之间填土,防止渗漏,也可在竹笼、铅丝笼的一侧绑附防水胶布等防渗。围堰层数应根据水深、流速、基坑大小及防渗要求确定,竹笼、木笼、铅丝笼的宽度为水深的1.0~1.5倍,如图3-1-9所示。竹笼、铅丝笼可用浮运、吊装或滑移就位,就位后填石(装土)下沉,填黏土墙芯。

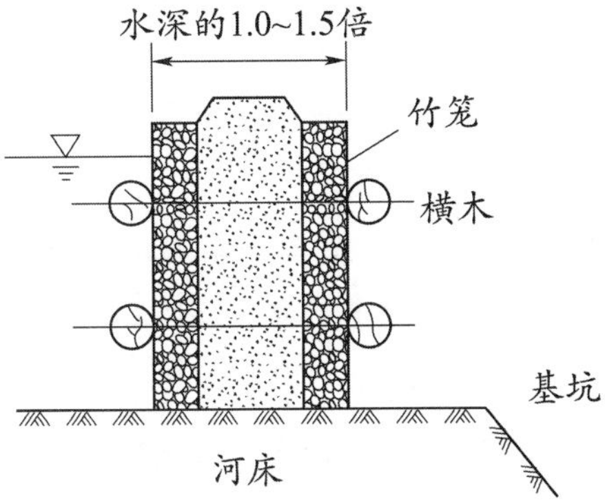

图3-1-9　竹笼、铅丝笼围堰

(4)膜袋围堰

①适用条件。适合水深在5m以内、水流流速在3.0m/s以内,河床较平缓时采用。

②施工要求。膜袋的结合应牢固严密,袋内填充沙或水泥固化土材料,并采取措施降低膜袋内水分。施工时应待围堰沉降稳定后方可进行基坑排水,排水时应控制水位降速。

小贴士

桥梁基础工程施工技术的发展离不开新型材料的使用,如自密实混凝土、活性粉末混凝土等,其性能比传统的钢筋混凝土更为优越,同学们应多关注新材料、新工艺的发展。

3. 基坑排水

桥梁基础施工中常用的基坑排水方法有集水坑排水法、井点降水法及其他排水法。

(1)集水坑排水法。集水坑宜设在上游,排水设备的能力宜大于总渗水量的1.5~2.0倍。在坑底基础范围之外设置集水坑并沿坑底周围开挖排水沟,使水流入集水坑内,排出坑外。除严重流沙外,一般情况下均可适用。

(2)井点降水法。具体要求如下:

①对于土质为粉砂、细砂,地下水位较高,有承压水,开挖深度较大,坑壁不易稳定的土质基坑,当用普通排水方法难以解决时,可采用井点降水法。井点类别的选择,宜按照土壤的渗透系数、降低水位深度及工程特点选用,各种井点法的适用范围应满足表3-1-2。黏质土中不宜使用井点降水法。基础施工完成后应及时拆除或回填井点,防止人畜坠入。

各种井点法的适用范围　　表3-1-2

井点类别	土壤渗透系数(m/d)	降低水位深度(m)	井点类别	土壤渗透系数(m/d)	降低水位深度(m)
一级轻型井点法	0.1~80	3~6	二级轻型井点法	0.1~80	6~9

续上表

井点类别	土壤渗透系数(m/d)	降低水位深度(m)	井点类别	土壤渗透系数(m/d)	降低水位深度(m)
喷射井点法	0.1~50	8~20	管井井点法	20~200	3~5
射流泵井点法	0.1~50	<10	深井泵法	10~80	>15
电渗井点法	<0.1	5~6			

注:1.降低土层中地下水位时,应将滤水管埋没于透水性较大的土层中。

2.井点管的下端滤水长度应考虑渗水土层的厚度,但不得小于1m。

②井管的成孔可根据土质的不同采用射水成孔法、冲击钻机成孔法、旋转钻机成孔法及水压钻探机成孔法。其井点降水曲线至少应深于基底设计高程0.5m。

③降水过程中应加强井点降水系统的检修和维护,以确保降水效果,保证基坑表面无集水。

(3)其他排水法。对于土质渗透性较大、开挖深度较大的基坑,可采用板桩法或沉井法,也可采用帷幕法。帷幕法是在基坑边线外设置一圈隔水幕,用以隔断水源,减少渗流水量,防止流沙、突涌、管涌、潜蚀等地下水的作用。

4.基坑开挖

(1)基坑开挖宜安排在枯水或少雨季节进行,开挖后应连续快速施工。

(2)应精确测定基础的轴线、边线位置及基底高程,检查无误后方可施工。

(3)应避免超挖。废方宜放于下游位置,不得污染环境、阻塞河道、影响泄洪、妨碍施工。弃土的坡脚到坑顶缘的距离不宜小于基坑深度。

(4)开挖至设计高程要求的土质基坑,不得长期暴露、扰动或浸泡,应及时进行地基检验,检查基坑尺寸、高程、基底承载力,满足要求后,立即进行基础施工。

三、地基检验

1.地基检验内容

(1)检查基底平面位置、尺寸大小、基底高程。

(2)检查基底地质情况和承载力是否与设计资料相符。

(3)检查基底处理和排水情况是否符合规范要求。

(4)检查施工记录及有关试验资料等。

2.地基检验方法

按桥梁及涵洞大小、地基土质复杂(如溶洞、断层、软弱夹层、易溶岩等)情况及结构对地基有无特殊要求,可采用以下检查方法:

(1)小桥和涵洞的地基检验。可采用直观或触探方法,必要时可进行土质试验。

(2)大、中桥地基检验方法如下:

①对于大、中桥和地基土质复杂，以及结构对地基有特殊要求的地基检验，一般采用触探和钻探，钻深至少4m，取样做土工试验，或按设计的特殊要求进行载荷试验。

②在地质特别复杂，或在设计文件中有特殊要求必须做载荷试验时，才做载荷试验。必要时还应做土工试验以便与载荷试验核对。

③在特殊地基上已经加固处理又经触探、密实度检验后，尚有疑问时，则应再做载荷试验。确认符合设计要求后，才能进行基础圬工的施工。

(3)特大桥按设计要求处理。

3. 基底平面位置和高程允许偏差

(1)平面周线位置不小于设计要求。

(2)基底高程不得超过：土质为±50mm；石质为+50mm，-200mm。

四、浅基础的施工方法和质量检验

浅基础的施工工艺流程如图3-1-10所示。

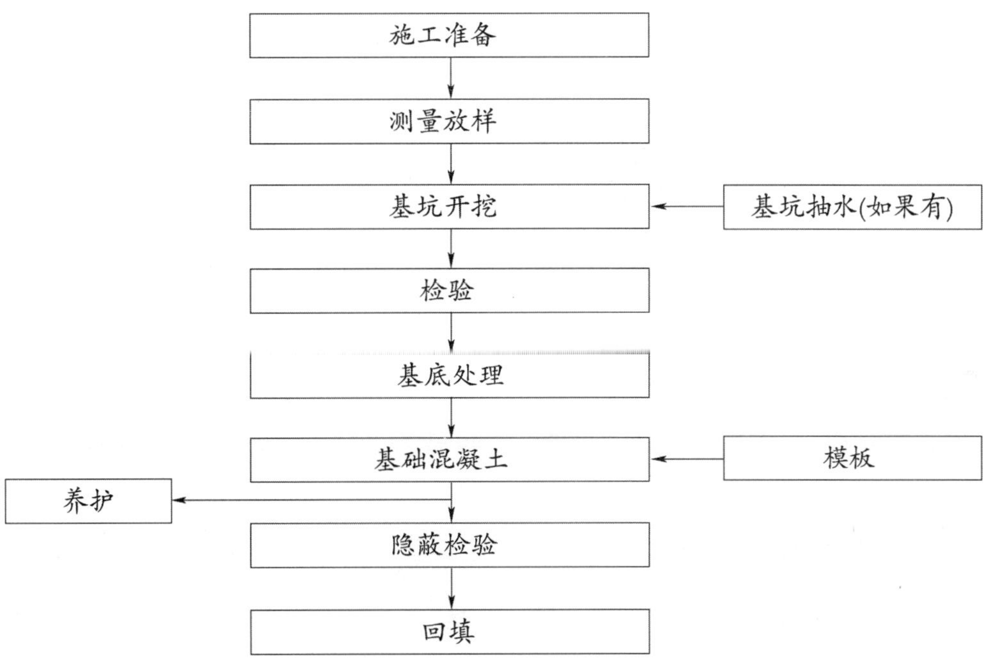

图3-1-10　浅基础施工工艺流程

1. 浅基础的施工方法

(1)若基础底为非黏性土或干土，基础施工前，应将其润湿，再浇筑一层厚200~300mm的混凝土垫层，垫层顶面不得高于基础底面设计高程。

(2)若基础底为岩石，应加以润湿，铺一层厚20~30mm的水泥砂浆，然后在水泥砂浆凝结前浇筑浅基础混凝土。

(3)浅基础混凝土应在整个水平截面范围内水平分层进行浇筑。

(4)在浇筑大体积浅基础混凝土时，当水平截面过大，不能在前层混凝土初凝或重塑前浇筑完次层混凝土时，可分块进行浇筑。分块浇筑时应符合下列规定：

①分块宜布置合理，各分块平均面积不宜小于50m^2，每块高度不宜超过2m。

②块与块间的竖向接缝面应与基础平截面短边平行，与平截面长边垂直。

③上下邻层混凝土间的竖向接缝,应错开位置做成企口。

2. 浅基础的质量控制要点

(1)确认基底地基承载力满足设计要求。

(2)清理基底表面松散层。

(3)及时浇筑垫层混凝土,减少地基暴露时间。

(4)控制大体积混凝土施工裂缝。

3. 浅基础质量检验

(1)浅基础质量检验标准

浅基础施工完成后,应按照施工规范要求进行质量检验,浅基础质量检验应满足表3-1-3的要求。

浅基础的质量检验标准 表3-1-3

项　　次	检查项目		规定值或允许偏差
1	混凝土强度(MPa)		符合设计要求
2	平面尺寸(mm)		±50
3	基础底面高程(mm)	土质	±50
		石质	±50,-200
4	基础顶面高程(mm)	±30	
5	轴线偏位(mm)	25	

(2)外观鉴定

浅基础施工完成后,混凝土表面应平整,无明显施工接缝。不符合要求时减1~3分。

知识拓展

一、地基处理的要求

(1)地基处理的范围至少应宽出基础之外0.5m。

(2)当地基需加固或现场开挖后地质情况与设计不符时,应按设计要求进行施工。

(3)符合设计要求的细粒土、特殊土地基经处理后,应尽快修建基础。

二、地基处理方法

1. 粗粒土和巨粒土地基的处理方法

(1)粗粒土及巨粒土地基,当强度和稳定性满足设计要求时,应将其承重面平整夯实。

(2)若基底有水不能彻底排干时,应堵塞或将水引至排水沟,然后修筑基础。

2. 细粒土及特殊土地基的处理方法

对于细粒土、特殊土(如饱和软弱黏土、粉砂土、湿陷性黄土、膨胀土和黏土等)地基,由于其强度低,稳定性差,应采取固结处理,以满足设计要求。

3. 岩层地基的处理方法

(1)对于风化的岩层,应挖至地基承载力满足要求为止。

(2)对于未风化的岩层,应先将淤泥、苔藓、松动的石块清除干净,并洗净岩石。

(3)对于坚硬倾斜岩层,应将岩层面凿平或凿成多级台阶,台阶的宽度宜不小于0.3m。

4. 溶洞地基的处理

(1)不得堵塞溶洞水路。

(2)干溶洞可用砂砾石、碎石、干砌或浆砌片石及灰土等回填密实。

(3)若基底干溶洞较大时,可采用桩基处理。

5. 泉眼地基的处理

(1)堵眼。将有螺纹的钢管紧紧打入泉眼,盖上螺母并拧紧,阻止泉水流出,也可向泉眼内压注速凝的水泥砂浆,再打入木塞堵眼。

(2)引流。若堵眼有困难时,可采用导管塞入泉眼,将水引流至集水坑排出。在基底下设盲沟引流至集水坑排出,待基础圬工施工完成后,向盲沟压筑水泥浆堵塞。

6. 冻土地基的处理

(1)桥涵基础不应设置于季节冻融土层上,不得直接与冻土接触。基底修筑于多年冻土层上时,基底之上应设置隔温层或保温层材料。

(2)对于浅基础,当多年平均地温等于或高于 $-3°C$ 时,应于冬季施工并采取冬季施工措施;当多年平均地温低于 $-3°C$ 时,可在其他季节施工,但应避开高温季节,并应满足下列规定:

①严禁地表水流入基坑,并搭设遮阳棚和防雨棚。

②及时排除季节冻层内的地下水和冻土融化水。

③做好施工前准备,快速施工。基础完工后应及时回填封闭,不宜间歇。

学习活动二　钻孔灌注桩基础施工

学习目标

1. 能描述钻孔灌注桩施工的主要工序;
2. 能描述护筒的类型、护筒作用及护筒的埋设要求;
3. 能描述钻孔方法和机具设备;
4. 能描述正循环回转法钻孔与反循环回转法钻孔的异同点;
5. 能描述灌注水下混凝土的施工要求;
6. 能描述钻孔灌注桩基础的施工程序。

建议完成本学习活动的时间为8课时。

学习情境描述

某高速公路工程第六合同段在K32+400处设计有一座3跨120m的大桥,全桥位于路线的直线段内，桥型为预应力钢筋混凝土箱梁桥，设计图纸已经下发给施工单位。根据总工期的要求，这座大桥施工的时间为18个月。此桥采用钻孔灌注桩基础施工。

项目负责人（教师）派单，由施工人员（学生）在规定时间内完成该基础施工的详细施工流程。施工人员（学生）严格按照设计图纸和《公路桥涵施工技术规范》（JTG/T 3650—2020），分工合作讨论完成钻孔灌注桩基础施工工序和施工注意事项，完毕后交由项目负责人（教师）确认。

相关知识

钻孔灌注桩基础是指采用不同的钻孔方法，在土中形成一定直径的井孔，待达到设计高程后，将钢筋笼（骨架）吊入井孔中，灌注混凝土形成桩基础。

钻孔灌注桩适用于黏性土、砂土、碎石、岩石、砾卵石等各类土层。

一、桥梁基础放样

桥梁施工放样的目的是将桥梁图上所设计的结构物的位置、大小及高低，在实地标定出来，以作为施工的依据。

桥梁基础施工放样前，测量人员必须熟悉结构物的总体布置图及细部结构设计图，按照由整体到局部的原则，以控制网作为放样依据，找出主要点及主要轴线的设计位置及各部分间的几何关系，并结合现场条件，以确定所采用的放样方法。

桥梁基础放样是以实地标定的墩台中心位置为依据进行的，无水时可直接将全站仪安置在墩台中心位置，用木桩准确固定基础纵横轴线和基础边缘位置。当水流不深时，可先进行围堰，然后进行放样。

1. 桩位放样

桩位应根据设计桩位与墩台中心十字线相对位置设放。在旱地施工时，可采用坐标法直接测定桩位。在水中施工时，可用经纬仪交会出上游一排迎水桩，再以迎水桩为基准测定其他桩位；也可在水中桩位附近立脚手桩，搭设测量平台，在平台上测定直线 *AB* 与桥梁中心线平行，然后在 *AB* 线上定出各排桩位延长线的交点，在平台上定出各行桩位的中心线，直接丈量桩位如图 3-2-1 所示。

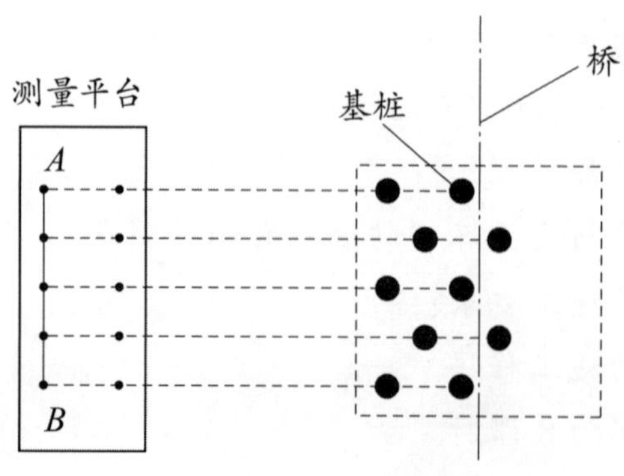

图 3-2-1　桩基放样

2. 基础高程放样

基础高程放样测量分干处和水下两种方法，对于装配式钢筋混凝土T形梁桥所采用的钻孔灌注桩基础,一般采用测绳下悬重物进行施测,即采用水下基础高程的放样方法。

对于钻孔灌注桩基础,其桩底高程的放样应按如下方法进行。如图3-2-2所示,A为已知高程的水准点,施测时先将A处水准点高程引至护筒B处,并在B处做一标志,注意B处高程需常复测。钻孔过程中可根据该标志以下的钻杆长度判定是否已经钻到设计高程。清孔结束后,在浇筑混凝土前可用测绳检测孔底高程,即在测绳零端悬挂一重物,从B处放测绳,当感觉测绳变轻后,读取测绳读数,则桩底C点高程为:

$$桩底C点高程H_C = 护筒B处高程H_B - 测绳长度L$$

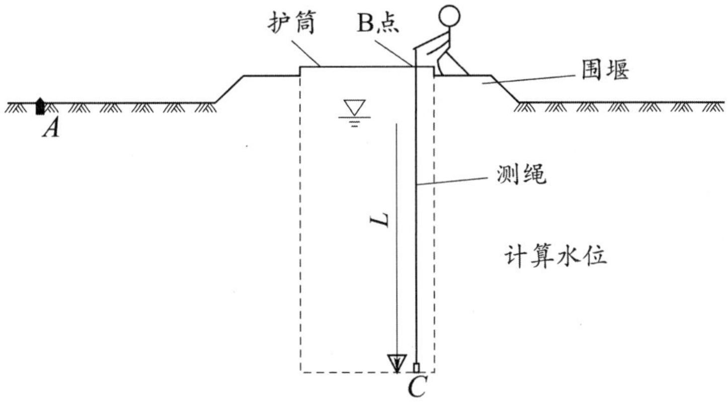

图3-2-2　基础高程放样

二、钻孔灌注桩施工方法及工艺流程(图3-2-3)

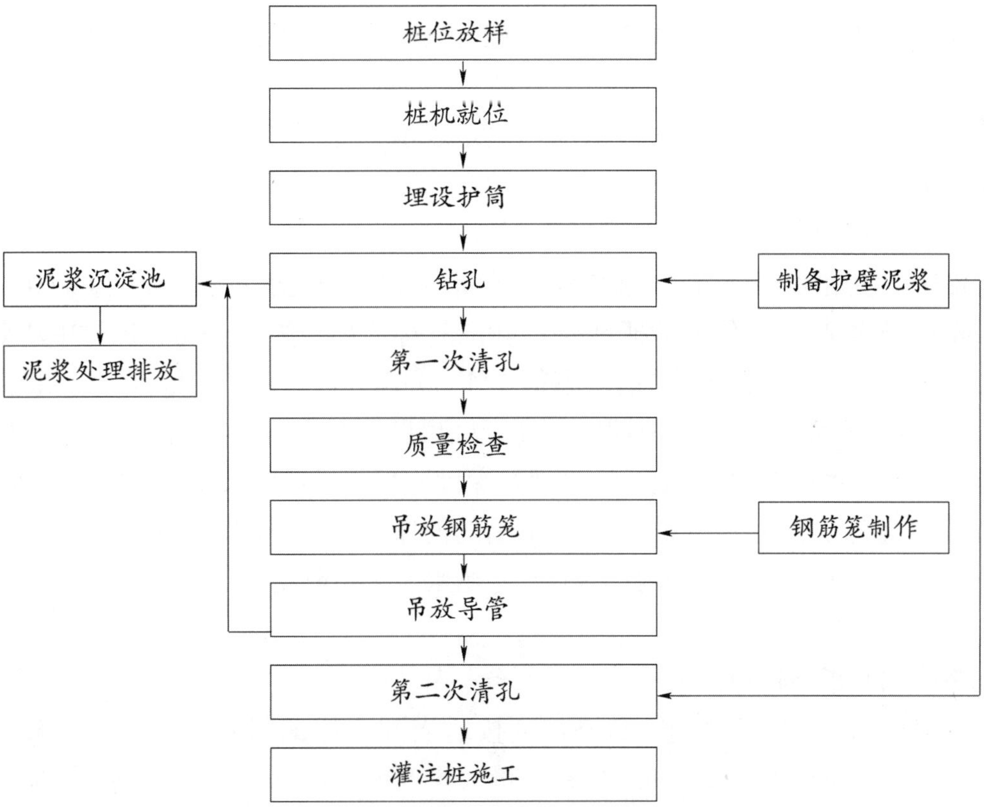

图3-2-3　钻孔灌注桩的施工工艺流程图

钻孔灌注桩施工的主要工序:钻孔场地准备及桩位放样→埋设护筒→泥浆制备→钻孔→清孔→钢筋骨架的制作与吊装→灌注水下混凝土。

1. 钻孔场地准备

(1)当场地为旱地时,应清除杂物,换除软土,整平夯实。

(2)当场地为陡坡时,可用枕木、型钢等搭设工作平台。

(3)当场地为浅水时,宜采用筑岛施工,筑岛面积应根据钻孔、设备大小等要求确定。

(4)当场地为深水或淤泥层较厚时,可搭设工作平台。平台须牢固稳定,能承受工作时所有静、动荷载,并考虑施工机械能安全进出。

2. 埋设护筒

1)护筒种类

护筒有木制护筒、钢制护筒和钢筋混凝土护筒等类型。木制护筒的构造如图3-2-4所示,钢制护筒的构造如图3-2-5所示,钢筋混凝土护筒的构造如图3-2-6所示。

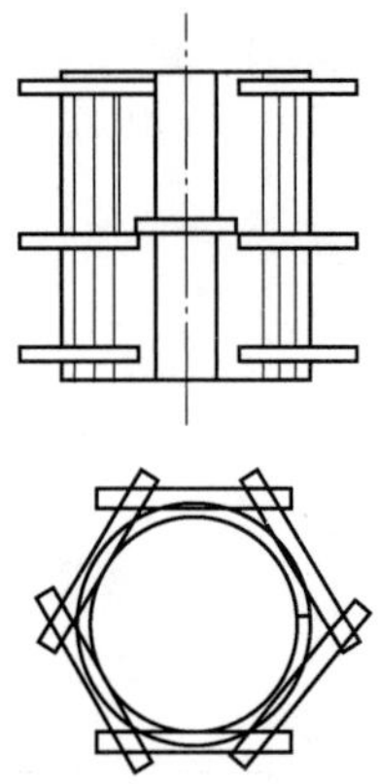

图3-2-4　木制护筒

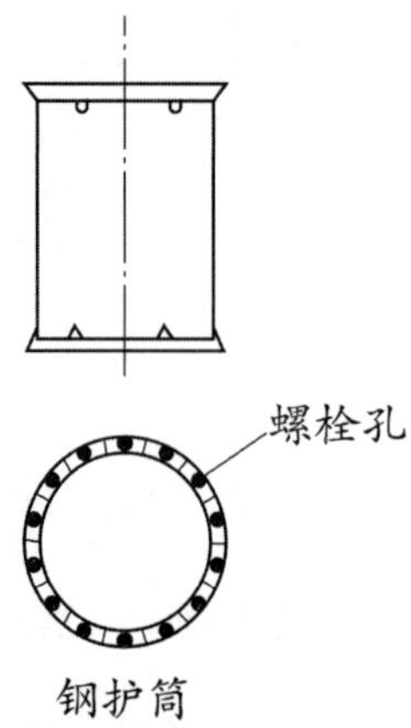

图3-2-5　钢制护筒

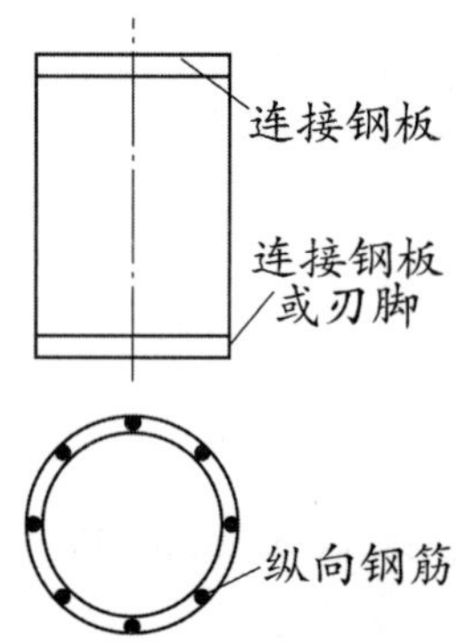

图3-2-6　钢筋混凝土护筒

2)护筒作用

护筒不仅能稳定孔壁、防止坍孔,还有隔离地表水、保护孔口地面、固定桩孔位置和为钻头导向等作用。

3)埋设护筒要求

护筒要求坚固耐用,不漏水,一般常用钢护筒,其内径应比钻孔直径大20~40mm。旋转钻约大20mm,潜水钻、冲击钻或冲抓锥约大40mm,每节长度为2~3m。护筒中心竖直线应与桩中心线重合,护筒平面位置的偏差不得大于50mm,倾斜度不得大于1%。护筒高度宜高出地面0.3m或水面1.0~2.0m,同时应高于桩顶设计高程1m。当钻孔内有承压水时,应高于稳定后的承压水位2.0m以上。护筒埋置深度应根据设计要求或桩位的水文地质情况确定,一般情况埋置深度宜为2~4m,有冲刷影响的河床,应沉入局部冲刷线以下1.0~1.5m。护筒连接处要求筒内无突出物,应耐拉、耐压、不漏水。护筒埋设如图3-2-7所示。

3. 泥浆制备

1)泥浆配制及指标选择

泥浆一般由水、黏土(膨润土)和添加剂按适当配合比配制而成。泥浆一般可采用塑性指数大于25、粒径小于0.005mm、黏粒含量大于50%的黏土制浆。制浆时,应将黏土加水浸透,然后用搅拌机或人工拌制。冲击钻进时,可在钻孔内直接投放黏土,以钻锥冲击制成泥浆。泥浆性能指标应满足表3-2-1的要求。泥浆制备应在泥浆池内完成,如图3-2-8所示。

泥浆性能指标选择　　表3-2-1

钻孔方法	地层情况	泥浆性能指标							
		相对密度	黏度（Pa·s）	含砂率（%）	胶体率（%）	失水率（mL/30min）	泥皮厚度（mm/30min）	静切力（Pa）	酸碱度（pH）
正循环	一般地层	1.05～1.20	16～22	8～4	≥96	≤25	≤2	1.0～2.5	8～10
	易塌地层	1.20～1.45	19～28	8～4	≥96	≤15	≤2	3～5	8～10
反循环	一般地层	1.02～1.06	16～20	≤4	≥95	≤20	≤3	1～2.5	8～10
	易塌地层	1.06～1.10	18～28	≤4	≥95	≤20	≤3	1～2.5	8～10
	卵石土	1.10～1.15	20～35	≤4	≥95	≤20	≤3	1～2.5	8～10
推钻冲抓	一般地层	1.10～1.20	18～24	≤4	≥95	≤20	≤3	1～2.5	8～11
冲击	易塌地层	1.20～1.40	22～30	≤4	≥95	≤20	≤3	3～5	8～11

图3-2-7　护筒埋设

图3-2-8　泥浆制备

2）泥浆作用

钻孔泥浆具有浮悬钻渣、冷却钻头、润滑钻具、增大静水压力，并在孔壁形成泥皮，隔断孔内外渗流，防止塌孔等作用。

4. 钻孔

根据井孔中钻渣的取出方法不同，常用的钻孔方法有正循环回转法、反循环回转法、潜水钻机钻孔法、冲抓钻孔法、冲击钻孔法、旋挖钻孔法、螺旋钻孔法等。冲击钻钻头如图3-2-9所示。

1)正循环回转法钻孔

如图3-2-10所示,利用钻具旋转切削土体钻进,泥浆泵将泥浆压进泥浆龙头,通过钻杆中心从钻头喷入钻孔内,泥浆挟带钻渣沿钻孔上升,从排浆孔排出至沉淀池,钻渣在此沉淀,泥浆流入泥浆池循环使用。其特点是钻进与排渣同时连续进行,在适用的土层中钻进速度较快,但需设置泥浆槽、沉淀池等;施工占地较多,机具设备较复杂。

图3-2-9 冲击钻钻头

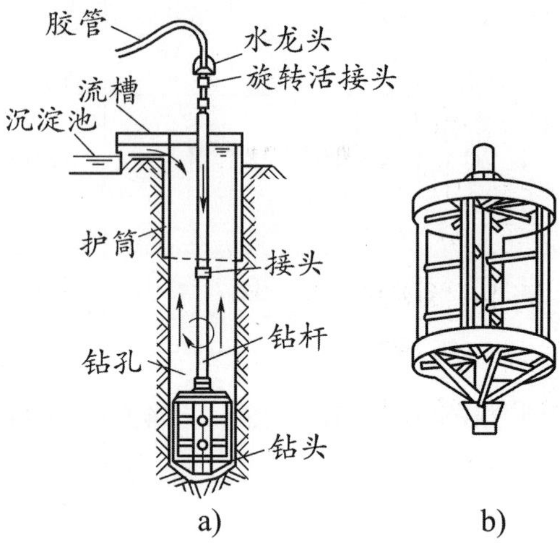

图3-2-10 正循环回转法钻孔

2)反循环回转法钻孔

图3-2-11所示为反循环回转法钻孔。与正循环法不同的是,泥浆输入钻孔内,从钻杆的下口吸进,通过钻杆中心排出至沉淀池。其特点是钻进与排渣效率较高,但钻渣容易堵塞管路,且孔壁坍塌的可能性较正循环法大,为此需用较高质量的泥浆。

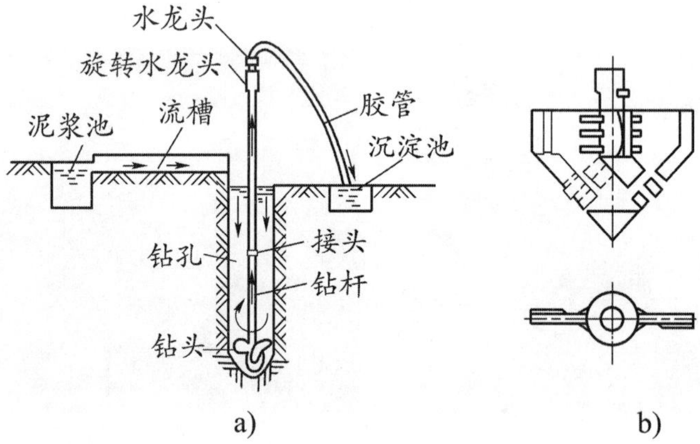

图3-2-11 反循环回转法钻孔

图3-2-12 旋挖钻机钻孔

3)旋挖钻机钻孔

如图3-2-12所示,旋挖钻机是一种高度集成的桩基施工机械,采用桶形钻头直接取土出渣,能保证成孔的竖直度和孔位,不需要接长钻杆,能大大缩短成孔时间,提高施工效率。一般适用于黏土、粉土、砂土、淤泥质土、人工回填土及含有部分卵石、碎石的地层及微风化岩层的钻孔施工。

4)冲击钻孔法

冲击钻孔灌注桩适用于黄土、黏性土、粉质黏土及人工杂填土层,特别适合在有孤石的砂砾石层、漂石层、硬土层、岩层中使用。施工中应根据现场地质状况,合理选择冲击钻。冲击成孔的关键点是泥浆护壁,护壁泥浆含砂量一定要小;泥浆浓度应满足要求,泥浆过浓,钻孔速度慢;泥浆过稀,护壁容易坍塌。开始钻进时宜慢不宜快,钻进过程中随时检查钻机、钢丝绳等,防止掉钻。钻孔整个过程的控制应严谨,防止刃脚穿孔、塌孔、偏孔、十字孔、卡钻、埋钻、掉钻等事故发生。

5)钻孔注意事项

(1)不论采用何种方法钻孔,开孔的孔位必须准确。开钻时均应慢速钻进,待导向部位或钻头全部进入地层后,方可加速钻进。

(2)采用正、反循环回转法(含潜水钻机钻孔法)钻孔时,应根据成孔的不同阶段、不同地层及岩层坡面等,采用不同的钻孔工艺,如采用减压钻进。每孔开钻前应检查钻锥直径,不宜在钻进中焊补,以免卡钻。

(3)起、落钻锥速度应均匀,不得突然加速,以免碰撞孔壁,形成塌孔。

(4)在排渣或停钻时,应保持孔内具有规定的水位、泥浆相对密度和黏度等,以防塌孔。

(5)停钻时,孔口应加护盖,并严禁钻锥留在孔内,以防埋钻。

(6)钻孔作业应分班连续进行,填写钻孔施工记录,交接班时应交代钻进情况及下一班应注意事项。应经常对钻孔泥浆进行检测和试验,不合要求时,应随时改正。

(7)钻头的直径要求:对于回旋钻,钻头不宜小于设计桩径;对于冲击钻,冲锤直径以小于设计桩径 20mm 为宜。

5. 清孔

1)成孔检查

钻孔的直径、深度和孔形直接关系到成桩质量,是钻孔桩成败的关键。因此,在钻孔达到设计深度后,应对孔深、孔径、孔形等进行检查,并填写《终孔检查表》。

2)清孔方法

清孔的方法有抽浆法、换浆法、掏渣法、喷射清孔法、砂浆置换钻渣清孔法、空气吸泥机清孔法及离心吸泥泵清孔法等,选用哪种方法,应根据设计要求、钻孔方法、机具设备和土质条件决定。其中,抽浆法清孔较为彻底,适用于各种钻孔方法的灌注桩。图 3-2-13 所示为空气吸泥机清孔,图 3-2-14 所示为离心吸泥泵清孔。

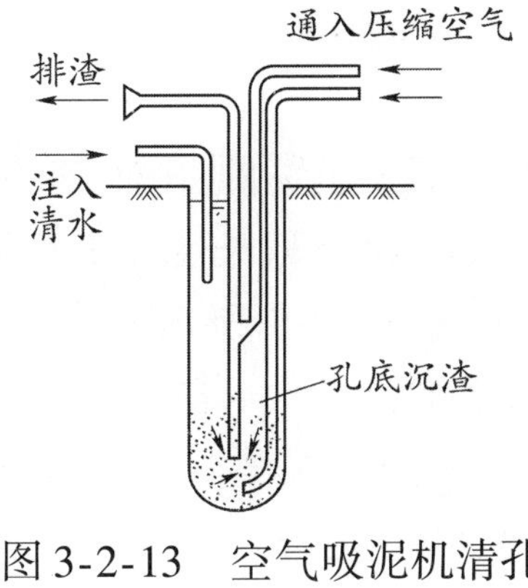

图 3-2-13　空气吸泥机清孔

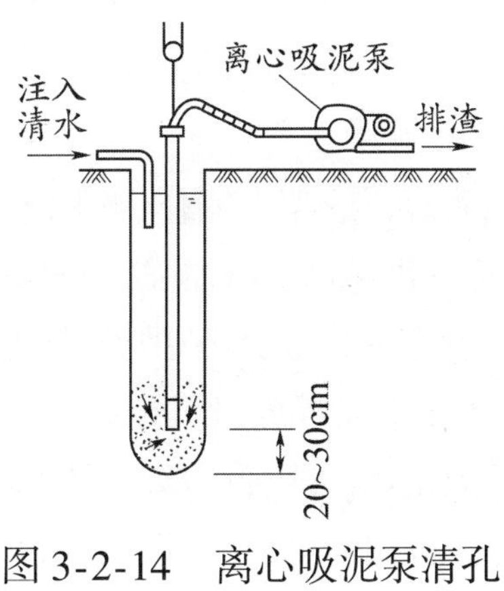

图 3-2-14　离心吸泥泵清孔

3)清孔的质量要求

对支承桩(柱桩、嵌岩桩)宜用抽浆法清孔。灌注混凝土前,孔底沉淀土厚度不得大于50mm。若孔壁易坍塌,必须在泥浆中灌注混凝土,建议采用砂浆置换钻渣清孔法。清孔质量应满足表3-2-2的要求。

钻孔成孔质量标准 表3-2-2

项　　目	允 许 偏 差
孔的中心位置(mm)	群桩:100;单排桩:50
孔径(mm)	不小于设计桩径
倾斜度	钻孔:小于1%
孔深	摩擦桩:不小于设计规定 支承桩:比设计深度超深不小于50mm
沉淀厚度(mm)	摩擦桩:符合设计要求。当设计无要求时,对于直径≤1.5m的桩,≤300mm;对桩径>1.5m或桩长>40m或土质较差的桩,≤500mm 支承桩:不大于设计规定
清孔后泥浆指标	相对密度:1.03~1.10;黏度:17~20Pa·s;含砂率:<2%;胶体率:>98%

注:清孔后的泥浆指标,是从桩孔的顶部、中部、底部分别取样检验的平均值。本项指标的测定,限指大直径桩或有特定要求的钻孔桩。

4)清孔注意事项

(1)不论采用何种清孔方法,在清孔排渣时,必须注意保持孔内水头,防止塌孔。

(2)不论采用何种方法清孔,清孔后应从孔底提出泥浆试样,进行性能指标试验,试验结果应符合规范规定要求。灌注水下混凝土前,孔底沉淀土厚度应符合规范的要求。

(3)不得用加深孔底深度的方法代替清孔。

6.钢筋骨架的制作与吊装

(1)钢筋骨架宜在胎架上制作,并用卡盘法定位。螺旋箍筋的绑扎宜采用螺旋卷制机,并设加劲骨架或加劲撑架予以加强。长桩骨架宜分段制作,分段长度根据吊装条件确定,注意在钢筋笼外侧设置的控制保护层厚度的垫块。图3-2-15所示为钢筋骨架的制作,图3-2-16所示为钢筋笼外侧设置控制的保护层厚度的垫块。

(2)钢筋骨架主筋的现场连接(图3-2-17)宜采用机械连接接头。钻孔灌注桩钢筋安装应满足要求,其钢筋安装实测项目及要求应满足表3-2-3的要求。

图 3-2-15　钢筋骨架的制作

图 3-2-16　钢筋笼外侧设置混凝土垫块

a)

b)

图 3-2-17　钢筋骨架主筋的现场连接

钻(挖)孔灌注桩钢筋安装实测项目　　表 3-2-3

项次	检 查 项 目	规定值或允许偏差	检查方法和频率
1	主筋间距(mm)	±10	尺量:每段测 2 个断面
2	箍筋或螺旋筋间距(mm)	±20	尺量:每段测 10 个间距
3	钢筋骨架外径或厚度、宽度(mm)	±10	尺量:每段测 2 个断面
4	钢筋骨架长度(mm)	±100	尺量:每个骨架测 2 处
5	钢筋骨架底端高程(mm)	±50	水准仪:测顶端高程,用骨架长度计算
6△	保护层厚度(mm)	+20,-10	尺量:测每段骨架钢筋骨架外侧定位处

注:△表示对结构安全、耐久性和主要使用功能起决定性作用的检查项目。后文中不再赘述。

(3)钢筋骨架起吊及钢筋笼安放就位时,宜采用专门的起重设备。钢筋骨架起吊如图3-2-18所示,钢筋笼安放就位如图3-2-19所示。

图3-2-18　钢筋骨架起吊

图3-2-19　钢筋笼安放就位

7. 灌注水下混凝土(资源3-2-1)

1)水下混凝土的质量要求

(1)水泥。可采用粉煤灰水泥、火山灰水泥、普通硅酸盐水泥或硅酸盐水泥,采用矿渣水泥时应采取防离析措施。水泥的初凝时间不宜早于2.5h,水泥的强度等级不宜低于32.5。

(2)粗集料。应优先选用卵石,采用碎石时应适当增加混凝土配合比的含砂率。集料的最大粒径不应大于导管内径的1/6～1/8和钢筋最小净距的1/4,同时不应大于40mm。

(3)细集料。宜采用级配良好的中砂。

(4)混凝土。含砂率应控制在0.4～0.5,水灰比宜采用0.5～0.6。混凝土拌和物应有良好的和易性,在运输和灌注过程中应无离析、泌水现象;应有足够的流动性,其坍落度宜为180～220mm。混凝土中宜掺用外加剂、粉煤灰等材料。每立方米水下混凝土的水泥用量不宜小于350kg,混凝土拌和物的配合比应保证水下混凝土顺利灌注。

2)灌注水下混凝土的要求

(1)混凝土拌和物运至灌注地点时,应检查其均匀性和坍落度等,如不符合要求,应进行第二次拌和,二次拌和后仍不符合要求时,不得使用。

(2)灌注水下混凝土的泵送机具宜采用混凝土泵,距离稍远时应采用混凝土搅拌运输车。采用普通汽车运输时,运输容器应严密坚实,不漏浆、不吸水,便于装卸,混凝土不应离析。

(3)灌注水下混凝土的搅拌机能力应能满足桩孔在规定时间内灌注完毕。灌注时间不得长于首批混凝土的初凝时间。若估计灌注时间长于首批混凝土初凝时间时,应掺入缓凝剂。

(4)水下混凝土一般用钢导管灌注,导管内径为200～350mm,使用前应进行水密承压和接头抗拉试验,严禁用压气试压。导管应定时进行水密试验,以确保桩基施工质量。

(5)首批灌注混凝土的数量应能满足导管首次埋置深度(≥1.0m)和填充导管底部的需要。首批混凝土拌和物下落后,混凝土应连续灌注,严禁有夹层和断桩,如图3-2-20所示。

(6)在灌注过程中,导管的埋置深度宜控制在2～6m,应经常测探井孔内混凝土面的位置,及时调整导管埋深及导管位置,在确保能将导管顺利提升的前提下,可根据现场的实际情况适当放宽导管的埋深,但最大埋深不应超过9m。导管位置如图3-2-21所示。

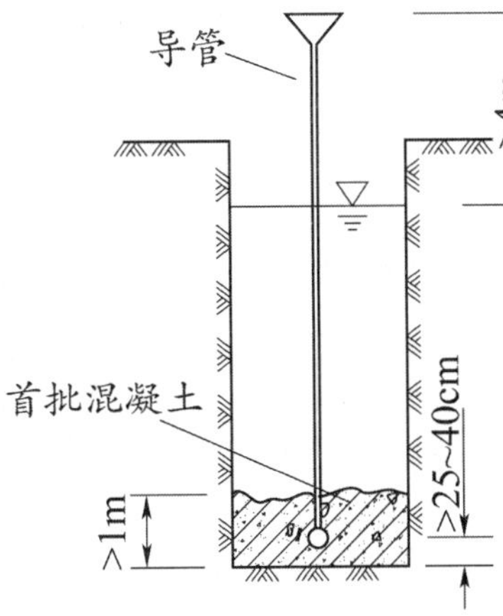

图3-2-20　首批混凝土灌注

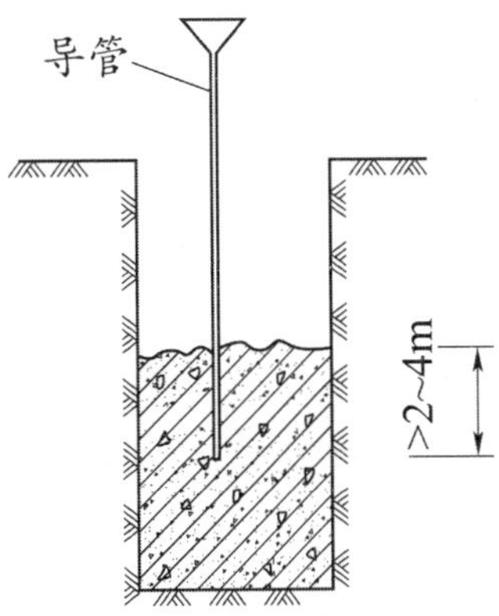

图3-2-21　导管位置

资源3-2-1:导管法灌注水下混凝土施工工艺

(7)为防止钢筋骨架上浮,当灌注的混凝土顶面距钢筋骨架底部1m左右时,应降低灌注速度;当混凝土拌和物上升到骨架底口4m以上时,提升导管,使其底口高于骨架底部2m以上,即可恢复正常灌注速度。

(8)灌注的桩顶高程应比设计高程高出一定高度,一般为0.5~1.0m,以保证混凝土强度。多余部分接桩前必须凿除,桩头应无松散层。

(9)在灌注过程中,应注意保持孔内水头,并将孔内溢出的水或泥浆引流至适当地点处理,不得随意排放。

(10)当混凝土灌注至桩顶时,应注意管内混凝土压力,避免因桩顶泥浆密度过大而产生泥团或桩顶混凝土不密实、松散等现象。

小贴士

在钻孔灌注桩施工中,灌注水下混凝土需连续灌注,一气呵成,避免任何原因的中断,否则容易出现工程质量事故。因此,施工人员应具备"吃苦耐劳精神",养成严肃认真的工作作风,只有这样,才能杜绝灌注桩施工中的工程质量问题。

三、钻孔灌注桩的质量控制要点

1.基本要求

(1)桩身混凝土所用的水泥、砂、石、水、外掺剂及混合材料的质量和规格,必须符合有关规范的要求,按规定的配合比施工。

(2)成孔后必须清孔,测量孔径、孔深、孔位和沉淀层厚度,确认满足设计或施工技术规范要求后,方可灌注水下混凝土。

(3)水下混凝土应连续灌注,严禁有夹层和断桩。

(4)嵌入承台的锚固钢筋长度不得低于设计规范规定的最小锚固长度要求。

(5)凿除桩头预留混凝土后,桩顶应无残余的松散混凝土。

2. 钻孔灌注桩的混凝土质量检测

(1)桩身混凝土抗压强度应符合设计规定；每桩试件组数为2～4组，检验方法和数量应符合设计要求。一般选有代表性的桩用无破损法进行检测，重要工程或重要部位的桩宜逐根进行检测。当设计有规定或对桩的质量有疑问时，应采用钻取芯样法对桩进行检测，对柱桩应钻到桩底0.5m以下。

(2)当检测后，桩身质量不符合要求时，应研究确定处理方案，报监理单位处理。

3. 钻孔成孔质量标准

钻孔成孔质量标准应满足表3-2-2的要求。

4. 实测项目

钻孔灌注桩实测项目及检验方法与检验频率应满足表3-2-4的规定。

钻孔灌注桩实测项目 表3-2-4

项次	检查项目		规定值或允许偏差	检查方法和频率
1△	混凝土强度(MPa)		在合格标准内	按《公路工程质量检验评定标准 第一册 土建工程》(JTG F80/1—2017)附录D检查
2	桩位(mm)	群桩	≤100	全站仪：每桩测中心坐标
		排架桩	≤50	
3△	孔深(m)		≥设计值	测绳：每桩测量
4	孔径(mm)		>设计值	探孔器或超声波法成孔检测仪：每桩测量
5	钻孔倾斜度(mm)		≤1%桩长，且≤500	钻杆垂线法或超声波法成孔检测仪：每桩测量
6	沉淀厚度(mm)		满足设计要求	沉淀盒或测渣仪：每桩测量
7△	桩身完整性		每桩均满足设计要求； 设计未要求时，每桩不低于Ⅱ类	满足设计要求，设计未要求时，采用低应变反射波法或超声波透射法； 每桩检测

5. 外观鉴定

钻孔灌注桩外观质量应符合下列规定：

(1)凿除桩头预留混凝土后，桩顶应无残余的松散混凝土。

(2)外露混凝土表面不应存在缺陷。

四、钻孔灌注桩施工常见缺陷和处理措施

1.坍孔

护筒埋置过浅，周围封填不密而漏水；操作不当，如提升钻头、冲击（抓）锥或倾倒掏渣筒或放钢筋骨架时碰撞孔壁；泥浆稠度小，起不到护壁作用；泥浆水位高度不够，对孔壁压力小；向孔内加水时流速过大，直接冲刷孔壁；在松软砂层中钻进，进尺速度太快，均易造成塌孔。当塌孔部位不深时，可改用深埋护筒，将护筒周围用回填土夯实，重新钻孔。对于轻度塌孔，可加大泥浆相对密度和提高水位；对于严重塌孔，可投入黏土泥膏，待孔壁稳定后采用低速钻进。汛期或潮汐地区水位变化过大时，应采取升高护筒、增加水头或用虹吸管等措施保证水头相对稳定。提升钻头，下放钢筋管架应保持垂直，尽量不要碰撞孔壁。在松软砂层钻进时，应控制进尺速度，并用较好泥浆护壁。

2.断桩

若成桩后，桩身局部没有混凝土，存在夹泥层或截面断裂的现象，是最严重的一种成桩缺陷，会直接影响结构基础的承载力。

1）原因分析

（1）混凝土坍落度太小，集料太大，运输距离过长，混凝土和易性差，致使导管堵塞，疏通堵管再浇筑混凝土时，中间形成夹泥层。

（2）钢筋笼卡住导管，在混凝土初凝前无法提起，使泥浆混入混凝土中，形成断桩。

（3）盲目提升导管，使得导管下口离开混凝土面，再浇筑混凝土时，中间形成夹泥层。

（4）导管接口渗漏，致使泥浆进入导管内，在混凝土内形成夹层，造成断桩。

（5）因机械故障、停电、塌孔等造成混凝土供应中断、混凝土浇筑不连续、中断时间超过混凝土初凝时间等，造成堵管现象，形成断桩。

2）处理措施

（1）当导管堵塞混凝土且尚未初凝时，可吊起导管，再吊起一节钢轨或其他重物在导管内冲击，把堵管的混凝土冲散或迅速提出导管，用高压水冲掉堵管混凝土后，重新放入导管浇筑混凝土。

（2）当断桩位置在地下水位以下时，可用直径较原桩直径稍小的钻头，在原桩位处钻孔。钻至断桩部位以下适当深度时，重新清孔，并在断桩部位增设一节钢筋笼，钢筋笼的下半截埋入新钻的孔中后继续浇筑混凝土。

（3）当断桩位置在地下水位以上且桩的直径大于1m时，可抽掉桩孔内泥浆，在钢筋笼的保护下，人下到桩孔中，对先浇混凝土面进行凿毛处理并清洗钢筋，然后继续浇筑混凝土。

（4）当导管被钢筋笼挂住时，若钢筋笼埋入混凝土中不深，可提起钢筋笼，转动导管，使导管脱离。若钢筋笼埋入混凝土中很深，只好放弃导管。

（5）灌注桩因严重塌方而形成断桩或导管拔出后重新放入导管时形成断桩时，是否需要在原桩外侧补桩，需经检测后与有关单位商定。

3.混凝土离析

混凝土搅拌不均、水灰比过大或导管漏水均会产生混凝土离析。

4. 扩径、缩颈

扩径是因孔壁坍塌或钻锥摆动过大所致。缩径的原因是钻锥磨损过甚,焊补不及时或因地层中有软塑土,遇水膨胀后使孔径缩小。

处理措施:施工时注意采取防止塌孔和钻锥摆动过大的措施,及时焊补钻锥,并在软塑地层采用失水率小的优质泥浆护壁。已发生缩孔时,宜在该处用钻锥上下反复扫孔以扩大孔径。

5. 钢筋笼上浮

其原因是混凝土在进入钢筋笼底部时速度太快,而钢筋笼未采取固定措施。

处理措施:当混凝土上升到接近钢筋笼下端时,放慢浇筑速度,以免钢筋笼被顶托而上浮。当钢筋笼被埋入混凝土中有一定深度后,再提升导管,减少导管的埋入深度,待导管下端高出钢筋笼下端有一定距离时,再按正常速度浇筑,在通常情况下,可防止钢筋笼上浮。此外,将钢筋笼固定在护筒上,也可防止钢筋笼上浮。

6. 钻孔偏斜

桩架不稳、钻杆导架不垂直,钻机磨耗,部件松动;土层软硬不匀,致使钻头受力不均;钻孔中遇有较大孤石、探头石;扩孔较大处,钻头摆动偏向一方;钻杆弯曲,接头不正等均易造成钻孔偏斜。

处理措施:施工时需检查、纠正桩架,使之垂直安置稳固,并对导架进行水平与垂直校正,检修钻孔设备;当偏斜过大时,填入土石(砂或砾石)重新钻进,控制钻速;如有探头石,宜用钻机钻透,用冲孔机时,用低速将石打碎;倾斜基岩时,可用混凝土填平,待其凝固后再钻,以避免施工时产生钻孔偏斜。

小贴士

在桥梁桩基施工过程中,若不注意做好技术把控,会使桥梁桩基施工事故频发,对工程进度和整体安全性产生极大的影响。面对桩基施工事故,施工人员应详细分析事故原因,并及时采取处理措施,避免同类工程质量事故再次发生。因此,施工人员应努力提高桩基施工技术水平,养成严肃认真的工作态度,不断提升分析和解决桥梁施工中的技术问题的能力。

五、钻孔灌注桩完整性检验

桩身完整性检测方法主要有高应变动测法、低应变反射波法、声波透射法、取芯法等。

1. 高应变动测法

高应变动测法主要分析桩侧和桩端土阻力,推算单桩轴向抗压极限承载力,检测桩身缺陷位置、类型及影响程度,判定桩身完整性类别,对打桩及打桩应力进行监测。

2. 低应变反射波法

低应变反射波法是在桩身顶部进行竖向激振产生弹性波,弹性波沿着桩身向下传播,当桩身存在明显波阻抗差异的界面(如桩底、裂缝、断桩和严重离析等)或桩身截面面积变化(如缩径或扩径)部位,将产生反射波,通过分析实测桩顶速度响应信号的特征,以判断桩身完整性，并可以判定桩身缺陷位置及影响程度，桩端嵌固情况以及完整性类别。

3. 声波透射法

声波透射法是通过预埋在桩身的声测管，用声波的发射和接收，测出被测混凝土介质的声学参数，分析声测管之间混凝土的缺陷位置及影响程度，判定桩身完整性类别。

4. 取芯法

取芯法是利用钻孔取芯机械设备，直接对桩身钻孔取芯，检测混凝土灌注桩的桩长、桩身混凝土的强度、桩底沉渣厚度和桩身完整性，判定或鉴别桩端持力层岩土性状。

知识拓展

一、特殊地区钻孔灌注桩施工技术

特殊地区一般指岩溶地区、采空区等。

1. 一般规定

(1)施工前应有桩位处的地质勘查资料，特别是对岩溶发育状况与采空区状况，必须进行详细勘探。当对地质情况有疑问时，宜适当补充地质钻孔，探明桩位处详细地质情况。

(2)钻孔时，须专门对孔内的泥浆面高程进行观测，并做好安全管理工作。

(3)施工前，必须准备足够的黏土、水泥、级配块石等坍孔回填料，并制订可行的应急预案。

2. 施工工艺要求

1)成孔

(1)成孔宜采用冲孔工艺或钻冲结合工艺。

(2)泥浆密度要比一般地区所用泥浆密度大，确保有效护壁。

(3)护筒的埋置深度应尽量进入不透水层。钻孔过程中要注意观察，避免埋锤现象及埋钻现象出现。

(4)施工时若发生漏浆及塌孔，应及时进行补浆和回填，避免出现大面积塌孔。施工时确保平台、钻机、施工人员的安全。

2)清孔

(1)清孔宜采用反循环或气举反循环工艺。

(2)应适当加大清孔时的泥浆密度，泥浆密度可控制在1.03~1.10，以减少清孔时间。

(3) 清孔过程中应对孔壁的安全性进行观测，清孔前做好应急预案。

3)混凝土灌注

(1)清孔及安装钢筋骨架后，应尽快灌注混凝土。灌注混凝土时应适当提高桩顶高程。

(2)对岩溶严重的部位，应在钢筋骨架的外侧加设钢丝网保护层，防止因混凝土压力增大而发生塌孔。

(3)对已经出现过严重塌孔的桩基，应适当控制混凝土的灌注速度。

二、大直径钻孔灌注桩、超长桩施工技术

1.基本概念

(1)大直径灌注桩。将直径大于或等于2.5m的灌注桩称为大直径灌注桩。

(2)超长灌注桩。将桩长大于或等于90m的灌注桩称为超长灌注桩。

2.一般规定

1)泥浆

(1)钻孔泥浆宜选用PHP(水解聚丙烯酰胺)泥浆。PHP泥浆由水、钠质膨润土、纯碱和PHP按照一定比例配制而成。

(2)泥浆的配比应通过试验确定。泥浆应适应不同的地质变化和成孔成桩要求。膨润土水解后宜静置12~24h。施工阶段泥浆指标应满足规范要求。

2)护筒

大直径钻孔灌注桩、超长桩施工时应采用钢护筒。

(1)当钢护筒长度大于10m时,钢护筒的径厚比应不大于20。

(2)钢护筒加工质量应满足下列要求:钢护筒直径允许偏差,任何位置的外直径和最小直径之差不大于0.3%的公称直径,最大直径与最小直径之差小于20mm;钢护筒端面的倾斜度最大允许偏差为3mm。

(3)钢护筒在制作、运输、安装过程中,在每节钢护筒上下口内壁径向应布置一组或多组单向水平临时加劲撑架,且撑架本身应具有足够的刚度,以防止钢护筒变形。

3.施工工艺要求

1)钻孔施工

(1)钻机的选择:大直径、超长桩成孔宜选用大扭矩的正反循环回旋钻机。

(2)开钻前应制定详细的施工作业指导书,并对各项准备工作进行检查。

(3)钻机就位应牢固平稳,保证钻塔(架)天车、转盘中心、桩孔中心三者在同一铅垂线上,钻机在钻进过程中不应产生沉陷或位移。

(4)钻孔作业时,应根据不同土层、不同的钻孔深度采用不同的钻压、转速、进尺速度、配重及泥浆指标,钻孔成孔倾斜率小于0.5%。

2)钢筋骨架的制作、运输及吊装就位

(1)钢筋骨架宜在胎架上制作,并用卡盘法定位。螺旋箍筋的绑扎应采用螺旋卷制机,并设加劲骨架或加劲撑架。主筋的现场连接,应采用机械连接接头。

(2)钢筋骨架吊装时,宜采用专门的起重设备。

3)灌注水下混凝土

水下混凝土灌注除应符合前述钻孔灌注桩施工的规定外,还应符合以下要求:

(1)导管接头宜采用卡口式螺纹连接法或法兰盘螺栓连接法。若采用法兰盘螺栓连接法,则应使用法兰盘端面带刻槽的O形密封圈。

(2)在导管下端离孔内混凝土浆面1~2m的位置,导管的两侧应设置出气孔,出气孔高于孔内水面1~2m。

(3)水下混凝土灌注前,应采用相对密度为1.08~1.10的PHP泥浆循环置换孔内泥浆。

(4)首批混凝土灌注时,应采用大、小料斗同时储料,料斗的出口应能方便快捷地开启和关闭。大、小料斗的储料数量应大于或等于首批灌注混凝土的数量。首批混凝土灌注后可采用小料斗进行灌注。

4)后压浆技术

大直径钻孔灌注桩、超长桩施工时,灌注水下混凝土后应采用后压浆法进行桩孔压浆工作。

(1)压浆方法。桩基后压浆技术有桩底后压浆、桩侧后压浆、桩底与桩侧联合后压浆三种方式。压浆工艺有开放式压浆和封闭式压浆两种。

(2)压浆施工主要材料如下:

①浆液。可采用纯水泥浆、水泥砂浆、掺外加剂及掺和料的水泥浆、化学浆液等。水泥的强度等级不宜低于42.5。

②压浆管材。压浆管应采用符合《低压流体输送用焊接钢管》(GB/T 3091—2015)的低压液体输送管,也可利用声测管作为压浆管。

(3)后压浆技术要求:

①压浆管必须随钢筋骨架一起下放,保证连接牢靠,压浆管密封性好,不得渗漏。

②桩身混凝土灌注后应及时用高压水冲洗打通压浆管,疏通压浆通道。

③压浆工作应在混凝土灌注完3~7d并待混凝土强度达到设计强度的75%后进行,也可待桩的声测工作结束后进行。压浆时应保持每桩的压浆孔同时均匀压浆,同时测定压浆流量、压浆压力。

④压浆管的布置应保证压浆的均匀性。桩基压浆时,应注意观测桩顶的位移和桩周土层的变化。

⑤每次循环压浆完成后,应立即用清水彻底清洗干净,再关闭阀门。压浆停顿时间超过30min时,应对管路进行清洗。每管3次循环压浆完毕,阀门封闭的时间超过40min后,方可拆卸阀门。

⑥压浆工作过程中,应记录压浆的起止时间、注入的浆量、压力、桩的上抬量。

复习思考题

一、填空题

1. 在钻孔达到设计深度后,应对________、________和________等进行检查,并填写《终孔检查表》。

2. 土围堰宜在水深________、水流流速________、河床土质渗水较小时采用。

3. 桥梁基础施工中常用的基坑排水方法有________、________和________。

4. 为防止钢筋骨架上浮,当灌注的混凝土顶面距钢筋骨架底部1m左右时,应________

灌注速度。

5. 钻孔灌注桩桩身完整性检测方法主要有高应变动测法、低应变反射波法、____________和____________等几种方法。

二、选择题

1. 钻孔灌注桩基础施工过程中,灌注水下混凝土时灌注时间不得长于首批混凝土的(　　)。

A. 初凝时间　　B. 终凝时间　　C. 拌和时间　　D. 养护时间

2. 水下混凝土一般用钢导管灌注,使用前应进行(　　)。

A. 水密承压　　B. 接头抗压试验　　C. 压气试压　　D. 抗拔试验

3. 灌注水下混凝土时,首批灌注混凝土的数量应能满足导管首次埋置深度(　　)。

A. <1.0m　　B. $\geqslant 2.0$m　　C. $\leqslant 5.0$m　　D. $\geqslant 1.0$m

4. 灌注水下混凝土时,在灌注过程中,导管的埋置深度宜控制在(　　)。

A. 2 ~ 3m　　B. 5 ~ 10m　　C. 1 ~ 2m　　D. 2 ~ 6m

5. 桥梁桩基钻孔时,钻渣从钻杆下口吸进,通过钻杆中心排出至沉淀池内,这种钻孔方法称为(　　)。

A. 冲击钻孔法　　B. 正循环回转法钻孔

C. 反循环回转法钻孔　　D. 旋挖钻机钻孔法

三、判断题

1. 钻孔的直径、深度和孔形直接关系到成桩质量,是钻孔桩成败的关键。因此,在钻孔达到设计深度后,应对孔深、孔径、孔形等进行检查,并填写《终孔检查表》。　(　　)

2. 钻孔灌注桩基础施工时,泥浆一般由水、粉土和添加剂按适当配合比配制而成。　(　　)

3. 基础高程放样测量分干处和水下两种方法。　(　　)

4. 反循环回转法钻孔的特点是钻进与排渣同时连续进行。　(　　)

5. 钻孔灌注桩常用的钻孔方法有正循环回转法、反循环回转法、潜水电钻法、冲抓锥法、冲击锥法。　(　　)

四、简答题

1. 简述围堰种类及适用条件。

2. 简述护筒的主要作用。

3. 简述钻孔灌注桩灌注水下混凝土的施工要求。

4. 简述钻孔灌注桩基础的施工工艺流程。

5. 简述钻孔灌注桩实测项目及检验方法。

学习任务四

桥梁墩台施工

桥梁墩台是桥墩和桥台的合称，是支承桥梁上部结构的建筑物。桥墩是指多跨桥梁中的中间支承结构物，它除承受上部结构作用的力外，还承受风力、流水压力及可能出现的冰压力、船只和漂流物的撞击力等。桥台设置在桥的两端，它除了支承桥跨结构作用的力外，还是衔接两岸路堤的构造物；它既要挡土护岸，又要承受台背填土及填土上车辆作用所产生的附加土侧压力。因此，桥梁墩台自身应具有足够的强度、刚度和稳定性，而且对地基的承载能力、沉降量、地基与基础之间的摩擦阻力等提出一定的要求，以避免产生危害桥梁整体结构的位移。这点对超静定结构桥梁尤为重要。

学习活动一　桥墩、桥台施工

学习目标

1. 能描述桥梁墩台施工的一般规定；
2. 能描述桥梁墩台的施工工艺和流程；
3. 通过教师的指导，能识读桥梁墩台的施工图纸；
4. 能描述桥梁墩台施工的质量控制要求和方法；
5. 能进行桥梁墩台施工前的准备工作和绘制施工工艺流程图；
6. 能进行桥梁墩台施工作业。

建议完成本学习活动的时间为8课时。

学习情境描述

施工员从工程部接受桥梁墩台结构的施工任务后，应识读桥梁墩台施工图，明确施工工艺要求和安全技术交底。在测量员进行测量放样后，根据工程所处的地质情况和基坑开挖方案，项目部组织人员和机械进行基坑开挖。开挖时应采取有效的排水措施。开挖至设计高程后对基底进行处理，再绑扎结构的钢筋骨架，并预埋好下一施工部位的主筋，安装模板，待钢筋和模板安装经监理工程师检查合格后，浇筑混凝土。混凝土浇筑时，应连续浇筑并且振捣密实。每批次混凝土灌注前均应检测坍落度，并留取相应数量的试件进行混凝土抗压强度检测。混凝土强度达到规定要求后方可拆除模板，并按规范要求对混凝土进行养护。

相关知识

桥梁的下部结构由桥墩、桥台和基础三部分组成。桥梁墩台支承着桥梁上部结构所传来的作用效应，并将作用效应传递给地基。常见的重力式墩台如图4-1-1所示。

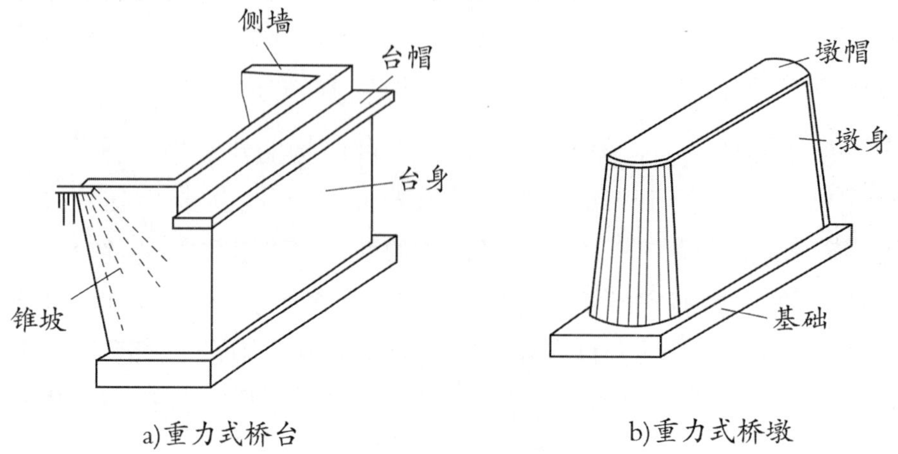

图4-1-1　重力式墩台

一、桥墩构造

桥墩按其构造，可分为实体墩、空心墩、柱式墩、排架墩、框架墩等类型；按其受力特点，可分为重力式墩和轻型墩；按其截面形状，可分为矩形、圆形、圆端形、尖端形及各种截面组合而成空心墩，如图4-1-2所示；按施工工艺，可分为就地砌筑或浇筑桥墩和预制安装桥墩。本学习活动仅对梁桥桥墩进行介绍。

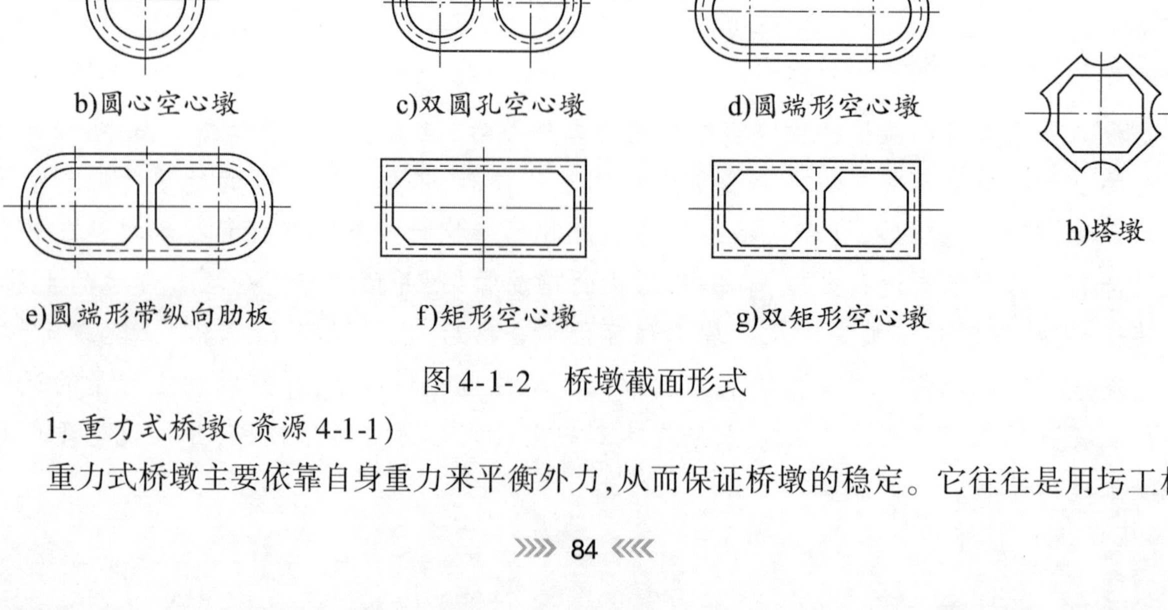

图4-1-2　桥墩截面形式

1. 重力式桥墩（资源4-1-1）

重力式桥墩主要依靠自身重力来平衡外力，从而保证桥墩的稳定。它往往是用圬工材料修筑而成,具有刚度大、防撞能力强等优点,但同时存在阻水面积大、圬工数量大、对地基承载能力要求高等缺点。适用于荷载较大的大、中型桥梁或流冰、漂浮物多的河流中,以及砂石料丰富的地区和基岩埋深较浅的地基。

如图4-1-3所示,墩帽是桥墩的顶端,它通过支座支承上部结构,并将相邻两孔桥上的荷载传递到墩上。这就要求墩帽具有足够的厚度和强度,其最小厚度一般不小于0.4m,中、小跨径梁桥也不应小于0.3m。墩帽一般要用强度等级C20以上的混凝土浇筑,加配构造钢筋,小跨径桥在非严寒地区可不设构造钢筋。构造钢筋直径一般取8~12mm,采用间距20cm左右的网格布置。支座下墩帽内应布置一层或多层加强钢筋网,其平面分布范围取支座支承垫板面积的2倍,钢筋直径为8~12mm,网格间距为5~10cm。当墩帽上相邻支座高度不同时,需加设混凝土垫石调整,并在垫石内设置钢筋网,墩帽钢筋布置如图4-1-4所示。对于小桥,也可用M5以上砂浆砌MU25以上料石做墩帽。

资源4-1-1:实体重力式桥墩构造

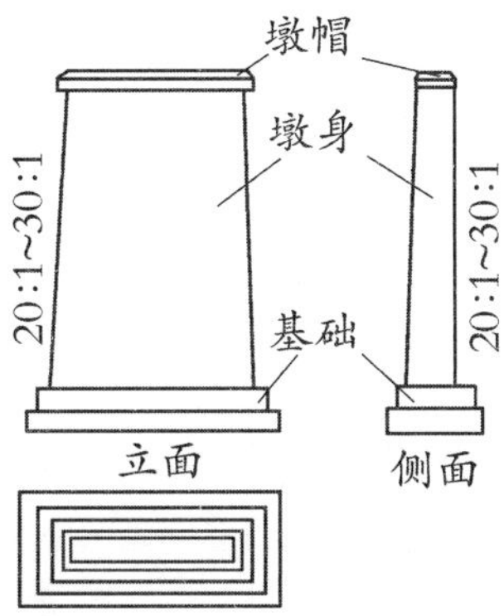

图4-1-3　实体重力式桥墩

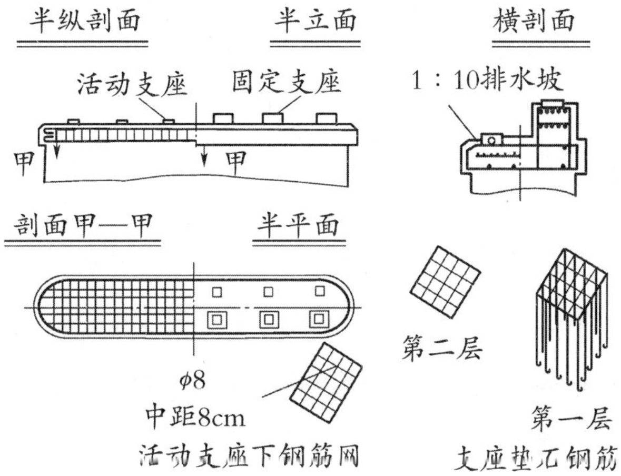

图4-1-4　墩帽钢筋构造

当桥面的横向排水坡不用桥面三角垫层调整时,可在墩帽顶面从中心向两端在横桥向做成一定坡度的排水坡,四周应挑出墩身5~10cm作为滴水(檐口)。

墩身是桥墩的主体部分,石砌桥墩应采用强度等级不低于MU25的石料,大中桥用M5以上砂浆砌筑,小桥涵用不低于M2.5砂浆砌筑。混凝土桥墩多用C15或C15以上混凝土浇筑,并可掺入不多于25%的片石。混凝土预制块强度等级不低于C20。用于梁式桥的墩身顶宽,小跨径桥不宜小于80cm,中跨径桥不宜小于100cm。大跨径桥的墩身顶宽视上部结构类型而定。墩身侧坡一般采用20:1~30:1,小跨径桥桥墩不高时,也可以不设侧坡,做成直坡。

实体重力式桥墩的截面形式有圆形、圆端形、尖端形、矩形、菱形等,如图4-1-5所示。其中,圆形、圆端形、尖端形的导流性好,圆形截面对各方向的水流阻力和导流情况相同,适用于潮汐河流或流向不定的桥位。矩形桥墩主要用于无水的岸墩或高架桥墩。

基础是指桥墩与地基直接接触的部分,其类型与尺寸往往取决于地基条件,尤其是地基承载力。最常见的是刚性浅基础,一般采用C15以上片石混凝土或浆砌块石砌筑成。基础的平面尺寸较墩身底面尺寸略大,四周各放大20cm左右。基础可以做成单层的,也可以做成2~3层台阶式的。台阶的宽度由基础用材的刚性角确定。

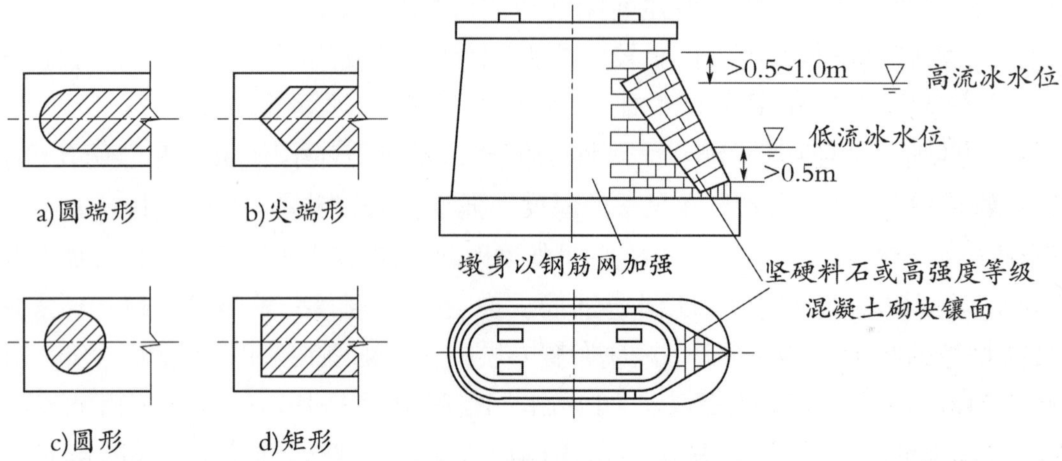

图4-1-5　实体重力式桥墩

2. 空心桥墩

空心桥墩有两种形式:一种为部分镂空实体桥墩,另一种为薄壁空心桥墩。

部分镂空实体桥墩,是在重力式桥墩的基础上镂空中心一定数量的圬工体积,旨在减轻桥墩自重,降低对地基承载力的要求,使结构更经济。

薄壁空心桥墩是采用强度高、墩身壁较薄的钢筋混凝土构件,其最大特点是大幅度地削减了墩身圬工体积和墩身自重,减小了地基负荷,因而适用于桥梁跨径较大的高墩和软弱地基桥墩。常见的几种薄壁空心桥墩如图4-1-6、图4-1-7所示。

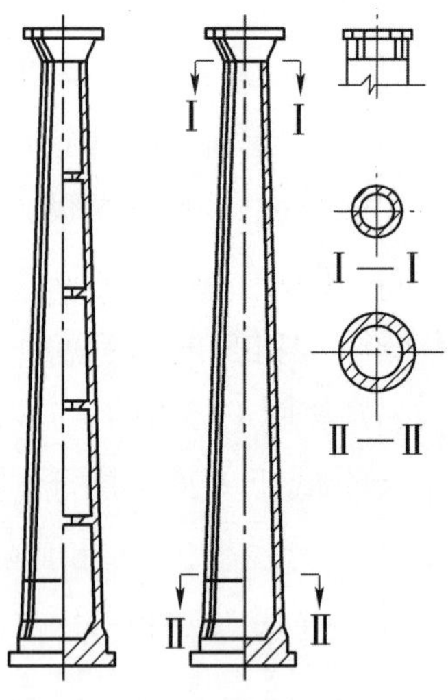

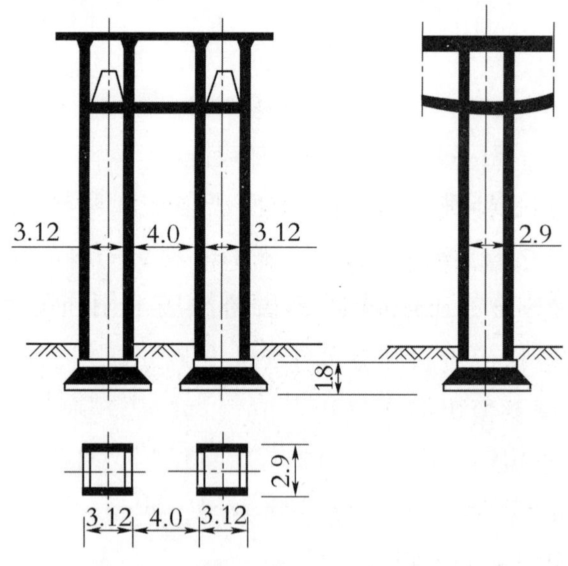

图4-1-6　圆形空心墩　　　　图4-1-7　方形空心墩(尺寸单位:m)

薄壁空心桥墩一般采用C20~C30的混凝土浇筑,墩身壁厚为30~50cm,其构造除应满足部分中心镂空式桥墩规定的要求外,为了降低薄壁墩身内外温差或避免冻胀,应在墩身周围设置适当的通风孔与泄水孔;为保证墩壁稳定和施工方便,应按适当间距设置水平横隔板,对于40m以上的高墩,按6~10m的间距设置横隔板;墩顶实体段高度不小于1.0~2.0m;主筋按计算配筋,一般配筋率在0.5%左右,并应配置承受局部应力或附加应力的钢筋。

3. 柱式桥墩(资源 4-1-2)和桩柱式桥墩

柱式桥墩和桩柱式桥墩是目前公路桥梁中广泛采用的桥墩形式,由柱式墩身和盖梁组成,一般可分为单柱、双柱和多柱等形式。这种桥墩的优点是能减轻桥墩本身重量,节约圬工材料,施工方便,外形轻巧又较美观,特别适用于桥宽较大的桥梁和立交桥。

柱式桥墩适用多种基础形式,可以在桩顶设置承台,然后在承台上设立柱[图 4-1-8a)];或在浅基础上设立柱[图 4-1-8b)]。为了增强墩柱间抗撞击的能力,在两柱中间加做隔墙[图 4-1-8c)]。当桥墩较高,也可以把水下部分做成实体式,以上部分仍为柱式[图 4-1-8d)]。

桩柱式桥墩的基础只适用桩基,在桩基础顶部以上(或柱桩连接处以上)称为柱,以下称为桩。图 4-1-8e)所示为单柱式桩墩,适用于桥宽较窄的桥;图 4-1-8f)所示为等截面双柱式桩墩,对桩位施工的精度要求高;图 4-1-8g)所示为变截面双柱式桩墩。为了增加桩柱的横向刚度,在桩柱之间设置横系梁[图 4-1-8g)]。

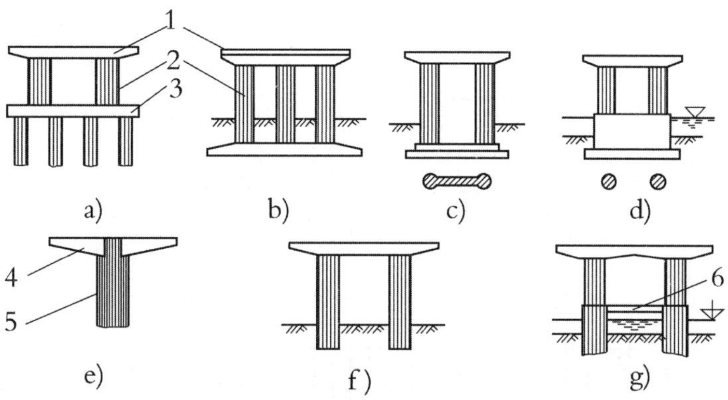

资源 4-1-2:柱式桥墩

图 4-1-8 柱式桥墩和桩柱式桥墩

1-盖梁;2-立柱;3-承台;4-悬臂盖梁;5-单立柱;6-横系梁

盖梁是柱式桥墩和桩柱式桥墩的墩帽,一般用 C20 ~ C30 的混凝土就地浇筑,也有采用预制安装或预应力混凝土的。盖梁的横截面形状一般为矩形或 T 形。盖梁宽度由上部构造形式、支座间距和尺寸等确定,高度一般为梁宽的 0.8 ~ 1.2 倍。盖梁的长度应保证上部构造放置与抗震构件设置需要的距离,并应满足上部构造安装时的要求。另外,设置橡胶支座的桥梁应考虑预留更换支座所需位置。盖梁各截面尺寸与配筋需要通过计算确定,悬臂端高度应不小于 30cm。

墩柱一般采用 C20 ~ C30 的混凝土,做成直径为 0.6 ~ 1.5m 的圆柱或方形柱、六角形柱,其构造如图 4-1-9 所示。

4. 柔性排架墩

柔性排架墩由单排或双排的钢筋混凝土桩与钢筋混凝土盖梁连接而成。柔性墩是桥墩轻型化的途径之一,一般布设在两端有刚性较大桥台的多跨桥中,全桥除一个中墩设置活动支座外,其余墩台均采用固定支座,如图 4-1-10 所示。

柔性排架墩分单排架墩和双排架墩,如图 4-1-11 所示。柔性排架墩多用于墩高为5.0 ~ 7.0m,跨径 13m 以下,桥长 50 ~ 80m 的中小型桥中。单排架墩一般用于桩墩高度不超过 4.0 ~ 5.0m 的桥;桩墩高度大于 5.0m 时,为避免行车时桥梁可能发生的纵向晃动,宜设置双排架墩。

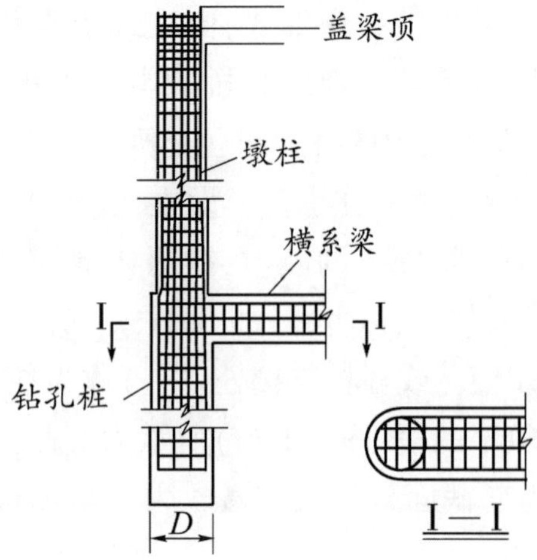

图4-1-9　墩柱与桩的构造

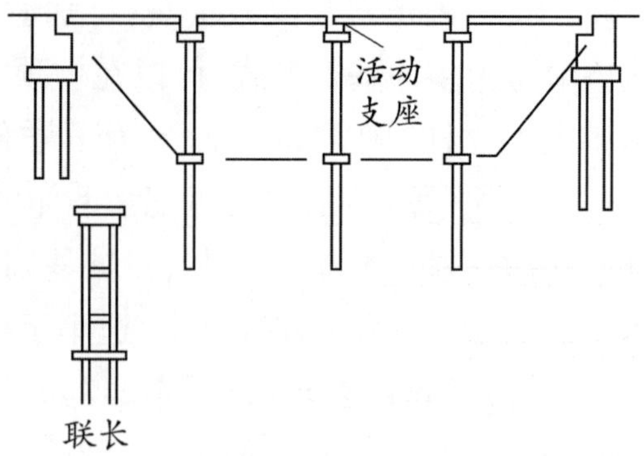

图4-1-10　柔性排架墩布置

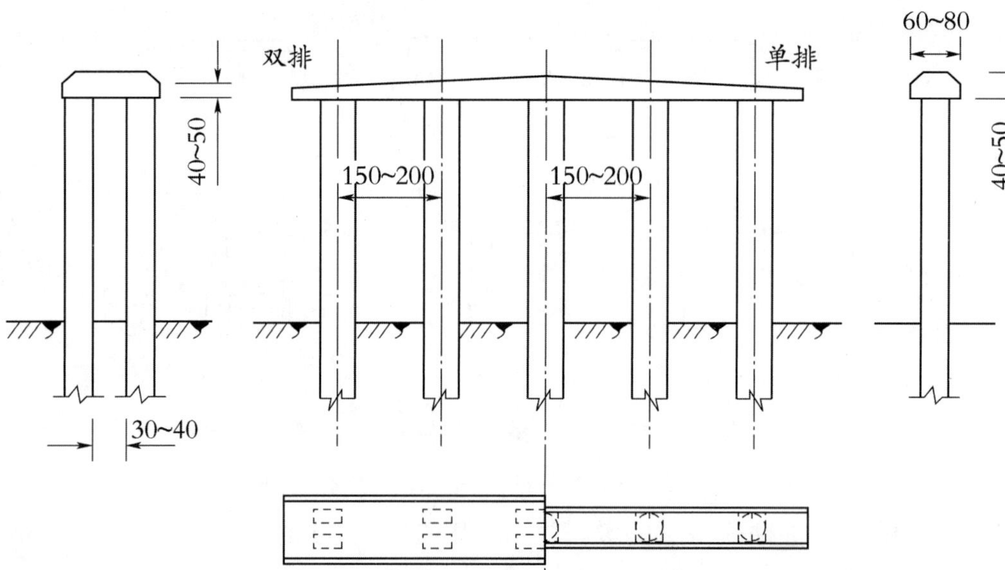

图4-1-11　柔性排架墩构造(尺寸单位:cm)

5. 轻型桥墩

轻型桥墩一般用于中、小跨径的桥梁,与重力式桥墩相比,其圬工体积显著减小,自重减小,因而其抗冲击能力较低,不宜用于流速大并夹有大量泥沙的河流或可能受航船、冰等漂浮物撞击的河流中。

墩帽用混凝土浇筑,厚度不小于30cm。墩帽四周挑檐宽度为5cm,周边做成5cm削角。当桥面的横向排水不用三角垫层调整时,可在墩帽顶面从中心向两端加做三角垫层,如图4-1-12所示。墩帽上要预埋栓钉,位置与上部结构块件的栓孔相适应。

墩身用混凝土、浆砌块石或钢筋混凝土材料做成,其中钢筋混凝土薄壁桥墩最为典型,墩身宽度不小于60cm,两边坡度为直立,两头做成圆端形,如图4-1-13所示。

6. 框架式桥墩

框架式桥墩采用钢筋混凝土或预应力混凝土等压弯或弯曲构件组成平面框架代替墩身,支承上部结构。桥墩结构可采用顶部分开、底部连在一起的V形桥墩[图4-1-14a)]和顶部分开、底部与直立桥墩连在一起的Y形桥墩[图4-1-14b)]。这种桥墩结构轻巧美观,能提高桥梁的跨越能力,缩短主梁的跨径,降低梁高,但结构复杂,施工较麻烦。

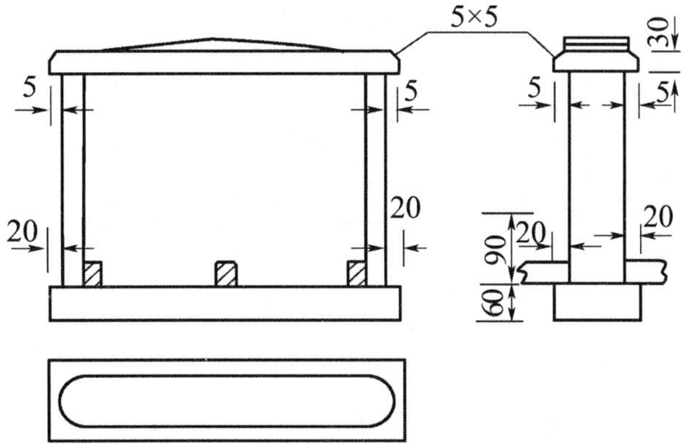

图 4-1-12　轻型桥墩(尺寸单位:cm)

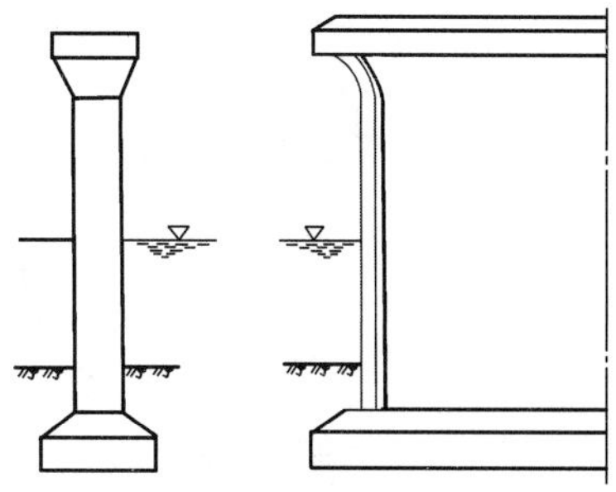

图 4-1-13　钢筋混凝土薄壁桥墩

框架式桥墩形式较多,Y 形桥墩分叉处钢筋配置如图 4-1-15 所示。

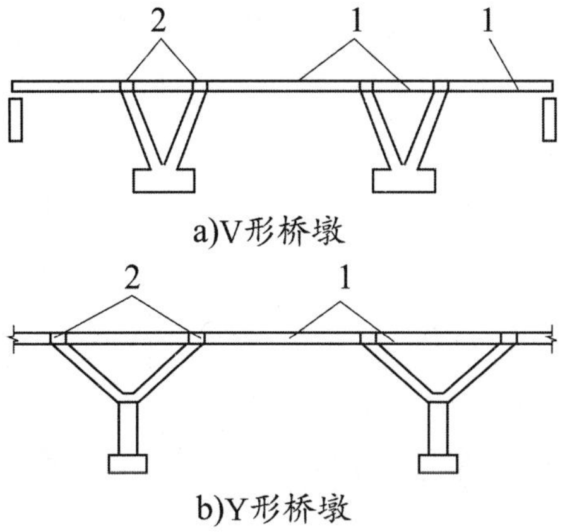

图 4-1-14　V 形桥墩和 Y 形桥墩

1-预制梁;2-接头

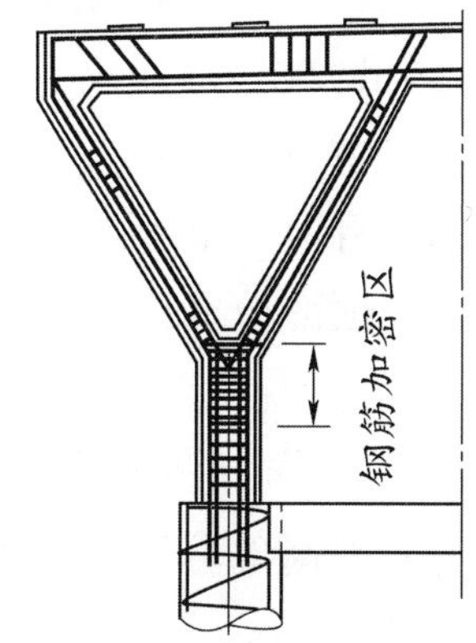

图 4-1-15　Y 形桥墩分叉处钢筋配置

二、桥台构造

资源 4-1-3:重力式 U 形桥台构造

本学习活动仅对梁桥桥台构造进行介绍。

1. 重力式 U 形桥台(资源 4-1-3)

重力式 U 形桥台一般采用砌石、片石混凝土或混凝土等圬工材料就地砌筑或浇筑而成,主要依靠自重来平衡台后土压力,从而保证自身的稳定。U 形桥台构造简单,基础底承压面大,圬工体积大,一般宜在填土高度不大而且跨径在 8m 以上的桥梁中采用。

梁桥重力式 U 形桥台由台帽、台身(前墙和侧墙)和基础组成,在平面上呈 U 字形,如图 4-1-16 所示。梁桥 U 形桥台防护墙顶宽,对片石砌体不小于 50cm,对块石料石砌体及混凝土不小于 40cm。前墙任一水平截面的宽度,不宜小于该截面至墙顶高度的 0.4 倍,背坡一般采用5:1 ~8:1,前坡为 10:1 或直立,桥台前墙的下缘一般与锥坡下缘相齐。侧墙长度可根据锥形护坡长度确定。尾端上部做成垂直,下部按一定坡度缩短,前端与前墙相连,改善了前墙的受力条件。侧墙外侧直立,内侧为 3:1 ~5:1 的斜坡,侧墙顶宽一般为 60 ~ 100cm。

桥台内的填土容易积水,应注意防水,防止冻胀,以免桥台结构开裂。为了排除桥台前墙后面的积水,应于侧墙间略高于高水位的平面上铺一层向路堤方向设有斜坡的夯实黏土作为防水层,并在黏土层上再铺一层碎石,将积水引向设于桥台后横穿路堤的盲沟内。

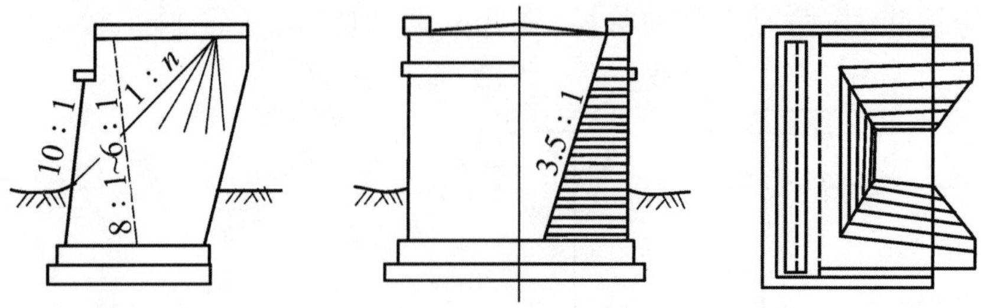

a)　　b)　　c)

图4-1-16　梁桥重力式U形桥台

基础尺寸可参照桥墩拟定。桥台两侧设锥坡,坡度由纵向的1：1逐渐过渡到横向的1:1.5,锥坡的平面形状为1/4椭圆,用土夯实填筑,其表面用片石砌筑。

2. 埋置式桥台

当路堤填土高度超过6~8m时,可采用埋置式桥台,如图4-1-17所示。它是将台身埋在锥形护坡中,只露出台帽,以安放支座和上部结构。埋置式桥台,仅适用于桥头为浅滩、溜坡受冲刷较小、填土高度在10m以下的中等跨径的多跨桥。

埋置式桥台的台身可用混凝土、片石混凝土或浆砌块石筑成,台帽及耳墙用钢筋混凝土做成。埋置式桥台台顶部分的内角到路堤锥坡表面的距离不应小于50cm,否则应在台顶缺口的两侧设置横隔板,使台顶部分与路堤锥坡的填土隔开,防止土壅到支承平台上。桥台通过耳墙与路堤衔接,耳墙伸进路堤的长度一般不小于50cm。埋置衡重式高桥台,利用衡重台及其上的填土重力平衡部分土的压力,在高桥中圬工较省,如图4-1-18所示。它适用于跨径大于20m且高度大于10m的跨深沟及山区特殊地形的桥梁。

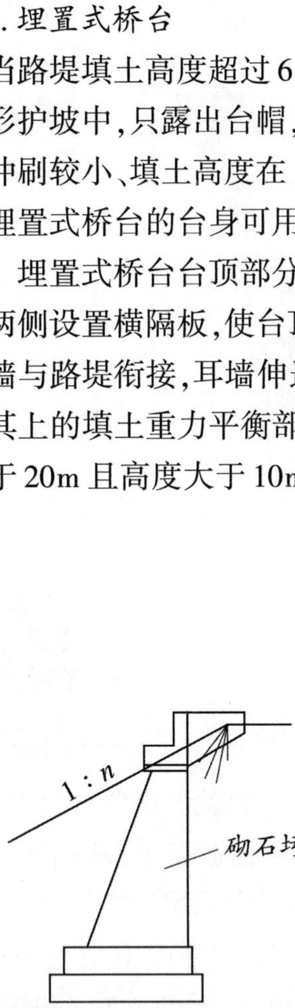

图4-1-17　埋置式桥台

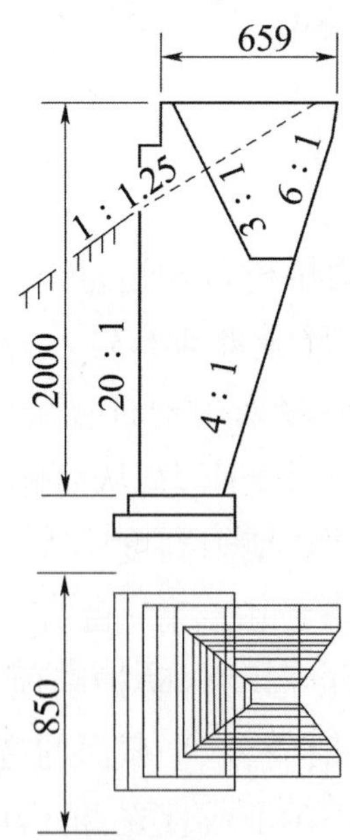

图4-1-18　埋置衡重式高桥台(尺寸单位:cm)

3. 轻型桥台

轻型桥台通常用钢筋混凝土或圬工材料砌筑。圬工轻型桥台只限于桥台高度较小的情况,而钢筋混凝土轻型桥台应用范围更广泛。从结构形式上分,轻型桥台有薄壁轻型桥台和支撑轻型桥台。

1）薄壁轻型桥台（资源 4-1-4）

薄壁轻型桥台常用的形式有悬壁式、扶壁式、撑墙式和箱式等，如图 4-1-19 所示。其主要特点是利用钢筋混凝土结构的抗弯能力来减少圬工体积，从而使桥台轻型化。

资源 4-1-4：薄壁轻型桥台

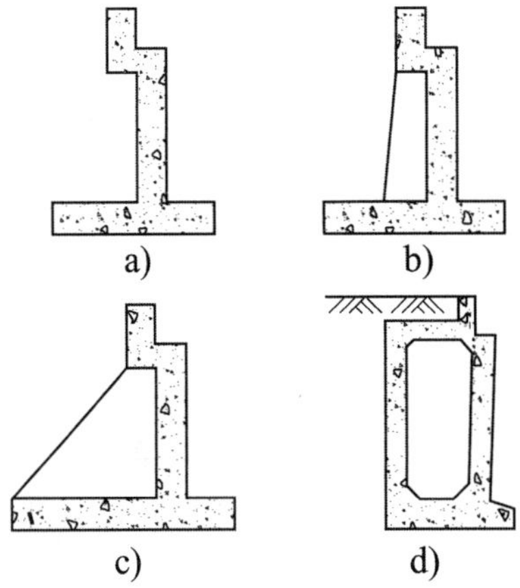

图 4-1-19　薄壁轻型桥台

2）支撑轻型桥台

支撑轻型桥台用于跨径不大于 13m 的板（梁）桥，且不宜多于 3 孔，全长不大于 20m。在墩台基础间设置支撑梁，在上部结构与台帽之间设置锚固栓钉连接，使上部结构与支撑梁共同支撑桥台，承受台后土压力（图 4-1-20），减小桥台尺寸，节省圬工数量。

台帽用混凝土浇筑，混凝土强度等级不低于 C20，厚度不小于 30cm，并应设 5～10cm 的挑檐。当填土高度较高或跨径较大时，宜采用有台背的台帽。当上部构造不设三角垫层时，可在台帽上做成有斜坡的三角垫层。

上部构造与台帽间应用栓钉连接，栓钉孔、上部结构与台背之间需用小石子混凝土（强度等级同上部结构）或砂浆（强度等级不低于 M12）填实，如图 4-1-21 所示。

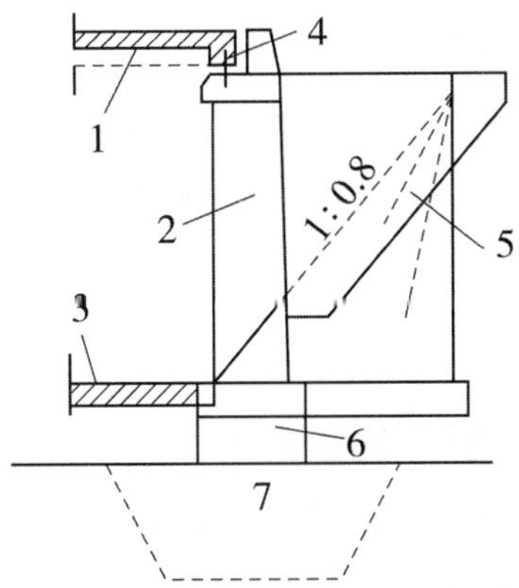

图 4-1-20　带耳墙轻型桥台

1-上部构造；2-立柱；3-支撑梁；4-锚固栓钉；5-耳墙；6-基础；7-砂垫层地基

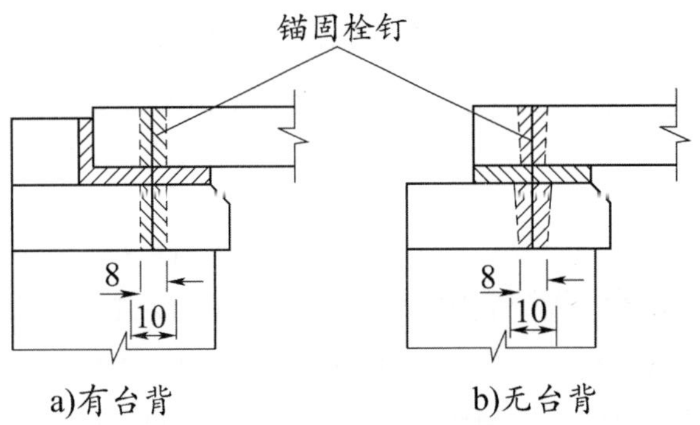

图 4-1-21　上部构造与锚固栓钉连接（尺寸单位：cm）

台身可用混凝土或浆砌块石砌筑，混凝土强度等级不低于 C15，砂浆强度等级不低于 M5，块石强度等级不低于 MU25。台身厚度（含一字翼墙），块石砌体不宜小于 60cm，混凝土厚度不宜小于 30～40cm，两边坡度为直立。两边翼墙与桥台连成整体，成为一字形桥台［图 4-1-22a）］；或者有把翼墙与桥台设缝分离，翼墙与水流方向成 30°夹角，成为八字形桥台［图 4-1-22b）］；为了节约圬工数量，也可在边柱上设置耳墙［图 4-1-22c）］；为了增加桥台抵抗水平推力的抗弯刚度，也可将台身做成 T 形截面［图 4-1-22d）］；八字翼墙的顶面宽度，混凝土不宜小于 50cm，端部顶面应高出地面 20cm。

轻型桥台基础按支承于弹性地基上的梁进行验算，一般用混凝土浇筑。当其长度大于 12m 时，应按构造要求配筋。基础埋置深度一般在原地面（无冲刷时）或局部冲刷线以下不小于 1m。

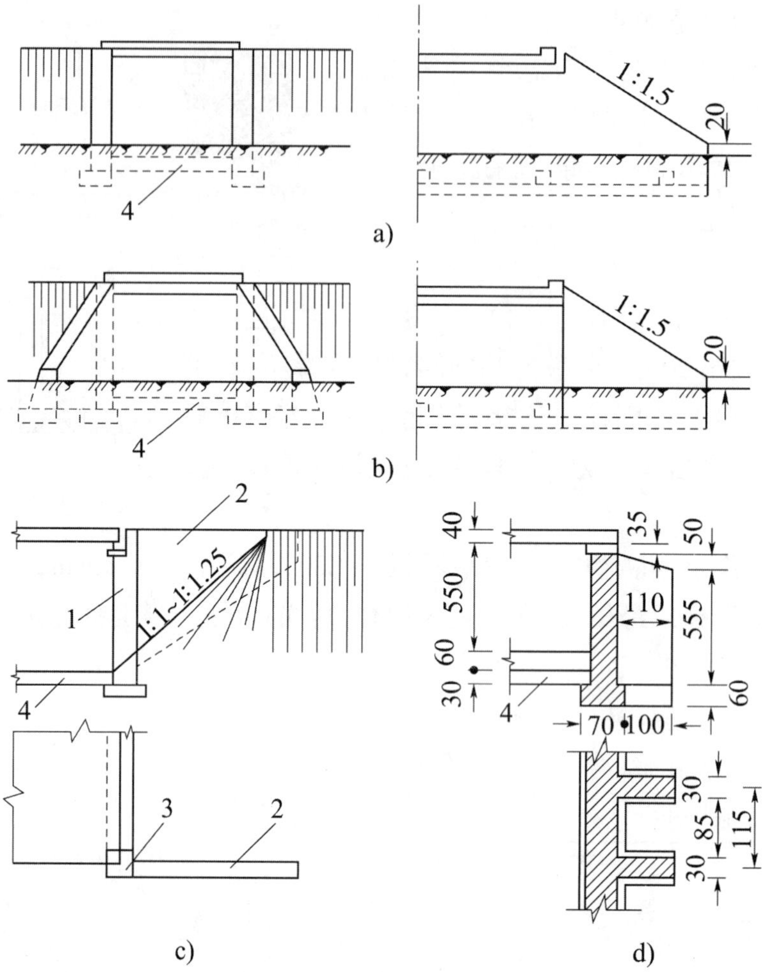

图4-1-22 支撑梁轻型桥台(尺寸单位:cm)

1-桥台;2-耳墙;3-边柱;4-支撑梁

桥台下端与相邻桥台(墩)之间设置支撑梁,并设在铺砌层及冲刷线之下。支撑梁可用20cm×30cm的钢筋混凝土筑成,或用尺寸不小于40cm×40cm的混凝土或块石砌筑。支撑梁按基础长度之中线对称布置,其间距为2~3m。当基础能嵌入风化岩层15~25cm时,可不设支撑梁。

3)框架式桥台(资源4-1-5)

框架式桥台由台帽、立柱和基础组成,是一种在横桥向呈框架式结构的钢筋混凝土轻型桥台。它采用埋置式,台前设置溜坡,所受的土压力较小,适用于多种基础形式、台身较高、跨径较大的梁桥,是目前桥梁中采用较多的桥台形式。其构造形式有柱式、肋板式、半重力式、双排架式和板凳式等。

资源4-1-5:框架式轻型桥台

柱式桥台的台帽置于立柱上,台帽两端设耳墙以便与路堤衔接,台身与基础的构造和柱式与桩柱式桥墩相似。可以在浅基础上设立柱,形成柱式桥台;也可在桩基础顶部直接设立柱形成桩柱式桥台。这种结构的特点是构造简单、圬工数量小,适用于填土高度小于5m的情况,如图4-1-23所示。

当填土高度大于5m时,用钢筋混凝土薄墙(肋板)代替立柱支承台帽,即肋板式桥台。可以在浅基础上设置肋板;也可在桩基础顶部设承台,承台上设置肋板。当水平力较大时,桩基础设置成双排或多排桩。台帽两端同样设耳墙便于同路堤衔接,必要时在台帽前方两侧设置挡土板，如图 4-1-24 所示。

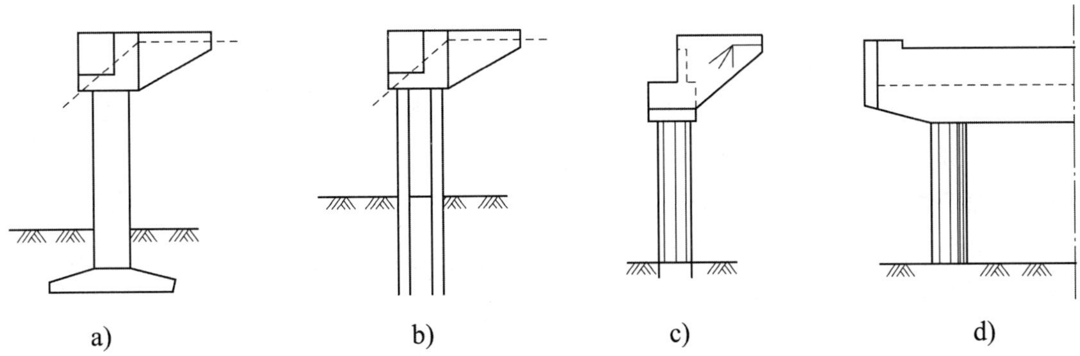

图 4-1-23　框架柱式桥台

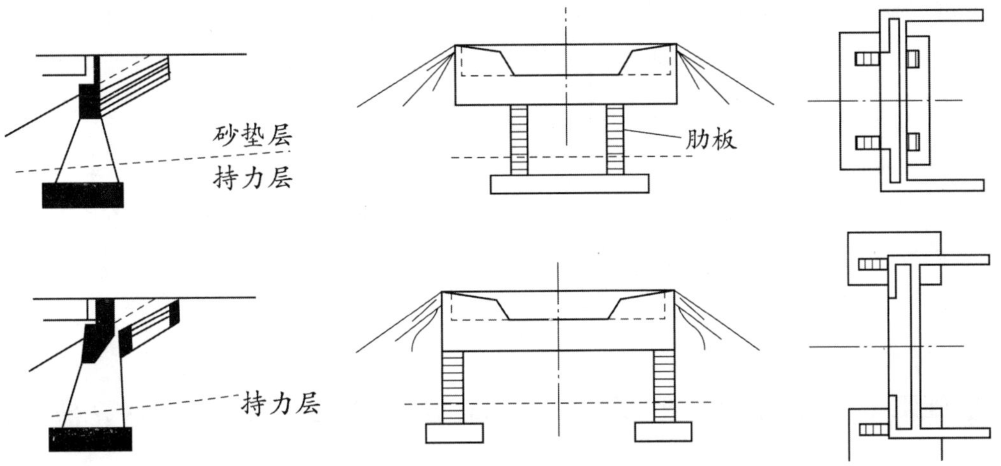

图 4-1-24　框架肋板式桥台

当水平力较大时，桥台可采用双排架式或板凳式，它由台帽、台柱和承台组成。排架装配式桥台如图 4-1-25 所示。

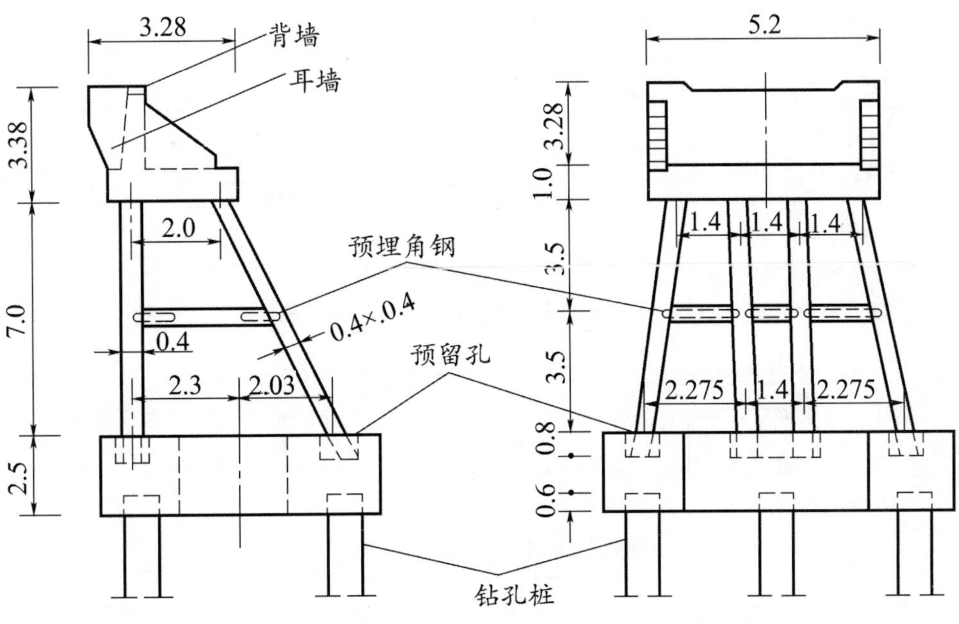

图 4-1-25　框架排架装配式桥台(尺寸单位：m)

三、桥梁墩(台)施工

1.桥墩(台)施工一般规定

施工前应熟悉施工图文件,分析施工现场的地质、水文等相关资料,并应结合施工现场环境,选择合适的模板及安装方案。

桥梁基础等上道工序应经检验合格。

桥梁桥墩(台)的施工测量放样(圆柱式墩采用中心坐标放样,方形立柱采用四角坐标放样)应经监理工程师检验合格。

桥墩(台)超过10m时,可分节段施工。上一节段施工时,已浇筑节段的混凝土强度应不低于2.5MPa。

桥墩(台)施工前应对其施工范围内的基础顶面的混凝土进行凿毛处理,并将其表面的松散层、石屑等清理干净;对分段施工的桥墩(台),其接缝也应做相同的处理。

在模板安装前,应在基础顶面放出桥墩(台)的轴线及边缘线;对分段施工的桥墩(台),其首节模板安装的平面位置和垂直度应严格控制。模板在安装过程中应通过测量监控措施保证桥墩(台)的垂直度,并应有防倾覆的临时措施;对高墩且风力较大地区的墩身模板,应考虑其抗风稳定性;应采取措施,缩短墩(台)与承台之间浇筑混凝土时间间隔,间隔期不宜大于10d。

2.桥墩、桥台施工工艺流程

桥墩的施工工艺流程如图4-1-26所示,桥台的施工工艺流程如图4-1-27所示。

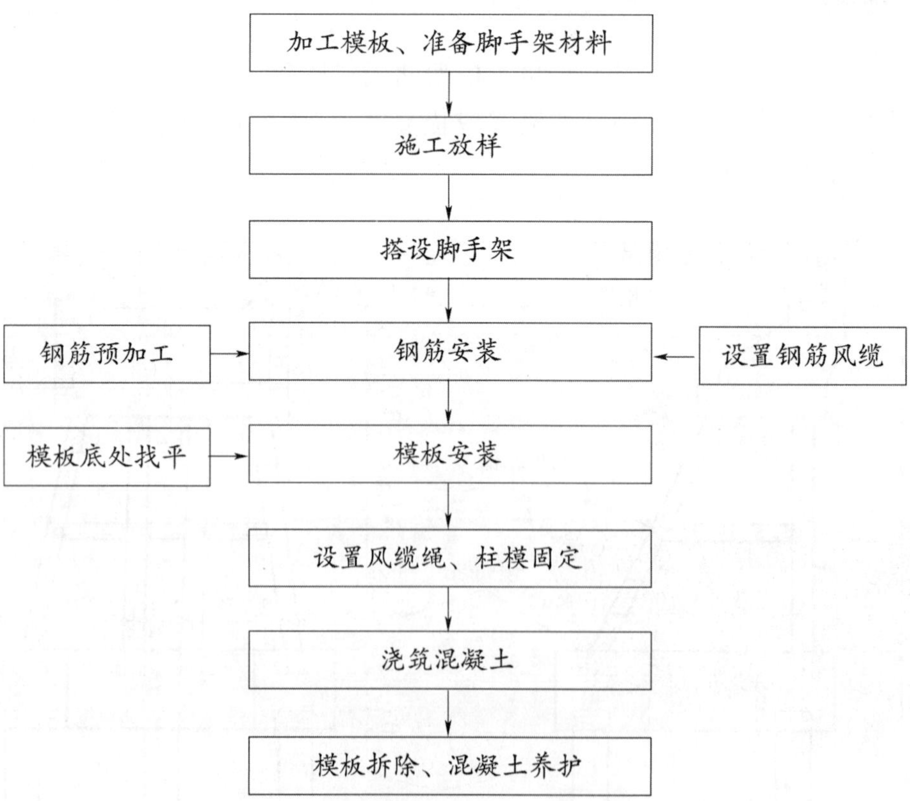

图4-1-26 桥墩施工工艺流程

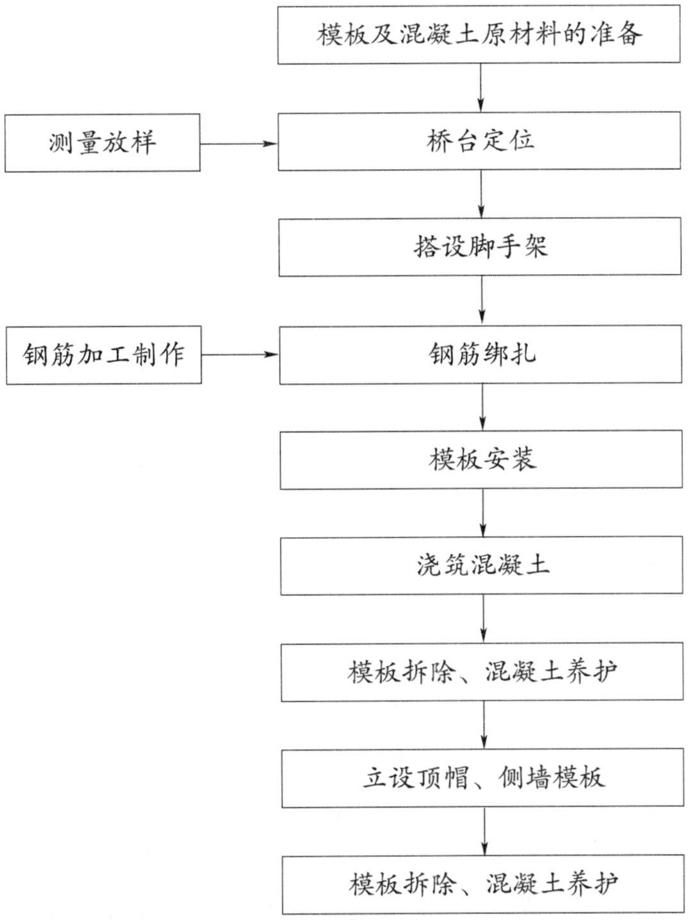

图 4-1-27　桥台施工工艺流程

3. 桥墩(台)主要施工工序

桥墩(台)主要施工工序包括模板制作与组拼,钢筋加工制作、连接、安装、绑扎,模板安装,混凝土浇筑施工,模板拆除,混凝土养护,等等。其主要作业内容及要求见表 4-1-1。

桥墩(台)主要施工工序　　　　表 4-1-1

序号	施工程序	主要作业内容及要求
1	模板制作与组拼 	①桥墩外模板应采用厚度不小于 5mm 的钢板制作,拼缝位置宜设置定位销,控制错台现象;方形桥墩模板的竖向拼缝应避免设在转角处。可将拼缝移到桥墩侧面,加工成带转角的定型模板。 ②模板拼缝的螺栓应安装牢固、严密;拼缝处宜粘贴双面胶条,防止漏浆。 ③对于圆柱墩、实心方墩模板,高度在 10m 以内时宜按"一模到顶"进行配置。 ④板式桥墩的模板宜采用无拉杆模板,如采用拉杆固定,应根据桥墩截面大小、混凝土一次堆积高度、混凝土终凝时间等因素统筹考虑计算而定,且拉杆直径不宜小于 14mm。

续上表

序号	施工程序	主要作业内容及要求
1		⑤模板涂好脱模剂后应及时安装,否则应采用塑料布覆盖,防止粘上灰尘等杂物。 ⑥桥台侧模的厚度不宜小于6mm,模板具有足够的刚度。拉杆和模板内支撑位于同一平面,通过内外对撑对模板进行调整、对中、加固,使其稳固。 ⑦混凝土强度达到2.5MPa以上,在保证其表面及棱角不因拆除模板而受损后,方可拆除侧模板
2	钢筋加工制作、连接、安装、绑扎   	①承台内桥墩段钢筋应在浇筑承台前绑扎完毕,桥墩钢筋骨架的加工制作及连接应符合设计要求;应保证预埋钢筋与桥墩主筋连接处焊接质量,必要时应采取加强措施。 ②在桥墩主筋上绑扎箍筋时,可采用粉笔画出箍筋间距线或使用制作好的卡具;箍筋应与主筋接触紧密;如果箍筋为带钩状筋,应注意箍筋位置,保证钩筋不进入保护层内;钩筋宜对角交替布置。 ③桥墩的钢筋骨架宜在钢筋工厂统一加工成型,检测合格后方可运至现场。起吊部位应设起吊扁担,减小钢筋骨架的变形。吊装就位时应控制桥墩钢筋的中心位置及其垂直度。 ④桥墩竖向主筋连接和定位完成后,混凝土保护层的厚度应经检查满足要求后方可进行水平筋的安装绑扎,水平筋应贴紧主筋。桥墩及桥台上宜使用圆饼形或梅花形高强砂浆垫块。 ⑤对已经安装好的桥墩钢筋骨架,在安装模板前应有临时稳定措施,防止倾倒。安装完毕的墩身钢筋总高度超过9m时,应安装风缆使其保持稳定。风缆可设在钢筋骨架内部。 ⑥支座垫石处的预埋钢筋(或钢板)应按设计图的要求进行施工,预埋钢筋(或钢板)的平面位置、长度、数量应准确,并应对预埋件采取固定措施,避免振捣混凝土时发生移动。

续上表

序号	施 工 程 序	主要作业内容及要求
2		⑦桥台宜采用绑扎钢筋，箍筋与主筋、水平筋应垂直，接触应紧密，箍筋转角处与主筋的交点均应绑扎，主筋与箍筋非转角部分的相交处可成梅花形交错绑扎。 ⑧对桥台背墙顶面伸缩装置的预留钢筋，其预埋高度和间距等应严格按设计文件要求执行，桥台侧（耳）墙防撞护栏钢筋的预埋位置应准确，保证与预制梁的防撞护栏线形顺直
3	模板安装  	①模板安装前应将基础顶面清洗干净，应对桥墩进行中心点和模板内外边线放样。在位置线处应设定位装置，保证桥墩轴线、边线的精确，采取措施防止模板移位。 ②对模板承垫的底部应预先采用水泥砂浆设置找平层，但找平层不得侵占实体，避免钢筋无保护层。 ③对高度低于10m、截面尺寸一致的桥墩模板，宜采用整体方式吊装，吊装前应先检查整体预组拼的模板拼缝，连接杆、螺栓的数量及紧固程度；吊装前尚应检查钢筋骨架是否妨碍柱模套装，宜采用铅丝将柱顶筋先向内绑拢，使桥墩模板能从顶部顺利套入。 ④高度超过10m或截面尺寸不同的桥墩模板，宜采用现场组拼的方式安装。安装时，宜按桥墩的大小和形状，预拼成一面一片（一面的一边带一个角模）或两面一片，就位后应设临时支撑固定，严禁将大片模板系于桥墩钢筋上。应先采用连接螺栓将两侧模板连接卡紧，再安装另外两面模板。 ⑤桥墩模板安装就位时，宜采用4根缆风绳（当桥墩高度大于10m时，在中部再加4根缆风绳）将桥墩模板拉紧。模板安装完成，应检查校正对中及垂直无误后，方可固定风缆。 ⑥模板安装固定后应测量模板顶高程，应根据设计高程计算出混凝土面距模板顶的高度。

续上表

序号	施工程序	主要作业内容及要求
3		⑦浇筑混凝土前,应清除模板内的杂物,并采用水泥砂浆在模板外封堵底部缝隙,同时应履行模板检验、验收手续
4	混凝土浇筑施工 	①可采用泵送或起重机配合料斗的方式浇筑混凝土,浇筑施工时应保证出料口与浇筑面之间的距离小于2.0m,防止混凝土离析;宜采取适当措施使操作人员进入模板内靠近混凝土面进行振捣,保证不漏振、过振;混凝土应水平分层浇筑,每层的浇筑厚度不宜超过300mm。 ②混凝土坍落度可根据现场气温适当控制,一般情况下,混凝土的坍落度在入模后应保持在50~70mm,泵送混凝土可保持在120~140mm
5	模板拆除 	①拆模不宜过早,应根据环境温度确定,且尽量安排在升温时段进行。拆除模板时,可采用起重机吊住桥墩模板一侧顶部,其相连模板应有临时固定措施。 ②分散拆除桥墩模板时,应自上而下、分层拆除。 ③拆除模板时不得使用大锤、撬棍硬砸猛敲,应避免混凝土的外形和内部受到损伤
6	混凝土养护 	拆模后应立即进行养护。大体积墩身养护可采用从墩顶淋水养护,或用土工布覆盖养护;柱式墩可采用薄膜包裹养护。混凝土的保湿养护时间应不少于7d

4. 施工质量标准

桥梁现浇墩、台身施工质量标准见表4-1-2。

现浇墩、台身施工质量标准 表4-1-2

项次	检查项目	规定值或允许偏差	检查方法和频率
1△	混凝土强度(MPa)	在合格标准内	按《公路工程质量检验评定标准 第一册 土建工程》(JTG F80/1—2017)附录D检查

续上表

<table>
<tr><th>项次</th><th colspan="2">检 查 项 目</th><th>规定值或允许偏差</th><th>检查方法和频率</th></tr>
<tr><td>2</td><td colspan="2">断面尺寸(mm)</td><td>±20</td><td>尺量:每施工节段测 1 个断面,不分段施工的测 2 个断面</td></tr>
<tr><td rowspan="3">3</td><td rowspan="3">全高竖直度(mm)</td><td>H≤5m</td><td>≤5</td><td>全站仪或垂线法:纵、横向各测 2 处</td></tr>
<tr><td>5m<H≤60m</td><td>≤H/1000,且≤20</td><td rowspan="2">全站仪:纵、横向各测 2 处</td></tr>
<tr><td>H>60m</td><td>≤H/3000,且≤30</td></tr>
<tr><td>4</td><td colspan="2">顶面高程(mm)</td><td>±10</td><td>水准仪:测 3 处</td></tr>
<tr><td rowspan="2">5△</td><td rowspan="2">轴线偏位(mm)</td><td>H≤60m</td><td>10,且相对前一节段≤8</td><td rowspan="2">全站仪:每施工节段测顶面边线与两轴线交点</td></tr>
<tr><td>H>60m</td><td>≤15,且相对前一节段≤8</td></tr>
</table>

注:H 为墩身或台身高度。

知识拓展

一、拱桥桥墩构造

1. 重力式桥墩

拱桥重力式桥墩,其形式基本上与梁桥重力式桥墩相仿。因为承受较大的水平推力,所以,拱桥重力式桥墩的宽度尺寸比梁桥大。同时,墩帽顶部做成斜坡(图 4-1-28),尽量考虑设置成与拱轴线正交的拱座。

由于拱座承受着较大的拱圈压力,故一般采用强度等级 C20 以上的整体式混凝土、混凝土预制块或 MU40 以上的块石砌筑。肋拱桥拱座由于压力比较集中,故应用高强度等级混凝土及数层钢筋网加固;装配式的肋拱以及双曲拱桥的拱座,可预留供插入拱肋的孔槽,就位后再浇混凝土封固,如图 4-1-29 所示。为了加强肋底与拱座的连接,底部可设 U 形槽浇筑混凝土,其强度等级不低于 C25。有时孔底或孔壁还应增设一些加固钢筋网。

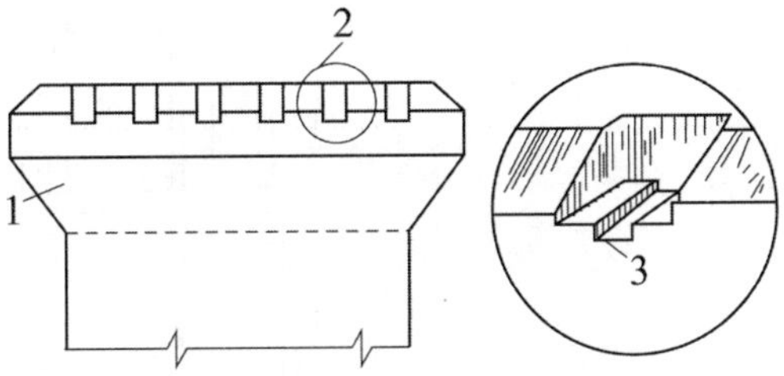

图 4-1-28　拱桥重力式桥墩

1-托盘;2-拱肋预留孔槽;3-U 形槽

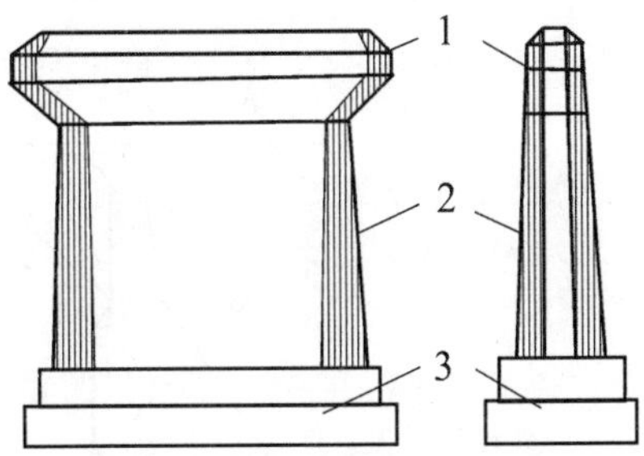

图 4-1-29　拱座构造

1-墩帽;2-墩身;3-基础

拱桥桥墩基础与梁桥相同。

2. 柱式桥墩和桩柱式桥墩

拱桥的柱式桥墩和桩柱式桥墩与梁桥相同。由于承受较大的水平推力,拱桥中柱和桩的直径比梁桥大,根数也比梁桥多。当跨径较大(40~50m)时,可以采用双排桩。拱座(盖梁)采用钢筋混凝土,构造与重力式桥墩拱座基本相同。

3. 单向推力墩

多跨拱桥根据施工和使用要求,每隔3~5孔设置单向推力墩。目前常用的单向推力墩有以下几种形式。

(1)普通柱墩加设斜撑的单向推力墩。这种单向推力墩是在普通墩柱上对称增设一对钢筋混凝土斜撑(图4-1-30),以提高其抵抗单向水平推力的能力。

(2)悬臂式单向推力墩。悬臂式单向推力墩是在桥墩的顺桥向双向挑出悬臂(图4-1-31)。

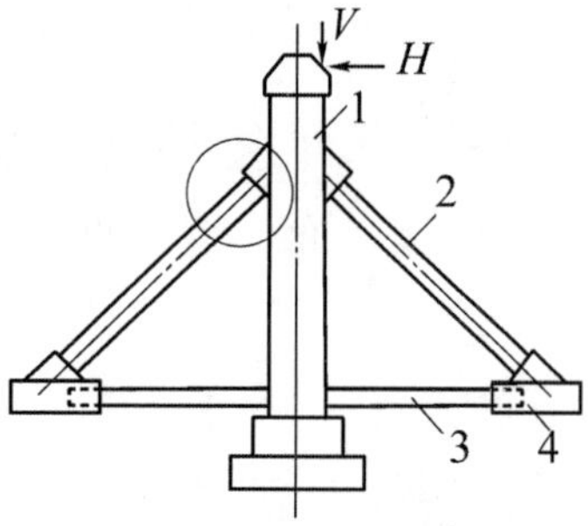

图4-1-30 普通柱墩加设斜撑的单向推力墩

1-立柱;2-斜撑;3-拉杆(用预应力);4-基础板

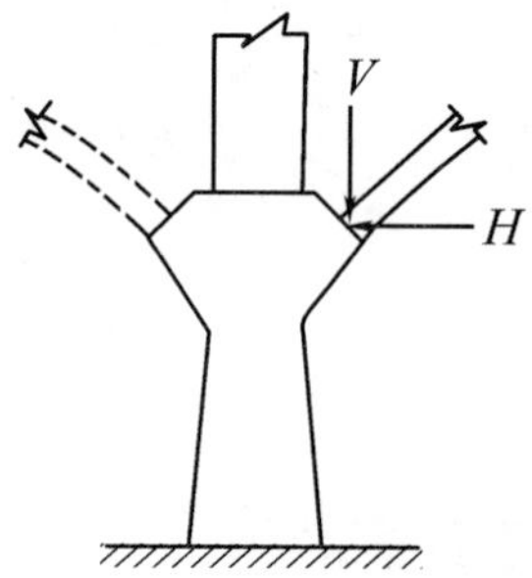

图4-1-31 悬臂式单向推力墩

(3)实体单向推力墩。当桥墩较矮及单向推力较大时,只需加大实体墩身的尺寸即可。

二、拱桥桥台构造

1. 重力式U形桥台

重力式U形桥台在拱桥中用得最多,其构造与梁桥重力式U形桥台相仿,也是由前墙、侧墙和基础三部分组成(图4-1-32)。前墙承受拱圈推力和路堤填土压力。前墙上设有台帽,构造和拱桥墩帽相同。对空腹式拱桥,在前墙顶设有防护墙。侧墙和前墙连成整体,伸入路堤锥坡内75cm,并抵挡路堤填土向两侧的压力。

2. 组合式桥台

组合式桥台由台身和后座两部分组成(图4-1-33)。台身基础承受竖向力,一般采用桩基础。

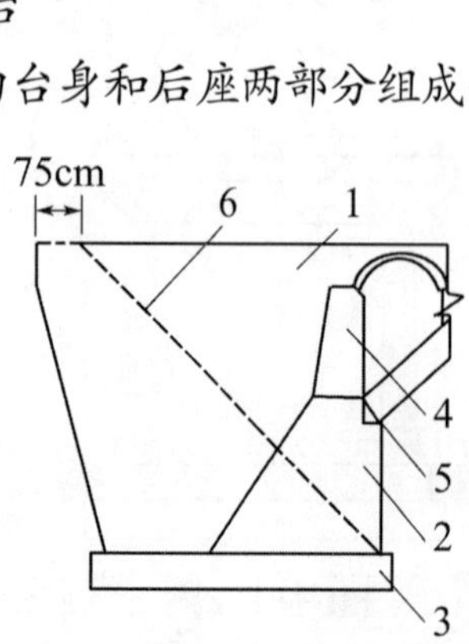

图4-1-32 拱桥重力式U形桥台

1-侧墙;2-前墙;3-基础;4-防护墙;5-台帽;6-锥坡

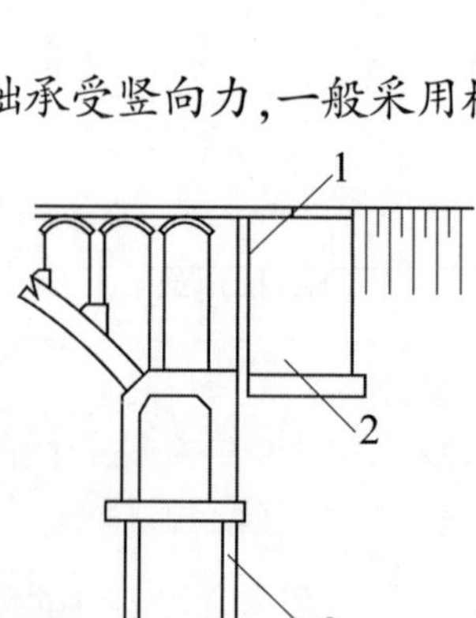

图4-1-33 组合式桥台

1-沉降变形缝;2-后座;3-基桩

3. 轻型桥台

(1) 八字形轻型桥台。八字形轻型桥台的台身可做成等厚度的或变厚度的。变厚度的台身背坡一般为 2∶1 ~4∶11，台口尺寸应满足抗剪强度要求。两边八字翼墙与台身分开，其顶宽为 40cm，前坡为 10∶1，后坡为 5∶11(图 4-1-34)。

(2) 前倾式轻型桥台。前倾式轻型桥台由于台身向桥孔方向倾斜，因此比直立台身的受力情况要好，用料要省。前倾台身可做成等厚度的，前倾坡度可达 4∶1(图 4-1-35)。其缺点是施工比较麻烦。

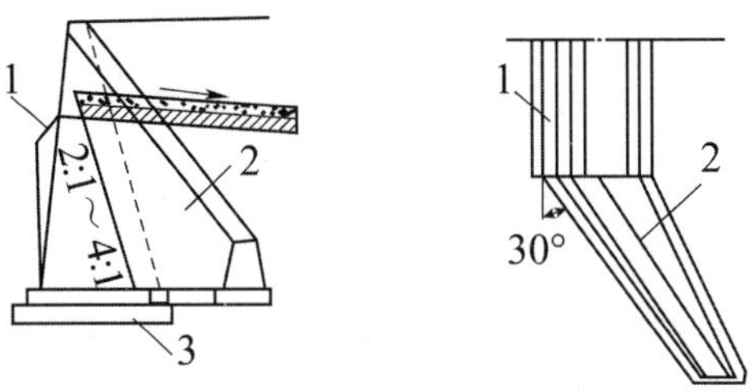

图 4-1-34　八字形桥台

1-台身；2-八字翼墙；3-基础

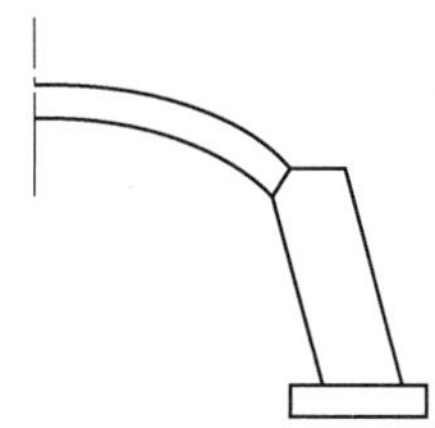

图 4-1-35　前倾式一字形桥台

拱桥轻型桥台还有多种形式，如 U 形轻型桥台(图 4-1-36)，由前墙(等厚度的)和平行于行车方向的侧墙组成。当桥台宽度较大时，为了保证前墙和侧墙的整体性，可在 U 形桥台的中间加一道背撑，成为山字形桥台。当拱桥处在软土地基而桥台本身不高时可采用空腹 L 形轻型桥台(图 4-1-37)、履齿式桥台、屈膝式桥台等。

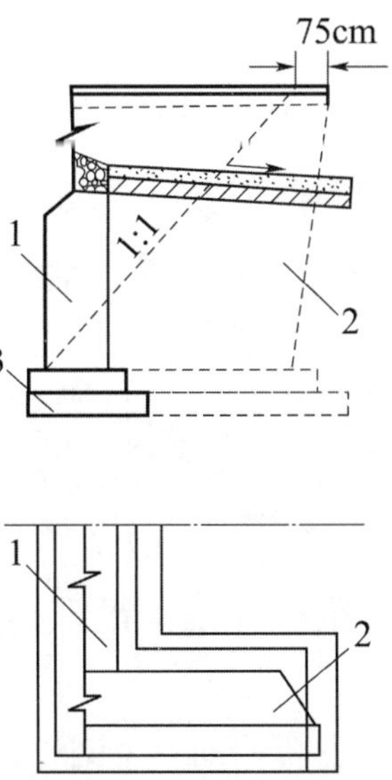

图 4-1-36　U 形轻型桥台

1-前墙；2-侧墙；3-基础

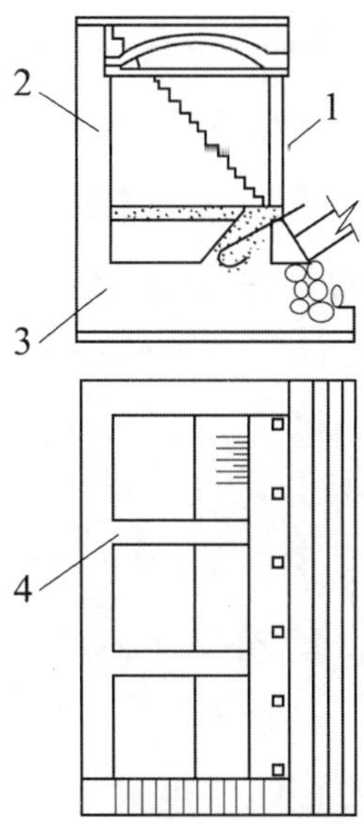

图 4-1-37　空腹 L 形轻型桥台

1-前墙；2-后墙；3-基础板；4-撑墙

学习活动二　高桥墩施工

高度大于或等于 40m 的桥墩称为高桥墩。公路通过深沟宽谷或大型水库时，采用高桥墩，不仅能使桥梁更为经济合理，而且可以缩短线路，节省造价，提高运营效益，减少日常维护工作。高桥墩可分为实体墩、空心墩与钢架墩。自 20 世纪 70 年代以后，高桥墩一般采用空心墩。

学习目标

1. 能描述高墩桥台的施工特点;
2. 能描述滑动模板的构造;
3. 能描述滑动模板提升设备的安装方法;
4. 能描述滑动模板提升设备的拆除方法;
5. 能说出滑动模板安装的质量标准。

建议完成本学习活动的时间为2课时。

学习情境描述

随着我国经济建设的飞速发展,作为基础设施建设之一的高速公路、一级公路建设也发展迅速,而桥梁建设是其中一个重要的组成部分。高墩桥梁的适用性已经越来越广泛,其施工具有独特的特点,目前采用的施工方法主要有滑动模板(简称滑模)施工、爬升模板(简称爬模)施工和翻开模板(简称翻模)施工3种,而最常用的是滑动模板施工。高墩的混凝土施工与普通桥墩相同,其区别主要在于模板的构成及模板安装与拆卸。

相关知识

一、高桥墩施工特点

高桥墩施工具有以下的特点:

(1)施工周期长。对于高空作业,模板的受力自成体系,从模板的受力性能考虑,高墩柱混凝土一次的浇筑高度一般为4~6m,对于40m以上高墩的施工次数至少在8次以上,每一根墩柱的施工周期相当长,受机械设备等因素影响,有的墩柱施工工期达到5~6个月之久。

(2)模板和机械设备投入大。由于单根高墩柱的施工周期长,且受总工期的限制,各大桥的高墩柱只能采取平行作业的施工组织方法,每根墩柱至少配备6m高的模板,使其自成施工体系,这样模板的投入相当大。另外,受起吊能力的限制,高墩柱施工须配备大吨位的起重机,且高墩柱数量多,分散于不同的山沟内,致使起重机等设备很难相互调配使用,导致机械设备的投入也大。

(3)高墩施工定位控制难度大。对于高桥墩来说,截面相对面积小、墩身高、重心高、墩身柔度大、施工精度要求高,施工时轴线很难准确控制。

(4)高墩施工接缝处理要求高。高墩柱不仅是一个简单的受压构件,还受到复杂的弯矩扭矩作用,因此必须保证墩身有一定的柔度。在荷载和各种因素作用下,高墩发生弯曲和摆动不可避免,而高墩的施工缝如处理不到位,就会成为墩身受力的薄弱处,因此对高墩施工缝的质量要求很高。

(5)高空作业,施工安全度低。高桥墩的施工设备与一般桥墩所用设备大体相同,但其模板却另有特色。高墩施工所用模板一般分为滑动模板、爬升模板、翻升模板等几种,这些模板都是依附于浇筑的混凝土墩壁上,随着墩身的逐步加高而向上升高。目前滑动模板的高度已达百米。滑动模板施工的主要优点:施工进度快,在一般气温下,每昼夜平均进度可达5~6m;混凝土浇筑质量好,采用干硬性混凝土,利用机械振捣、连续作业,可提高墩台质量;节约木材和劳动力,有资料统计表明,滑模施工可节省劳动力30%,节约木材70%。滑动模板既可用于直坡墩身,也可用于斜坡墩身,模板本身附带有内外吊篮、平台与拉杆等,以墩身为支架,墩身混凝土的浇筑随模板缓慢滑升连续不断地进行,故而安全可靠。下面将重点介绍滑动模板施工方法。

二、滑动模板施工方法

1. 滑动模板的构造

滑动模板是将模板悬挂在工作平台的围圈上,沿着所施工的混凝土结构截面的边界组拼装配,并随着混凝土的灌筑由千斤顶带动向上滑升。由于桥墩类型、提升工具的类型不同,滑动模板的构造也稍有差异,但其主要部件与功能则大致相同,主要由工作平台、内外模板、混凝土平台、工作吊篮和提升设备等组成,如图4-2-1所示。

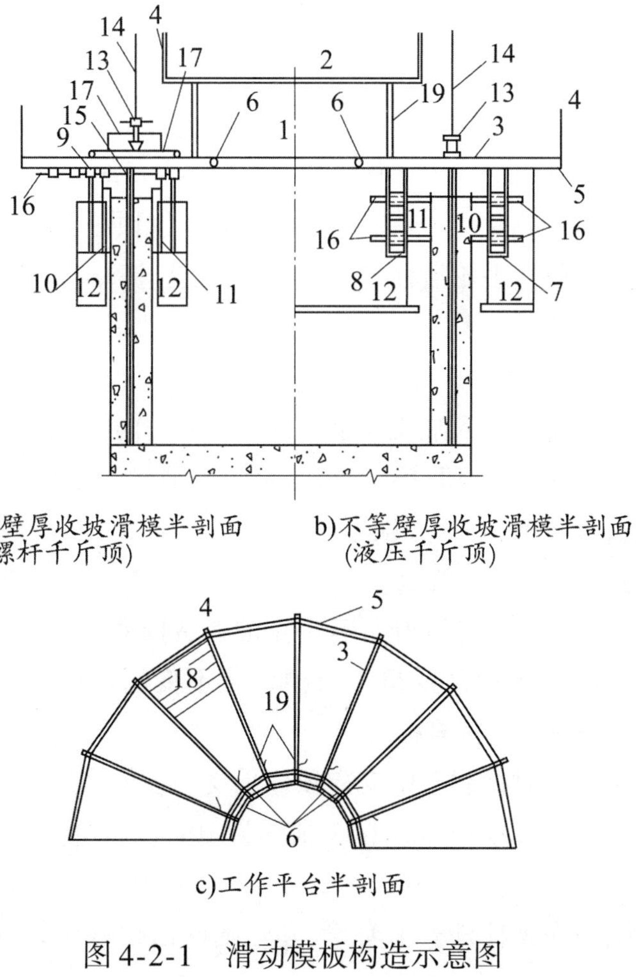

图4-2-1　滑动模板构造示意图

1-工作平台;2-混凝土平台;3-辐射梁;4-栏杆;5-外钢环;6-内钢环;7-外立柱;8-内立柱;9-滚轴;10-外模板;11-内模板;12-吊篮;13-千斤顶;14-顶杆;15-导管;16-收坡丝杆;17-顶架横梁;18-步板;19-混凝土平台柱

2. 滑动模板的提升与安装及拆除方法

1)滑动模板的提升

滑动模板提升设备主要分为提升千斤顶、支承顶杆及液压控制装置等几部分。

(1)螺旋千斤顶提升步骤(图4-2-2)。

转动手轮使螺杆旋转,千斤顶顶座及顶架上横梁带动整个滑模徐徐上升。此时,上卡头、卡瓦、卡板卡住顶杆,而下卡头、卡瓦、卡板则沿顶杆向上滑行,当滑至与上、下卡瓦接触或螺杆不能再旋转时,即完成一个行程的提升。

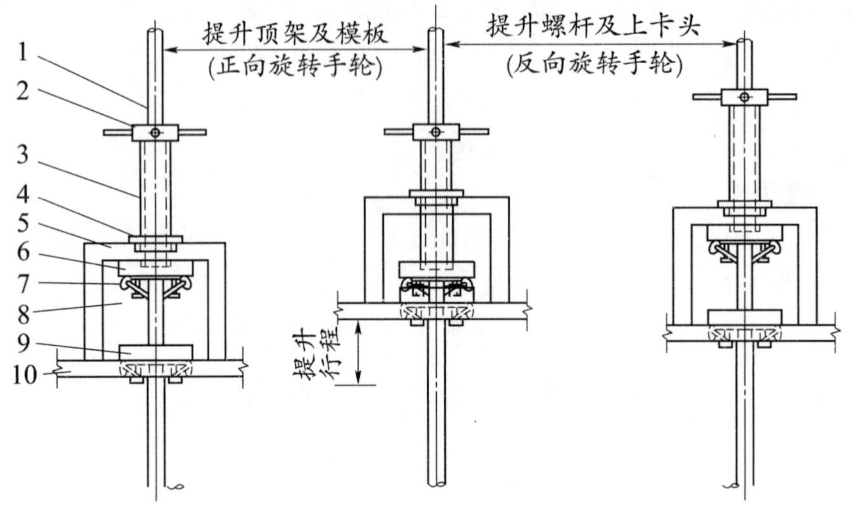

图4-2-2　螺旋千斤顶提升步骤

1-顶杆;2-手轮;3-螺杆;4-顶座;5-顶架上横梁;6-上卡头;7-卡瓦;8-卡板;9-下卡头;10-顶梁下横梁

向相反方向转动手轮,此时,下卡头、卡瓦、卡板卡住顶杆,整个滑模处于静止状态。仅上卡头、卡瓦、卡板连同螺杆、手轮沿顶杆向上滑行,至上卡头与顶架上横梁接触或螺杆不能再旋转时为止,即完成一个循环。

(2)液压千斤顶提升步骤(图4-2-3)。

进油提升:利用油泵将油压入缸盖与活塞间,在油压作用时,上卡头立即卡紧顶杆,使活塞固定于顶杆上[图4-2-3a)]。随着缸盖与活塞间进油量的增加,缸盖连同缸筒、底座及整个滑模结构一起上升,直至上、下卡头顶紧时[图4-2-3b)],提升暂停。此时,缸筒内排油弹簧完全处于压缩状态。

排油归位:开通回油管路,解除油压,利用排油弹簧推动下卡头使其与顶杆卡紧,同时推动上卡头将油排出缸筒,在千斤顶及整个滑模位置不变的情况下,使活塞回到进油前位置[图4-2-3c)]。至此,完成一个提升循环。

提升时,滑模与平台临时荷载全由支撑顶杆承受。顶杆多用A3与A5圆钢制作,直径为25mm,A5圆钢的承载能力约为12.5kN(A3则约为10kN)。顶杆一端埋置于墩(台)结构的混凝土中,一端穿过千斤顶芯孔,每节长为2.0~4.0m,用工具式或焊接。为了节约钢材使支承顶杆能重复使用,可在顶杆外安上套管,套管随同滑模整个结构一起上升,待施工完毕后,可拔出支承顶杆。

整个桥墩灌筑过程可分为初次滑升、正常滑升和最后滑升3个阶段。从开始灌注混凝土到模板首次试升为初次滑升阶段。初灌混凝土的高度一般为60~70cm,分3次灌注,在底层混凝土强度达到0.2~0.4MPa时即可试升。将所有千斤顶同时缓慢起升5cm,以观察底层混凝土的凝固情况。现场鉴定可用手指按刚脱模的混凝土表面,基本按不动,但留有指痕,砂浆不黏手,用指甲划过有痕,滑升时能耳闻“沙沙”的摩擦声,这些表明混凝土已具有0.2～0.4MPa的强度,可以开始再缓慢提升20cm左右。初升后,经全面检查设备,即可进入正常滑升阶段,即每灌注一层混凝土,滑模提升一次,使每次灌注的厚度与每次提升的高度基本一致。在正常气温条件下,提升时间不宜超过1h。最后滑升阶段是混凝土已经灌注到需要高度,不再继续灌注,但模板尚需继续滑升的阶段。灌完最后一层混凝土后,每隔1～2h将模板提升5～10cm,滑动2～3次后即可避免混凝土模板胶合。滑模提升时应做到垂直、均衡一致,顶架间高差不大于20mm,顶架横梁水平高差不大于5mm,并要求三班连续作业,不得随意停工。随着模板的提升,应转动收坡丝杆,调整墩壁曲面的半径,使之符合设计要求的收坡坡度。

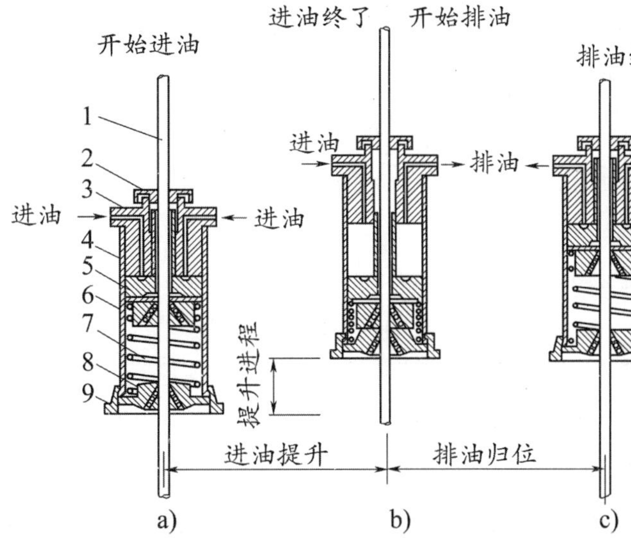

图4-2-3　液压千斤顶提升步骤

1-顶杆;2-行程调整帽;3-缸盖;4-缸筒;5-活塞;6-上卡头;7-排油弹簧;8-下卡头;9-底座

2)滑动模板的安装

在墩位上就地进行滑动模板组装时的安装步骤:首先,在基础顶面搭枕木垛,定出桥墩中心线。其次,在枕木垛上先安装内钢环,并准确定位,再依次安装辐射梁、外钢环、立柱、千斤顶、模板等。最后,提升整个装置,撤去枕木垛,再将模板落下就位,随后安装余下的设施。需注意:内外吊架待模板滑升至一定高度,及时安装;模板在安装前,表面需涂润滑剂,以减少滑升时的摩阻力;组装完毕,必须按设计要求及组装质量标准进行全面检查,并及时纠正偏差。

(1)滑模装置组装前,应做好各组装部件编号、操作平台水平标记,弹出组装线,做好墙与柱钢筋保护层标准垫块及有关的预埋铁件等工作。

(2)滑模装置的组装应按下列程序进行,并根据现场实际情况及时完善滑模装置系统:

①安装提升架,应使所有提升架的高程满足操作平台水平度的要求,对带有辐射梁或辐射桁架的操作平台,应同时安装辐射梁或辐射桁架及其环梁。

②安装内外围圈,调整其位置,使其满足模板倾斜度的要求。

③绑扎竖向钢筋和提升架横梁以下钢筋,安设预埋件及预留孔洞的胎模,对体内工具式支承杆套管下端进行包扎。

④当采用滑框倒模工艺时,安装框架式滑轨,并调整倾斜度。

⑤安装模板时,宜先安装角模后再安装其他模板。

⑥安装操作平台的桁架、支撑和平台铺板。

⑦安装外操作平台的支架、铺板和安全栏杆等。

⑧安装液压提升系统,垂直运输系统及水、电、通信、信号精度控制和观测装置,并分别进行编号、检查和试验。

⑨在液压系统试验合格后,插入支承杆。

⑩安装内外吊脚手架及挂安全网,当在地面或横向结构面上组装滑模装置时,应待模板滑至适当高度后,再安装内外吊脚手架、挂安全网。

(3)模板的安装应符合下列规定:

①安装好的模板应上口小、下口大,单面倾斜度宜为模板高度的0.1% ~0.3%;对带坡度的筒体结构,其模板倾斜度应根据结构坡度情况适当调整。

②模板上口以下2/3模板高度处的净间距应与结构设计截面等宽。

③圆形连续变截面结构的收分模板必须沿圆周对称布置,每对模板的收分方向应相反,收分模板的搭接处不得漏浆。

(4)滑模装置组装的允许偏差应满足表4-2-1的规定。

滑模装置组装的允许偏差 表4-2-1

内容		允许偏差(mm)
模板结构轴线与相应结构轴线位置		3
围圈位置偏差	水平方向	3
	垂直方向	3
提升架的垂直偏差	平面内	3
	平面外	3
安装千斤顶的提升架横梁相对高程偏差		5
考虑倾斜度后模板尺寸的偏差	上口	-1
	下口	+2
千斤顶位置安装的偏差	提升架平面内	5
	提升架平面外	5
圆模直径、方模边长的偏差		-2 ~ +3
相邻两块模板平面平整度偏差		1.5

(5)液压系统组装完毕,应在插入支承杆前进行试验和检查,并符合下列规定:

①对千斤顶逐一进行排气,并做到排气彻底。

②液压系统在试验油压下持压5min,不得渗油和漏油。

③空载、持压、往复次数、排气等整体试验指标应调整适宜,记录准确。

(6)液压系统试验合格后方可插入支承杆,支承杆轴线应与千斤顶轴线保持一致,其偏斜度允许偏差为2‰。

3)滑动模板的拆除

滑模拆除流程:滑模平台清理→滑模脱空→拆除内外平台与吊篮架板→拆除中心拉

盘→塔吊吊索将提升架绷紧→分段割除滑模装置→吊卸至地面分割区→分割滑模装置→材料整理堆放。

(1)筒壁混凝土浇筑至环梁底处时，筒壁浇筑混凝土全部完成，将所有平台上部混凝土施工垃圾、钢材、水泥、水桶等物件全部清理至地面，并分类堆放整齐。

(2)滑模脱空：在正常情况下，模板的夹固作用要大于模板下口早期混凝土对支承杆的嵌固作用。混凝土对支承杆的嵌固作用是在混凝土早期强度大于0.2MPa时开始产生，并随混凝土强度增高而增强。而由于支承杆为细长杆件，当混凝土早期强度大于0.7MPa时，混凝土的嵌固作用将趋于稳定。滑模装置待混凝土达到初凝强度后开始脱空，当混凝土早期强度大于0.7MPa时，利用滑模下口夹固作用及支撑杆的嵌固作用，保证滑模脱空后整体稳定性。空滑完成后，须对滑模系统进行仔细检查，检查的主要内容包括：支承杆有无弯曲变形；平台是否水平，有无侧移、倾斜、扭转等现象。如发现问题，须及时调整和纠正。此外，空滑时需减缓千斤顶的回油速度，延长回油时间，避免千斤顶回油时下坠冲击力过大。

(3)拆除平台板：分段拆除平台板，将吊架底部架板全部上传至平台上部，统一吊装至地面。平台板全部拆除后，再将平台板底支撑用钢筋全部分段拆除，吊装至地面。

(4)拆除中心拉盘：拆除中心拉盘时，在保证滑模装置整体受力均匀前提下，对称拆除每根拉盘钢筋。

(5)分段拆除滑模装置：当拆除工作需要施工结构作主支承点时，对结构混凝土强度的要求不低于15MPa。

塔吊吊索分别先挂在提升架中心上，然后吊索将提升架绷紧后，分段切割支撑杆、围圈及模板连接部位，两提升架两侧分段模板质量一致，切割完成后吊运至地面滑模装置分割区进行地面切割。

所有吊运至地面的滑模装置分类切割完成后，将滑模装置材料分类堆放整齐，待所有装置切割完成后，及时外运出场。

三、高桥墩施工技术要求

高桥墩施工技术要求如下：

(1)施工前应编制专项施工方案。

(2)宜设置塔吊或其他可靠的起重设备，用于钢筋及其他材料的垂直起吊运输。

(3)宜设置施工电梯作为运送作业人员、小型机具、操作工具的垂直运输设施。

(4)塔吊和施工电梯均应有可靠的附墙安全措施。

(5)绑扎和安装钢筋时，应在作业面设置具有外围护的操作平台，整体制作安装的钢筋应有保证刚度防止变形的可靠措施。

(6)混凝土的垂直运送应采用泵送方式，每一节段混凝土的养护实践应不少于7d。

(7)施工前应编制测量控制方案，施工过程中应对墩身平面位置和垂直度进行监控，条件具备时宜采用激光铅垂仪进行控制。当日照影响较大时，测量宜在夜间气温相对稳定的时段进行。

小贴士

港珠澳大桥承台墩身在全国范围内首次采用一次性整体预制施工，承台墩身一次性浇筑，龄期差小，避免了承台与墩身之间因龄期差异产生的收缩裂缝。

操作实训

识读桥梁墩台结构图

1. 实训项目

某高速公路项目高架桥梁及互通匝道桥下部构造设置桥墩共计329座,其中墩柱分为花瓶式、门架式、非框架式及矩形墩等类型;桥台共有7座,有扩大基础U形台及一字形桩基台两种,如图4-2-4所示。试识读该桥梁墩台各组成部分的结构图。

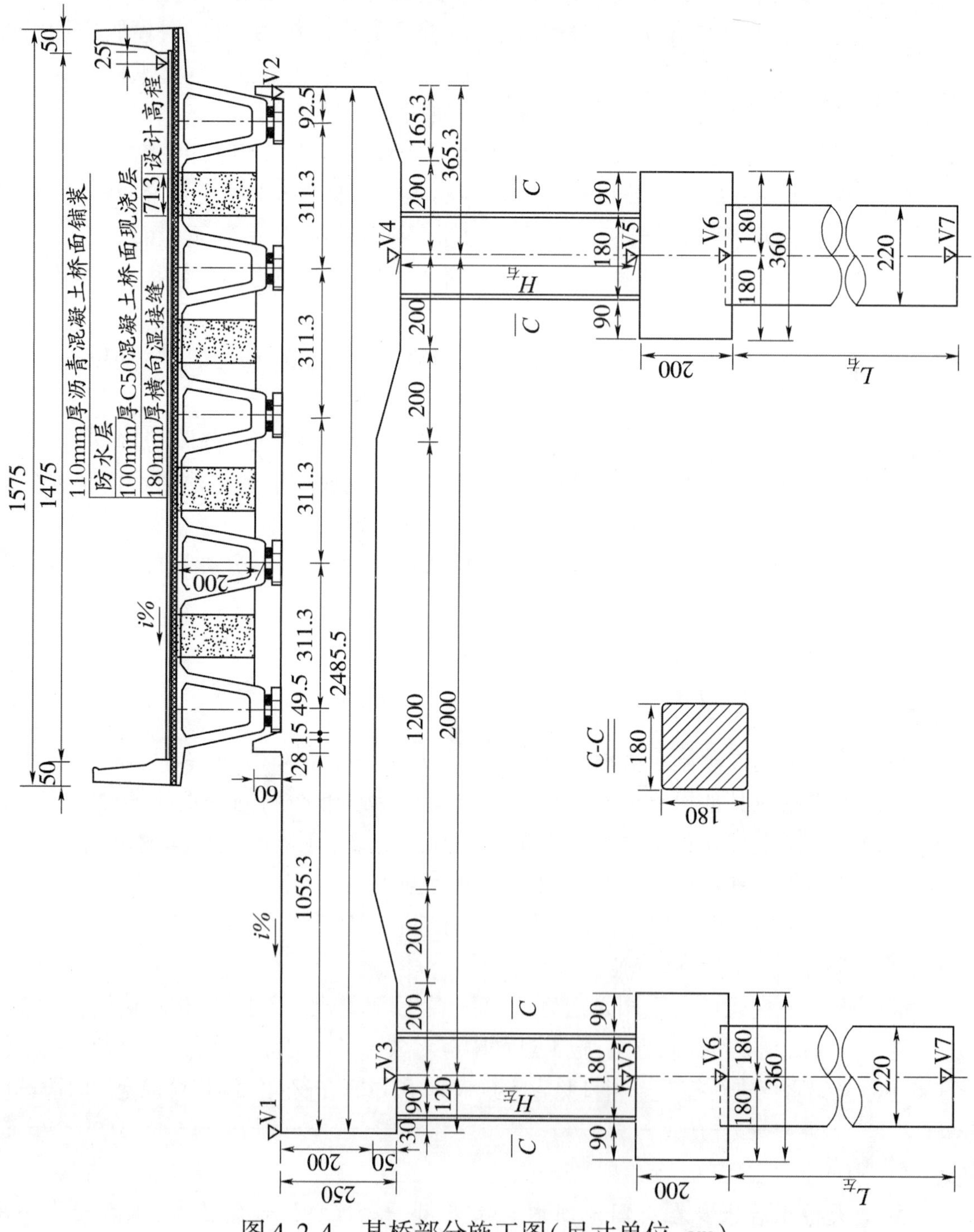

图4-2-4　某桥部分施工图(尺寸单位:cm)

2. 安全教育

结合实训项目，各小组收集桥梁墩台施工相关资讯，教师引导学生讨论并总结，列举施工安全注意事项。

3. 实训目的及要求

实训目的：掌握桥梁墩台施工流程以及认识桥梁墩台结构组成。

实训要求：各小组认真阅读并讨论，试识读该桥梁墩台各组成部分的结构图。

4. 实训准备工作（场地布置、实训所用器材）

实训室内教师准备桥梁墩台工程图纸，供学生实训时阅读，如图 4-2-5 所示。

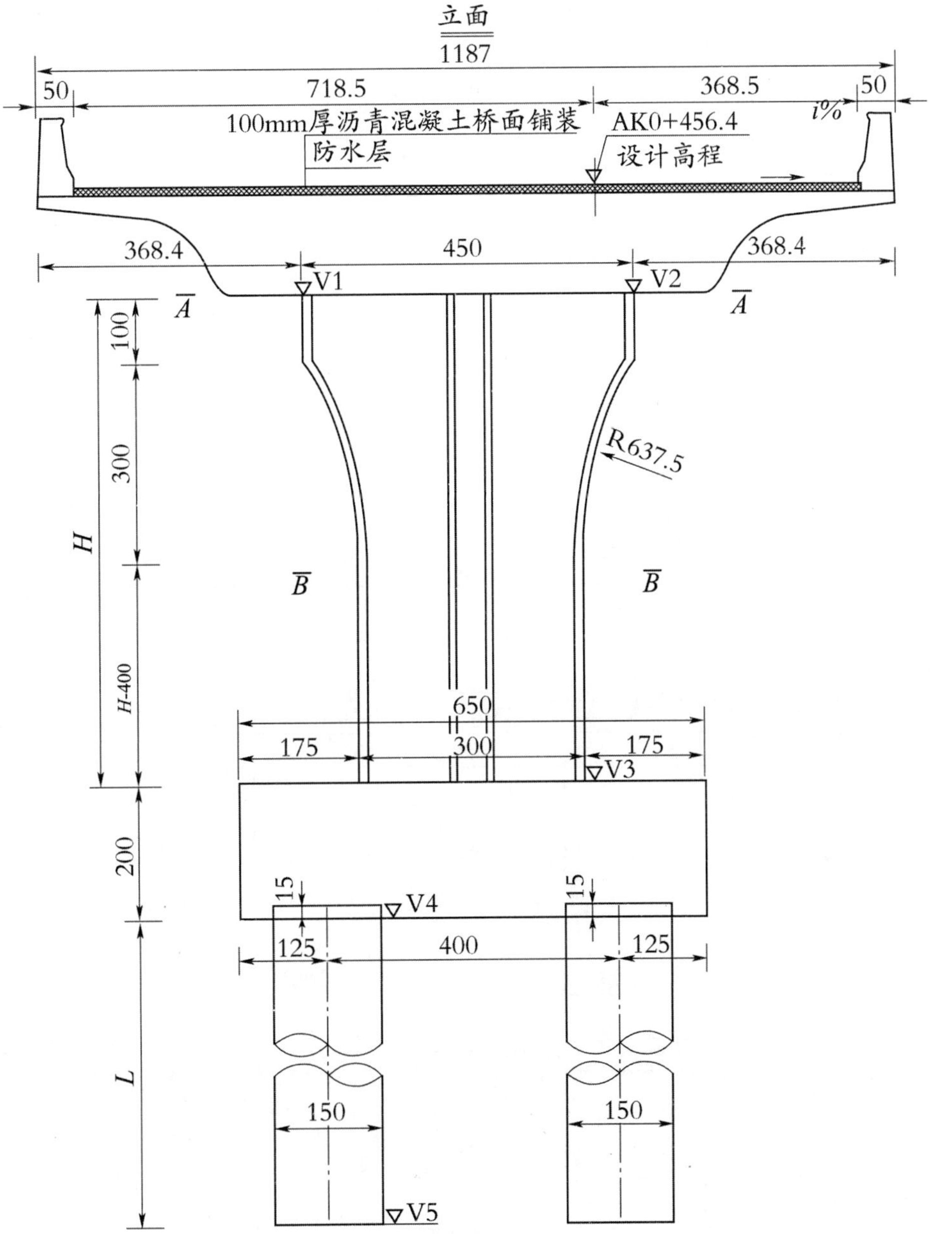

a)

图 4-2-5

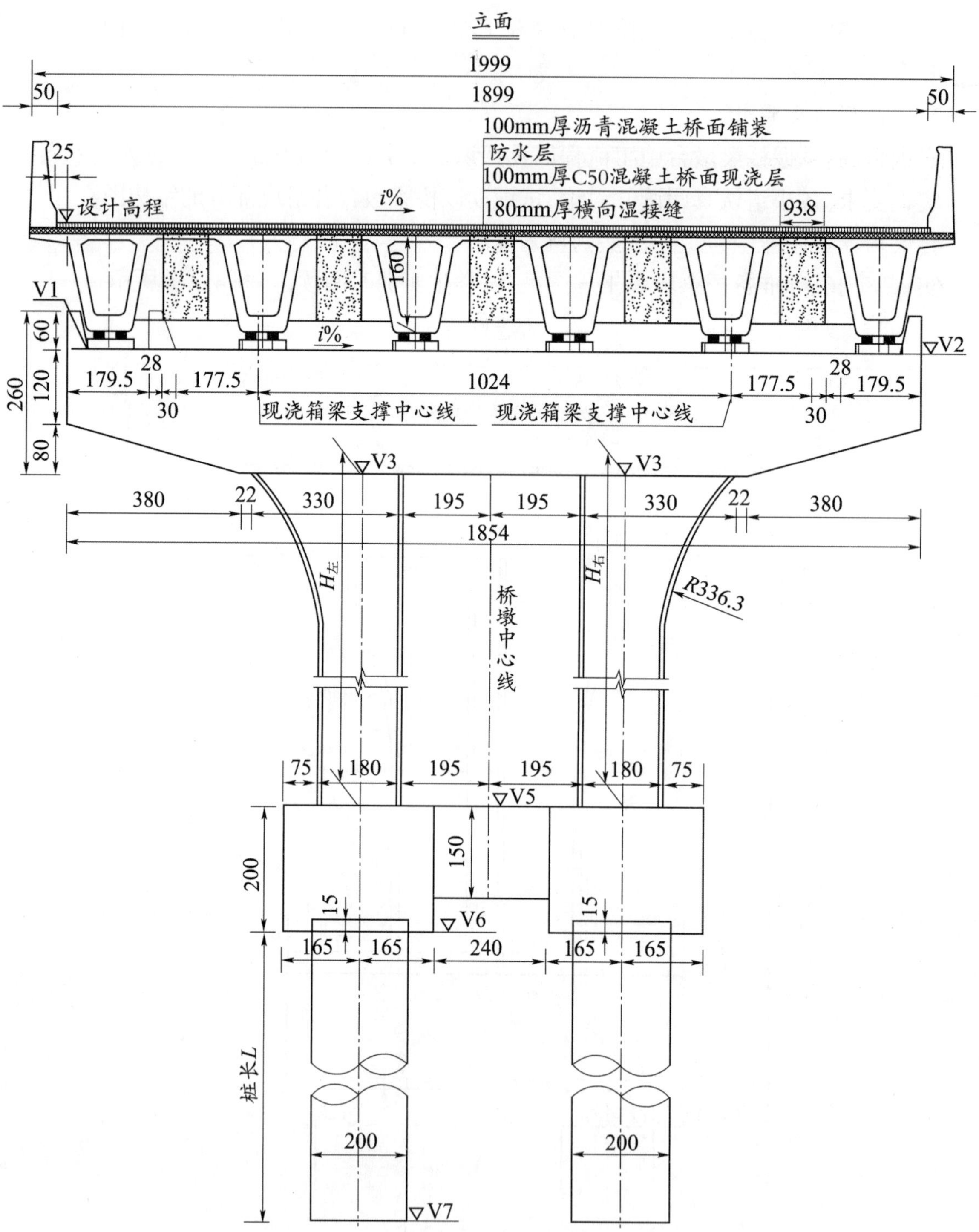
立面
1999
50
1899
50
100mm厚沥青混凝土桥面铺装
防水层
100mm厚C50混凝土桥面现浇层
180mm厚横向湿接缝
25
设计高程
i%
93.8
160
V1
V2
60
120
260
80
i%
179.5
28
177.5
1024
177.5
28
179.5
30
30
现浇箱梁支撑中心线
现浇箱梁支撑中心线
V3
V3
380
22
330
195
195
330
22
380
1854
H左
H右
桥墩中心线
R336.3
75
180
195
195
180
75
V5
200
150
15
15
V6
165
165
240
165
165
桩长L
200
200
V7

b)

图 4-2-5

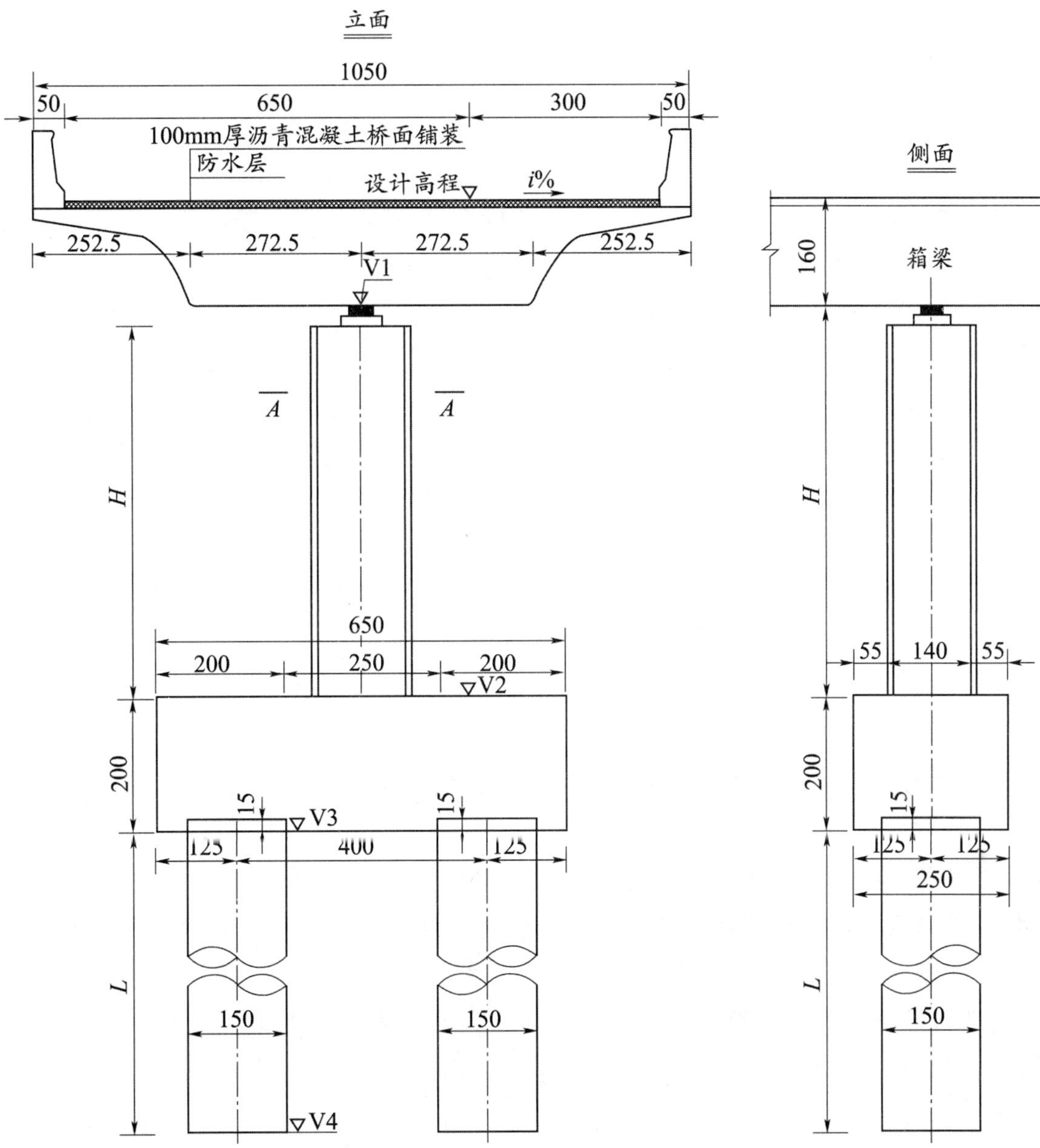

c)

图4-2-5　墩台结构图(尺寸单位:cm)

5. 质量验收及评定或实习报告、实训总结

知识拓展

我国《大体积混凝土施工标准》(GB 50496—2018)规定:混凝土结构物实体最小几何尺寸不小于1m的大体量混凝土,或预计会因混凝土中胶凝材料水化引起的温度变化和收缩而导致有害裂缝产生的混凝土,称为大体积混凝土。大体积混凝土施工特点如下:

(1)结构尺寸体积较大,属大体积混凝土,配筋较密,质量及防水要求高。

(2)大体积混凝土多用于地下或半地下建筑结构,后者常处于潮湿或与水接触的环境条件下。因此,除了需要满足强度外,还必须具有良好的耐久性和抗渗性,有的还要求具有抗冲击或抗振动及耐侵蚀性等性能。

(3)大体积混凝土强度等级比较高,单位水泥用量较大,水化热和收缩容易造成结构的开裂,需通过优化配合比进行混凝土开裂的预控。

(4)大体积混凝土由于其水泥水化热不容易很快散失,蓄热于内部,使温度升高较大,容易产生由温度变化引起的裂缝。因此对温度进行控制,是大体积混凝土施工最突出的问题。必须处理或解决由于水泥水化热所引起的混凝土体积变化,以便最大限度地减少混凝土裂缝。因质量及防水要求高,混凝土需要经过严格的配合比设计及外加剂、掺和料的检验。

大体积混凝土施工时注意事项:一是要尽量减少水泥水化热,推迟放热高峰出现的时间。例如,采用60d龄期的混凝土强度作为设计强度(此点必须征得设计单位的同意),以降低水泥用量;掺粉煤灰替代部分水泥,可降低水泥用量,且由于粉煤灰的水化反应较慢,可推迟放热高峰的出现时间;掺外加剂也可减少水泥、水的用量,推迟放热高峰的出现时间;夏季施工时采用冰水拌和、砂石料场遮阳、混凝土输送管道全程覆盖洒冷水等措施,降低混凝土的出机和入模温度。以上这些措施可减少混凝土硬化过程中的温度应力值。二是进行保温保湿养护,养护时间不应少于14d,使混凝土硬化过程中产生的温差应力小于混凝土本身的抗拉强度,从而可避免混凝土产生贯穿型的裂缝。三是分层分段浇筑混凝土,分层振捣密实以使混凝土的水化热能尽快散失。除此之外,还可采用二次振捣的方法,增加混凝土的密实度,提高抗裂能力,使上下两层混凝土在初凝前结合良好。四是做好测温工作,随时控制混凝土内的温度变化,及时调整保温及养护措施,使混凝土中心温度与表面温度的差值、混凝土表面与大气温度差值均不超过25℃。

复习思考题

一、填空题

1. 桥墩外模板应采用厚度不小于________的钢板制作,且应经过铣边处理,拼缝位置宜设置________,控制错台现象;方形桥墩模板的竖向拼缝应避免设在________,可将拼缝移到桥墩侧面(距转角100mm左右),加工成带转角的定型模板。

2. 对于圆柱墩、实心方墩模板,高度在10m以内时宜按________进行配置。

3. 混凝土强度达到________ MPa 以上,在保证其表面及棱角不因拆除模板而受损后,方可拆除侧模板。

4. 对于高度低于 10m、截面尺寸一致的桥墩模板,宜采用________方式吊装。对于高度超过 10m 或截面尺寸不同的桥墩模板,宜采用________的方式安装。

5. 桥墩混凝土坍落度可根据现场气温适当控制,一般情况下,混凝土的坍落度在入模后应保持在________之间,泵送混凝土可保持在________之间。

二、选择题

1. 在结构功能方面,桥台不同于桥墩的地方是(　　)。
   A. 传递荷载　B. 抵御路堤的土压力　C. 调节水流　D. 支承上部结构
2. 墩台身模板及支架应有足够的强度、刚度和稳定性,模板宜采用(　　)。
   A. 大块钢模板　B. 大块竹胶板　C. 组合钢模板　D. 坚硬木模板
3. 重力式桥台主要依靠(　　)来平衡外力保持稳定。
   A. 台后土压力　B. 自身质量　C. 台内填土　D. 锥坡填土
4. 桥墩按受力特点可分为(　　)。
   A. 实心墩和空心墩　B. 重力式墩和柔性墩
   C. 柱式墩和框架墩　D. 圆形墩和方形墩
5. (　　)属于框架式桥台。
   A. 双柱式桥台　B. 重力式桥台　C. 八字式桥台　D. U 形桥台

二、判断题

1. 模板与构件接触的一侧,应涂刷肥皂水、废机油等隔离剂。(　　)
2. 桥墩按受力特点分类,一般分为刚性、半刚性和柔性三种。(　　)
3. 墩台整体的抗倾覆和抗滑动的稳定性不同于压杆失稳,是属于刚体失稳。(　　)
4. 在桥墩设计时尽量选择节约材料的空心墩。(　　)
5. 混凝土的拌和时间越长,则混凝土拌和物越均匀、质量越高。(　　)

四、简答题

1. 简述桥墩的施工工序。
2. 简述桥台的施工工序。
3. 简述桥梁墩台施工的主要质量控制标准以及主要施工注意事项。
4. 简述桥梁高墩的特点。
5. 简述桥梁高墩模板安装及拆除的方法。

学习任务五

钢筋混凝土梁式桥施工

钢筋混凝土梁式桥主要采用钢筋及混凝土预制或现场浇筑而成，是当今公路桥梁常用的桥梁结构形式。钢筋混凝土梁式桥主要包括钢筋混凝土简支T形梁桥、预应力钢筋混凝土箱梁桥及钢筋混凝土空心板桥几种常用类型。

本学习任务要求理解装配式钢筋混凝土简支T形梁桥、板式小桥及预应力混凝土箱梁桥的基本结构组成，能描述装配式钢筋混凝土T形梁、钢筋混凝土空心板桥及预应力混凝土箱梁的施工方法及施工工艺流程，能描述钢筋混凝土T形梁、板式小桥及预应力钢筋混凝土箱梁的质量检验方法及质量控制要点。

学习活动一　钢筋混凝土简支T形梁桥施工

学习目标

1. 能描述装配式钢筋混凝土简支T形梁桥的基本结构组成；
2. 能描述装配式T形梁的主梁钢筋的类型及构造要求；
3. 根据施工图，能识读主梁钢筋构造图，并描述钢筋笼编制原则；
4. 根据施工图和《公路桥涵施工技术规范》(JTG/T 3650—2020)，能进行钢筋混凝土梁桥施工；
5. 能按图纸、施工规范和安全操作规程正确施工。

建议完成本学习活动的时间为10课时。

学习情境描述

某高速公路工程第八合同段在K43+045处设计有一座3跨60m的中桥，全桥位于路线的直线段内，桥型为装配式钢筋混凝土简支T形梁桥，设计图纸已经下发给施工单位，根据总工期的要求，这座中桥施工的时间为18个月。此桥工程内容包括钻孔灌注桩基础施工、钢筋混凝土墩台施工、支座安装、钢筋混凝土T形梁预制与安装、桥面铺装等。

项目负责人(教师)派单，施工人员(学生)在规定时间内，严格按照设计图纸和《公路桥涵施工技术规范》(JTG/T 3650—2020)要求，分工合作，完成该桥的详细施工方案，方案编写完毕后交由项目负责人(教师)验收。

相关知识

一、装配式钢筋混凝土简支T形梁桥的基本结构组成(资源5-1-1、资源5-1-2)

装配式钢筋混凝土简支T形梁是由几根T形截面的主梁肋和与主梁肋相垂直的横隔梁组成,通过设在横隔梁下方和横隔梁顶部翼缘板处的焊接钢板连接成整体,如图5-1-1所示。其中,T形截面的主梁包括主梁肋和设在主梁肋顶部的翼板。翼板也称为行车道板。

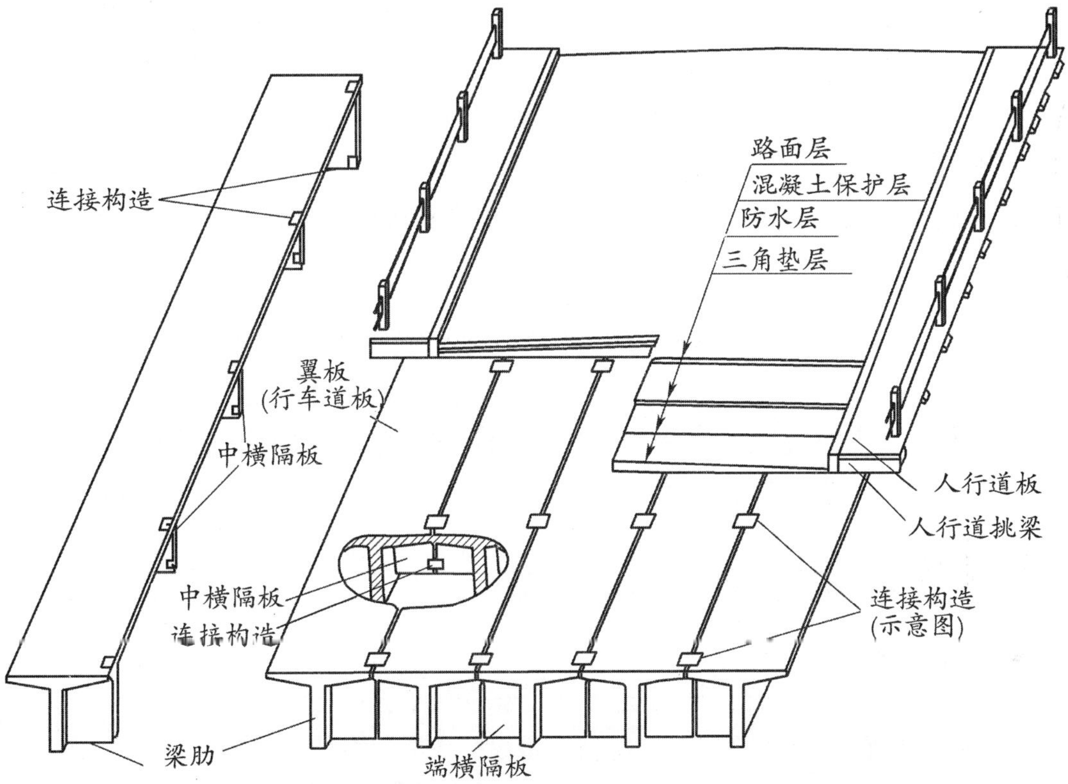

图5-1-1　用焊接钢板连接的(装配式)钢筋混凝土简支T形梁桥

钢筋混凝土简支T形梁桥的梁肋与桥面板结合在一起,节省了肋与肋之间处于受拉区的混凝土,减轻了结构的重量,如图5-1-2所示。在保持下翼缘有足够尺寸以便布置钢筋情况下,尽可能减小梁肋部分的厚度,这样可以进一步减轻梁体重量。普通钢筋混凝土简支T形梁桥的常用跨径为13~20m,预应力钢筋混凝土简支T形梁桥的常用跨径为25~50m。

资源5-1-1:T形梁构造

资源5-1-2:T形梁构造与安装示意

下面主要介绍装配式钢筋混凝土简支T形梁桥的构造。

1. 主梁构造

1)主梁肋

主梁间距大小既与钢筋和混凝土的材料用量、构件的安装有关,又和翼板的刚度有关。过去我国多采用1.6m主梁间距,近年来随着施工单位吊装能力的提高,主梁间距也逐渐加大,这样可减少钢筋和混凝土的用量。主梁间距一般在1.5~2.2m范围内,主梁高度与跨径之比一般为1/11~1/16。T形梁梁肋宽度应能满足主拉应力的强度及钢筋净距和保护层的需要,通常为16～20cm。为便于浇筑混凝土,应尽量做得窄些,以减轻吊装重量。

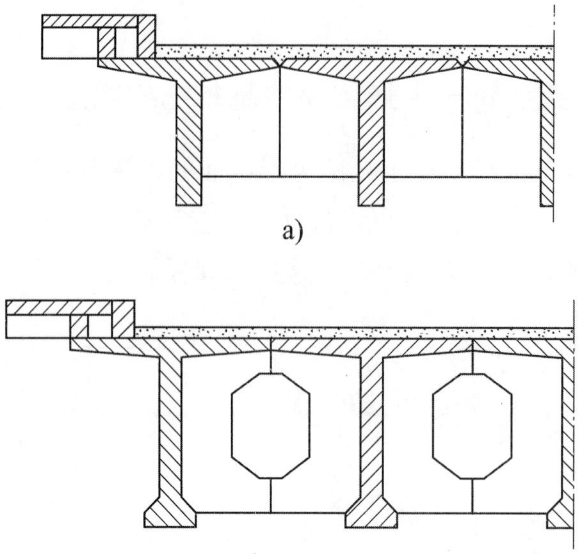

a)

b)

图5-1-2　钢筋混凝土简支T形梁桥的横截面

2)横隔梁

图5-1-3所示为钢筋混凝土简支T形梁桥的横隔梁构造。横隔梁在装配式梁桥中起着连接主梁的作用,它的刚度越大,桥梁的整体性越好,因此,T形梁桥需在跨内设3～5道横隔梁。横隔梁高度约为主梁高度的3/4或与主梁同高。横隔梁梁肋宽度通常为13～20cm,预制时,做成上宽下窄和内宽外窄的楔形,以利脱模。

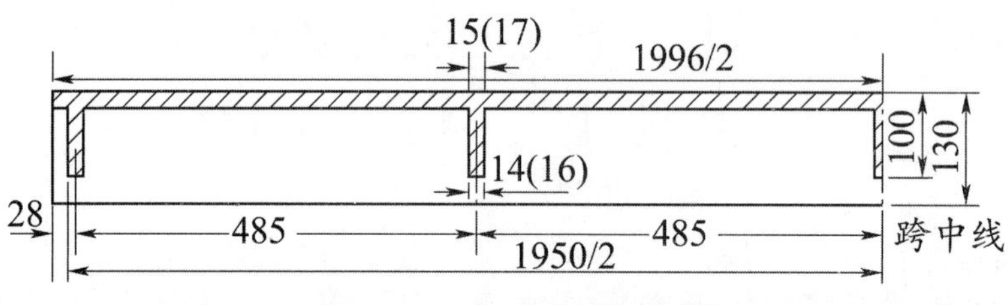

图5-1-3　钢筋混凝土简支T形梁桥的横隔梁构造(尺寸单位:cm)

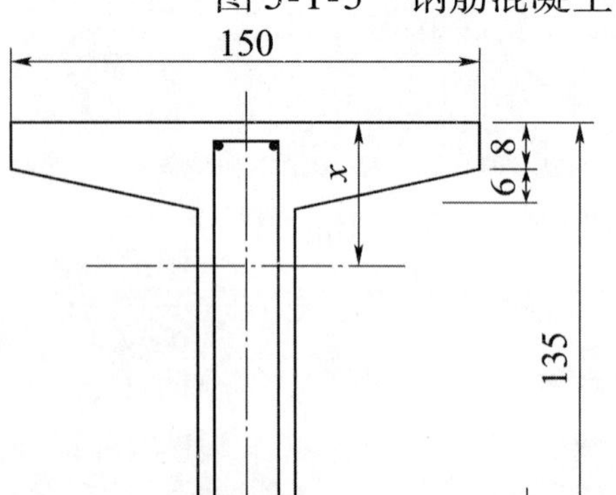

图5-1-4　钢筋混凝土简支T形梁桥的翼缘板构造

3)翼缘板

T形梁翼缘板的厚度,主要取决于桥面承受车辆局部荷载的要求。翼缘板根部需加高,以抵抗较大的弯矩,如图5-1-4所示。为使翼缘板和梁肋平顺连接,减少连接处局部应力集中和便于脱模,在该处应设置承托式钝角或圆角。

2. 主梁钢筋构造

装配式T形梁的主梁钢筋包括主钢筋、弯起钢筋、箍筋、架立钢筋和纵向分布筋。由于纵向主筋的数量多,常采用多层焊接钢筋骨架。梁肋钢筋构造如图5-1-5所示。

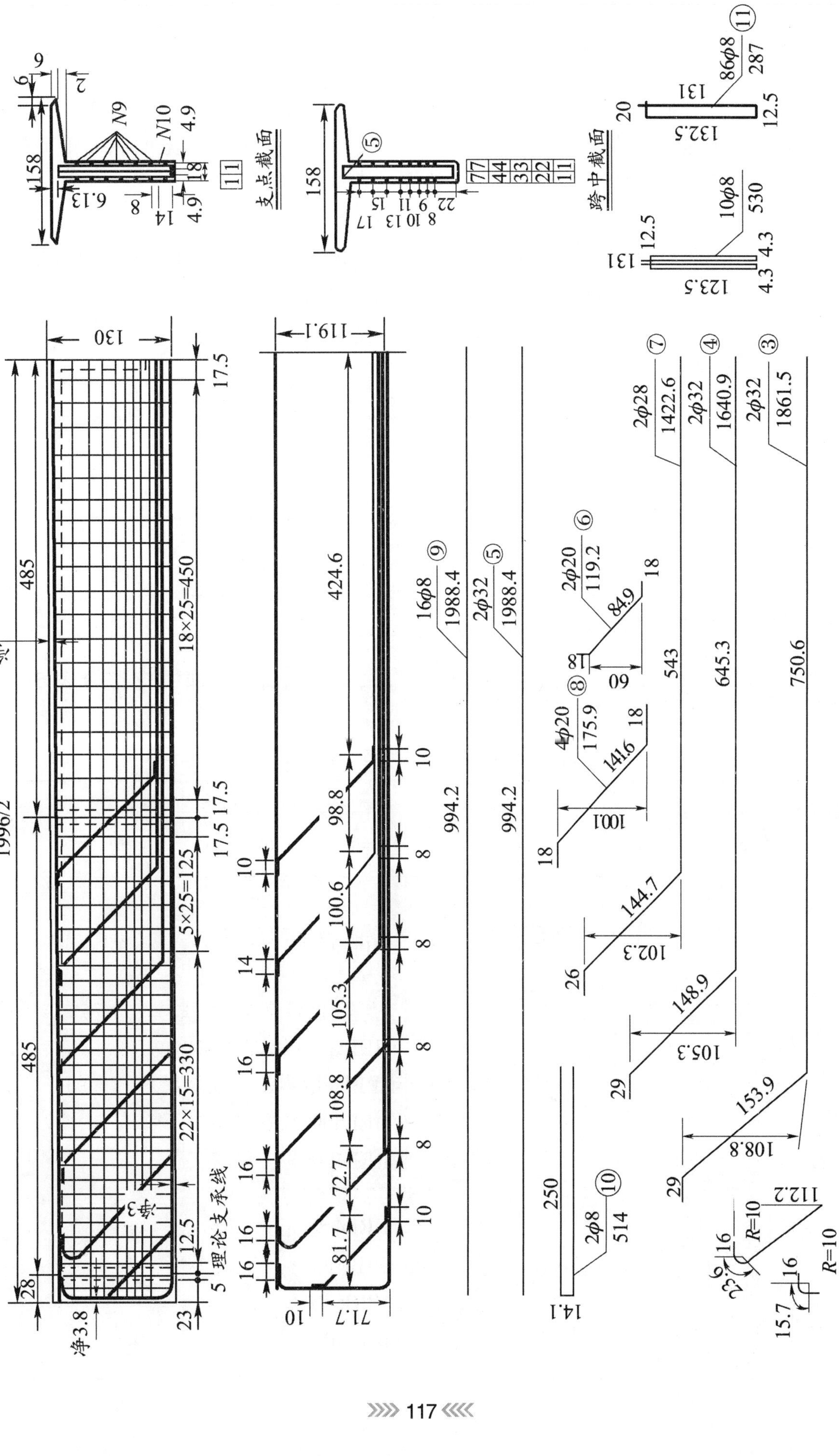

图 5-1-5　梁肋钢筋构造(尺寸单位:cm)

1)主筋

主钢筋设在梁的下缘,由跨中向支点逐渐减少。主钢筋直径为14~32mm,一般不超过40mm。主钢筋可在跨间适当位置切断或弯起。为保证主梁在梁端有足够的钢筋数量,伸过支点截面的钢筋不应少于主钢筋截面积的20%,且不少于2根。伸过支点截面的钢筋应弯成直角,顺梁端延伸至顶部与架立钢筋焊接。主梁中每片骨架的纵向钢筋根数一般为3~7根,竖直排焊的总高度不宜大于梁高的0.15~0.20倍。

2)弯起钢筋

由于简支梁的弯矩由跨中向支点逐渐减小,剪力逐渐增大,因此将部分主钢筋在支点附近弯起形成弯起钢筋,其作用是抵抗剪力。弯起钢筋应按圆弧弯折起,圆弧半径不小于10*d*,如图5-1-6所示。当主钢筋弯起数量不足时,可在主钢筋和架立钢筋上补焊斜钢筋,斜钢筋与梁的轴线一般成45°夹角。

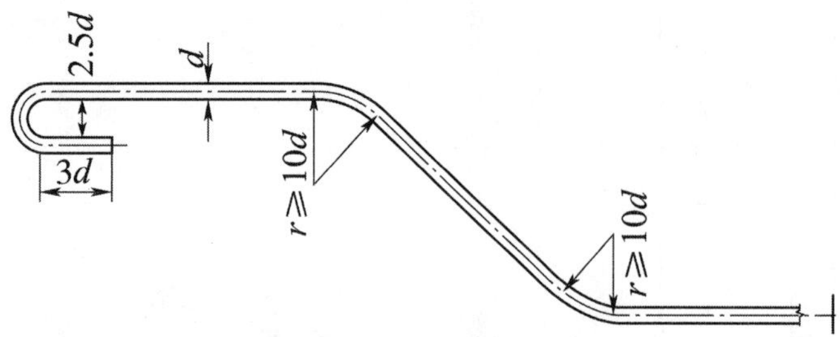

图5-1-6 弯起钢筋构造

钢筋的弯制和端部的弯钩应符合设计要求,如设计未要求时,应符合表5-1-1的规定。

受力主钢筋制作和末端弯钩形状 表5-1-1

<table>
<tr><th>弯曲部位</th><th>弯曲角度</th><th>形状图</th><th>钢筋种类</th><th>弯曲直径D</th><th>平直段长度</th><th>备注</th></tr>
<tr><td rowspan="3">末端弯钩</td><td>180°</td><td>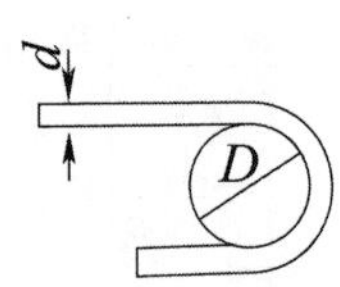</td><td>HPB300</td><td>≥2.5d</td><td>≥3d</td><td rowspan="3">d为钢筋直径</td></tr>
<tr><td>135°</td><td>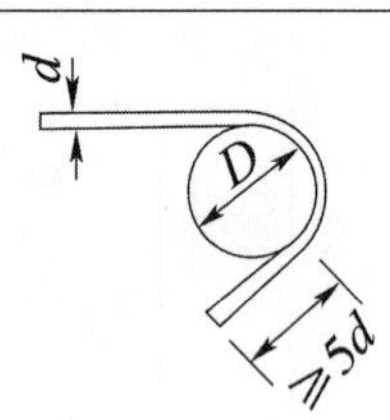</td><td>HRB400
HRBF400
HRB500
RRB400</td><td>≥5d</td><td>≥5d</td></tr>
<tr><td>90°</td><td>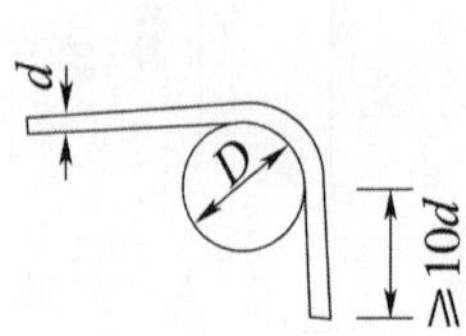</td><td>HRB400
HRBF400
HRB500
RRB400</td><td>≥5d</td><td>≥10d</td></tr>
</table>

续上表

弯曲部位	弯曲角度	形状图	钢筋种类	弯曲直径D	平直段长度	备注
中间弯折	≤90°	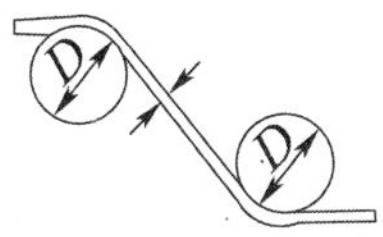	各种钢筋	≥20d	—	

注：采用环氧涂层钢筋时，除应满足表内规定外，当钢筋直径 d≤20mm 时，弯钩内直径 D 应不小于 5d；当直径 d>20mm 时，弯钩内直径 D 应不小于 6d，平直段长度应不小于 5d。

3）箍筋

箍筋的作用也是抵抗剪力，在构造上固定主筋和斜筋的位置。箍筋的形式有开口箍和闭口箍两种形式，如图 5-1-7 所示。箍筋直径不小于 6mm 且不小于主钢筋直径的 1/4，其间距不应大于梁高的 3/4 和 50cm。在支承截面处及支座中心两侧各相当于梁高 1/2 的长度范围内，箍筋应适当加密或采用四肢箍，并在支座部位的梁底部加设钢筋网。混凝土表面至箍筋的净距不大于 1.5cm。

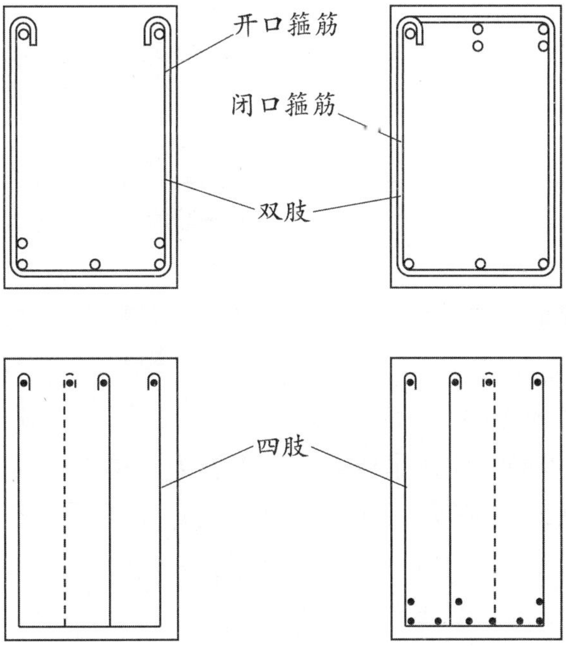

图 5-1-7 箍筋的形式

4）架立钢筋

架立钢筋布置在梁的上缘，直径一般为 22mm，主要起固定斜筋和箍筋的作用，并使梁内全部钢筋形成骨架，保持箍筋的间距，防止钢筋因浇筑振捣混凝土而产生偏斜。

5）纵向分布钢筋

为防止梁肋侧面因混凝土收缩和温度变化等原因而导致裂缝，需设置直径为 6 ~

10mm 的纵向分布钢筋，如图 5-1-8 所示。靠近梁的下部布置得密些，靠近梁的上部布置得稀些。

6）钢筋的保护层厚与钢筋净距

（1）钢筋的保护层厚。为防止钢筋锈蚀，保证钢筋与混凝土间黏结，钢筋至混凝土边缘需设置保护层。因此，《公路钢筋混凝土及预应力混凝土桥涵设计规范》（JTG 3362—2018）规定：主筋与梁底面净距不小于 3cm，也不大于 5cm；主筋与梁侧面净距不小于 2.5cm；箍筋及纵向分布筋与梁侧面的净距不小于 1.5cm，如图 5-1-9 所示。

小贴士

由于钢筋保护层厚度不满足要求等原因引起结构耐久性问题，导致大量桥梁未达到使用所限即出现破坏，给国家及行业带来巨大损失。决定桥梁寿命长短的主要是耐久性和安全性，其取决于桥梁设计和施工阶段的水平和质量，也受到服役期间自然因素和人为因素的影响。因此，桥梁建造者们应牢固树立工程质量意识和安全意识，自觉实践行业的职业精神，增强职业责任感和使命感。

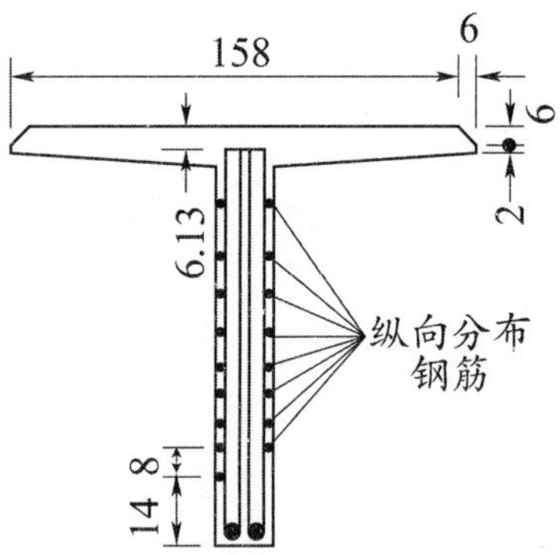

图 5-1-8　纵向分布钢筋的布置
（尺寸单位：cm）

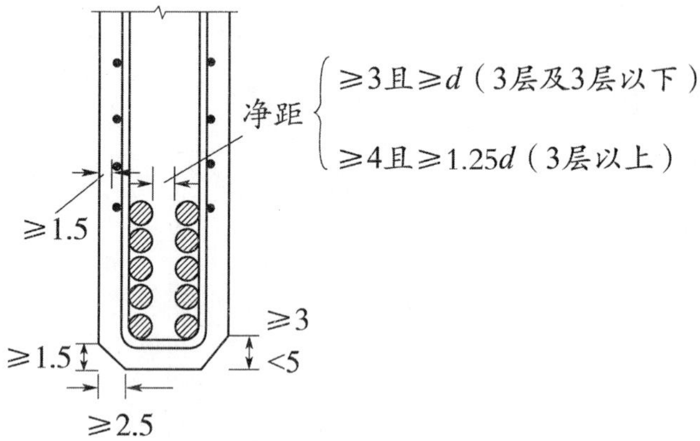

图 5-1-9　混凝土保护层厚及钢筋间距
（尺寸单位：cm）

（2）钢筋净距。为使混凝土拌合料能填满整个梁体，以免形成空洞或灰浆层，各主筋之间的净距或层与层之间的净距，应满足要求。主钢筋为 3 层及 3 层以下时，钢筋净距应不小于 3cm，且不小于钢筋直径；主钢筋为 3 层以上时，钢筋净距不小于 4cm，且不小于钢筋直径的 1.25 倍，如图 5-1-9 所示。

7）焊缝长度

焊接钢筋骨架，一般采用侧面焊缝使其形成平面骨架，使焊缝强度不低于钢筋本身强度，焊缝的长度必须满足图 5-1-10 所示的要求。

（1）弯起钢筋的焊缝长度：双面焊为 $2.5d$，单面焊为 $5.0d$。

（2）增补斜筋与主钢筋或架立钢筋的焊缝长度：双面焊为 $5.0d$，单面焊为 $10d$。

（3）各层主钢筋相互焊接的焊缝长度：双面焊为 $2.5d$，单面焊为 $5.0d$。

8）翼缘板内钢筋构造

翼缘板内受力钢筋应横向布置在板的上缘，以承受悬臂的负弯矩。在顺桥向还应设置分布钢筋，如图5-1-11所示。板内主钢筋的直径不小于10mm，间距不宜大于20cm。分布钢筋直径不小于6mm，间距不大于25cm，且单位板宽内分布钢筋面积不小于主钢筋的15%。在有横隔梁部位，分布钢筋面积应增至主钢筋面积的30%，以承受集中荷载作用下的局部负弯矩。

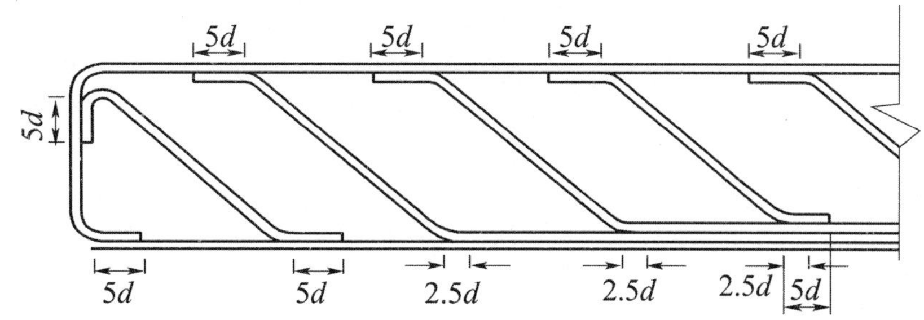

图5-1-10　多层焊接钢筋骨架的焊缝长度(图中为双面焊缝尺寸)

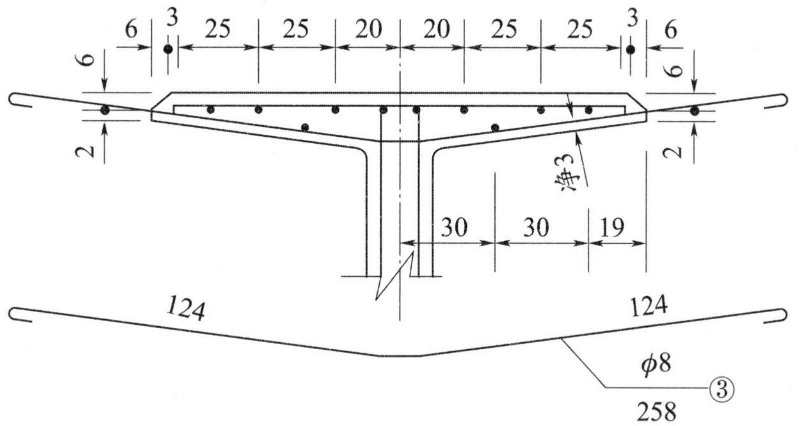

图5-1-11　翼缘板的钢筋布置(尺寸单位:cm)

3.横隔梁的钢筋构造

图5-1-12所示为横隔梁的钢筋构造。在每根横隔梁上缘配置2根受力钢筋，下缘配置4根受力钢筋，用钢板连接成骨架。同时在上、下钢筋骨架中均加焊锚固钢板的短钢筋。

小贴士

T形梁桥上部结构中的钢筋数量多、种类多，而且钢筋的构造形式复杂，这就要求施工人员熟练识读钢筋详图，根据设计图纸要求，准确计算钢筋的下料长度及钢筋的用料。此外，钢筋工的操作也相当重要，其操作质量直接影响结构质量，同时也关系到工程施工速度和成本效益。

二、装配式钢筋混凝土T形梁的施工方法

装配式钢筋混凝土T形梁的施工工序一般为：装配式钢筋混凝土T形梁构件预制→构件起吊、堆放→运输→预制梁架设安装→横向联结施工→桥面系施工。

1.预制场地与预制台座

(1)预制场地应平整、坚实，承载力应满足要求，并应有足够的平面及空间位置。预制场地应采取必要的排水措施，防止场地沉陷。

(2)预制台座应坚固,无沉陷,表面光滑平整。台座各墩间距应适宜,底模板应根据桥梁跨度设置预拱度,以保证底模挠度不大于2mm。

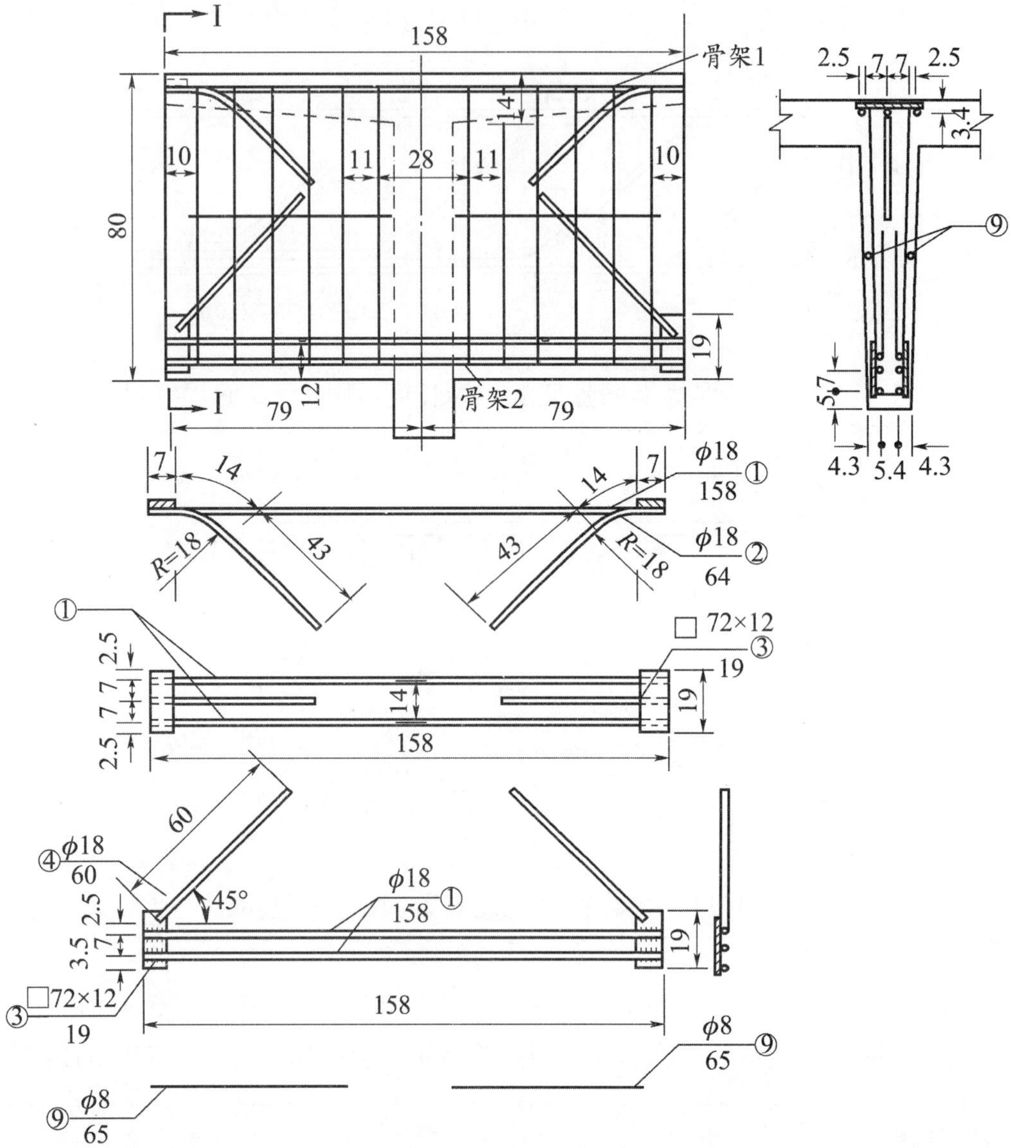

图5-1-12　横隔梁的钢筋构造(尺寸单位:cm)

2. T形梁模板

1)模板的种类

模板种类有木模、钢模和钢木结合模几种类型。装配式钢筋混凝土T形梁施工主要采用钢模板及钢木结合模板,故此处主要介绍这两类模板。

(1)钢模板

钢模板宜采用标准化的组合模板,钢板厚度一般为4mm,角钢尺寸应根据计算确定。钢模板构造如图5-1-13所示。

钢模造价虽高,但周转次数多,实际成本低,且结实耐用,接缝严密,能经受强力振捣,浇筑的构件表面光滑,故在装配式钢筋混凝土T形梁施工中用得较多。

(2)钢木结合模板

钢木结合模板用角钢作支架,木模板用平头开槽螺栓连接于角钢上,表面钉以黑铁皮,如图 5-1-14 所示。这种模板节约木料,成本较低,同时具有较大的刚度和稳定性。

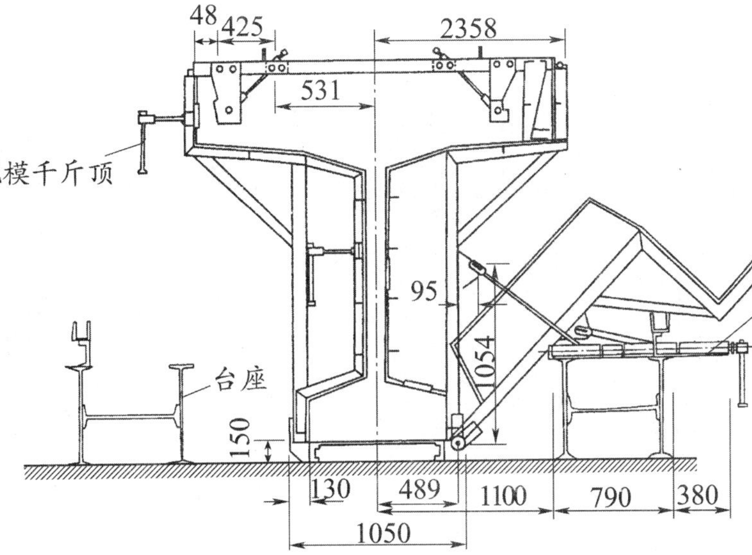

图 5-1-13 钢模板构造(尺寸单位:mm)

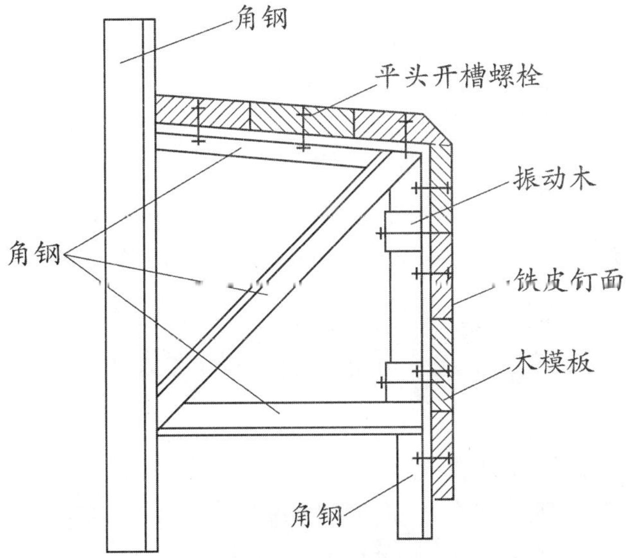

图 5-1-14 钢木结合模板构造

2)对模板的要求

模板是供浇筑混凝土用的临时结构物,它不仅关系到预制梁尺寸的精度,而且对工程质量、施工进度和工程造价有直接影响。因此,模板应满足下列要求:

(1)具有足够的强度和稳定性,能可靠地承受施工中的各项荷载。

(2)具有足够的刚度,在施工中不变形,能保证结构的设计形状、尺寸和模板各部件之间相互位置的准确性。

(3)模板的接缝严密、不漏浆,施工操作方便,安全性好。

(4)制作便利、装拆方便,能提高模板的周转使用率。

图 5-1-15 所示为装配式钢筋混凝土 T 形梁模板构造,图 5-1-16 所示为装配式钢筋混凝土 T 形梁模板组合构件示意图。施工时先将组合构件拼装成箱框,然后拼装成整片 T 形梁

模板,拆模时只要将每个箱框下落外移即可。枕木下的地基必须夯实整平,以免在施工中发生不均衡沉陷,必要时可打小木桩。

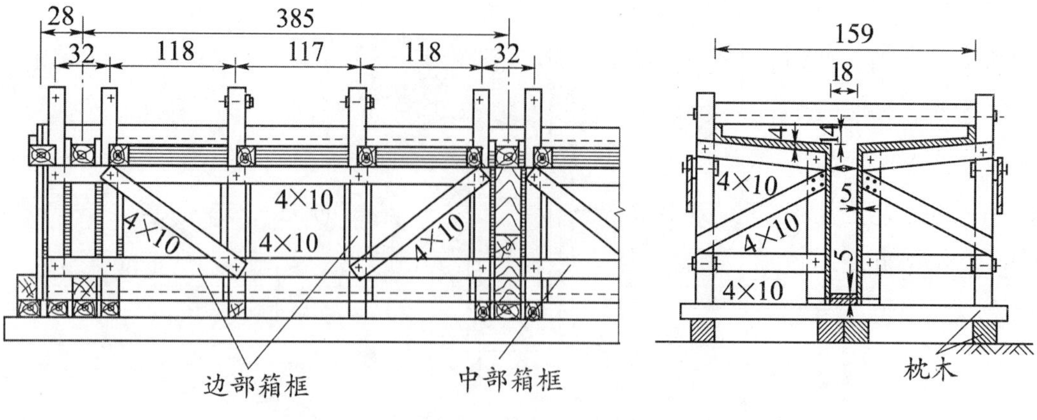

图5-1-15 装配式钢筋混凝土T形梁模板构造(尺寸单位:cm)

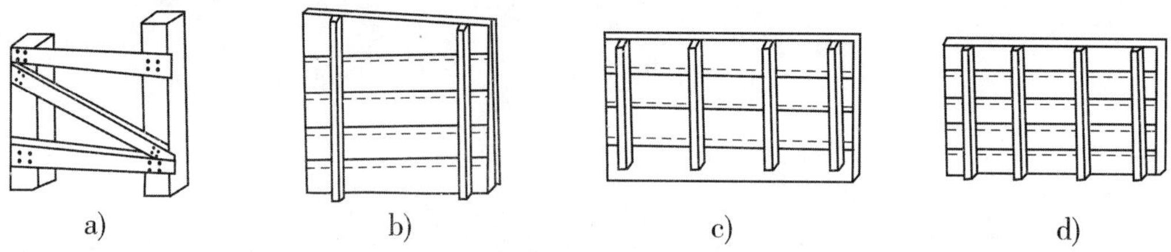

图5-1-16 装配式钢筋混凝土T形梁模板组合构件示意图

3)模板拆除要求

一般情况下,当混凝土抗压强度达到2.5MPa时方可拆除非承重侧模板。钢筋混凝土结构的承重模板,应在混凝土强度能承受其自重力时,方可拆除;当构件跨度不大于4m时,混凝土强度达到设计强度的50%后,方可拆除;当构件跨度大于4m时,混凝土强度达到设计强度的75%后,方可拆除。

模板在安装前,应预先确定拼装顺序,并检查有无变形、裂缝。模板的接缝必须密合,如有缝隙,需塞堵严密,以防跑浆。T形梁施工时外露面的模板,应抛光并涂以石灰乳浆、肥皂水或润滑油等润滑剂。模板制作与安装拆除均应满足要求。

3.钢筋骨架的焊接与安装

1)钢筋骨架的焊接

钢筋骨架的焊接应采用电弧焊,先焊成单片平面骨架,再将平面骨架焊成立体骨架(图5-1-17),使其具有足够的刚性和不变形性,以便吊运。

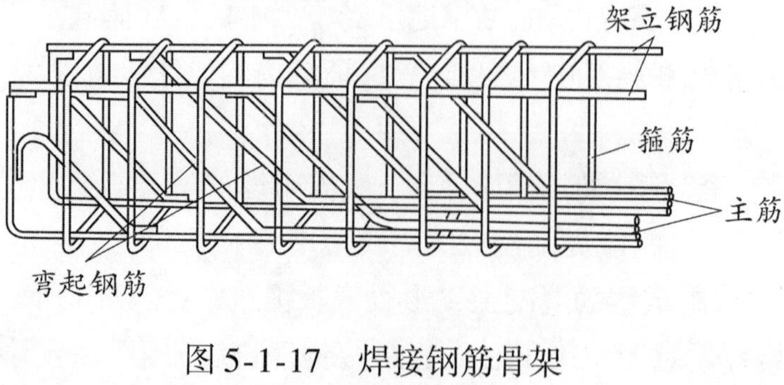

图5-1-17 焊接钢筋骨架

钢筋骨架在焊接过程中，为了防止施焊过程中骨架的变形，在施工工艺上要采取一定的措施。一般常在电焊工作台上用先点焊后跳焊（错开焊接次序）的方法进行焊接；或者采用双面焊缝使骨架的变形尽可能均匀对称。

施焊顺序宜由中到边对称地向两端进行，先焊骨架下部，后焊骨架上部。相邻的焊缝采用分区对称跳焊，不得顺方向一次焊成，如图 5-1-18 所示。当同一部位有多层钢筋时，应错开施焊。当多层钢筋直径不同时，可先焊直径相同的，再焊直径不同的。相同直径钢筋在同一焊位有多根时，应分层跨焊。焊接骨架时，不同直径钢筋的中心线应在同一平面上。为此，较小直径的钢筋在焊接时，下面宜垫以厚度适当的钢板。

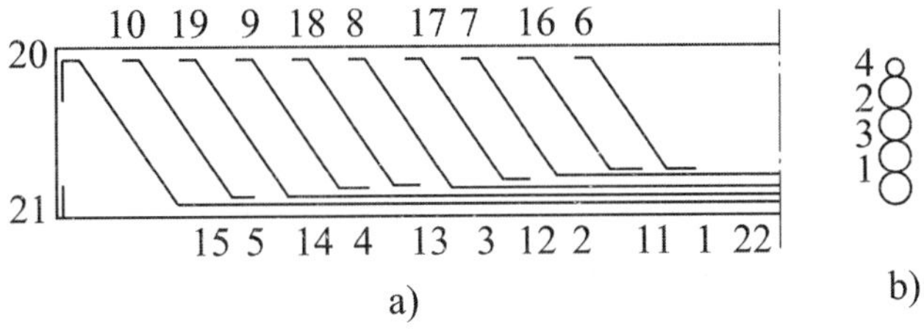

图 5-1-18　钢筋骨架焊接顺序

注：图中数字表示焊接顺序。

在拼装 T 形骨架时，应考虑焊接变形和梁的预拱度对骨架尺寸的影响，并设焊接骨架预留拱度，其值应满足表 5-1-2 的规定。

焊接骨架预留拱度值　　表 5-1-2

T 形梁跨度（m）	10	10	16	20
工作台上预拱度（mm）	3	3 ~ 5	4 ~ 6	5 ~ 7

2）钢筋的安装

钢筋安装之前，应详细检查模板各部尺寸，并检查模板有无歪斜、裂缝及变形等。否则，应在安装钢筋之前予以修正。

焊接成型的钢筋骨架，安装时用起重设备吊入模板内即可。对于绑扎钢筋，应事先确定好安装顺序。对一般的梁肋钢筋，先安装箍筋，再安装下排主筋，最后安装上排钢筋。钢筋混凝土 T 形梁钢筋安装应满足下列要求：

（1）钢筋的交叉应用铁丝绑扎结实，必要时可用电焊焊接。

（2）梁中的箍筋应与主筋垂直。箍筋弯钩的叠合处，在梁中应沿梁长方向置于上面并交错布置。

（3）为了保证混凝土保护层的必要厚度，应在钢筋与模板间设置混凝土垫块。垫块应错开布置，并与钢筋扎紧。

（4）为保证及固定钢筋相互间的横向净距，两排钢筋之间可使用混凝土隔块或用短钢筋扎结固定。

（5）为保证钢筋骨架有足够的刚度，必要时，可以增加架立钢筋。

安装钢筋时的允许偏差，不得大于表 5-1-3 中的规定值。

安装钢筋时的允许偏差 表 5-1-3

<table>
<tr><td colspan="3">检 查 项 目</td><td>允许偏差(mm)</td></tr>
<tr><td rowspan="4">受力钢筋间距</td><td colspan="2">两排以上排距</td><td>±5</td></tr>
<tr><td rowspan="2">同排</td><td>梁、板、拱肋</td><td>±10</td></tr>
<tr><td>基础、锚碇、墩台、柱</td><td>±20</td></tr>
<tr><td colspan="2">灌注桩</td><td>±20</td></tr>
<tr><td colspan="3">箍筋、横向水平钢筋、螺旋筋间距</td><td>±10</td></tr>
<tr><td rowspan="2" colspan="2">钢筋骨架尺寸</td><td>长</td><td>±10</td></tr>
<tr><td>宽、高或直径</td><td>±5</td></tr>
<tr><td colspan="3">弯起钢筋位置</td><td>±20</td></tr>
<tr><td rowspan="3" colspan="2">保护层厚度</td><td>柱、梁、拱肋</td><td>±5</td></tr>
<tr><td>基础、锚碇、墩台</td><td>±10</td></tr>
<tr><td>板</td><td>±3</td></tr>
</table>

4. 混凝土的施工

1)混凝土的拌和

混凝土在拌和前,应按设计的配合比备足所需材料。混凝土拌和通常以机械为主,人工为辅。预制场及较大工地的混凝土拌和,一般都采用固定式的混凝土拌和台,其布置如图 5-1-19 所示。

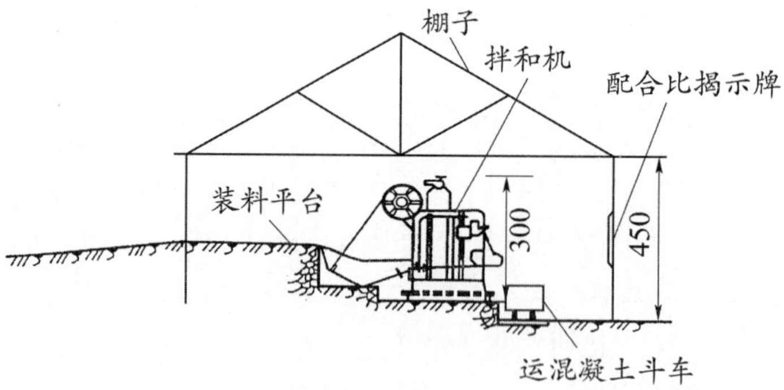

图 5-1-19 混凝土拌和台(尺寸单位:cm)

(1)配料

拌和混凝土时,各种材料应称量准确。对集料的含水率应经常进行检测,雨天施工时应增加测定次数,据以调整集料和水的用量。在预制场或集中搅拌站拌和时,水泥、混合材料、水、外加剂等配料的误差不得超过 ±1%,粗、细集料的误差不得超过 ±2%。

(2)拌和

在整个施工过程中,应注意拌和速度与混凝土浇筑速度间的密切配合,随时检查并校正混凝土的坍落度,每一工作班或每一单元结构物不应少于 2 次。严格控制水灰比,并按规定制作混凝土试件。拌和过程中应随时检查混凝土拌合物的均匀性。要求混凝土拌合物拌和均匀，颜色一致，不得有离析和泌水现象。

混凝土搅拌完毕后，应检测混凝土拌合物的坍落度，同时观察混凝土拌合物的黏聚性和保水性。

2）混凝土的运输

可采用短距离水平运输手推车及机动翻斗车运送混凝土。混凝土在运输过程中，应不离析、不漏浆、不分层，无严重泌水及坍落度损失超过要求等现象；被运到浇筑地点后，混凝土应具有规定的坍落度。

3）混凝土的浇筑

混凝土浇筑前应检查模板的高程、尺寸、位置、强度、刚度等是否满足要求，模板接缝是否严密，模板内的杂物、积水和钢筋上的污垢是否被清理干净。模板如有缝隙，应填塞严密，模板内面应涂刷脱模剂。对钢筋及预埋件的数量、型号、规格、摆放位置、保护层厚度等进行检查，以满足规范要求。T 形梁混凝土，一般采用自下而上、水平分层浇筑，如图 5-1-20 所示。混凝土浇筑时，其自由倾落高度一般不宜超过 2m，否则应采用串筒、溜管或振动溜管等设施。

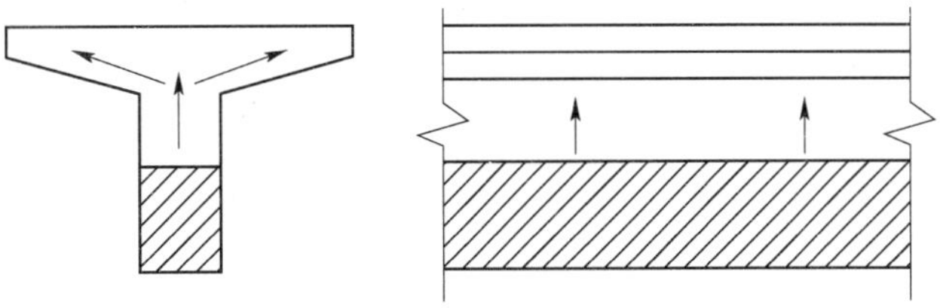

图 5-1-20　混凝土自下而上、水平分层浇筑

混凝土的浇筑工作需连续进行，如必须停歇时，其间歇时间应尽量缩短，并在前层混凝土初凝前完成次层混凝土的浇筑。

4）混凝土的振捣

为了使 T 形梁混凝土具有足够的密实度，应用振捣器进行振捣，仅在缺乏或不能用振捣器时，方可采用人工振捣。

对于装配式钢筋混凝土 T 形梁，由于 T 形梁的主梁和横隔板内钢筋过密且厚度较薄，因而无法采用插入式振捣器。因此，T 形梁的主梁和横隔板一般采用附着式振捣器安装在模板外部进行振捣，有的还要求在底模上安装振捣器，故要求模板强度较高，振捣时不致振坏。附着式振捣器的布置与构件厚度有关，当主梁和横隔板厚度小于 15cm 时，可两面交错布置；当主梁和横隔板厚度大于 15cm 时，应两面对称布置。振捣器布置的间距不应大于它的作用半径。

对于 T 形梁翼缘板，可采用平板式振捣器（图 5-1-21）在浇筑层的表面振捣，通过将振动力传给混凝土使之密实，振捣时振捣器每次振捣的有效面积应与已振部分重叠。

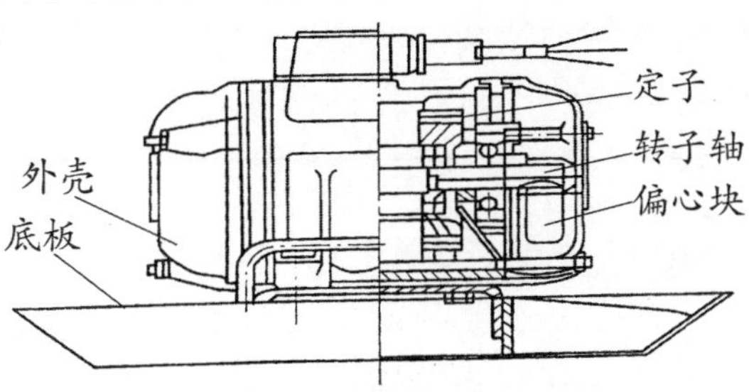

图 5-1-21　平板式振捣器

对每一振动部位,必须振动到该部位混凝土密实为止。密实的标志是混凝土不再下沉、气泡不再发生、水泥砂浆开始上浮、表面平整。要达到这种程度所需要的振动时间,平板式振捣器为25~40s。

5)混凝土的养护、拆模

(1)混凝土的养护。

一般混凝土浇筑完成后,应在收浆后尽快、及早予以覆盖和洒水养护。当气温低于5℃时,应覆盖保温,不得向混凝土面上洒水。混凝土的洒水养护时间一般为7d,可根据空气的湿度、温度和水泥品种及掺用的外加剂等情况,酌情延长或缩短。

(2)混凝土的拆模。

钢筋混凝土T形梁桥模板拆除应从挠度最大处开始,即从T形梁的中部开始,分别向两侧对称、均匀、逐次进行。

拆除模板和支架时应满足下列要求:在混凝土未达到允许拆模所需强度之前,不能拆除模板;为了判定混凝土强度是否已达到拆模所需的要求,要根据与构件同条件养护的混凝土试件的强度试验结果来确定;拆模顺序是先拆除不承重的侧面模板,然后拆除承受荷载的水平方向模板。

模板的拆除期限与混凝土的硬化速度、气温及结构性质等有关,见表5-1-4。

模板和支架拆除的最短期限(单位:d)　　表5-1-4

混凝土强度达到设计强度的百分数(%)	拆除项目	昼夜平均温度(℃)			
		30~20	20~15	15~10	10~5
25	梁及柱的侧面模板,以及不承受混凝土重力的模板	2	3	4	5
50	跨径小于3m的底面模板,墩台直立模板,主梁侧面模板	6	7	8	10
70	跨径大于3m的底面模板,跨径小于12m主梁的底面模板及其支架	12	14	18	24
100	跨径大于12m主梁的底面模板及其支架,拱架模板,拱架及其支架	21	25	28	35

三、钢筋混凝土T形梁的质量检验

对混凝土的质量检查应贯穿工程施工的全过程,从混凝土的配料、搅拌、运输、浇筑直至最后对混凝土试块强度的评定。只有对每一个施工环节认真检查、加强监督,才能保证最终获得合格的混凝土构件。

1. 基本要求

1) 原材料

施工中应随时检查各种原材料的品种、规格、用量，如水泥的品种、强度等级是否与设计的一致；使用时是否已超过3个月的有效期；配合比是否严格执行；砂石的级配、含泥量、杂质含量是否满足要求等内容，每一工作班至少检查2次。

2) 混凝土搅拌后

主要检查坍落度是否满足设计要求，要求一个工作班至少检查2次。混凝土被运至浇筑地点后，其坍落度与要求坍落度的差值不得超过表5-1-5中所列的规定。

混凝土坍落度与要求坍落度之间的允许偏差(单位：mm)　　表5-1-5

要求坍落度	<50	50～90	>90
允许偏差	±10	±20	±30

在工程施工中，强度试件留置的组数应符合下列规定：

(1) 每拌制100盘且不超过$100m^3$的同配合比的混凝土，其取样不得少于1次。

(2) 每工作班拌制的同配合比的混凝土不足100盘时，其取样不得少于1次。

(3) 对现浇混凝土结构，还应满足每一现浇层同配合比的混凝土，取样不得少于1次；同一单位工程每一验收项目同配合比的混凝土，取样不得少于1次。

2. 外观常见缺陷及处理方法

混凝土结构拆模后，应从其外观上检查其表面有无麻面、蜂窝、露筋、孔洞等缺陷，预留孔道是否畅通无堵塞，如有应加以修正。

1) 常见缺陷及产生原因

(1) 麻面

麻面是指构件表面呈现无数的小凹点，而无钢筋外露现象。其产生原因主要是模板表面粗糙、清理不干净、接缝不严密发生漏浆或振捣不充分等。

(2) 蜂窝

蜂窝是指结构中出现蜂窝状的窟窿，骨料间有空隙存在。其产生原因主要有材料配合比不准确、浆少石多或振捣中严重漏浆或振捣不充分等。

(3) 露筋

露筋是指结构内钢筋没有被混凝土包裹住而暴露在外。其产生原因主要包括：垫块移动，钢筋紧贴模板，使混凝土保护层厚度不够；石子粒径过大、配筋过密、水泥浆过少不能充满钢筋四周；混凝土振捣不密实、漏浆等。

(4) 孔洞

孔洞是指混凝土结构构件局部没有混凝土，形成空腔。其产生原因主要是混凝土漏振，混凝土离析，石子成堆，泥块、冰块、杂物等掺入混凝土中。

(5) 裂缝

裂缝是指混凝土结构常见的质量缺陷。其产生的原因较复杂，如养护不当、表面失水过多、温差过大等易产生干缩裂缝或温度裂缝;地基不均匀沉降易使构件产生贯穿型裂缝,对结构危害极大。

2)处理方法

对于面积较小且数量不多的蜂窝、露筋、露石,可在表面进行修补。具体方法是先用钢丝刷或压力水洗刷基层,再用1∶2~1∶2.5的水泥砂浆抹平即可。

对于面积较大的蜂窝、露筋、露石,应按其全部深度凿去薄弱的混凝土层和个别突出的混凝土颗粒,然后用钢丝刷或压力水将表面冲洗干净,再用比原混凝土强度高一级的细集料混凝土堵塞,并仔细振捣密实。

孔洞一般处理方法是将混凝土表面按施工缝的处理方法进行修补,即先将孔洞处松软的混凝土和突出的集料颗粒剔除掉,顶部凿成斜面,然后用清水冲洗干净,保持湿润状态72h以后,用与混凝土集料成分相同的水泥砂浆或水泥将结合面抹一遍,再用比原混凝土强度高一级的细集料混凝土浇筑,振捣密实并加强养护。水灰比可控制在0.5以内,并掺入水泥用量万分之一的铝粉,分层捣实。

小贴士

钢筋混凝土预制T形梁外观质量问题大多是在混凝土配比和施工环节中出现的,为了减少这种问题出现的概率,就要对混凝土制作过程中的各个部分进行严格把关,例如混凝土的配比、搅拌时间、振捣时间等。

3.质量检验、实测项目

钢筋混凝土预制T形梁质量检验、实测项目应满足表5-1-6的要求。

梁(板)预制实测项目 表5-1-6

<table>
<tr><th>项次</th><th colspan="4">检查项目</th><th>规定值
或允许偏差</th><th>检查方法和频率</th></tr>
<tr><td>1△</td><td colspan="4">混凝土强度(MPa)</td><td>在合格标准内</td><td>按《公路工程质量检验评定标准 第一册 土建工程》(JTG F80/1—2017)附录D检查</td></tr>
<tr><td rowspan="2">2</td><td rowspan="2">梁长度
(mm)</td><td colspan="3">总长度</td><td>+5,-10</td><td rowspan="2">尺量:每梁顶面中线底面两侧</td></tr>
<tr><td colspan="3">梁段长度</td><td>0,-2</td></tr>
<tr><td rowspan="4">3△</td><td rowspan="4">断面
尺寸
(mm)</td><td rowspan="4">宽度</td><td rowspan="2">箱梁</td><td>顶宽</td><td>±20(±5)</td><td rowspan="4">尺量:每梁测3个断面,板和梁段测2个断面</td></tr>
<tr><td>底宽</td><td>±10(+5,0)</td></tr>
<tr><td rowspan="2">其他
梁、板</td><td>干接缝(梁翼缘、板)</td><td>±10(±3)</td></tr>
<tr><td>湿接缝(梁翼缘、板)</td><td>±20</td></tr>
</table>

续上表

<table>
<tr><th>项次</th><th colspan="3">检 查 项 目</th><th>规定值
或允许偏差</th><th>检查方法和频率</th></tr>
<tr><td rowspan="3">3△</td><td rowspan="3">断面
尺寸
(mm)</td><td rowspan="2">高度</td><td>箱梁</td><td>0，-5</td><td rowspan="3">尺量:每梁测 3 个断面,板和梁段测 2 个断面</td></tr>
<tr><td>其他梁、板</td><td>±5</td></tr>
<tr><td colspan="2">顶板、底板、腹板或梁肋厚</td><td>+5,0</td></tr>
<tr><td>4</td><td colspan="3">平整度(mm)</td><td>≤5</td><td>2m 直尺:沿梁长方向每侧面每 10m 梁长测 1 处×2 尺</td></tr>
<tr><td>5</td><td colspan="3">横系梁及预埋件位置(mm)</td><td>≤5</td><td>尺量:每件</td></tr>
<tr><td>6</td><td colspan="3">横坡(%)</td><td>±0.15</td><td>水准仪:每梁测 3 个断面,板和梁段测 2 个断面</td></tr>
<tr><td rowspan="2">7</td><td rowspan="2">斜拉索锚面</td><td colspan="2">锚点坐标(mm)</td><td>±5</td><td>全站仪、钢尺:检查每锚垫板,测水平及相互垂直的锚孔中心线与锚垫板边线交点坐标推算</td></tr>
<tr><td colspan="2">锚面角度(°)</td><td>0.5</td><td>角度仪:检查每锚垫板与水平面、立面的夹角,各测 3 处</td></tr>
</table>

四、钢筋混凝土预制 T 形梁的安装方法

1. 预制 T 形梁的起吊、堆放

构件的起吊,是指把预制构件从预制厂的底座上移出来。

1)起吊方法

(1)横向移滚法

横向移滚法是把构件从预制底座上抬高后,在构件底面两端装置横向移动设备,用手拉葫芦牵引,把构件移出底座,如图 5-1-22 所示。

在装置横向滚移设备时,从底座上抬高构件的办法有吊高法和顶高法。其中,吊高法是用小型门架(图 5-1-23)配手拉葫芦把构件从底座吊起。顶高法是用特制的凹形托架(图 5-1-24)配千斤顶(图 5-1-25)把构件从底座顶起。滚移设备如图 5-1-26 所示。

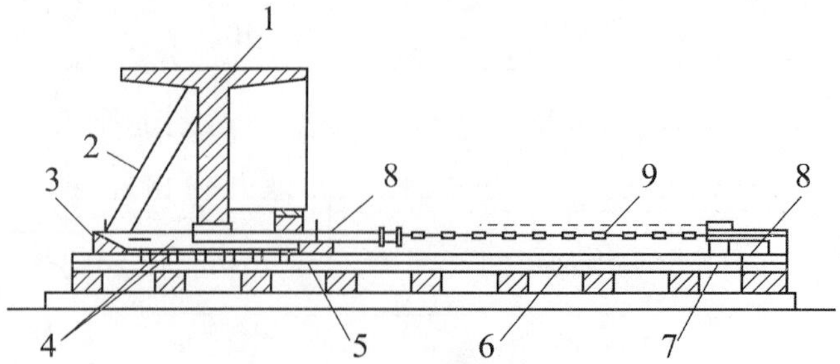

图5-1-22　横向滚移法

1-梁;2-临时支撑;3-保险三角木;4-走板及滚筒;5-端横隔板下垫木块;6-滚道;7-手拉葫芦用木块垫平;8-千斤索;9-手拉葫芦

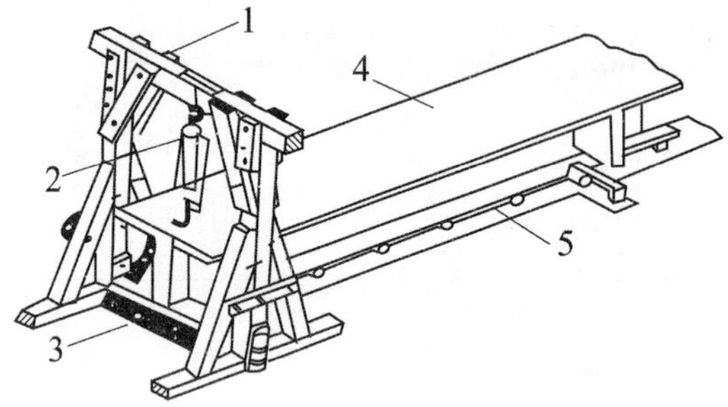

图5-1-23　小型门架吊梁

1-小型门架;2-手拉葫芦;3-滚移设备;4-梁;5-梁的底座

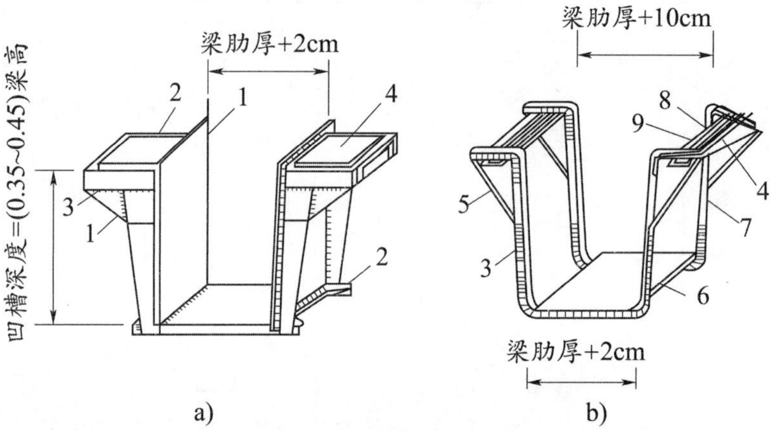

图5-1-24　凹形托架

1-钢板;2-槽钢;3-焊缝;4-加强钢板;5-圆钢加强;6-支承钢板;7-小钢轨骨架;8-定位钢板;9-钢轨

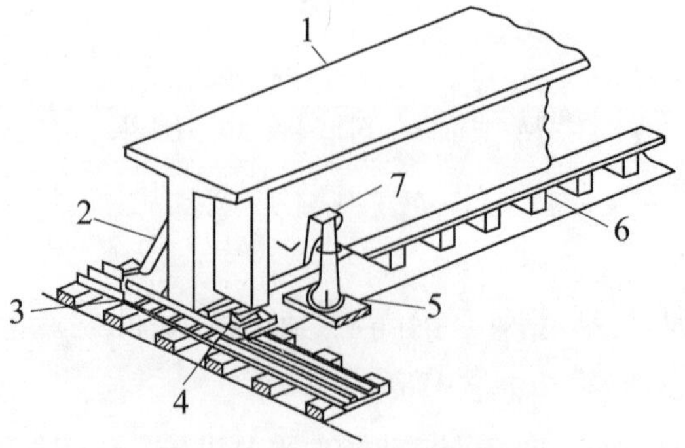

图5-1-25　千斤顶顶梁

1-梁;2-斜支撑;3-滚移设备;4-端横隔梁下用木楔塞紧;5-千斤顶;6-梁的底座;7-凹形托梁

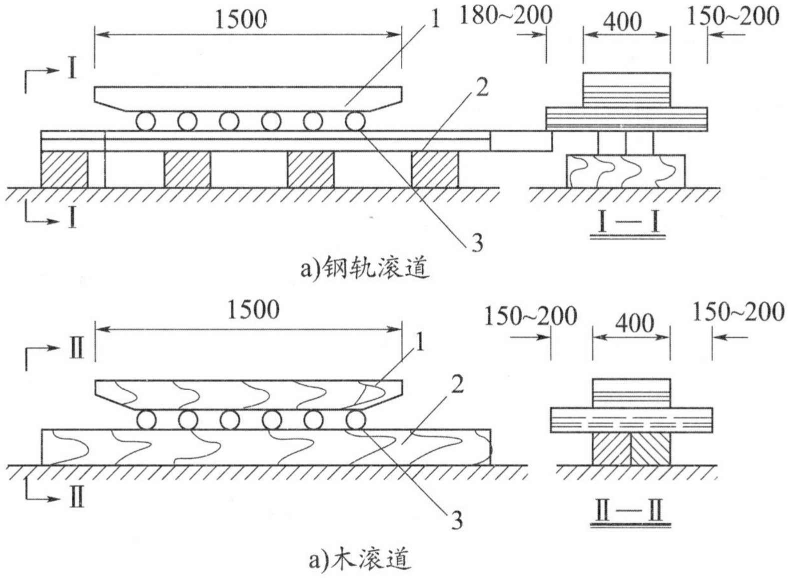

图 5-1-26　滚移设备(尺寸单位:cm)

1-走板;2-滚道;3-滚筒

(2)门式起重机法

门式起重机法是用专设的门式起重机把构件从底座上吊起,横移至运输轨道,卸落在运构件的平车上。

门式起重机也称龙门架,是由底座、机架和起重行车 3 部分组成,运行在专用的轨道上。起重机的运动方向有 3 个,即荷重上下升降、行车的横向移动和机架的纵向运动。推动这 3 种运动的动力可用电力或人力。

门式起重机的结构有钢木组合和钢桁架组合 2 种。图 5-1-27 所示为钢木组合门式起重机,图 5-1-28 所示为钢桁架组合门式起重机。

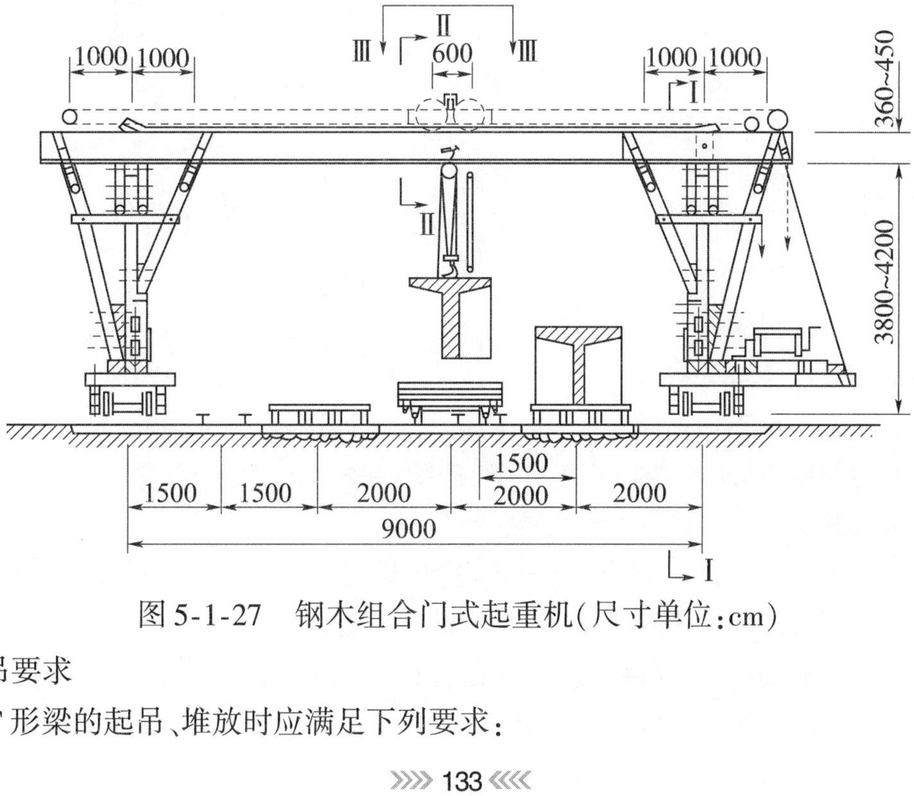

图 5-1-27　钢木组合门式起重机(尺寸单位:cm)

2)起吊要求

预制 T 形梁的起吊、堆放时应满足下列要求:

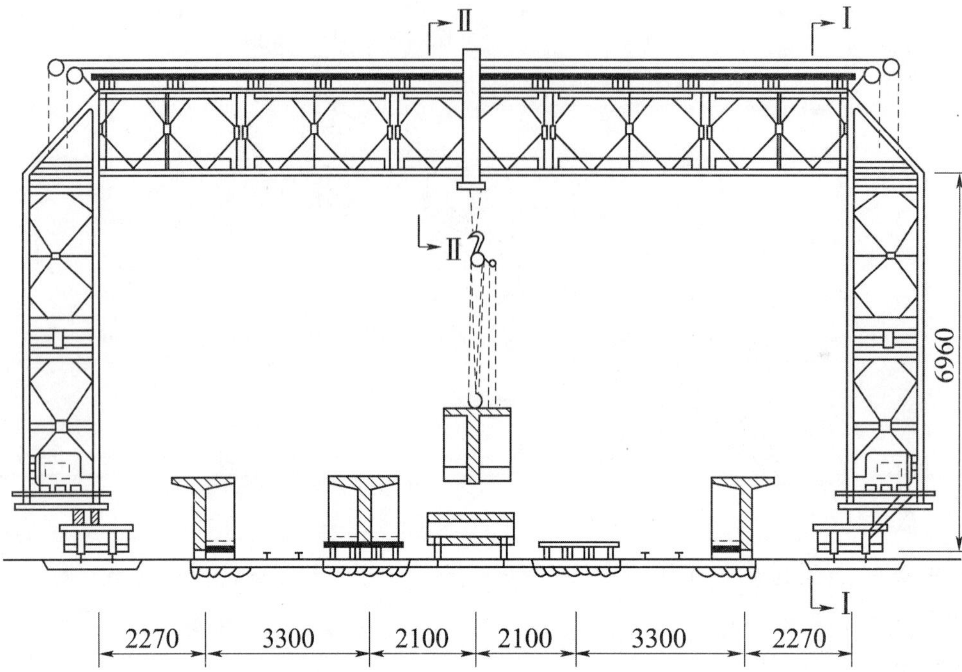

图5-1-28　钢桁架组合门式起重机(尺寸单位:cm)

(1)预制T形梁在起吊、移运、堆放时,混凝土强度不应低于设计对吊装所要求的强度,且不宜低于设计强度等级的75%。

(2)T形梁起吊前应检查其尺寸大小、伸出预埋钢筋长度、吊环位置及混凝土的质量,不满足要求时,应进行适当补修和处理。

(3)T形梁移运时的起吊位置应按设计规定,一般为吊环或吊孔的位置。构件的吊环应顺直,如用钢丝绳捆绑起吊时,需用木板、麻袋等垫衬,以保护混凝土的边角。T形梁移运时应顺高度方向竖立放置。

(4)T形梁移运和堆放时的支点位置应与吊点位置一致,并应支承牢固,构件移运时应有特制的固定架。起吊及堆放板式构件时,注意不要吊错上下面位置,以免折断。

(5)堆放预制构件的场地,应整平夯实且不积水。堆放构件必须在吊点处设垫木,层与层之间应以垫木隔开,上下层垫木位置应在一条垂直线上。

(6)构件应按吊运及安装次序顺序堆放,并注意在相邻两构件之间留出适当通道。构件堆垛时应放置在垫木上,吊环向上,标志向外。构件混凝土养护期未满时,应继续养护。

(7)水平分层堆放构件时,其堆垛高度应按构件强度、地基承载力、垫木强度以及堆垛的稳定性而定。一般大型构件以2层为宜,不宜超过3层。预制梁堆垛不宜多于4层。

2. 预制T形梁的运输

装配式混凝土预制T形梁通常在桥头附近的预制场内预制。为此,从工地预制场到桥头或桥孔下的运输称为场内运输,一般采用纵向滚移法和轨道平车法两种方法。

1)纵向滚移法运梁

用起重机或千斤顶将梁从预制底座上抬高,在梁底面两端装置滚移设备,用电动绞车牵引,后面设制动绞车,以控制速度,平稳前进运梁。滚移设备包括走板、滚筒和滚道三部分。走板托在T形梁的底面,与梁仪器一起行走,走板的宽度要适当加宽,以便能在上面装置斜撑,使T形梁具有足够的稳定性。纵向滚移法运梁如图5-1-29所示。

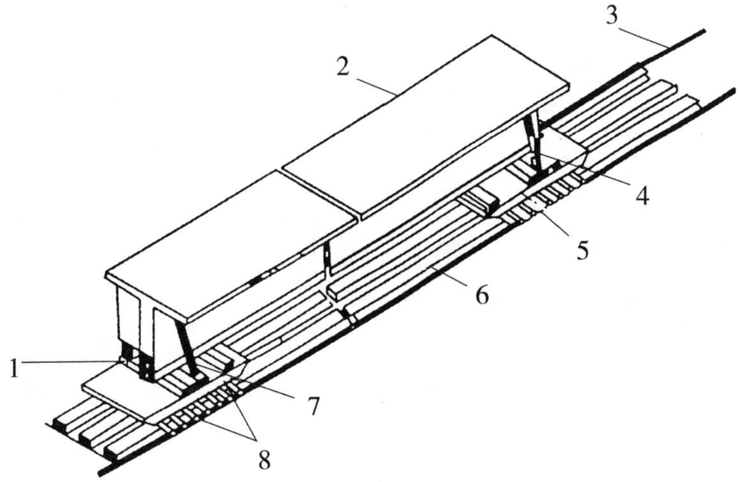

图 5-1-29　纵向滚移法运梁

1-保护混凝土的垫土;2-预制梁;3-牵引钢丝绳;4-临时支撑;5-前走板及滚筒 6-方木滚道;7-临时支撑;8-后走板及滚筒

2)轨道平车法运梁

将预制 T 形梁吊装在轨道平车上,用电动绞车牵引,沿专用临时铁路线运往桥位。轨道平车设有转盘装置,以便在曲线上安全运行。同时装设制动装置,以便在运行过程中发生情况时紧急制动。运构件时,牵引的钢丝绳必须挂在后面一辆平车上,或从梁的下部缠绕一周后再引至绞车。对于 T 形梁,梁的两侧还应加设斜撑,以确保运梁的稳定。这种方法运梁的布置如图 5-1-30 所示。

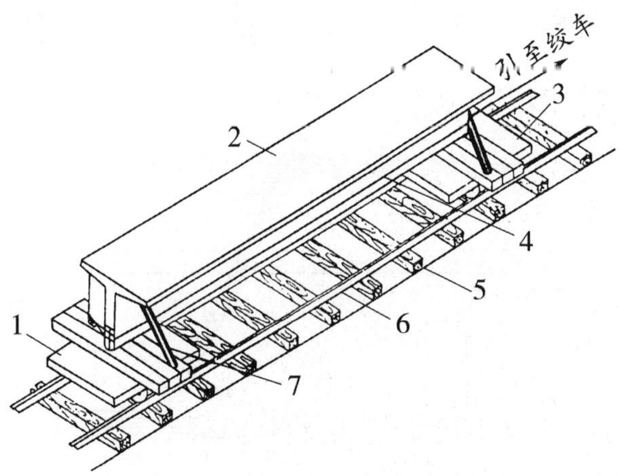

图 5-1-30　轨道平车法运梁

1-平车;2-T 形梁;3-平车;4- 钢丝绳;5-枕木;6-钢轨;7-临时斜撑

3. 预制 T 形梁的安装

简支式预制 T 形梁的架设,包括起吊、纵移、横移、落梁等工序。按架梁的工艺类别划分,可分为陆地架设、浮吊架设和高空架设等。下面简要介绍装配式 T 形梁常用的几种架梁方法。

1)移动式支架架梁法

在架设孔的地面上,顺桥轴线方向铺设轨道,其上设置可移动支架,预制梁的前端搭在支架上,通过移动支架将梁移运到要求的位置后,再用龙门架或人字扒杆吊装,或者在桥墩上设枕木垛,用千斤顶卸下,再将梁横移就位。移动式支架架梁法如图 5-1-31 所示。

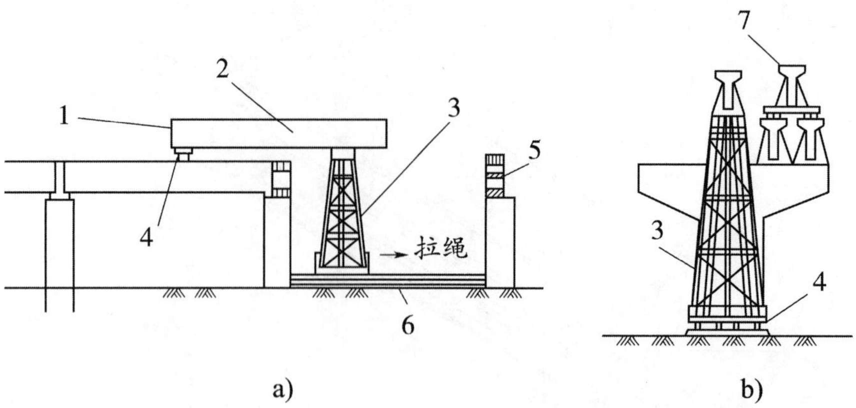

图5-1-31　移动式支架架设法

1-后拉绳;2-预制梁;3-移动式支架;4-平车;5-枕木垛;6-轨道;7-临时搁置的梁(支架拆除后再架设)

2)自行式起重机架梁法

由于大型的自行式起重机的逐渐普及,且自行式起重机本身有动力,架设迅速、可缩短工期,不需要架设桥梁用的临时动力设备,不必进行任何架设设备的准备工作,不需要如其他方法架梁时所具备的技术工种。因此,一般中、小跨径的预制梁(板)的架设安装越来越多地采用自行式起重机。

自行式起重机架梁可以采用一台起重机架设、两台起重机架设、起重机和绞车配合架设等方法。

(1)用一台起重机架设

当预制梁重量不大,而起重机又有相当的起重能力,河床坚实无水或少水,允许起重机行驶、停搁时,可用一台起重机架设安装。用一台自行式起重机架梁如图5-1-32所示。

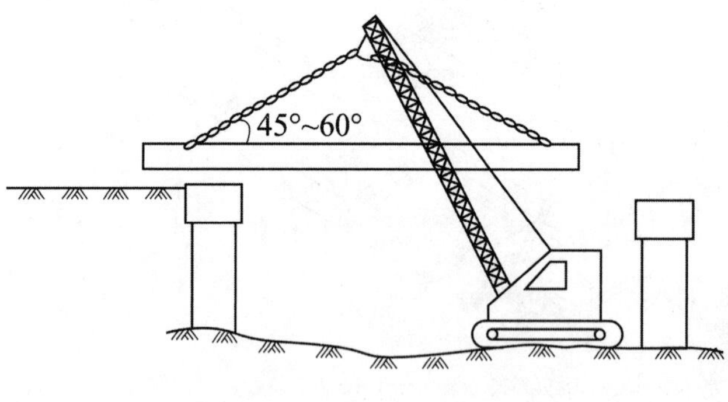

图5-1-32　用一台自行式起重机架梁

对跨径不大的预制梁,起重机起重臂跨径10m以上且起重能力超过梁重的1.5倍时,起重机可搁放在一孔已安装好的桥面上,架设安装次一孔梁。

(2)用两台起重机架设

用两台自行式起重机各吊住T形梁的一端,同步提升将梁吊起并架设安装。此法应注意两台起重机的配合。

(3)起重机和绞车配合架设

起重机和绞车配合架梁如图5-1-33所示。预制梁的一端用走板、滚筒支垫,另一端用起重机吊起,前方用绞车牵引预制梁前进。梁前进时,起重机起重臂随之转动。梁前端就位后，起重机行驶到后端，提起梁后端取出走板、滚筒，将梁放下就位。

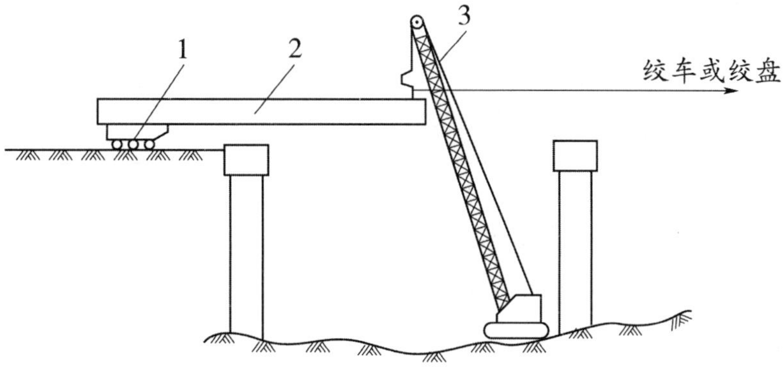

图 5-1-33　起重机和绞车配合架梁

1-拖履滚筒；2-预制梁；3-起重机起重臂

3）导梁架梁法

导梁可用万能杆件或工字钢组拼而成，也可用装配式钢桁架组拼。前面是推进导梁用的引导部分，后面是主体承重部分。为保证导梁的平衡，其长度一般为桥跨径的 2.5 倍。两列桁架间的净距，应根据预制梁的宽度而定。对于装配式 T 形梁一般采用 1.7 ~ 1.8m。在导梁的主体部分顶面，每列桁架上铺设小平车轨道，上面设置起吊小平车，平车上搭一工作台，上面安装绞车、工字钢吊梁和起重滑车组，以供吊运、安装 T 形梁。

导梁的结构设计，须根据起吊重量进行内力分析，确保安全。导梁安装好后，将预制 T 形梁由两台平车装运至桥头，吊挂于导梁平车上，纵移至安装桥孔，横移就位。当一孔 T 形梁全部安装完毕后，用绞车拖拉导梁至另一桥孔安装 T 形梁，如图 5-1-34 所示。

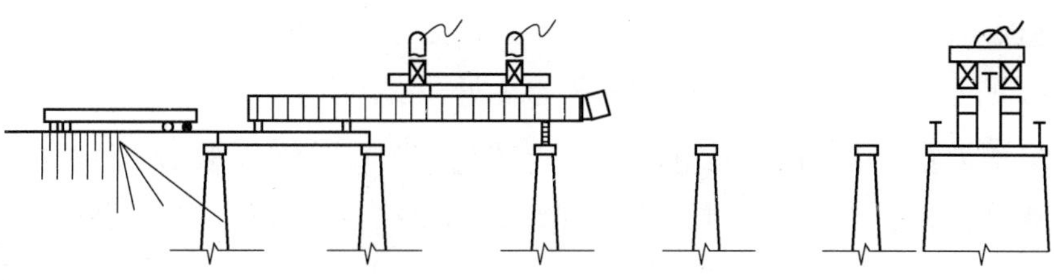

图 5-1-34　导梁架梁法

4. 预制 T 形梁安装的实测项目及质量检验

（1）预制 T 形梁安装实测项目及质量检验应满足表 5-1-7 的要求。

梁（板）安装实测项目　　表 5-1-7

项次	检 查 项 目		规定值或允许偏差	检查方法和频率
1	支座中心偏位（mm）	梁	≤5	尺量：每跨测 6 个支承处，不足 6 个时全测
		板	≤10	
2	梁、板顶面高程（mm）		±10	水准仪；每跨测 5 处，跨中、桥墩（台）处应布置测点

续上表

项次	检查项目		规定值或允许偏差	检查方法和频率
3	相邻梁、板顶面高差(mm)	$L \leqslant 40$m	≤10	尺量:测每相邻梁、板高差最大处
		$L > 40$m	≤15	

(2)预制T形梁安装时的外观鉴定应满足下列要求:

①混凝土表面平整,色泽一致,无明显施工接缝。若不符合要求,减1~3分。

②混凝土表面不得出现蜂窝麻面,如出现必须修整,并减1~4分。

③混凝土表面出现非受力裂缝,减1~3分。裂缝宽度超过设计规定,或设计未规定时超过0.15mm,必须处理。

④梁、板的填缝应平整密实,不符合要求时,减1~3分。

5. 装配式钢筋混凝土T形梁的横向联结

装配式混凝土简支T形梁桥横向一般由多片主梁组成,为保证多片装配式主梁的整体性,必须对多片主梁间进行横向联结。

T形梁的横向联结,是保证桥梁整体性的关键,因此连接处应具有足够的强度、刚度和稳定性,在使用过程中不致因受荷载的反复作用而产生松动。

装配式简支T形梁桥的横向联结包括横隔梁联结和翼缘板联结两种情况。

1)横隔梁的横向联结

通常在设有横隔梁的简支梁桥中均通过横隔梁的接头把所有主梁连接成整体。接头要有足够的强度,以保证结构的整体性,并在桥梁使用过程中不致因荷载反复作用和冲击作用而松动。横隔梁接头通常有焊接钢板、螺栓接头和扣环式接头等形式。

(1)焊接钢板

如图5-1-35所示,在预制T形梁横隔梁接头处下端两侧和翼板边缘内预埋焊接钢板,将焊接钢板与横梁受力钢筋焊在一起组成安装骨架。当T形梁安装就位后,在横隔梁的预埋钢板上再加焊拼接钢板,将相邻T形梁连接起来,并在接缝处灌筑水泥浆封闭。

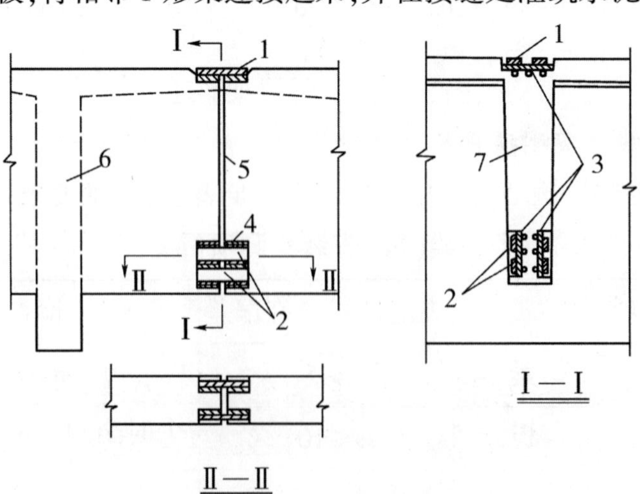

图5-1-35　焊接钢板

1-盖接钢板;2-横隔梁盖接钢板;3-连接螺栓;4-焊缝;5-灌水泥砂浆;6-主梁;7-横隔梁

(2)螺栓接头

图5-1-36所示为螺栓接头。预埋钢板和焊接钢板接头,采用螺栓与预埋钢板连接起来,然后用水泥砂浆封闭。为此,钢板上要预留螺栓孔。这种接头不需特殊机具,施工迅速,但螺栓易松动,挠度较大。

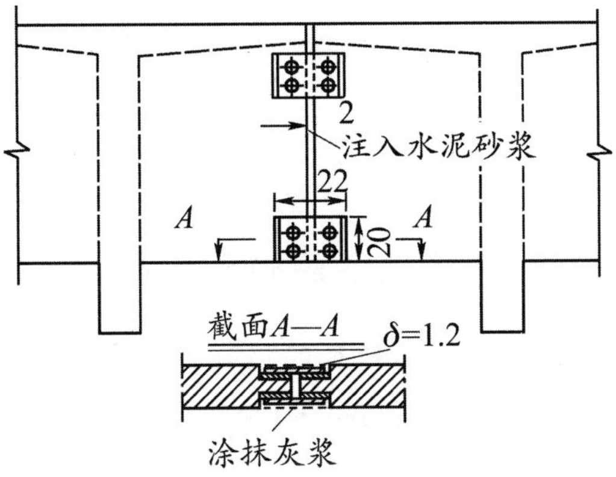

图5-1-36　螺栓接头(尺寸单位:cm)

(3)扣环式接头

图5-1-37所示为扣环式接头。扣环式接头是在梁预制时,在横隔梁接头处伸出钢筋扣环A,待梁安装就位后,在相邻构件的扣环两侧安装上腰圆形的接头扣环B,再在形成的圆形环内插入短分布筋后,现浇混凝土封闭接缝。接缝宽度为0.2~0.6m,通过接缝混凝土将各主梁连成整体。

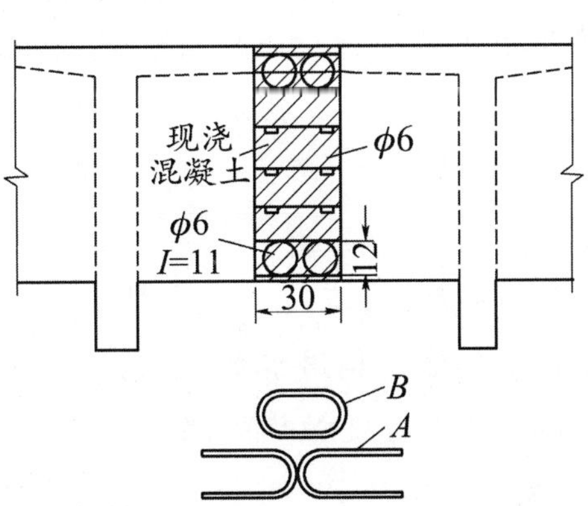

图5-1-37　扣环式接头(尺寸单位:cm)

2)翼缘板的横向联结

为改善翼缘板的受力状态,翼缘板之间必须进行横向联结,以保证桥梁的整体稳定性。对于无横隔梁的装配式T形梁桥,主梁之间必须通过相邻翼缘板之间的横向联结连成整体。

翼缘板之间通常做成企口铰接式的联结,如图5-1-38所示。由主梁翼缘板内伸出连接钢筋,横向联结施工时,将此钢筋交叉弯制,并在接缝处再局部安放$\phi6$的钢筋网,然后将它们浇筑在桥面混凝土铺装层内,如图5-1-38a)所示;也可将主梁翼缘板内的顶层钢筋伸出,施工时将它弯转并套在一根沿纵向通长布置的钢筋上,形成纵向铰,然后浇筑在桥面混凝土铺装层中,如图5-1-38b)所示。接缝处的桥面铺装层内应安放单层钢筋网。

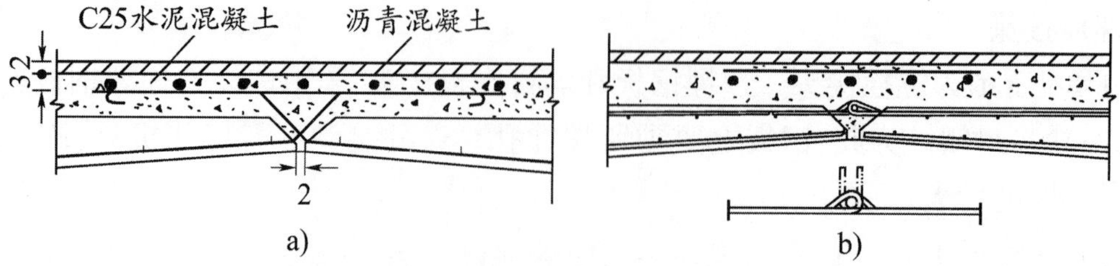

图5-1-38 主梁翼板联结构造(尺寸单位:cm)

知识拓展

混凝土冬期施工要点

寒冷的气候,对新浇筑尚未达到一定强度的混凝土是不利的。经验证明,当混凝土硬化达到设计强度的70%时,混凝土再受冻就不受影响了,温度回升后,仍可发展到正常的强度。所以《公路桥涵施工技术规范》(JTG/T 3650—2020)规定,对于用硅酸盐水泥或普通水泥配制的混凝土,在其抗压强度达到设计强度等级的40%及5MPa前,对于用矿渣硅酸盐水泥配制的混凝土,在其抗压强度达到设计强度的50%前,不得使其受冻。因此,当室外日平均气温连续5d低于5℃时,应采用冬期施工法施工。

冬期施工的技术措施,主要有以下四个方面。

1. 一般措施

优先选用硅酸盐水泥、普通硅酸盐水泥,水泥的强度等级不宜低于42.5MPa,水灰比不宜大于0.5。增加拌和时间,并在运输工具周围设置保温装置,以减少热量损失。采用蒸汽养护时宜优先选用矿渣硅酸盐水泥。用加热法养护掺加外加剂的混凝土,严禁使用高铝水泥。若使用其他品种的水泥,应注意其掺加材料对混凝土强度、抗冻、抗渗等性能的影响。

2. 原材料加热

(1)拌制混凝土的各项材料的温度,应满足混凝土拌合物拌和所需要的温度。当材料原有温度不能满足需要时,应首先考虑对拌和用水加热,仍不能满足需要时,再考虑对集料加热。水泥只保温,不得加热。各项材料需要加热的温度应根据冬期施工热工计算公式计算确定,但不得超过表5-1-7的规定。

(2)冬期搅拌混凝土时集料不得带有冰雪和冻结团块。严格控制混凝土的配合比和坍落度;投料前,应先用热水或蒸汽冲洗搅拌机,投料顺序为集料、水,搅拌,再加水泥搅拌,时间应较常温时延长50%。混凝土拌合物的出机温度不宜低于10℃,入模温度不得低于5℃。拌和水及集料最高温度应满足表5-1-8的要求。

拌和水及集料最高温度(单位:℃) 表5-1-8

项 目	拌和水	集料
强度等级小于52.5的普通硅酸盐水泥、矿渣硅酸盐水泥	80	60
强度等级等于及大于52.5的普通硅酸盐水泥、矿渣硅酸盐水泥	60	40

注:当集料不加热时,水可加热到100℃,但水泥不应与80℃以上的水直接接触。投料顺序为先投集料和已加热的水,然后再投入水泥。

3. 掺用早强剂

拌和混凝土时掺入一定数量的早强剂，既可加快混凝土强度发展，又可降低混凝土内水的冰点，从而防止早期冻结。常用的早强剂有氯化钙、氯化钠、三乙醇胺、亚硝酸钠复合剂等。

浇筑混凝土宜掺用引气剂、引气型减水剂等外加剂，以提高混凝土的抗冻性。在钢筋混凝土中掺用氯盐类防冻剂，氯离子含量不得超过水泥用量的0.06%，且不宜采用蒸汽养护；当超过0.06%时，宜采取掺加阻锈剂、增加保护层厚度、提高混凝土密实度等措施防锈。对于干燥环境中的小型构件，氯离子含量可提高1倍。当采用素混凝土时，氯盐含量不得大于水泥质量的3%。预应力混凝土不得掺用引气剂、引气型减水剂及氯盐防冻剂。

4. 提高养护温度

(1)蓄热法。用蓄热法养护时不得低于10℃，外界气温不低于－20℃。一般采用加厚模板、双层模板、覆盖稻草、草帘、锯末等作为保温材料。

(2)暖棚法。此法是在棚内生火，温度一般宜保持在10℃左右，不低于5℃，并应保证足够的强度。

(3)电热法。它是在混凝土内埋入导线(钢筋或铅丝)，然后通电，使电能变为热能。

(4)蒸汽加热法。它是把构件放在封闭的养护室内，通以湿热蒸汽加以养护。蒸汽养护分以下三个阶段：

①升温阶段。为防止混凝土因体积膨胀太快而产生裂缝，塑性混凝土不宜超过15℃/h，干硬性混凝土不宜超过35℃/h，厚大构件不宜超过10℃/h，且当表面系数小于6时，也不得超过10℃/h。

②恒温阶段。硅酸盐水泥、普通水泥拌制的混凝土不宜超过60℃，其他类别水泥拌制的混凝土不宜超过80～85℃。恒温时间宜通过试验确定，一般经验为8～12h。

③降温阶段。不宜超过20℃/h，对厚大构件不宜超过10℃/h。

学习活动二　钢筋混凝土空心板桥施工

学习目标

1. 能识读空心板桥施工图，描述空心板桥的结构组成；
2. 能绘制空心板桥的施工流程图；
3. 能根据要求安排施工进度；
4. 能根据任务要求和施工图，列举所需工具、机械、人工和材料清单；
5. 能描述板桥中的钢筋名称和作用。

建议完成本学习活动的时间为8课时。

学习情境描述

太克线二级公路改造工程第二合同段在K11＋565处设计有一座2×24m的简支空心板

桥,设计图纸已经下发给施工单位,根据总工期的要求,第二合同段项目部安排这座小桥施工的时间为4个月。此项工程内容包括挖基坑、石砌基础和墩台、混凝土墩帽施工、支座安装、矩形实心板浇筑与安装、桥面铺装等。

项目负责人(教师)派单,由施工人员(学生)在规定时间内完成该桥的详细施工方案,并按设计图纸要求用模型进行模拟施工,施工人员严格按照设计图纸和《公路桥涵施工技术规范》(JTG/T 3650—2020)分工合作讨论实施完成,并按项目要求用模型进行模拟施工,施工完毕后交由教师验收。

相关知识

一、板桥的基本结构组成

1. 板桥的概念

对于桥梁总长(两桥台台背前缘间距离)$8m \leq L_1 < 30m$,且计算跨径(桥梁结构两支点间的距离)$5m \leq L < 20m$ 的桥梁,称为小桥。小桥经常采用的形式有简支板桥和拱桥两种,在平原地区尤其是桥梁净空和桥台填土高度受限制的地区应用相当广泛。

2. 板桥的类型和特点

1)板桥的类型

从结构的静力体系来分析,板桥可以分为简支板桥、悬臂板桥和连续板桥。悬臂板桥和连续板桥施工难度较大,现在较少采用,所以本学习活动主要讲解简支板桥。

2)板桥的特点

板桥的主要优点是建筑高度小,可增大桥下净空高度,降低桥面高度,降低桥头路堤高度;形式简单,制作方便;重量轻,施工简便。

板桥的主要缺点是跨径不宜过大,当跨径超过一定限度时,截面便要显著加高,从而导致自重过大,截面材料使用不经济。实践证明,简支板桥经济合理的跨径一般限制在16m以下,预应力混凝土连续板桥不宜超过35m。

3. 装配式简支板桥的结构组成

简支板桥主要用于小跨径桥梁,按其施工方式的不同,分为整体式简支板桥和装配式简支板桥。

图5-2-1 装配式简支板桥

装配式简支板桥(图5-2-1)是目前采用最广泛的板桥形式之一。按其横截面形式,装配式板桥主要分为实心板和空心板。根据我国交通运输部颁布的装配式板桥标准图,通常每块预制板宽为1.0m,实心板的跨径范围为1.5~8.0m,主要采用钢筋混凝土材料;钢筋混凝土空心板的跨径范围为6~13m,而预应力混凝土空心板的跨径范围为8~16m。

板桥下部构造包括基础、桥台、桥墩、台帽、墩帽、支座垫石、防震挡块等,基础可以采用浆砌片石或片石混凝土结构,墩台身一般采用浆砌片石、块石或钢筋混凝土结构,墩、台帽一般采用钢筋混凝土结构,支座垫石和防震挡块用高强度等级砂浆或小石子混凝土浇筑。

板桥上部构造包括板、桥面铺装、伸缩缝等,附属结构包括锥形护坡、防撞墙、泄水孔等。

1)板的立面尺寸布置

装配式板桥梁高 h 与跨径 l 可参见表 5-2-1。

装配式板桥梁高与跨径(单位:m)　　　　表 5-2-1

结构类型	截面形式	l	h
钢筋混凝土	实心	<8	0.16～0.36
	空心	6～13	0.4～0.8
预应力混凝土	实心		
	空心	8～16	0.4～0.7

为了避免现场浇筑混凝土的缺点,我国交通运输部制定的跨径为 1.5～8.0m 的 8 种钢筋混凝土板桥标准图中,采用装配式实心板截面[图 5-2-2a)],每块预制板的宽度为 1m,板厚为 0.16～0.36m。

为减轻自重,在制定的跨径为 6～13m 的 3 种钢筋混凝土板桥标准图中,采用空心板截面[图 5-2-2b)],相应板厚为 0.4～0.8m。在制定的 4 种跨径为 8～16m 的预应力混凝土板桥(先张法)标准图中,也采用空心板截面,相应板厚为 0.4～0.7m。

装配式预制空心板截面中间挖空形式很多,图 5-2-3 所示为几种常用的空心板截面形式。挖成单个较宽的孔洞,其挖空体积最大,块件重量也最轻,但在顶板内要布置一定数量的横向受力钢筋。其中,图 5-2-3a)所示的顶板略呈微弯形,可以节省一些钢筋,但模板较图 5-2-3b)所示复杂些。图 5-2-3c)所示挖成两个正圆孔,当用无缝钢管作芯模时施工方便,但其挖空体积较小。图 5-2-3d)所示的芯模由两个半圆及两块侧模板组成,对不同厚度的板,只要更换两块侧模板就能形成圆端形孔,它挖空体积较大,适用性也较好。目前常采用高压充气胶囊代替金属或木芯模,尽管形成的内腔因胶囊变形不如模板好,但是由于制作及脱模方便,预制台座有效利用率高等优点,故用得较为广泛。

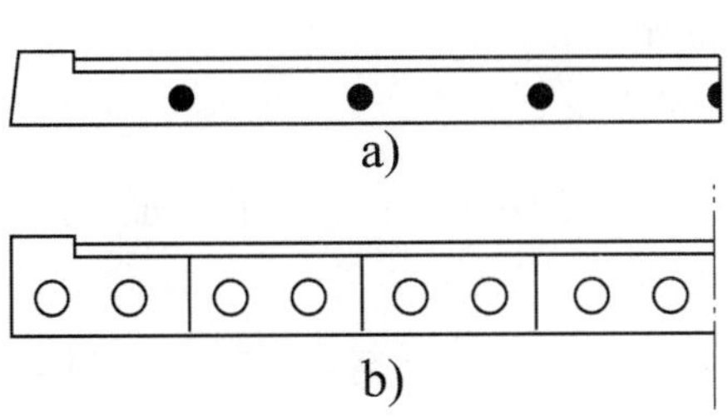

图 5-2-2　装配式板桥

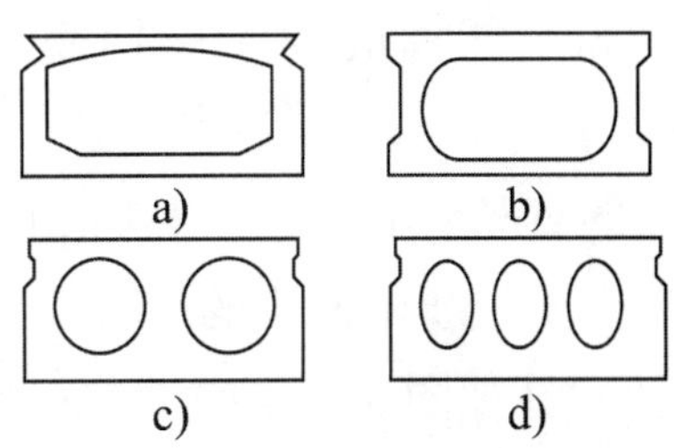

图 5-2-3　空心板截面形式

小贴士

空心板自重轻,能有效地节约建设成本,而降低建设成本是提高企业竞争能力的需要,也是节约资源的需要,是促进国民经济健康发展的需要。在确保工程质量的前提下,有效地降低工程成本是我们追求的方向。

2)板的配筋特点

主要配置纵向抗弯钢筋;抗剪不控制,一般只设箍筋。

(1)主钢筋(如图5-2-4中1号筋):即纵向受力钢筋,一般布置在截面受拉区,主要作用是承受荷载引起的拉应力。

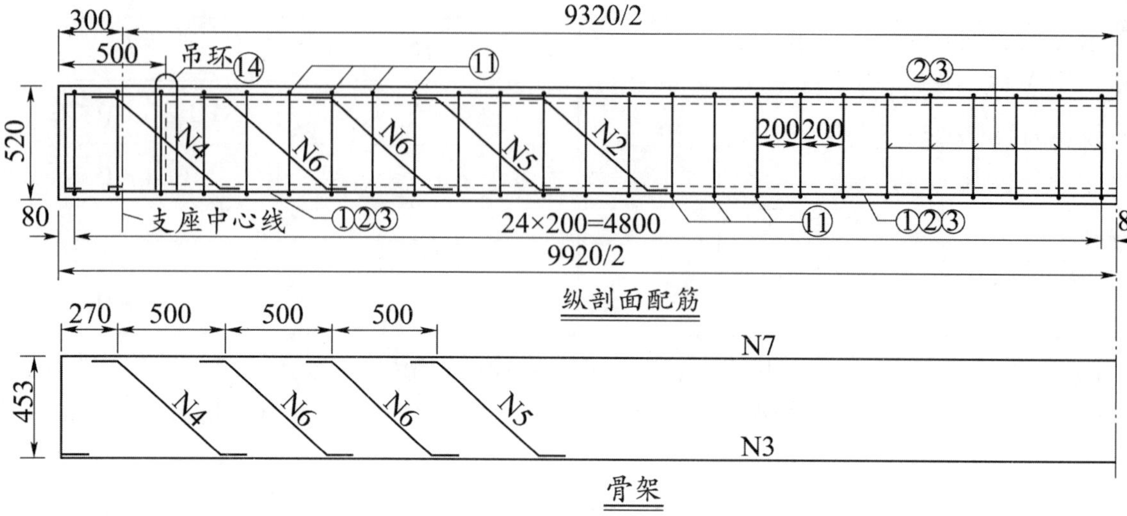

图5-2-4　钢筋混凝土板配筋图(尺寸单位:cm)

(2)在整体式钢筋混凝土简支板中,距离两侧边缘约1/6板宽范围内的主钢筋,通常要比中间板带部分密一些,一般增加15%。这是因为当车辆荷载偏近板边时,参与受力的板宽(荷载有效分布宽度)要小一些,板边受力要比中间板带不利一些。

根据《公路钢筋混凝土及预应力混凝土桥涵设计规范》(JTG 3362—2018)的规定,钢筋混凝土板的主筋直径不应小于10mm,主筋间距不大于20cm。

(3)横向钢筋(如图5-2-4中11号筋):对于承受重荷的宽桥,当荷载作用在板的两侧边缘时,板中部将产生负弯矩,因此还必须在板的顶部配置适量的钢筋。

(4)分布钢筋(如图5-2-4中7号筋):在垂直于主筋方向,还布置有一定数量的分布钢筋。这是因为板在车辆荷载作用下垂直于主跨方向将产生弯曲(双向受力)。

主筋与分布钢筋构成的纵横钢筋网尚可防止由于混凝土收缩、温度变化等引起的裂纹。

分布钢筋的直径一般不小于6mm,且间距不大于25cm,同时分布钢筋在单位长度板内的截面积应不少于主筋截面积的15%。

(5)弯起钢筋(如图5-2-4中4、5、6号筋):板内主筋除一部分可以弯起外,通过支点的主筋每米板宽内不少于3根,截面积不少于主筋截面积的1/4。

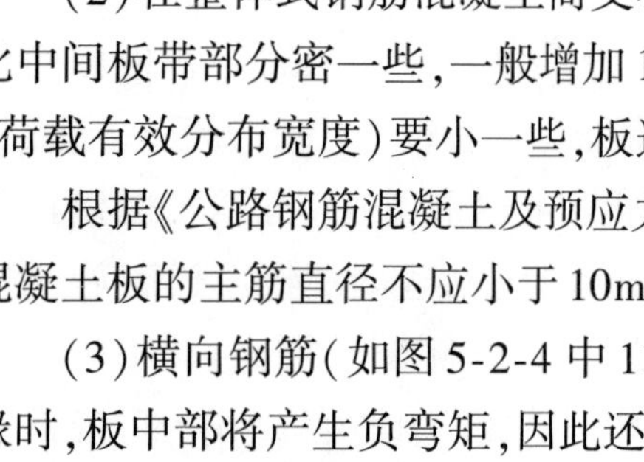

图5-2-5　空心板配筋透视图

整体式板内主拉应力较小,按计算不须设置弯起的斜钢筋,但习惯上还是将一部分主筋按30°或45°方向,在跨径的1/4~1/6处弯起。支点附近剪力较大,箍筋须加密加粗。

空心板配筋透视图见图5-2-5。

3）板的横向联结

板的横向接缝是薄弱环节，必须设置强度足够的横向联结。通常采用两种接缝形式：企口混凝土铰接和钢板焊接。

（1）企口混凝土铰接。空心板铰缝混凝土是空心板横向联结和空心板结构整体化的主要部位。空心板安装前将板侧面（铰缝）全部凿毛洗净。空心板安装后，板底铰缝下用铁丝吊木板做底模，做好防漏浆措施，将铰缝中杂物、碎屑等清理干净，按设计要求布设、安装铰缝钢筋。用M12.5号水泥砂浆填底缝，砂浆强度达到50%后方可浇筑铰缝混凝土。浇筑混凝土前要用水将铰缝润湿，采用C40小石子混凝土，用插钎细心捣实，浇筑后及时养护，养护期间严禁堆放建筑材料和通行车辆。铰缝混凝土达到设计强度后，方可进行桥面混凝土铺装层的施工。

图5-2-6所示为常用的两种铰的形式——圆形、菱形。

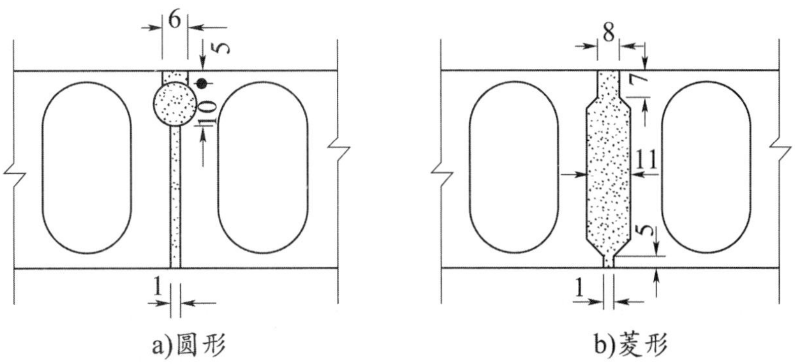

图5-2-6　企口缝混凝土铰的两种形式（尺寸单位：cm）

铰缝的构造处理有两种：

①装配式板梁安装就位后，用C40以上的细集料混凝土填入铰内，捣实后即可形成混凝土铰。

②在板梁跨中左右各一定长度内，设置铰缝内钢筋骨架，并与预制板内伸出的钢筋绑扎在一起，再经混凝土浇筑捣实后成铰。

采用何种形式的铰，主要取决于所受荷载的大小。实践证明，一般混凝土铰已能保证传递横向剪力，使各块共同参与受力。

对于桥面铺装也参加受力的装配式板桥，可以将预制板中的钢筋伸出与相邻板的同样钢筋绑扎，既可作为纵向铰缝的加强钢筋，也可作为与铺装层的联结钢筋。

（2）钢板焊接。用钢盖板焊在相邻两块板的预埋钢板上，可加快工程进度。由于企口混凝土铰需要现场浇筑混凝土，并需待混凝土达到设计强度后才能通车。为了加快工程进度，也可采用钢板焊接构造，即用一块钢盖板N1焊在相邻两块板的预埋钢板N2上（图5-2-7）。焊接构造的纵向中距通常为0.80～1.50m，跨中部分布置较密，向两端支点处逐渐减疏。

4.整体式简支板桥的构造和配筋特点

整体式简支板桥的横截面一般都设计成等厚度的矩形截面，有时为了减轻自重也可将受拉区稍加挖空，做成矮肋式板桥。

整体式简支板桥的跨径通常与板宽相差不大，故在车辆荷载作用下实际上处于双向受力状态,因此除了配置纵向受力钢筋以外,还要在板内设置垂直于主钢筋的横向分布钢筋。一般在单位长度内,横向分布钢筋不得少于单位板宽上主钢筋面积的15%,其间距不大于25cm。

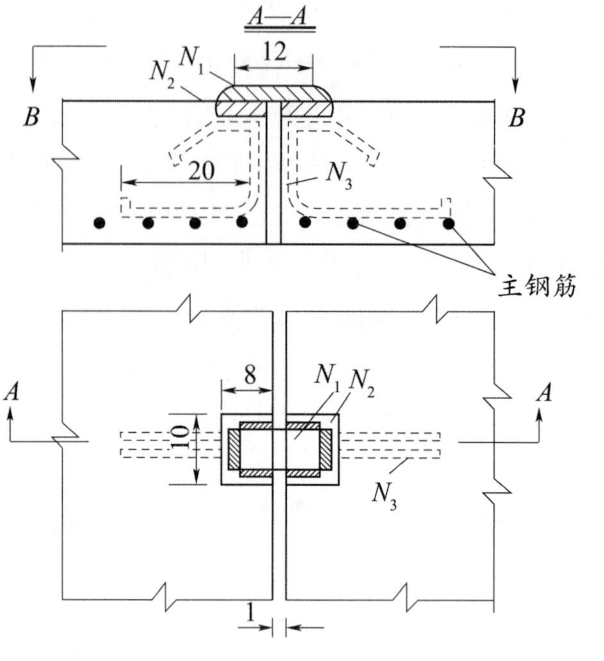

图5-2-7　钢板焊接构造(尺寸单位:cm)

考虑到当车辆荷载在靠近板边行驶时,参与受力的板宽要比中间小,除了在板中间的2/3范围内按计算需要量进行配筋外,在两侧各1/6的范围内钢筋数量应比中间的增加15%。整体式板的主拉应力较小,按计算可以不设弯起钢筋,但习惯上仍然将一部分主钢筋在跨径1/4~1/6处按45°弯起。

5. 斜交板桥配筋特点

斜交板桥的桥轴线和路中线的法线方向呈某一角度,称为斜交角。斜板桥虽然能够改善线形,但受力状态很复杂。

(1)整体式斜板的斜跨长与板宽之比一般均小于1.3,根据上述特点,主钢筋的配置有以下两种方案:

第一种方案,按主弯矩的变化配置主筋,其分布钢筋则与支撑边平行。因为在钝角处有较大的反力和负弯矩,在钝角处1/5跨径的范围内应配置加强筋,在下层其方向与钝角的角分线平行,在上层与角分线垂直。加强钢筋的每米数量为主钢筋的0.6~1.0倍,此外还在自由边缘的上层加设一些钢筋网,以抵抗板内的扭矩。

第二种方案,在两钝角角点之间的范围内,主钢筋方向与支撑边垂直,在靠近自由边处主钢筋沿斜跨径方向布置,直至与中间部分主筋完全衔接为止,其横向分布钢筋与支撑边平行,其余钢筋配置同第一种方案。

(2)装配式斜板桥的跨宽比一般均大于1.3,主钢筋沿斜跨径方向配置,分布钢筋在钝角角点之间的范围内与主钢筋垂直,在靠近支撑边附近,其分布方向则与支撑边平行。

此外,在板的两端还要布置一些加强钢筋,当$\varphi=40°\sim50°$时,要布置底层加强钢筋,其方向与支撑边相垂直;当$\varphi=55°\sim60°$时,除了底层要布置垂直于支撑边的加强钢筋外,在顶层还要布置与钝角等分线相垂直的加强钢筋。

二、钢筋混凝土空心板的施工方法

钢筋混凝土空心板施工方法主要有两种：预制安装法和就地浇筑法。

预制安装法就是在预制工厂或在运输方便的桥址附近设置预制场进行板的成批预制，然后采用一定的架设方法进行安装就位。优点是工期短，容易控制构件的质量和尺寸精度，降低工程成本，可减少混凝土收缩、徐变引起的变形。缺点是需要大型的起吊运输设备和施工场地，梁体的整体工作性能不如就地浇筑法。

就地浇筑法就是在桥位处搭设支架，作为工作平台，然后在其上制作模板，并在模板中浇筑梁体混凝土，待混凝土达到强度后拆除模板、支架。这种方法适用于两岸桥墩不太高的引桥和城市高架桥，或靠岸边水不太深且无通航要求的小跨径桥梁。优点是不需大型的吊装设备和专门的预制场地，结构的整体性能好。缺点是工期长，施工质量不容易控制，支架成本较高。

1. 装配式钢筋混凝土空心板的施工

采用预制安装法进行装配式钢筋混凝土空心板桥施工的流程：预制场准备→底模安装→钢筋绑扎→侧模安装→芯模安装→混凝土浇筑→模板拆除→移至储梁场。

1）预制场的准备及底模施工

对原地面进行清理、整平，碾压密实，在其上铺设15cm厚碎石并整平碾压，再在其上浇筑10cm厚C20混凝土，保证场地的平整度和强度，然后涂上石蜡作为隔离层。底模顶面按设计文件要求设置预拱度。预拱度值按二次抛物线进行布设。混凝土面层每隔1.5m预埋一根PVC塑料管，以便支钢模板时穿拉杆。底模四角要水平，用水准仪检测。

2）钢筋加工和绑扎

钢筋应严格按照设计尺寸下料加工绑扎，集中在加工场加工。钢筋加工时，钢筋的表面应洁净、平直，无局部弯折。成盘的钢筋和弯曲的钢筋均要调直。

钢筋的焊接或搭接长度应满足施工规范要求。单面焊接长度应大于$10d$，双面焊接长度应大于$5d$；搭接长度应不小于$35d$。

钢筋采用现场绑扎，绑扎前先在底模上准确地进行定位放线，确保钢筋的位置间距尺寸正确。钢筋绑扎自下而上进行，按钢筋的交叉点用铁丝绑扎结实，并采取可靠的临时加固措施，保证钢筋骨架的刚度和稳定性。箍筋转角与钢筋的交接点均要绑扎牢固，平直部分的相交点采用梅花式交叉扎牢，绑扎用的铁丝要向里弯，不得伸入保护层内。在装模前，应在钢筋笼底部和侧面绑上砂浆垫块，以保证应有的保护层厚度，预埋好吊环钢筋。

3）侧模和端模的安装、加固

矩形板梁的外侧模采用组合钢模板，由厂家根据设计施工图中的尺寸加工成型。每块模板安装两台1.1kW的附着式振动器，在梁、板两侧错位布置，确保混凝土振动密实。

考虑到矩形板的模板尺寸较小，故每次直接用人力对其侧模进行拼装。侧模下部的加固可通过可调节支撑固定在台座两侧预埋的钢筋上，上部通过对拉螺杆对两侧模板进行拉紧，并通过拉条拉紧，在台座两侧预埋的钢筋上进行加固。钢模板使用前，应彻底打磨干净并刷上脱模剂，模板彼此接缝处和与台座边缘接触处都应压上海棉条或双面胶，以有效地防止漏浆。

4)芯模的安装、混凝土的浇筑

模板在绑扎钢筋前要清理干净,并均匀涂一层隔离剂。板内模板采用钢制芯模,芯模分两节,每节芯模由几块模板组合而成,便于支立和拆除。安放芯模时,加密定位钢筋,确保芯模在浇筑混凝土时不偏移、不上浮。端模用钢模制作,模板安装后按照模板安装质量标准,仔细检查有无位移、漏浆等问题,发现后及时处理。

钢制芯模拆除的早晚,影响着空心板的形成。抽取过早,混凝土下沉坍落,使梁面形成裂缝,甚至空洞;抽取过晚,混凝土凝固,造成芯模与混凝土黏结,很难拔出。芯模抽取时间随天气气温而变化,一般在混凝土浇筑后3~12h(表5-2-2),强度达到4~8MPa时可抽取芯模。

芯模拆除时间表 表5-2-2

环境温度(℃)	混凝土浇筑完成时间(h)	环境温度(℃)	混凝土浇筑完成时间(h)
>+30	3	+10~+20	5~7
+20~+30	3~5	<+10	7~12

混凝土所有原材料都必须符合有关施工规范要求,浇筑空心板混凝土时,采用混凝土搅拌车将混凝土运输到施工现场,用起重机配吊罐将混凝土入仓。自高处向模板内倾卸混凝土时,为防止混凝土离析,其自由倾落高度不宜超过1m。空心板采用水平分层法浇筑施工,分两层浇筑,先浇筑底板,底板完成后立即放置芯模,安装芯模固定钢筋;然后浇腹板和顶板,以防止空心板芯模上浮或下沉,浇筑时从一端向另一端推进。两次浇筑中间,安装芯模时间控制在40min以内,以保证腹板与底板的施工接缝良好。

浇筑方向是从梁的一端循序进展至另一端。在将近另一端时,为避免梁端混凝土产生蜂窝等不密实现象,应改从另一端向相反方向投料,在距离该端4~6m处合龙。

振捣由经验丰富的工人师傅振捣,做到内实外光。混凝土振捣以插入式振动、附着式振动相结合的方法进行。一定要从一端向另一端正常推进,避免超振或漏振,振捣至混凝土表面泛浆、不再下沉且表面无气泡冒出时为止。空心板梁腹板与顶板连接处,及其他钢筋预埋件等处,要特别注意振捣,要避免振动器碰撞预埋件、模板等,以保证其位置和尺寸符合设计要求。要确保空心板底板和顶板厚度与设计值相同,其允许偏差在10mm以内。

待顶板混凝土初凝后对其表面进行压抹、刷毛处理。浇筑混凝土期间,应设专人检查支架、模板、钢筋和预埋件等稳固情况,当发现有松动、变形、移位时应及时处理。

5)模板拆除

对于预制矩形板梁应加强早期的养护力度,不得提早拆模;对于外侧模,需保证混凝土强度达到2.5MPa以上,且时间不得早于8h,方可拆模。

6)混凝土养护

混凝土初凝后即开始进行洒水养护。首先在未拆模板的混凝土表面覆盖麻袋,并适量洒水,拆除侧模后,再对侧面经常淋水以保证混凝土表面经常处于湿润状态,养护时间不少于7d。预制矩形板的起吊时间应严格控制,应在混凝土强度达到设计强度的80%以上,且龄期不少于4～5d,才可把矩形板吊离台座进行存放。

7)移梁与存梁

预制空心板在水泥混凝土强度达到设计规定后进行移运和吊装,用大型门式起重机吊起后运行到存梁场。

(1)空心板起吊

在底模上进行起吊,穿钢丝绳时应注意钢丝绳要顺直,排列整齐,不得出现挤压、弯死现象,以免钢丝绳受力不均而挤绳。空心板兜角处用L形钢板护角。起吊钢丝绳的保险系数应达到10倍并经常检查,起吊时,吊起20～30cm后,要检查各部位有无不正常变化,确认情况良好且无障碍物或挂拌物后,方可继续提升(一般起吊高度不超过50cm,前后高差不得超过2%)。

(2)空心板行走

门式起重机行走轨道应结实、平顺,没三角坑,门式起重机驾驶员必须具备良好且清醒的状态,门式起重机应慢速行走,作业人员应统一口令。驾驶员仅按照指挥人员的信号进行操作,因此必须头脑清醒,熟悉操作规程。门式起重机四个角设专人看护,两侧至少备有两个铁鞋和三角木。在暂停作业时,必须打上铁鞋;在吊装状态下,门式起重机驾驶员不得离开工作岗位。

(3)空心板存梁

按编号有规划地存放,以方便架梁。因空心板重心高,所有梁片均存放一层,在梁的两头设置牢固的存放支座,使梁处在简支状态下保存。不得将梁直接放在地上,以防止因地面不平引起梁片上部受拉而使梁上部产生裂缝甚至断裂。做好存梁区的排水工作,防止地表水冲刷存梁地面引起下沉。

2. 整体现浇板的施工

1)支架和模板工程

(1)支架

按支架所用的材料不同,支架可分为木支架、钢管支架(图5-2-8)、钢木混合支架、万能杆件拼装支架等。

a)

b)

图5-2-8　钢管支架

如图5-2-9所示,a)和b)为立柱式支架,适用于旱桥、非通航桥及桥墩不高的小桥;c)和

d)为梁式支架;e)和f)为梁柱式支架适用于桥墩较高、跨径较大且需排洪的情况。

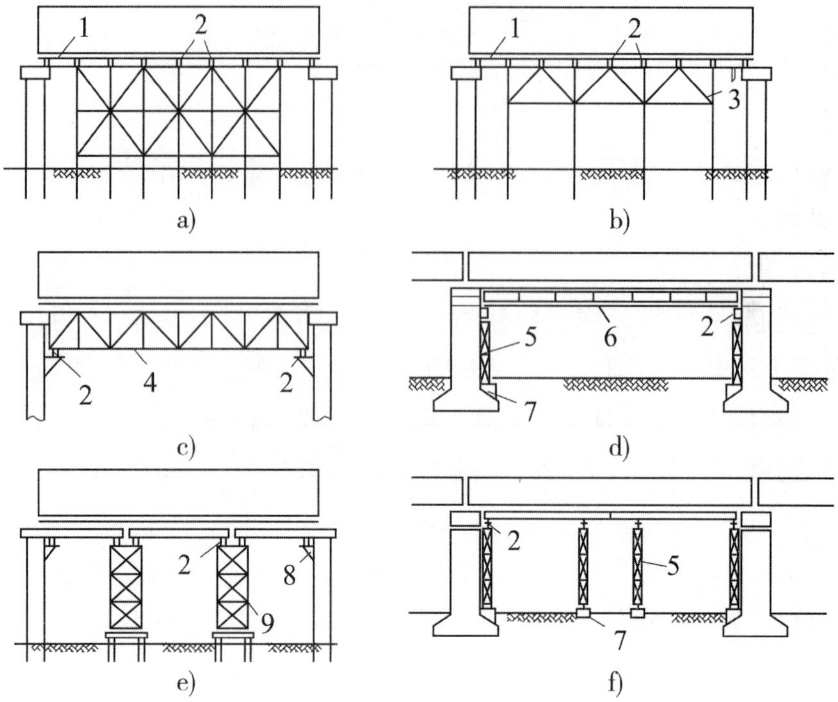

图5-2-9　常用支架的主要构造

1-纵梁;2-卸落设备;3-支架;4-承重梁;5-立柱;6-钢梁;7-混凝土基础;8-托架;9-排架

(2)模板的分类与构造

按模板所用的材料不同,模板可分为木模板、钢模板、钢木模板、胶合板模板(图5-2-10)、钢竹模板、塑料模板、玻璃钢模板、铝合金模板等。

图5-2-10　胶合板模板

按模板的作用不同,支架可分为外模(侧模、端模、底模)和芯模(图5-2-11)。

(3)对支架和模板的要求

支架及模板应满足有足够的强度和刚度;接头位置应准确、可靠;准确估算支架受荷后的变形。支架应根据所用材料和地基情况的不同,在施工前确定是否对其进行预压,预压方式参考《公路桥涵施工技术规范》(JTG/T 3650—2020)。

模板体系要求:尺寸准确,制作密贴,螺栓、拉杆、撑木牢固,涂抹脱模剂。

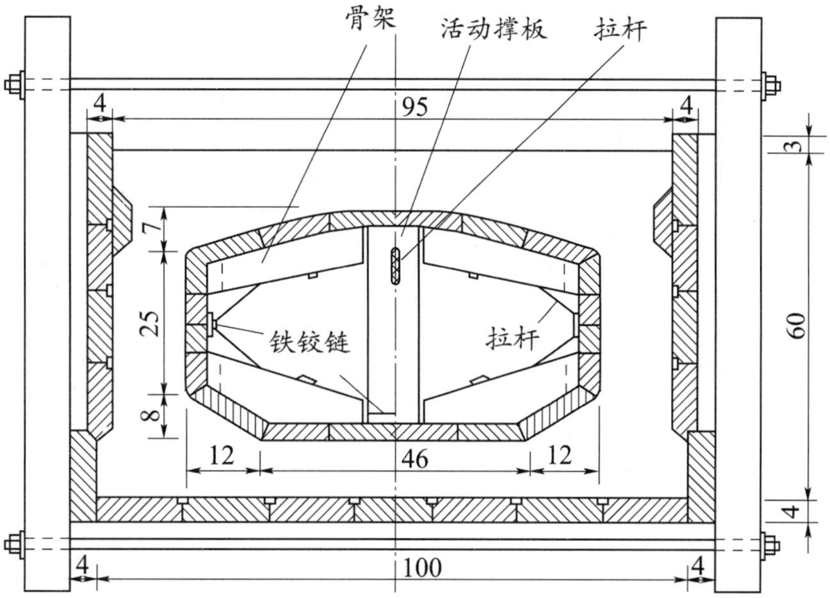

图 5-2-11 空心板木制芯模构造(尺寸单位:cm)

2)钢筋及混凝土施工要求

钢筋及混凝土施工和装配式空心板的施工要求一致,此处不再赘述。

3.预应力混凝土简支板的施工

预应力混凝土板就是在装配式空心板中施加了预应力,可以采用先张法,也可以采用后张法。施加预应力的作用包括:

(1)提高结构或构件的抗裂能力。

(2)提高结构或构件的刚度。

(3)充分发挥高强钢材的作用。

(4)把散件拼成整体。

关于先张法和后张法的施工已经在学习活动一中详细介绍过了,此处不再赘述。

三、钢筋混凝土空心板的质量检验

在空心板施工过程中要做好每一个分项工程的质量检验工作,首先在钢筋笼成型后要检验钢筋笼的质量,模板安装完后要检验模板的质量,空心板浇筑完成并拆模后要检验空心板的浇筑质量,预应力施加后要检验预应力钢筋的施工质量。

1.钢筋加工及安装质量检验标准

1)基本要求

(1)钢筋、机械连接器、焊条等的品种、规格和技术性能应符合国家现行标准规定和设计要求。

(2)冷拉钢筋的机械性能必须符合规范要求,钢筋平直,表面不应有裂皮和油污。

(3)受力钢筋同一截面的接头数量、搭接长度、焊接和机械接头质量应符合《公路桥涵施工技术规范》(JTG/T 3650)要求。

(4)钢筋安装时,必须保证设计要求的钢筋根数、规格、型号、间距等。

(5)受力钢筋应平直,表面不得有裂纹及其他损伤。

2)钢筋安装实测项目(表5-2-3)

钢筋安装实测项目 表5-2-3

<table>
<tr><th>项次</th><th colspan="3">检 查 项 目</th><th>规定值或允许偏差</th><th>检查方法和频率</th></tr>
<tr><td rowspan="4">1△</td><td rowspan="4">受力钢筋间距(mm)</td><td colspan="2">两排以上排距</td><td>±5</td><td rowspan="4">尺量:当长度≤20m时,每构件检查2个断面;当长度>20m时,每构件检查3个断面</td></tr>
<tr><td rowspan="2">同排</td><td>梁、板、拱肋及拱上建筑</td><td>±10(±5)</td></tr>
<tr><td>基础、锚碇、墩台身、墩柱</td><td>±20</td></tr>
<tr><td colspan="2">灌注桩</td><td>±20</td></tr>
<tr><td>2</td><td colspan="3">箍筋、构造钢筋、螺旋筋间距(mm)</td><td>±10</td><td>尺量:每构件测10个间距</td></tr>
<tr><td rowspan="2">3</td><td colspan="2" rowspan="2">钢筋骨架尺寸(mm)</td><td>长</td><td>±10</td><td rowspan="2">尺量:按骨架总数30%抽测</td></tr>
<tr><td>宽、高或直径</td><td>±5</td></tr>
<tr><td>4</td><td colspan="3">弯起钢筋位置(mm)</td><td>±20</td><td>尺量:每骨架抽查30%</td></tr>
<tr><td rowspan="2">5△</td><td rowspan="2">保护层厚度(mm)</td><td colspan="2">梁、板、拱肋及拱上建筑</td><td>±5</td><td rowspan="2">尺量:每构件各立模板面每$3m^2$检查1处,且每侧面不少于5处</td></tr>
<tr><td colspan="2">基础、锚碇、墩台身、墩柱</td><td>±10</td></tr>
</table>

2. 模板质量检验标准

模板安装的允许偏差见表5-2-4。

模板安装的允许偏差 表5-2-4

<table>
<tr><th colspan="2">项 目</th><th>允许偏差(mm)</th></tr>
<tr><td rowspan="3">模板高程</td><td>基础</td><td>±15</td></tr>
<tr><td>柱、墙和梁</td><td>±10</td></tr>
<tr><td>墩台</td><td>±10</td></tr>
<tr><td rowspan="3">模板内部尺寸</td><td>上部构造的所有构件</td><td>+5,0</td></tr>
<tr><td>基础</td><td>±30</td></tr>
<tr><td>墩台</td><td>±20</td></tr>
<tr><td rowspan="4">轴线偏位</td><td>基础</td><td>15</td></tr>
<tr><td>柱或墙</td><td>8</td></tr>
<tr><td>梁</td><td>10</td></tr>
<tr><td>墩台</td><td>10</td></tr>
<tr><td colspan="2">装配式构件支承面的高程</td><td>+2,-5</td></tr>
<tr><td colspan="2">模板相邻两板表面高低差</td><td>2</td></tr>
</table>

续上表

<table>
<tr><th colspan="2">项　　目</th><th>允许偏差(mm)</th></tr>
<tr><td colspan="2">模板表面平整</td><td>5</td></tr>
<tr><td colspan="2">预埋件中心线位置</td><td>3</td></tr>
<tr><td colspan="2">预留孔洞中心线位置</td><td>10</td></tr>
<tr><td colspan="2">预留孔洞截面内部尺寸</td><td>+10,0</td></tr>
<tr><td rowspan="2">支架和拱架</td><td>纵轴的平面位置</td><td>跨度的1/1000或30</td></tr>
<tr><td>曲线形拱架的高程(包括建筑拱度在内)</td><td>+20,-10</td></tr>
</table>

3.装配式钢筋混凝土空心板的质量检验

1)基本要求

(1)混凝土所用的水泥、砂、石、水、外掺剂及混合材料的质量和规格,必须符合有关技术规范的要求,按规定的配合比施工。

(2)空心板不得出现空洞和露筋现象。

(3)当空心板采用胶囊施工时,应采取有效措施防止胶囊上浮。

(4)空心板在吊移出预制底座时,混凝土的强度不得低于设计所要求的吊装强度;梁(板)在安装时,支承结构(墩台、盖梁、垫石)的强度应符合设计要求。

(5)空心板安装前,墩、台支座垫板必须稳固。

(6)空心板就位后,梁两端支座应对位,板底与支座以及支座底与垫石顶须密贴,否则应重新安装。

(7)两板之间接缝填充材料的规格和强度应符合设计要求。

2)空心板预制实测项目

空心板预制实测项目及要求应满足表5-2-5要求。

空心板预制实测项目　　表5-2-5

<table>
<tr><th>项次</th><th colspan="3">检 查 项 目</th><th>规定值或允许偏差</th><th>检查方法和频率</th><th>权值</th></tr>
<tr><td>1</td><td colspan="3">混凝土强度(MPa)</td><td>符合设计要求</td><td>按验评标准检查</td><td>3</td></tr>
<tr><td>2</td><td colspan="3">空心板长度(mm)</td><td>+5,-10</td><td>尺量:每板</td><td>1</td></tr>
<tr><td rowspan="4">3</td><td rowspan="4">宽度(mm)</td><td colspan="2">干接缝</td><td>±10</td><td rowspan="4">尺量:检查3处</td><td rowspan="4">1</td></tr>
<tr><td colspan="2">湿接缝</td><td>±20</td></tr>
<tr><td rowspan="2">空心板</td><td>顶宽</td><td>±30</td></tr>
<tr><td>底宽</td><td>±20</td></tr>
<tr><td>4</td><td colspan="3">高度(mm)</td><td>±5</td><td>尺量:检查2处</td><td>1</td></tr>
</table>

续上表

项次	检 查 项 目		规定值或允许偏差	检查方法和频率	权值
5	断面尺寸(mm)	顶板厚	+5，-0	尺量:检查3个断面	2
		底板厚			
		腹板或梁肋			
6	平整度(mm)		5	2m直尺:每侧面每梁长测1处	1
7	横系梁及预埋件位置(mm)		5	尺量:每件	1

3)外观鉴定

(1)混凝土表面平整,色泽一致,无明显施工接缝,不符合要求时,每处减1~3分。

(2)混凝土表面不得出现蜂窝、麻面现象,如出现必须修整,并减1~4分。

(3)混凝土表面出现非受力裂缝,减1~3分。裂缝宽度超过设计规定,或设计未规定时超过0.15mm,必须处理。

(4)封锚混凝土应密实、平整,不符合要求时减2~4分。

(5)梁、板的填缝应平整密实,不符合要求时减1~3分。

4.整体式钢筋混凝土空心板的质量检验

1)基本要求

(1)所用的水泥、砂、石、水、外掺剂及混合材料的质量和规格,必须符合有关技术规范的要求,按规定的配合比施工。

(2)支架和模板的强度、刚度、稳定性应满足施工技术规范的要求。

(3)预计的支架变形及地基的下沉量应满足施工后梁体设计高程的要求,必要时应采取对支架预压的措施。

(4)梁(板)体不得出现空洞和露筋现象。

(5)预埋件的设置和固定应满足设计和施工技术规范的规定。

2)就地浇筑梁(板)实测项目(表5-2-6)

就地浇筑梁(板)实测项目应满足表5-2-6要求。

就地浇筑梁(板)实测项目 表5-2-6

项次	检 查 项 目	规定值或允许偏差	检查方法和频率
1△	混凝土强度(MPa)	在合格标准内	按《公路工程质量检验评定标准 第一册 土建工程》(JTG F80/1—2017)进行检查
2	轴线偏位(mm)	≤10	全站仪:每跨测5处
3	梁、板顶面高程(mm)	±10	水准仪:每跨测5处,跨中、桥墩(台)处应布置测点

续上表

项次	检 查 项 目		规定值或允许偏差	检查方法和频率
4△	断面尺寸	高度	+5，-10	尺量：每跨测3个断面
		顶宽	±30	
		箱梁底宽	±20	
		顶、底、腹板或梁肋厚	+10，0	
5	长度(mm)		+5，-10	尺量：每梁测顶面中线处
6	与相邻梁段间错台(mm)		≤5	尺量：测底面、侧面
7	横坡(%)		±0.15	水准仪：每跨测3处
8	平整度(mm)		≤8	2m直尺：沿梁长方向每侧面每10m梁长测1处×2尺

3)外观鉴定

(1)混凝土表面平整，色泽一致，无明显施工接缝，不符合要求时，每处减1～3分。

(2)混凝土不得出现蜂窝、麻面现象，如出现必须修整，并减1～4分。

(3)混凝土表面出现非受力裂缝，减1～3分。裂缝宽度超过设计规定，或设计未规定时超过0.15mm，必须处理。

四、装配式钢筋混凝土空心板的安装方法

吊装前，对桥位现场进行认真的平整压实，并在墩台上正确标出临时支座和永久支座的位置，安装好支座。用墨线准确标出空心板的中心线，严格按标线控制落板位置，左右偏差不超过2mm。

1.自行式起重机安装

自行式起重机安装的顺序为：定位放线→安装橡胶支座→起重机自行就位→空心板运输就位→吊装空心板→调整支座→检验验收。

(1)定位放线。放出线路中心线和墩台中心线，在墩台面上放出每孔桥板的纵向中心线以及支座纵、横中心线。

(2)板的吊运。吊装时，混凝土板的混凝土强度应达到设计要求。起吊点位置即为支座中心位置，将钢丝绳绕过该位置并捆绑好，用木板、麻袋等衬垫，以保护混凝土的棱角。

(3)板的就位。在安装支座前，将墩台支座垫石处和板底面清理干净，用水灰比不大于0.5的1∶3水泥砂浆刮平，并使其顶面高程符合设计要求。板安放时，使板就位准确且与支座密贴；就位不准时，吊起重放，不能用撬棍移动。

2.双导梁架桥机吊装

1)架桥机的架前准备工作

(1)架桥机运输装卸

架桥机部件运至施工现场前期，应认真检查核实所有部件。运输车辆装车时应绑扎牢

固,装卸过程要按顺序进行,以免造成部件损坏变形,影响组拼安装。

(2)架桥机运行轨道铺设

架桥机的纵向运行轨道及预制混凝土梁运输轨道均分别采用2根43kg/m钢轨,纵向轨道间距为5m,运输轨道间距为1.5m,两侧轨道要求对应水平,严格控制轨道间距。

钢轨接头用鱼尾板紧固,并以轨道固定在枕木上。轨道铺设可根据空心板安装陆续向前延伸,即拆除后再安装,重复使用。

前、中、后支腿均要在横向轨道上运行,前支腿轨道为2根43kg/m钢轨组合,间距0.5m;中支腿轨道为2根43kg/m钢轨,间距1.25m;后支腿轨道为1根43kg/m钢轨。钢轨要求接头平顺,轨距准确,支垫平稳牢固。4条横向轨道间(前、中、后支腿)的距离严格控制,确保平行。

(3)架桥机组拼安装

组拼顺序:测量定位→铺设纵向轨道→安装中支腿→平衡对称拼装前后导梁(同时加临时支承)→前、后支腿,中、后顶高腿→前后横向联结框架→起吊平车,液压转换挂钩,操作台接通电源→初步运行检查调试。安装主梁时,前后主梁临时支撑不少于3处,保证达到规定的预拱度。

架桥机拼装前测定运行轨道中心线及前、中、后支腿位置。

两侧中支腿就位在纵向钢轨上,用临时支撑杆控制中支腿间距和平面位置等。然后连接水平拉杆斜撑(临时支撑仍不能松动)。用临时支架对称平衡拼装前后主梁,控制前、后主梁设计预拱度和两侧纵梁间距。前支腿位置控制在前面一孔支座中心线上,中支腿位置控制在后台一孔盖梁中心的端部。

架桥机拼装结束后,要进行一次全面检查。空车试运行和吊重试验。收起支腿,测量前端挠度等,然后纵向运行到位。

2)架桥机架梁作业

(1)主要操作程序

①喂梁:采用自行式运梁平车喂梁,将空心板梁从预制场地运送到架桥机后部主梁内。

②边梁安装:运梁轨道延伸铺轨→前、后吊梁天车起吊梁→前、后吊梁天车将空心板梁纵向运行到位→下落梁并脱开→整机横向移位(移至边梁挂架下部,边梁挂架吊起边梁)→整机携梁横向移位至边梁位置下落就位→完成边梁就位安装。

③中梁安装:运梁轨道延伸→前、后吊梁天车起吊梁→前、后吊梁天车将空心板梁纵向运行到位→下落梁并脱开→完成中梁的就位安装。

空心板梁的安装顺序:先架设两侧边板,后中板,最后中间合龙。边板安装时,因架桥机横向运行受盖梁长度影响,架设施工要分两次横向移位:空心板梁横移后临时放在盖梁上,再用两侧主梁下液压转换吊钩吊起,然后架桥机再横移到位直接安装。

(2)架桥机纵向移位

纵向移位顺序:测量定位,铺设延伸轨道→中顶高支腿顶起,中支腿离开轨道,拆除中支腿横向钢轨→中顶高支腿下落,中支腿落在纵向钢轨上→顶升后顶高支腿,拆除横向钢轨,后支腿转向落在纵向钢轨上→起吊平车移至后端作配重→收起前支腿→移位前安全检查→

整机纵向运行到位，落下前支腿（铺横向轨道）→顶升中顶高支腿（铺横向轨道），中支腿落在横向钢轨上→起升后顶高支腿（铺横向轨道）→后支腿提升转向落在横向钢轨上→全面安全试运行检查。

架桥机纵向移位时，两台起吊天车运行到后支腿后面作配重，并按要求进行临时固定，以防架桥机纵向运行时失稳。液压操作提升前支腿，并横向运行钢轨（其中一段），用手拉葫芦吊挂在前支腿上（其余横向钢轨用天车转运）。每片梁就位时，要在两端设临时支撑，使空心板梁保持垂直和稳定；第二片梁就位后，除架设临时支撑外，迅速将横隔板钢筋焊接，增强稳固性。架桥机纵向行走前，每孔梁的横隔板钢筋全部要焊接完毕，且每片梁的两端和中间横隔板的现浇混凝土浇筑完毕，并达到设计强度的70%以上。

架桥机纵向运行结束后，进行一次全面安全试运行检查：螺栓、销子连接是否牢固，电气线是否正确，电线有否破损和挤压，液压系统是否正常，轨道接头是否平顺，支垫是否平稳以及轨距尺寸是否正确等。架桥机要进行空载试运行检查，特别是横向运行前检查铺轨情况。架桥机运转正常后，才能进行空心板梁的安装。

3）架桥机施工注意事项

（1）架桥机组拼时要按设计要求控制预拱度。架桥机纵向运行轨道两侧轨顶高度要求对应水平，保持平衡。前、中、后支腿各横向运行轨道要求水平，并严格控制间距，四条轨道必须平行。

（2）前支腿横移轨道与平车轨道交叉处设一根2m长轨道，平车喂梁时，将该段横移轨道拆除，喂梁后再安装上。

（3）架桥机纵向位移要做好一切准备工作，要求一次到位，不允许中途停顿。

（4）架桥机起吊天车携带空心板梁纵向运行时，前支腿部位要求用手拉葫芦（5t）与横移轨道接紧固定，加强稳定性。

（5）由于该桥有纵向坡度，架桥机纵向移位时要采用三角垫木在轮子前后作防，特别是中支腿离梁端较近，移位时必须注意控制。

（6）架桥机组拼完后一定要进行吊重运行，在用混凝土梁试吊后，架桥机再运行到位开始安装作业。

（7）架桥机安装作业时，要经常注意安全检查，每安装一孔必须进行一次全面安全检查，发现问题要停止工作并及时处理后才能继续作业。不允许机械及电器带“病”工作。

（8）安装作业不准超负荷运行，不得提吊提升作业。

（9）五级风以上时严禁作业，并用索具稳固小车和架桥机。架桥机停止工作时要切断电源，以防发生意外。雨天禁止使用架桥机，雨后再次使用架桥机前必须全面检查。

（10）中支腿纵横向运行转换，先转换后部1号行走箱，再转换2号行走箱。

（11）架桥机纵向就位必须严格控制位置，确保空心板梁安装顺利就位。

（12）架桥机作业时必须分工明确，统一指挥。设专职操作员、专职电工和专职安全员，确保施工安全。

（13）悬臂移梁时，上部2台起吊天车必须后退，前起吊天车退至后支腿处，后起吊天车退至后支腿和后顶高腿中间。

(14)用边梁挂架架设边梁时,2台起吊天车必须退至中腿后部。

(15)中顶高支腿顶高时,前起吊天车必须退至前支腿处,后起吊天车必须退至后支腿处。

(16)前支腿或后顶高支腿顶高时,2台起吊天车必须退至中腿附近。

(17)前支腿顶高就位后,必须采用专用夹具将顶高行程段锁紧,以免千斤顶长时间受力。

(18)架桥机必须设避雷装置。

小贴士

预制装配式板桥在我国平原地区广泛采用,预制桥板吊装施工时,可能会发生高空作业危险或脚手架坍塌危险,也可能发生高空坠落危险和落梁危险。工程事故中有90%是由于违章所致,所以同学们要牢固树立安全施工意识,学习掌握一些常见的安全事故处理应急措施。

操作实训

制作钢筋骨架

1. 实训项目

用粗、细铁丝模拟钢筋骨架制作过程,编制一个空心板钢筋骨架。

2. 安全教育

(1)在实训场地不许玩耍打闹,遵守实训室规章制度。

(2)正确使用各种工具,避免被利器割伤。

(3)注意用电安全。

(4)铁丝下料和弯曲成型应固定牢靠,防止铁丝划伤皮肤。

3. 实训目的及要求

各小组通过本次实训提高钢筋图的识读能力,能描述钢筋骨架中各种不同钢筋的不同作用,熟悉钢筋骨架编制过程中质量控制要点。

要求学生具备一定的识图能力,具备编制小型钢筋笼的能力。编制的钢筋笼模型不能有钢筋数量不足的情况,下料长度按比例缩短,钢筋位置准确并绑扎牢固。

4. 实训准备工作(场地布置、实训所用器材)

每小组成员分工协作,共同编制计划,计算材料用量,罗列工具类型和数量清单交由老师准备。

核对工具和用料是否与用料单相符,详细阅读施工图纸,检查图纸有无错漏,根据图纸编制下料表。

5. 操作步骤(实训操作程序、操作方法、实训组织与实施)

(1)画线。计算每根钢筋的下料长度,在准备好的铁丝上用铅笔标明切断位置和弯曲点位置。

(2)下料。画线完成后先按计算长度将铁丝切断。

(3)用钳子将铁丝弯曲成型。

(4)按照钢筋编号和就位顺序绑扎。

6. 注意事项(小提示)

要求钢筋形状正确,弯曲角度符合要求;平直位置的铁丝不能有局部弯曲现象,绑扎牢固,不得有松动的地方;接头搭接长度符合要求;整个骨架牢固稳定,不得向一边倾斜或倒塌。

7. 质量验收及评定或实习报告、实训总结

实训结束后,组织学生小组间互评,指导教师对每小组上交的作品评定打分,要求学生每人编写一份实习报告,对钢筋笼制作过程进行总结,写出实习中的心得体会。

学习活动三 预应力钢筋混凝土箱梁桥施工

学习目标

1. 能识读预应力混凝土梁桥施工图,描述预应力混凝土梁桥的结构组成;
2. 能根据施工图,列举预应力混凝土箱梁桥施工所需工具、机械、人工和材料清单;
3. 能描绘预应力混凝土梁桥的施工流程图;
4. 能描述预应力混凝土箱梁的施工技术要求;
5. 能描述后张法预应力钢筋的张拉程序。

建议完成本学习活动的时间为12课时。

学习情境描述

某二级公路改建工程第三合同段有一座7×30m的预应力混凝土箱形连续梁桥,桥梁的中心桩号为K19+068,全桥位于路线的直线段内,由于地质情况良好,覆盖层下4m处为稳定岩层,设计采用混凝土扩大基础,主梁采用箱形截面。设计图纸已经下发给施工单位。根据总工期的要求,第十七项目部安排这座中桥施工的时间为18个月。本桥工程量包括基坑开挖、扩大基础施工、钢筋混凝土墩台施工、支座安装、箱梁预制浇筑与安装、预应力施工和桥面铺装等。

项目负责人(教师)派单,由施工人员(学生)在规定时间内完成该桥的详细施工方案,并严格按照设计图纸和《公路桥涵施工技术规范》(JTG/T 3650—2020)分工合作讨论实施完成,施工方案编写完毕后交由项目负责人(教师)验收。

相关知识

一、预应力混凝土箱梁的基本结构组成(资源 5-3-1)

预应力混凝土箱梁是桥梁工程中梁式桥的一种,内部为空心状,上部两侧有翼缘,类似箱子,如图 5-3-1 所示。

资源 5-3-1:小箱梁构造与安装示意

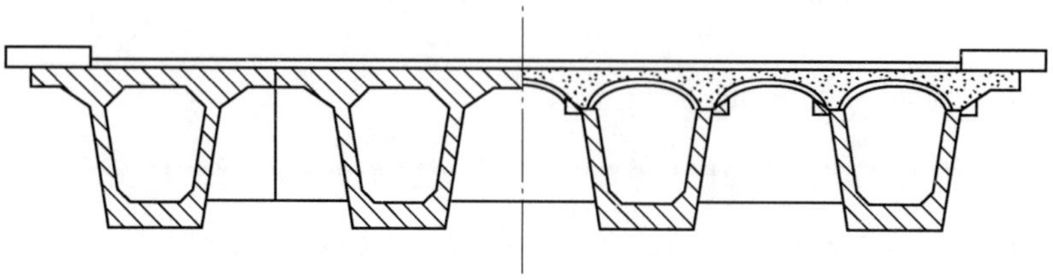

图 5-3-1　预应力混凝土箱梁

钢筋混凝土结构的箱梁分为预制箱梁和现浇箱梁。在独立场地预制的箱梁,可结合架桥机在下部结构完成后进行架设,可加速工程进度、节约工期;现浇箱梁多用于大型连续桥梁。根据材料划分,目前常见的箱梁主要有两种:一种是预应力钢筋混凝土箱梁,另一种是钢箱梁。其中,预应力钢筋混凝土箱梁为现场施工,除了纵向预应力外,有些还设置横向预应力。

二、预应力混凝土箱梁的施工工艺流程

1. 施工工艺流程

预应力混凝土箱梁的施工一般采用后张法施工。

后张法施工方法是先浇筑水泥混凝土,待达到规定的强度后,再张拉预应力筋以形成预应力混凝土构件的施工方法。

后张法的张拉设备简单,不需要专门台座,便于在现场施工。预应力筋可布置成直线和曲线,施加的力较大,适合预制大型构件。后张法是一种极有效的拼装手段,在大跨度桥梁施工中广泛应用,但后张法需要大量锚具且不能重复使用,施工工序多,工艺复杂。后张法箱梁施工工艺流程如图 5-3-2 所示。

2. 箱梁的预制施工方法

1)场地布置

箱梁一般自重较大,运输不方便,在考虑保证安全性和质量的前提下,本着因地制宜的原则,选在桥址桥孔范围内,为顺桥向布置。采用架桥机或跨墩龙门等方式吊装。

2)底座制作

底座制作前应检测地基承载力并验算张拉前和张拉后所需地基承载力,底座采用 15 ~ 20cm 厚 C20 混凝土。在底座制作时预设底模反拱,反拱值应结合施工实际和梁的张拉情况进行适当调整。反拱应按抛物线设置。一般底座结构如图 5-3-3 所示,完工后的箱梁台座如图 5-3-4 所示。

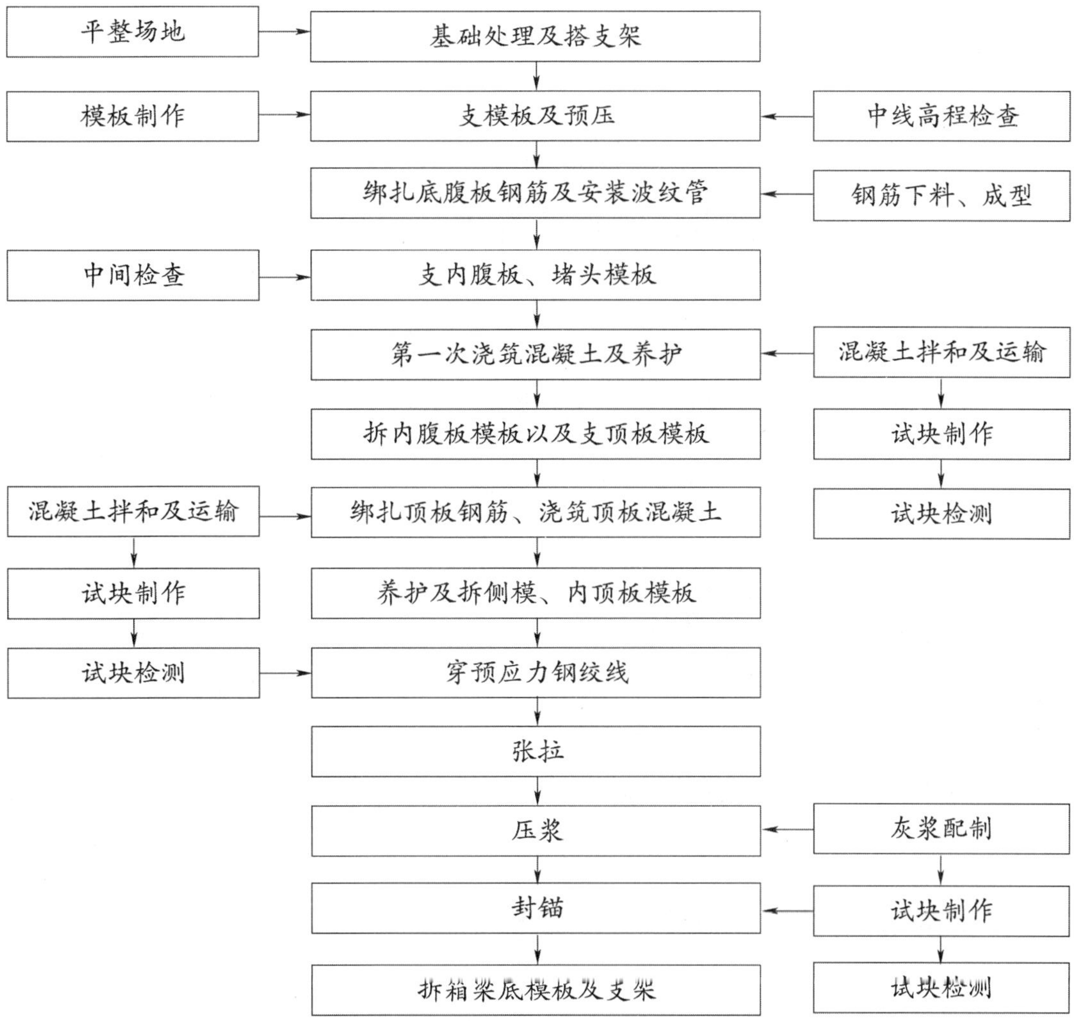

图 5-3-2　后张法箱梁施工工艺流程

图 5-3-3　底座结构

图 5-3-4　完工后的箱梁台座

3)底板、腹板钢筋的安装

箱梁钢筋施工时,先绑扎底板钢筋和腹板钢筋。绑扎底板钢筋前,在底模两端设胎模以控制底板主筋的位置。钢筋应按设计图纸要求进行制作,没有特别说明的,所有钢筋均应冷弯,直径大于或等于 12mm 的钢筋应采用焊接,直径小于 12mm 的钢筋采用绑扎。

钢筋可在台座上直接绑扎后整体吊装就位。钢筋绑扎前,应将底模清理干净并涂一层隔离剂。钢筋安装绑扎时,应按照先主筋后箍筋,先底板后腹板进行,待内模板和外模板安装就位后绑扎顶板钢筋。钢筋接头应交错布置,并放置垫块确保保护层厚度。钢筋骨架要顺直稳固,确保混凝土浇筑时钢筋位置不受影响。箱梁的底板钢筋施工如图5-3-5所示,箱梁腹板钢筋施工如图5-3-6所示。

图5-3-5 底板钢筋施工

a) b)

图5-3-6 腹板钢筋施工

4)预留孔道

为在梁体混凝土内形成预应力筋的孔道,应在底板、腹板构造钢筋绑扎完成后,安放金属或塑料的制孔器波纹管。孔道预留应满足下列要求:

(1)孔道规格及尺寸应符合设计要求,其内横截面积应不小于预应力筋净截面积的2倍。长度大于60m的孔道,应做试验确定其是否可进行正常的压浆作业。

(2)管道应采用定位钢筋固定安装,使其能牢固地置于模板内的设计位置,并在混凝土浇筑期间不产生位移。按照设计要求用ϕ8mm钢筋焊接波纹管定位钢筋网架,钢筋网架焊接成"井"字形,如图5-3-7所示。然后在梁中部安装好接头,最后穿入钢筋芯棒。井字定位钢筋的位置可依预应力筋坐标(图5-3-8)来确定,其间距一般为0.4~0.6m,曲线管道应适当加密。接头布置在跨中附近,但不同孔道接头不宜在同一断面上。在顶板钢筋绑扎的同时,预埋负弯矩区顶板预应力管道。管道可采用金属波纹管或塑料波纹管。严格控制钢筋骨架的位置,定位钢筋井字架与钢筋骨架焊接固定,防止浇筑混凝土期间产生位移。

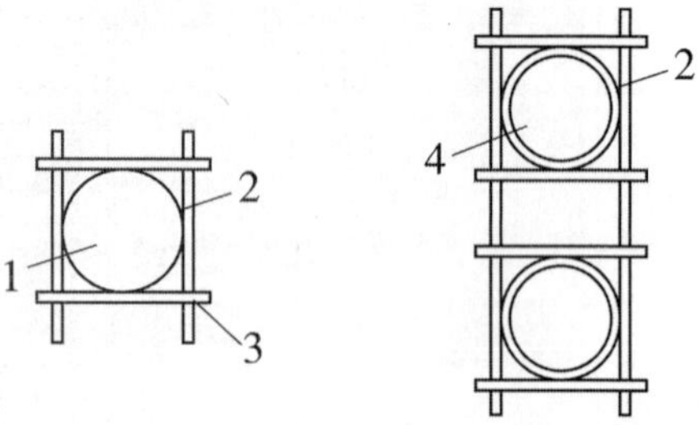

a) b)

图5-3-7 固定钢管或胶管位置用的井字架

1-钢管;2-钢筋;3-点焊;4-胶管

定位井字架设置好后进行波纹管的安装,安装前对波纹管进行逐根检查,确保无裂缝,管内无杂物。

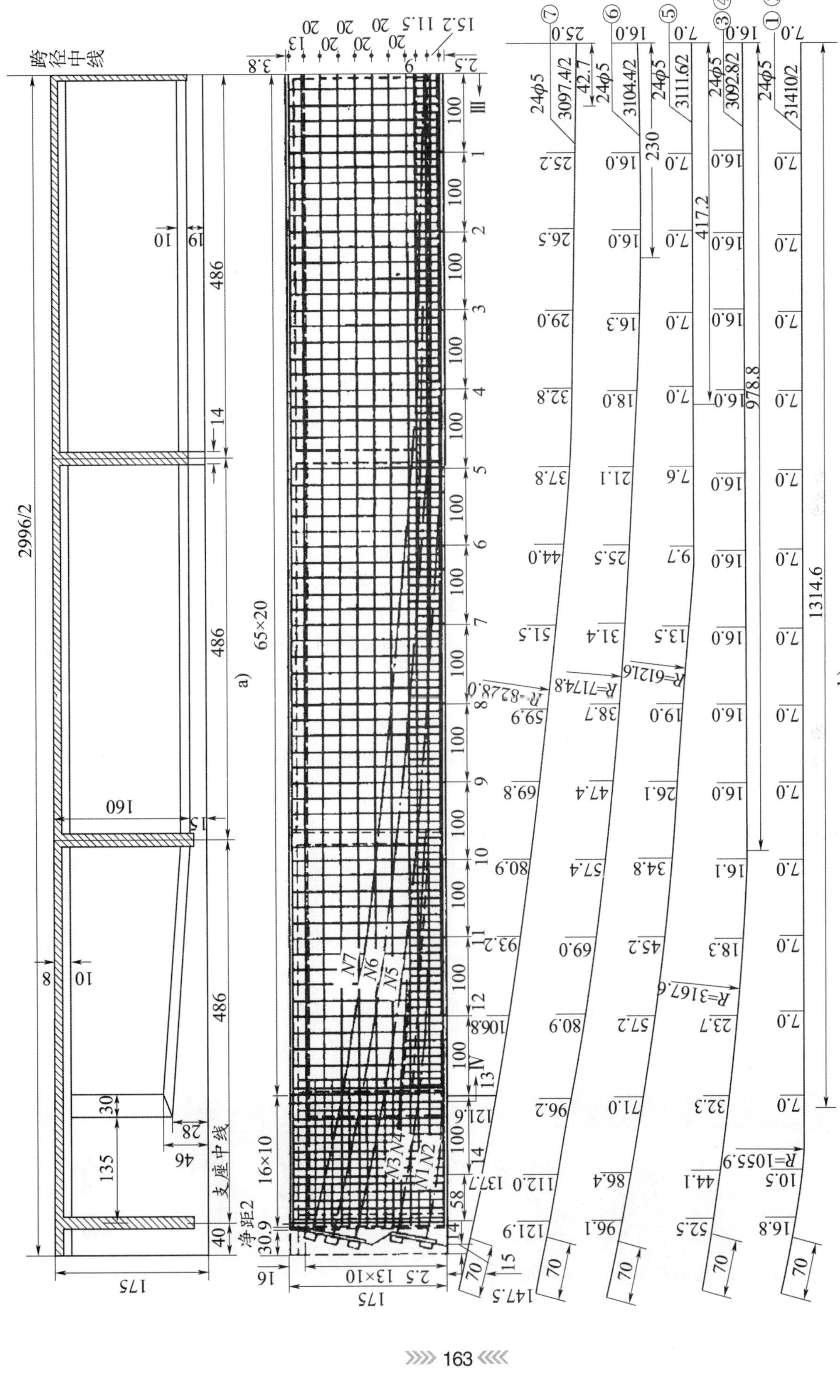

图5-3-8　预应力钢筋坐标示意图(尺寸单位:cm)

图5-3-9　波纹管内穿入软质胶管

(3)塑料波纹管应采用专用焊接机进行焊接或采用具有密封性能的塑料连接器连接。波纹管内穿入一根软质胶管,如图5-3-9所示。在混凝土浇筑过程中派专人来回抽动胶管,混凝土浇筑完毕之后,将其拔出。钢绞线应在混凝土浇筑完成后穿入。

(4)所有管道均应设压浆孔,在最高点设排气孔,需要时在最低点设排水孔。压浆管、排气管和排水管应是最小内径为20mm的标准管或适宜的塑性管,与管道之间的连接应采用金属或塑料结构扣件,长度应足以从管道引出结构物以外。

(5)管道在模板内安装完毕后,应采取可靠措施,防止水或其他杂物进入管道。

后张预应力管道安装允许偏差应满足表5-3-1的要求。

后张预应力管道安装允许偏差　　表5-3-1

项　目		允许偏差(mm)	项　目		允许偏差(mm)
管道坐标	梁长方向	30	管道间距	同排	10
	梁高方向	10		上下层	10

(6)当采用胶管抽芯法制孔时,胶管内应插入芯棒;当采用钢管抽芯法制孔时,钢管表面应光滑。制孔器抽拔时间不得过早,否则混凝土可能塌陷而堵塞孔道;不得过迟抽拔,否则可能拔断胶管。合适的抽拔时间要在混凝土初凝之后与终凝之前,即以混凝土抗压强度达到0.4~0.8MPa为宜。制孔器抽拔的顺序应先抽芯棒,后拔胶管;先拔上层胶管,后拔下层胶管;先曲后直;先拔早浇筑的半根梁,后拔晚浇筑的半根梁。抽拔可由人工或用电动卷扬机或手摇绞车分批进行。

5)安装模板

波纹管及预留通气孔安装完成后,安装芯模、侧模。芯模进场后先进行试拼、除锈,然后进行模板正式拼接。应将模板编号,保证以后拼接时顺序正确。内模宜采用钢模、钢木组合模等。图5-3-10所示为箱梁内模板,图5-3-11所示为箱梁内模内部斜撑,图5-3-12所示为支架升降式芯模。内模应定位准确、牢固,不得有错位、上浮、胀模等现象,面板变形一般不超过5cm。模板应保证尺寸准确,拆装快速方便,同时满足刚度和强度的要求。

图5-3-10　箱梁内模板

图5-3-11　箱梁内模内部斜撑

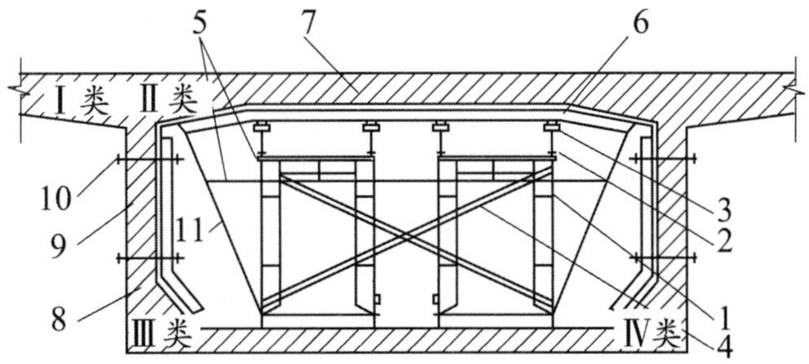

图 5-3-12　支架升降式芯模示意图

1-门形架;2-升降 U 形托顶;3-纵梁;4-剪力撑;5-水平撑;6-弓形横梁;7-组合钢模板;8-压杆;9-组合钢模板;10-对拉螺杆;11-斜撑

箱梁模板分为底模、外侧模、芯模及端模板 4 种,一般均采用钢模,箱梁模板构造如图 5-3-13所示,箱梁外侧模板示意图如图 5-3-14 所示。封头模板因需设通过预应力筋与接长力筋的孔道,故应按设计尺寸仔细放样凿孔。

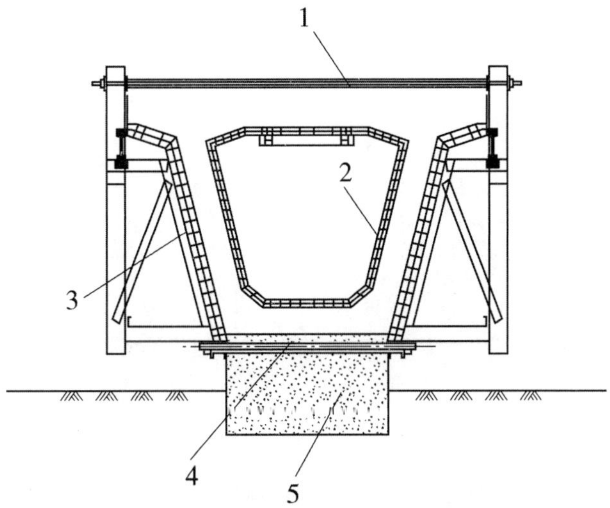

图 5-3-13　箱梁模板构造

1-拉杆;2-内模;3-侧模;4-PVC 管内穿拉杆;5-台座

箱梁外模应采用定型钢模,或钢架加符合设计要求的胶合板,侧模下设置可调支腿,调整侧模高度。侧模顶部和底部沿梁长方向支撑上设置螺栓孔,底部螺栓孔与底模台座预留孔位置一一对应,安装时用拉杆穿过台座预留孔将左右两边的侧模用螺栓紧固,侧模与底模间加塞海绵条止浆带防止漏浆。箱梁所有模板安装前均涂刷模板漆以利于脱模。模板表面应光洁,模板安装完毕后对平面位置、顶部高程、节点联系及纵横向稳定性进行检查,保证混凝土浇筑过程中模板不变形、不位移、不漏浆。超出允许偏差时应及时进行调整。

6)顶板钢筋绑扎

侧模、芯模安装完成后,再绑扎顶板钢筋,顶板钢筋与腹板钢筋一一对应绑扎,绑扎要求同底板、腹板钢筋。翼板外露钢筋应间距均匀,长度符合图纸设计要求,同时绑扎负弯矩波纹管及锚具,负弯矩波纹管用 U 形钢筋点焊在顶板主筋上,保证波纹管高度准确。顶板钢筋绑扎完成后,设置顶板保护层垫块。

检查箱梁钢筋位置是否准确,数量是否正确。检查波纹管是否顺直,锚具与波纹管连接是否紧密,锚垫板灌浆孔是否用圆木塞堵紧,预留槽位置是否准确。

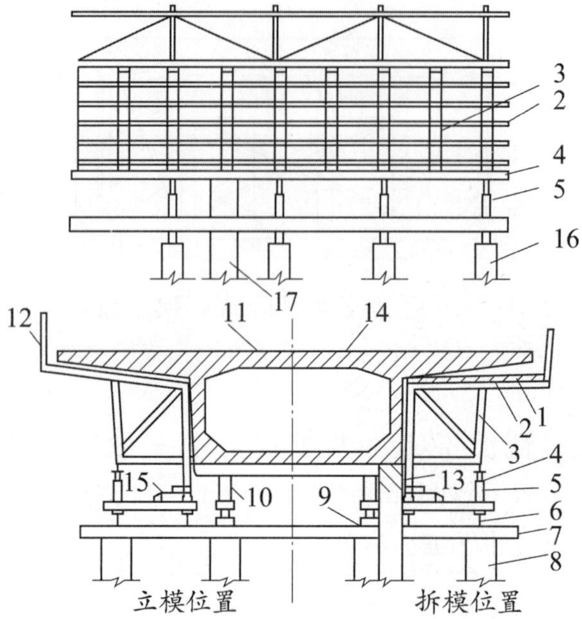

a)

b)

图 5-3-14 箱梁外侧模板示意图

1-侧模板;2-侧模肋骨;3-外侧模骨架;4-I36;5-螺旋千斤顶;6-I36;7-2I32;8-钢管桩;9-螺旋千斤顶;10-2I56;11-拉杆;12-栏杆;13-滑道支座;14-箱梁;15-横移装置;16-钢管立柱;17-滑道支承墩

预应力箱梁预应力钢筋的布置如图5-3-15所示,顶板钢筋的施工如图5-3-16所示,顶板负弯矩钢筋的绑扎如图5-3-17所示。

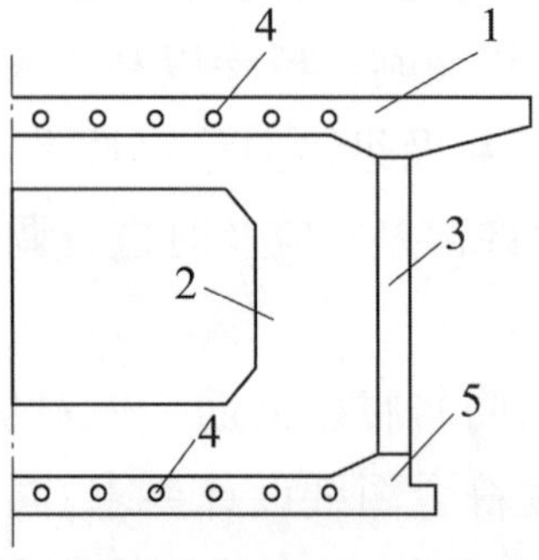

图 5-3-15 箱梁预应力筋的布置

1-现浇混凝土顶板;2-横隔板;3-箱梁腹板;4-预应力钢丝束;5-现浇混凝土底板

图 5-3-16 箱梁顶板钢筋的绑扎

经自检合格后，报监理工程师检查验收，符合设计及规范要求后可进行混凝土的浇筑。

7）混凝土浇筑、养护和拆模

（1）混凝土浇筑

混凝土浇筑前检查模板安装尺寸、接缝、拉杆螺栓、模板拼接螺栓，确保模板尺寸准确，支立牢固。检查各种预埋件的数量和位置是否准确。箱梁混凝土浇筑如图5-3-18所示。

图5-3-17 箱梁顶板负弯矩钢筋的绑扎

图5-3-18 箱梁混凝土浇筑

预制箱梁底板混凝土采用ϕ50mm和ϕ30mm插入式振捣棒振捣，如图5-3-19所示。底板振捣时要注意使底板混凝土密实。在振捣时注意不得碰撞波纹管，以免造成波纹管损坏漏浆。在混凝土浇筑过程中，随时检查预埋钢板、预埋筋的位置是否正确，孔道是否进浆，模板是否紧固，是否漏浆，芯模是否上浮，漏浆处是否得到及时堵塞加固。振捣时间以混凝土不再下沉、无气泡上升、表面平坦、出现泛浆为止。

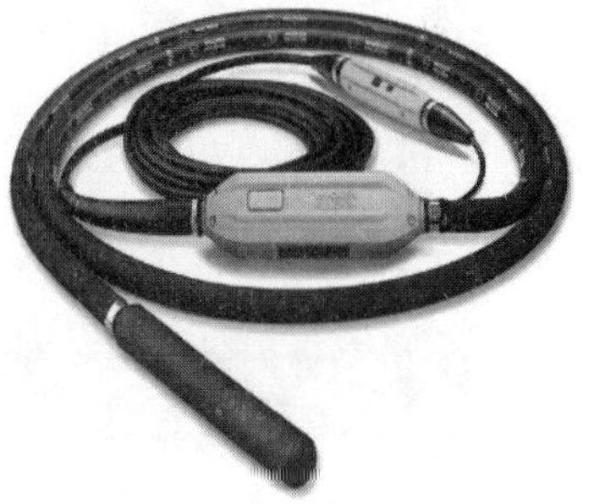

图5-3-19 插入式振捣棒振捣

在浇筑腹板、顶板混凝土过程中，随时注意各种预埋件和模板的尺寸，尤其注意芯模的位置。混凝土浇筑要求严格按照“分层浇筑，斜向推进”的原则，将混凝土由一端开始向另一端均匀地浇筑入腹板中，上下层前后浇筑距离应保持在1.5～2.0m范围内。必须在4h内完成梁板混凝土浇筑，然后同时振捣，每一层混凝土浇筑厚度不超过设计值。

为保证腹板混凝土的密实度，提高混凝土强度，在施工中采用附着式振捣器和振捣棒配合完成振捣工作，如图5-3-20所示。附着式振捣器沿梁长方向进行布置，上面再配置插入式振捣棒辅助振捣。腹板两边混凝土的振捣要同时对称，以防一侧振捣时内模向另一侧偏移。在振捣过程中不能触及模板、钢筋及波纹管，插点为行列式均匀布置。浇筑顶板时，严格控制振捣棒插入腹板深度，注意与腹板连接处混凝土的密实。因顶板较薄，振捣时注意不得碰触模板、负弯矩波纹管及钢筋，并注意避开预埋钢筋的位置。严格控制顶板的厚度，不能超出规范要求。顶板混凝土浇筑后，间隔适当的时间应进行收浆抹面。

（2）养护

钢筋混凝土箱梁混凝土浇筑完成后，应在收浆后尽快、及早予以覆盖和洒水养护。混凝土的洒水养护时间一般应不少于7d。当气温低于5℃时，采取保温养护措施，且不得向混凝土面或覆盖物上洒水。洒水养护视天气情况而定，一般要求覆盖的土工布保持湿润。当采用喷洒养护剂对混凝土进行养护时，所使用的养护剂不得对混凝土产生不利影响。当结构物混凝土与流动性的地表水或地下水接触时，应采取临时防护措施，保证混凝土在浇筑后7d

内且强度达到设计强度的50%以前，不受水的冲刷侵袭。当环境水具有侵蚀作用时，应保证混凝土在10d以内，且强度达到设计强度的70%以前，不受水的冲刷侵袭。

小贴士

钢筋混凝土箱梁施工中，如混凝土梁养护时间及养护温度不规范，会引起箱梁桥混凝土产生质量问题，导致混凝土保护层剥落、耐久性下降等使用阶段病害。作为工程技术人员，对控制工程质量要有责任心，应树立工程质量终身制思想。

(3)拆模

混凝土浇筑完毕后，按规范要求，或根据现场试验结果，且由监理工程师批准进行侧模拆模。一般在混凝土强度达到2.5MPa以上、时间在36h以上即可拆模，当气温较低时可适当延长拆模时间。芯模的拆除以混凝土达到一定强度，不产生坍塌、变形及裂缝为准。模板拆除后要对箱梁继续养护，养护期不少于7d。外模拆除及薄膜附着养护如图5-3-21所示。

图5-3-20　附着式振捣棒振捣

图5-3-21　外模拆除及薄膜附着养护

8)后张法预应力筋及锚具的安装

(1)后张法预应力筋的安装

①预应力筋可在浇筑混凝土之前或之后穿入管道，穿入前应检查锚垫板和孔道，锚垫板应位置准确，孔道内应畅通，无水、无其他杂物。

②对在混凝土浇筑及养护之前安装在管道中的预应力筋，应采取防止锈蚀或其他防腐蚀措施。

③当预应力筋安装在管道中后，管道端部开口应密封以防止湿气进入。采用蒸汽养护时，在养护完成之前不应安装预应力钢筋。

④在安装有预应力筋的构件附近进行电焊时，应对全部预应力筋、管道和附属构件进行保护。

⑤对在混凝土浇筑之前穿束的管道，预应力筋安装完成后应进行全面检查，检查预应力筋能否在管道内自由滑动。管道若存在缺陷，应进行修复。

(2)锚具的安装

后张法施工的专用机具主要有锚具和张拉机具。后张法所用的张拉机具与先张法的基本相同,这里主要来介绍一下锚具。

锚具是在预应力混凝土构件上永久锚固预应力筋的工具,它与构件联成一体共同受力,不再取下,一般用于后张法。常用的锚具主要有螺栓端杆锚具、锥形锚具、钢绞线束锚具、钢丝束镦头锚具4类。

①螺栓端杆锚具。

螺栓端杆锚具由螺栓端杆、螺母和垫板组成,如图5-3-22所示。该锚具适用于锚固直径为12~40mm的冷拉钢筋。

②锥形锚具。

锥形锚具由锚环和锚塞两部分组成,如图5-3-23所示。该锚具适用于锚固钢丝束(18~24根直径为5mm的碳素钢丝)。

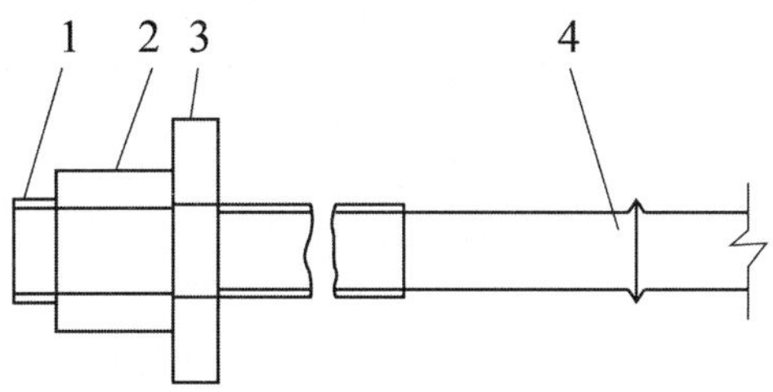

图5-3-22　螺栓端杆锚具

1-螺栓端杆;2-螺母;3-垫板;4-对焊

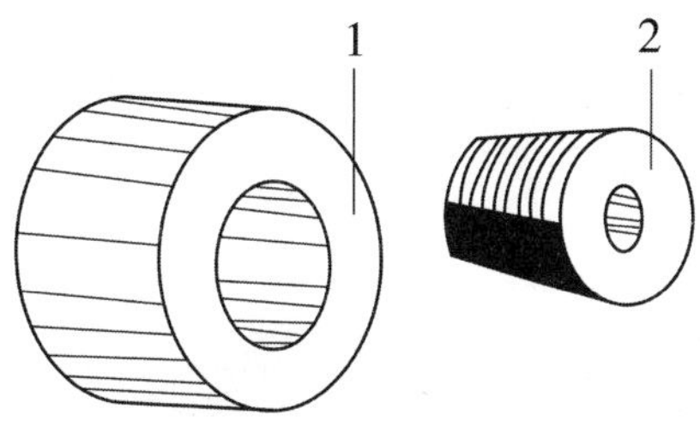

图5-3-23　锥形锚具

1-锚环;2-锚塞

③钢绞线束锚具。

a. 张拉端锚具:有JM型锚具、BM型锚具和OVM型锚具等。

JM型锚具由锚环和楔块(夹片)组成。JM型锚具适用于锚固钢绞线束及冷拉粗钢筋,其构造如图5-3-24所示。

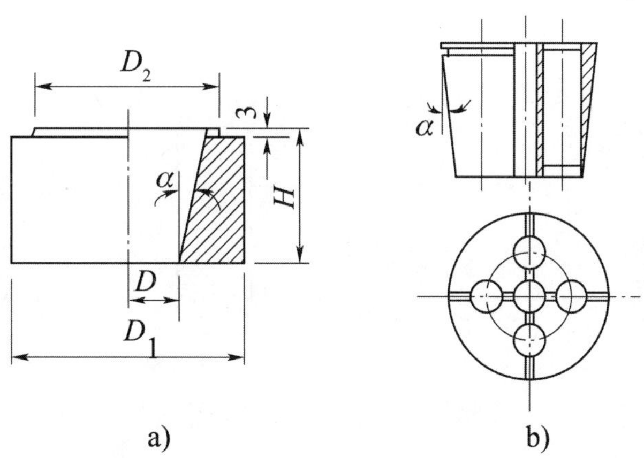

图5-3-24　JM型锚具构造(尺寸单位:mm)

BM型锚适用于空心板、低高度箱梁及桥面横向预应力张拉,其构造如图5-3-25所示。

OVM锚具由锚板和夹片组成,锚孔为直孔,夹片为二片式,并在夹片背面上部锯有一条弹性槽,以提高锚固性能。OVM锚具如图5-3-26所示。

b. 固定端锚具:钢绞线固定端锚具,适用于构件端部的设计力大或端部尺寸受到限制的情况,其构造如图5-3-27所示。

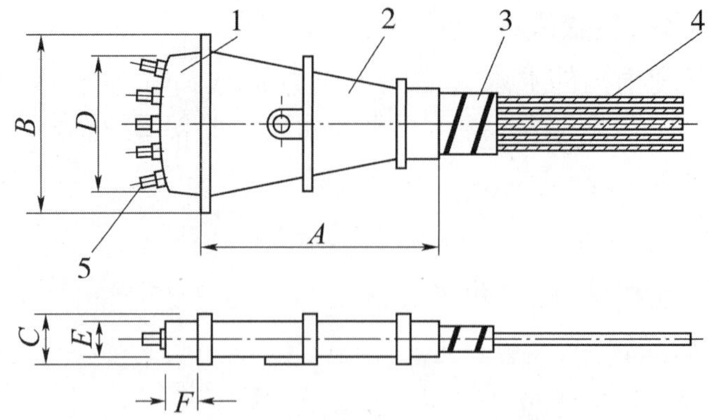

图 5-3-25　BM 型锚具构造

1-扁锚板;2-扁型垫板与喇叭管;3-扁型波纹管;4-钢绞线;5-夹片

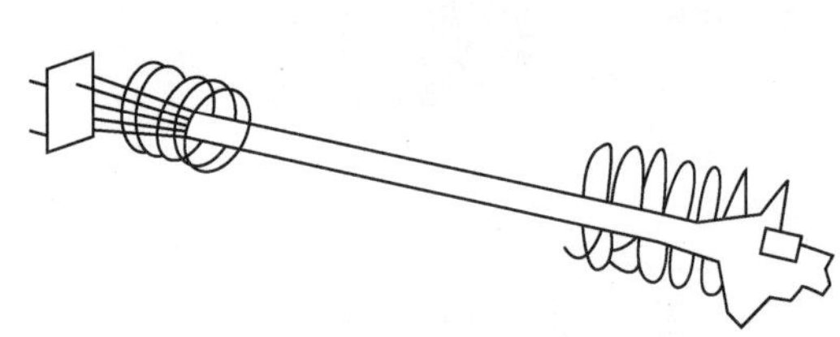

图 5-3-26　OVM 型锚具

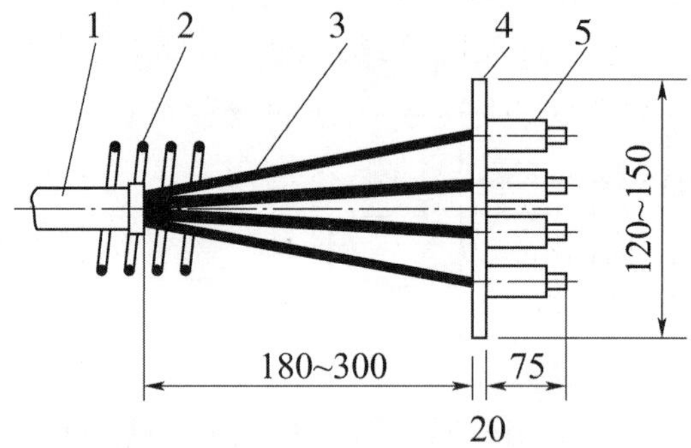

图 5-3-27　固定端锚具(尺寸单位:mm)

1-波纹管;2-约束圈;3-钢绞线;4-钢垫板;5-挤压套

④钢丝束镦头锚具。

其构造如图 5-3-28 所示,分 A 型和 B 型两种。A 型锚具用于张拉端,B 型锚具用于固定端。

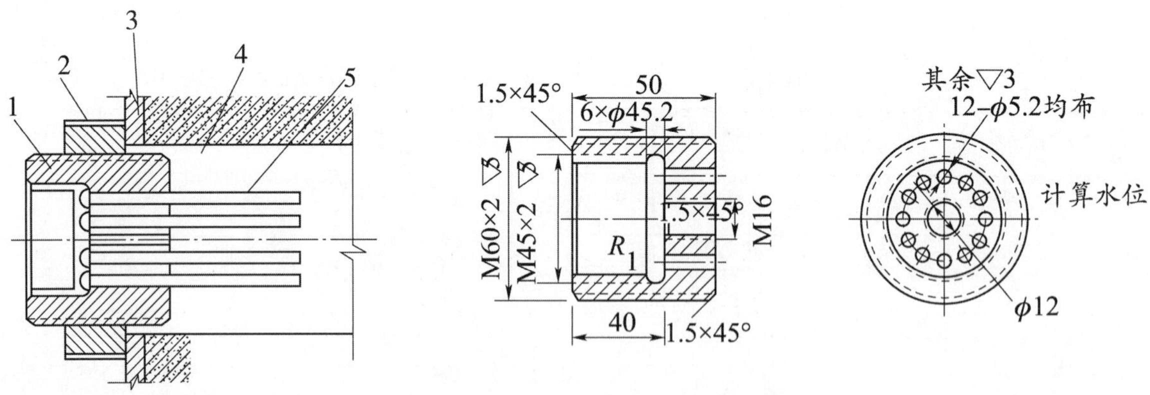

图 5-3-28　钢丝束镦头锚具(尺寸单位:mm)

1-A 型锚环;2-螺母;3-构件端面预埋钢板;4-构件端部孔道;5-钢丝束

9)预应力筋张拉

预应力筋张拉应满足下列要求:

(1)对力筋施加预应力之前,应对构件进行检验,外观和尺寸应符合质量标准要求。张拉时,构件的混凝土强度不应低于设计强度的 75%。

(2)应使用能张拉多根钢绞线或钢丝的千斤顶同时对每一束中的全部预应力筋施加应力。

(3)预应力束中的钢丝、钢绞线应梳理顺直,不得有缠绞、扭麻花现象,表面不应有损伤。单根钢绞线不允许断丝,单根钢丝不允许断丝或滑移。预应力钢绞线张拉如图 5-3-29 所示。

图 5-3-29　预应力钢绞线张拉

(4)同一截面预应力筋接头面积不超过预应力筋总面积的 25%,接头质量应满足施工技术规范的要求。

(5)预应力筋的张拉顺序:对曲线预应力筋或长度≥25m 的直线预应力筋,宜在构件两端同时张拉;对长度 <25m 的直线预应力筋,可在一端张拉。当同一截面中有多束一端张拉的预应力筋时,张拉端宜分别设置在构件的两端。若预应力筋采用两端张拉时,可先在一端张拉锚固后,再在另一端补足预应力值进行锚固。为避免张拉时构件截面呈过大的偏心受压状态,应分批、分段对称张拉,先张拉靠近截面重心处的预应力筋,再张拉距截面重心较远处的预应力筋。

(6)张拉程序:张拉程序与预应力钢材的类别和锚具的形式有关,各种张拉程序可按表 5-3-2 的要求进行。

后张法预应力筋张拉程序　　表 5-3-2

锚具和预应力钢筋类别		张拉程序
夹片式等具有自锚性能的锚具	钢绞线束、钢丝束	低松弛力筋 0→初应力→σ_{con}(持荷 5min)(锚固)
其他锚具	钢绞线束	0→初应力→1.05σ_{con}(持荷 5min)→0→σ_{con}(锚固)
	钢丝束	0→初应力→σ_{con}(持荷 5min)→0→σ_{con}(锚固)
螺母锚固锚具	螺纹钢筋	0→初应力→σ_{con}(持荷 5min)→0→σ_{con}(锚固)

注:表中 σ_{con} 为张拉时的控制应力,包括预应力损失值。

(7)后张预应力筋断经及滑移不得超过表 5-3-3 的限制。

后张预应力筋断丝、滑移限制　　表 5-3-3

类别	检查项目	控制数
钢丝束和钢绞线束	每束钢丝断丝或滑丝	1 根
	每束钢绞线断丝或滑丝	1 丝
	每个断面断丝之和不超过该断面钢丝总数的百分比	1%
螺纹钢筋	断筋或滑移	不容许

注:钢绞线断丝系指单根钢绞线内钢丝的断丝。

(8)预应力筋在张拉控制应力达到稳定后方可锚固。预应力筋锚固后的外露长度不宜小于30mm,锚具应用封端混凝土保护,当需长期外露时,应采取防止锈蚀的措施。锚固完毕并经检验合格后,即可切割端头多余的预应力筋。切割时宜用砂轮机切割,严禁用电弧焊,不得损伤锚具。

(9)自锚体系的预应力筋在张拉和锚固后,在确保锚具、力筋正常工作的情况下,可以对结构物进行适当的移动。

10)孔道压浆及封锚

(1)孔道压浆

孔道压浆是指用水泥浆填满孔道中预应力筋周围的空隙,目的是保护预应力筋不致锈蚀,并使预应力筋与梁体结成整体。孔道压浆应使用活塞式压浆泵,不得使用压缩空气。预应力筋张拉后,孔道应尽早压浆,应在48h内完成,确保预应力筋不出现锈蚀。压浆至孔道另一端饱满和出浆,并应达到排气孔排出与规定稠度相同的水泥浆为止。

①水泥浆的技术性能。

孔道压浆一般宜采用水泥浆,对截面较大的孔道,水泥浆中可掺入适量的细砂,水泥浆的强度等级不应低于构件本身混凝土强度等级的80%且应不低于30MPa。水灰比应低于箱梁混凝土,同时宜不大于0.4,水泥浆的泌水率最大不超过3%,水泥浆的稠度宜控制在14~18s范围内。水泥浆中也可掺入适量的减水剂、缓凝剂、引气剂和钢筋阻锈剂等外加剂。水泥浆自调制至压入孔道的延续时间一般在30~45min范围内。

②压浆方法。

压浆顺序,宜应先压下层孔道,后压上层孔道。同一管道压浆应连续进行,一次完成。对于曲线孔道应由最低点的压浆孔压入,由最高点的排气孔排气及溢出水泥浆。

压浆工艺有一次压注法和二次压注法两种,当孔道较长或采用一次压浆时,最大压力不超过1.0MPa。为保证管道中充满灰浆,关闭出浆口后,应保持不小于0.5MPa的一个稳压期,该稳压期不宜少于5min。管道压浆可采用二次压浆法,两次压浆的间隔时间宜为30~45min。长大管道压浆宜采用真空辅助压浆工艺。当气温高于35℃时,压浆宜在夜间进行。压浆工作在5℃以下进行时,应采取防冻或保温措施。

小贴士

以信息技术为引领的科技发展对智慧工地建设起到了促进作用,有效地提高了工程建造和管理类水平。因此,同学们应了解智能张拉、智能压浆技术在桥梁施工中的应用,具有开阔的知识视野和多学科融合发展思维方式。

(2)封锚

孔道压浆后应立即对梁端混凝土凿毛并将其周围冲洗干净,绑扎端部钢筋和安装封锚模板后浇筑锚端混凝土。封锚混凝土的强度等级不宜低于构件混凝土强度的80%。浇完封锚混凝土并静置1~2h后,应进行洒水养护。图5-3-30、图5-3-31所示为封锚前、后的实物对比。

3.施工注意事项

(1)张拉时,构件两端不得站人,操作人员应站在预应力钢材位置的侧面。

(2)雨天张拉时,应搭设防雨棚,防止张拉设备淋雨。冬季张拉时,张拉设备应有保暖措施,防止油管和油泵受冻,影响操作。

(3)孔道压浆时,掌握喷浆嘴的人必须戴护目镜、穿雨鞋、戴手套。喷嘴插入孔道后,喷嘴后面的胶皮垫圈须压紧在孔洞上。堵压浆孔时应站在孔的侧面,以防灰浆喷出伤人。

图 5-3-30　封锚前

图 5-3-31　封锚后

(4)张拉场地应有明显标记,禁止非工作人员进入张拉场地。

三、预应力混凝土箱梁的质量检验

1. 质量检验

(1)除一般钢筋混凝土工程应有的检验项目外,还应对预应力钢材编束、孔道预留、预应力筋性能及预应力张拉、孔道压浆、张拉机具、锚夹具等的质量进行检验。

(2)预应力束的力筋应梳理顺直,表面不应有损伤。

(3)预应力筋接头面积不超过预应力钢筋总面积的 25%,接头的质量应符合要求。

(4)预应力筋张拉时,应严格按施工规范的顺序进行操作,单根力筋不允许有断筋、断丝或滑移。

(5)制孔管道应安装牢固,锚垫板平面应与孔道轴线垂直。压浆所用水泥浆性能和强度及封锚混凝土浇筑应满足施工规范要求。

(6)混凝土表面应平整、密实,预应力部位不得有蜂窝、露筋现象。

2. 质量标准

(1)实测项目及质量标准。后张法预应力混凝土箱梁的实测项目及质量标准应满足表 5-3-4 的要求。

后张法预应力混凝土箱梁的实测项目　　表 5-3-4

项次	检 查 项 目		规定值或允许偏差	检查方法和频率
1	管道坐标(mm)	梁长方向	±30	尺量:每构件抽查 30% 的管道。每个曲线段测 3 点,直线段每 10m 测 1 点,锚固点及连接点全部测
		梁宽方向	±10	
		梁高方向	±10	
2	管道间距(mm)	同排	±10	尺量:每构件抽查 30% 的管道,测 2 个断面
		上下层	±10	

续上表

项次	检 查 项 目	规定值或允许偏差	检查方法和频率
3△	张拉应力值	满足设计要求	查油压表读数:每根(束)检查
4△	张拉伸长率	满足设计规定,设计未要求时为±6%	尺量:每根(束)检查
5	断丝、滑丝数	每束1根,且每断面总数不超过钢丝总数的1%	目测:每根(束)检查

(2)外观鉴定。后张法预应力混凝土箱梁施工时,预应力筋表面应保持清洁,不应有明显的锈迹,不符合要求时,减1~3分。

四、箱梁支座的安装

预应力钢筋混凝土箱梁桥常采用盆式橡胶支座。下面主要介绍盆式橡胶支座的安装方法。

1. 分类

盆式橡胶支座按使用性能可分为双向活动支座、单向活动支座、固定支座、减震型固定支座、减震型单向活动支座等类型;按适用的温度范围分为常温型和耐寒型支座两种类型。

2. 结构形式

双向活动支座和单向活动支座由顶板、不锈钢冷轧钢板、聚四氟乙烯板、中间钢板、橡胶板、黄铜密封圈、锚固螺栓、钢盆和防尘圈等组成。

(1)双向活动支座结构形式如图5-3-32所示。

(2)单向活动支座结构形式如图5-3-33所示。

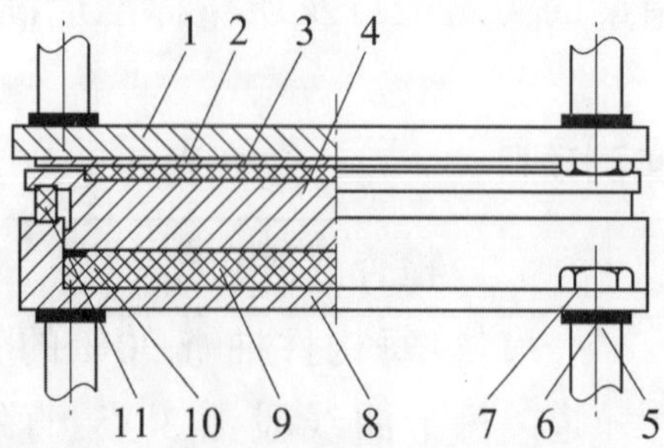

图5-3-32 双向活动支座结构示意图

1-顶板;2-不锈钢冷轧钢板;3-聚四氟乙烯板;4-中间钢板;5-套筒;6-垫圈;7-锚固螺栓;8-钢盆;9-橡胶板;10-黄铜密封圈;11-防尘圈

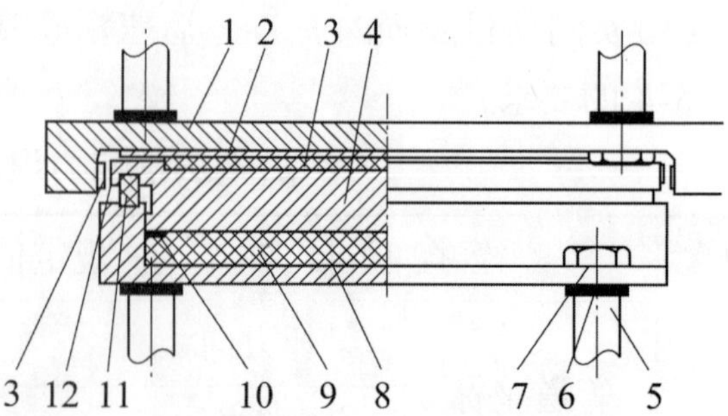

图5-3-33 单向活动支座结构示意图

1-顶板;2-不锈钢冷轧钢板;3-聚四氟乙烯板;4-中间钢板;5-套筒;6-垫圈;7-锚固螺栓;8-钢盆;9-橡胶板;10-黄铜密封圈;11-防尘圈;12-导向滑条;13-侧向不锈钢条

(3)固定支座由顶板、黄铜密封圈、橡胶板、钢盆、锚固螺栓和防尘圈等组成。固定支座结构形式如图5-3-34所示。

(4)减震型固定支座由顶板、黄铜密封圈、防尘圈、高阻尼橡胶、下衬板、套筒、垫圈、钢盆、锚固螺栓、橡胶板组成。减震型固定支座结构形式如图5-3-35所示。

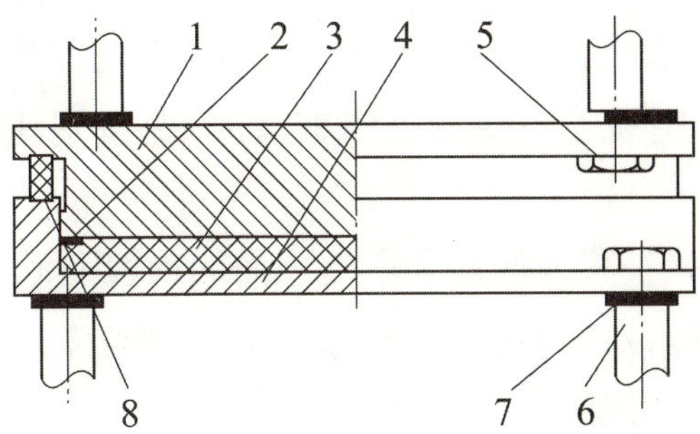

图5-3-34 固定支座结构示意图

1-顶板;2-黄铜密封圈;3-橡胶板;4-钢盆;5-锚固螺栓;6-套筒;7-垫圈;8-防尘圈

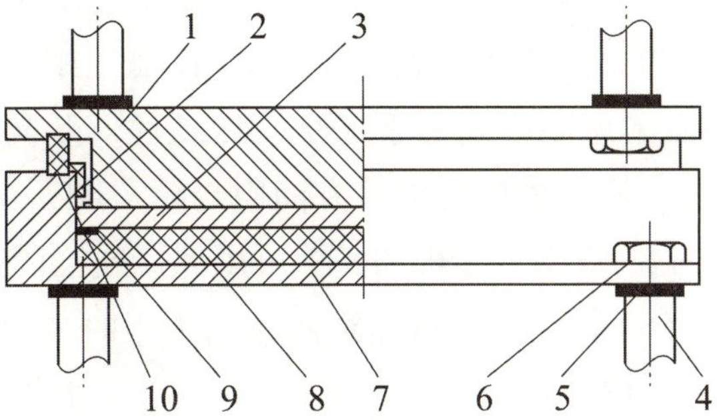

图5-3-35 减震型固定支座结构示意图

1-顶板;2-高阻尼橡胶;3-下衬板;4-套筒;5-垫圈;6-锚固螺栓;7-钢盆;8-橡胶板;9-黄铜密封圈;10-防尘圈

(5)减震型单向活动支座结构如图5-3-36所示。

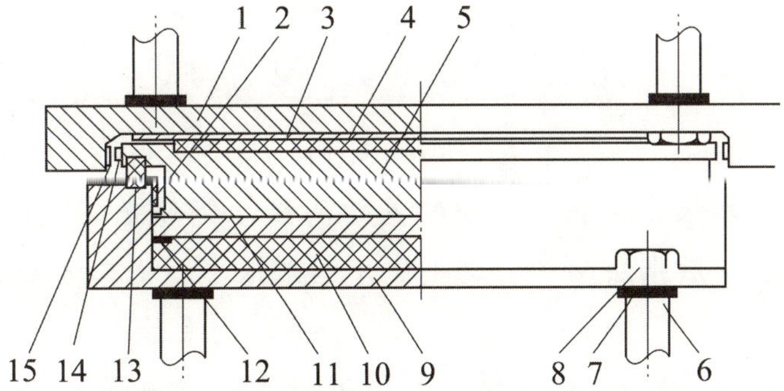

图5-3-36 减震型单向活动支座结构示意图

1-顶板;2-高阻尼橡胶;3-不锈钢冷轧钢板;4-聚四氟乙烯板;5-中间钢板;6-套筒;7-垫圈;8-锚固螺栓;9-钢盆;10-橡胶板;11-下衬板;12-黄铜密封圈;13-防尘圈;14-导向滑条;15-侧向不锈钢条

3. 特点

盆式橡胶支座的特点是结构紧凑,摩擦系数小,承载能力大,重量小,结构高度小,滑动灵活,成本低。

4. 适用范围

盆式橡胶支座适用于大、中跨径的桥梁。

5. 支座安装

(1)盆式橡胶支座下面应设置支座垫石,支座垫石混凝土强度等级不宜低于C40。垫石高度应考虑支座安装、养护和更换方便。墩台顶面需按锚固套筒规格、数量预留锚栓孔。预留锚栓孔的直径应大于套筒直径,深度应大于套筒长度50~60mm。锚栓孔中心位置偏位不应超过10mm。

(2)支座组装时其底面与顶面的钢垫板,必须埋置密实。垫板与支座间平整密贴,支座四周不得有缝隙,严格保持清洁。

(3)活动支座的聚四氟乙烯板和不锈钢板不得有刮伤、撞伤。氯丁橡胶板块密封在钢盆内,要排除空气,保持紧密。

(4)支座安装时,支座垫石顶面应凿毛,并用清水冲去垫石表面的碎石和细砂,清除锚孔内的杂物。待垫石表面干燥后,在锚固螺栓孔位置以外的支座垫石顶面涂满环氧砂浆调平层,调平层高程略高于支座设计高程。双向活动支座和单向活动支座安装时,要特别注意检查聚四氟乙烯板的滑移方向应与桥梁顺桥向一致。

(5)支座的顶板和底板可用焊接或锚固螺栓拴接在梁体底面和墩台顶面的预埋钢板上。

(6)装配橡胶板和聚四氟乙烯板时,不允许用锤直接敲击。若需敲击时中间应垫以软垫或不易损伤橡胶板和聚四氟乙烯板表面的垫块。橡胶板下不应有空气垫层。

(7)凡待装的零部件,应有质量检验部门的合格标记。已喷涂的零部件,在油漆未干透前,不应进行装配。

(8)支座外露表面应平整、美观、焊缝均匀。支座中心线与主梁中心线应重合或平行。单向活动支座安装时,顶板导向块与中间钢板的导向滑条应保持平行。

知识拓展

先张法的施工方法及特点

1.施加预应力的方法

施加预应力一般是靠张拉在混凝土中配置的高强度钢筋来实现的。目前,在桥梁工程中常用的方法有先张法和后张法两种。这里仅介绍先张法的施工方法及特点。

1)先张法

先在台座上张拉预应力钢材,然后浇筑水泥混凝土以形成预应力混凝土构件的施工方法称为先张法,先张法施工程序示意图如图5-3-37所示。

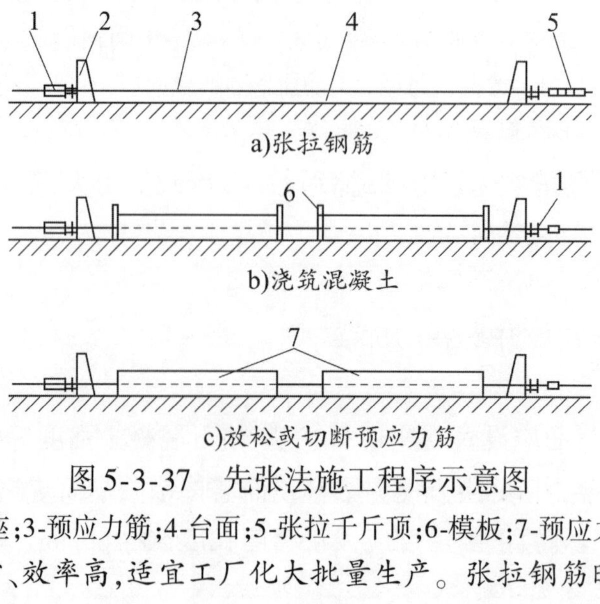

图5-3-37 先张法施工程序示意图

1-锚具;2-台座;3-预应力筋;4-台面;5-张拉千斤顶;6-模板;7-预应力混凝土构件

先张法生产工序少、效率高,适宜工厂化大批量生产。张拉钢筋时,只需夹具,不需要锚具,预应力筋自锚于混凝土之中。但先张法需要专门的张拉台座,构件中钢筋一般只能采用直线配筋,施加的应力较小,一般只适合于制作跨径在25m内的中、小跨径梁(板)。先张法工艺流程如图5-3-38所示。

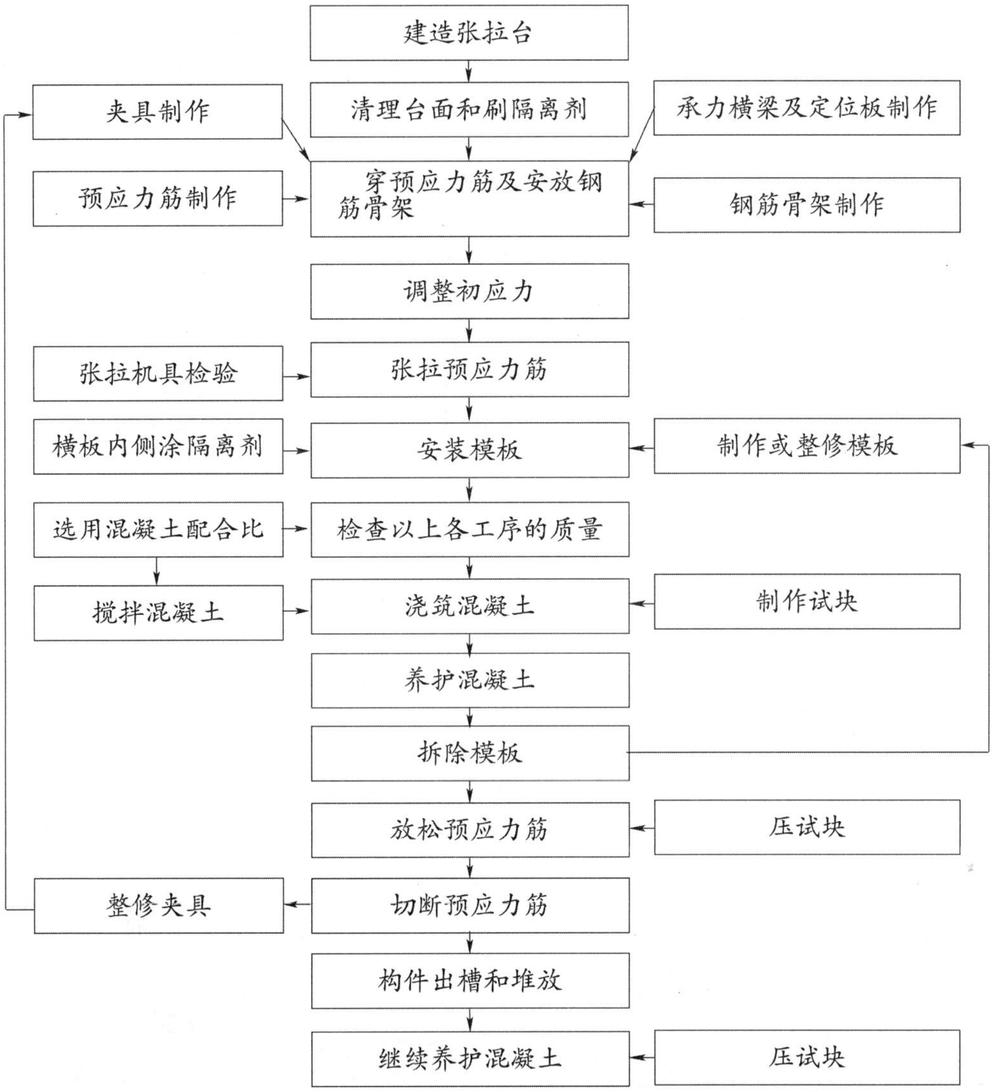

图5-3-38　先张法工艺流程

2)后张法

先浇筑水泥混凝土,待达到规定的强度后再张拉预应力筋以形成预应力混凝土构件的施工方法称为后张法,后张法的施工程序示意图如图5-3-39所示。

后张法的张拉设备简单,不需要专门台座,便于在现场施工,预应力筋可布置成直线和曲线,施加的力较大,适合预制大型构件。后张法是一种极有效的拼装手段,在大跨度桥梁施工中广泛应用,但需要大量锚具且不能重复使用,施工工序多,工艺复杂。

2. 先张法施工所需夹具

夹具是指在张拉阶段和混凝土成型过程中夹持预应力筋的工具,可重复使用,一般用于先张法。夹具一般分圆锥形夹具和螺杆销片夹具两类。

1)圆锥形夹具

圆锥形夹具有3种,分别用于钢筋、钢丝和钢绞线。

(1)钢筋用圆锥形夹具由套筒与圆锥形夹片组成,如图5-3-40所示。夹片为2个或3个圆片,适用于锚固直径12～16mm的冷拉钢筋。

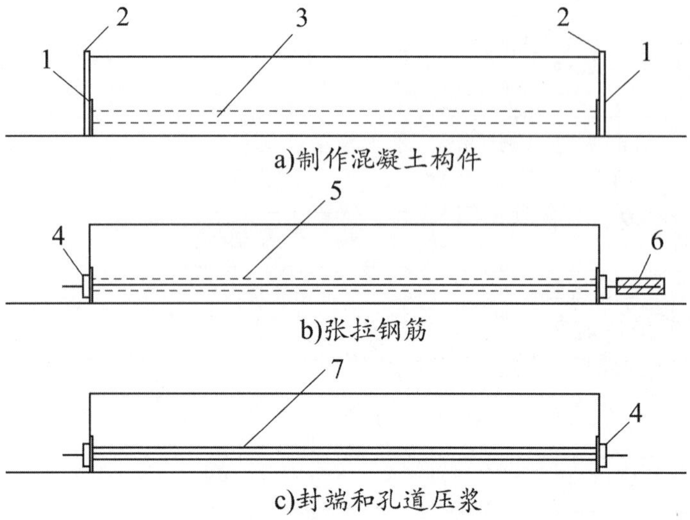

图5-3-39 后张法施工程序示意图

1-预埋钢板;2-模板;3-预留孔道;4-锚具;5-预应力钢筋;6-张拉千斤顶;7-孔道压浆

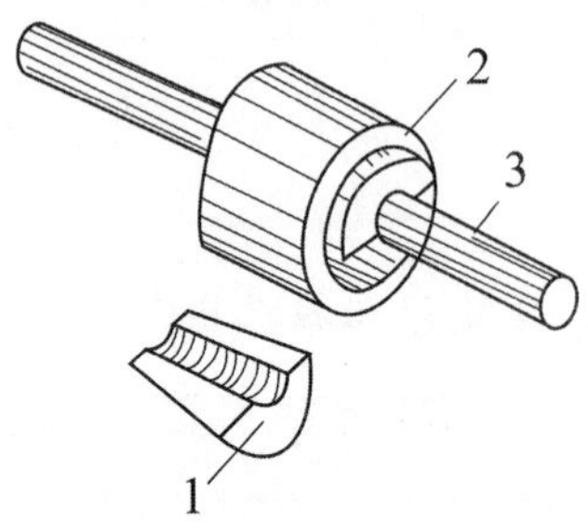

图5-3-40 钢筋用圆锥形夹具

1-夹片;2-套筒;3-预应力钢筋

(2)钢丝用圆锥形夹具由套筒与销子两部分组成,如图5-3-41所示,适用于张拉ϕ4mm、ϕ5mm碳素钢丝或冷拔钢丝。

(3)钢绞线用圆锥形夹具由套筒与三片式圆锥形夹片组成,如图5-3-42所示。

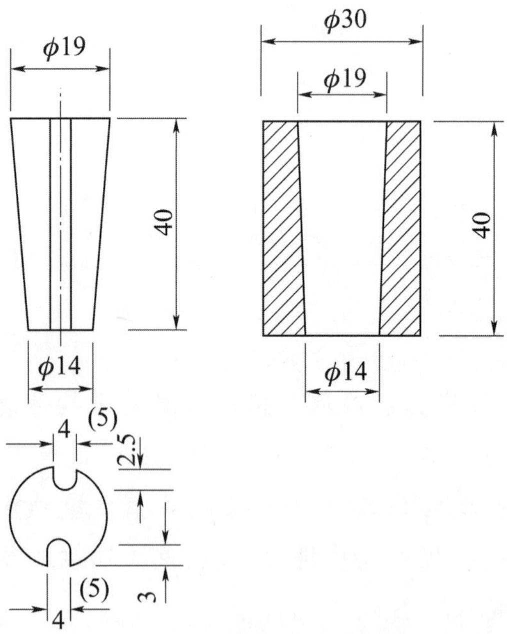

图5-3-41 钢丝用圆锥形夹具(尺寸单位:mm)

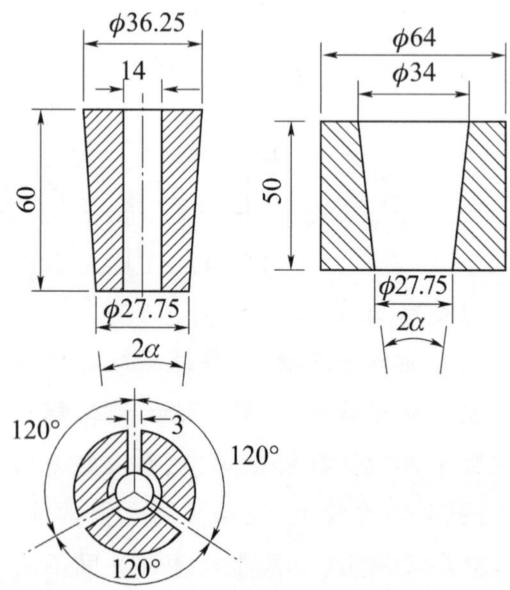

图5-3-42 钢绞线用圆锥形夹具(尺寸单位:mm)

2)螺杆销片夹具

该夹具在后张自锚工艺或先张工艺中,用于成束张拉和临时锚固直径为12mm、14mm的冷拉钢筋。它由锚板、销片、螺杆、螺母组成,如图5-3-43所示。

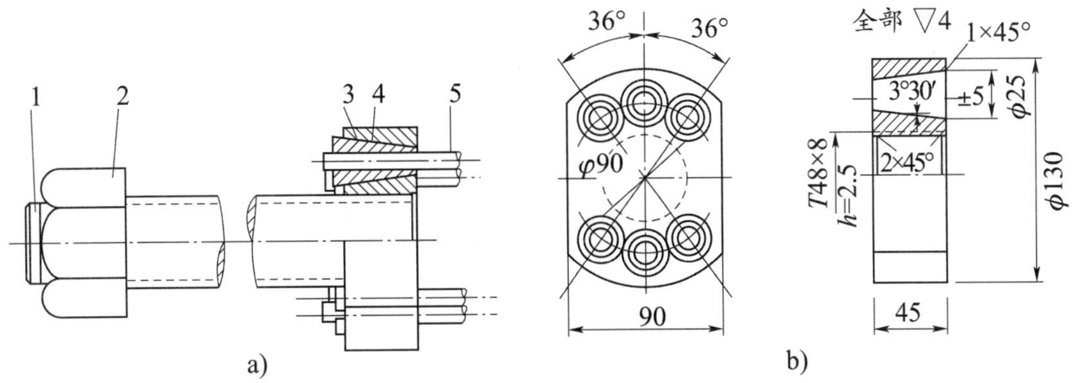

图 5-3-43　螺杆销片夹具(尺寸单位:mm)

1-螺杆;2-螺母;3-锚板;4-销片;5-预应力筋

3. 张拉机具

张拉机具是制作预应力构件的专用设备,主要由张拉千斤顶、高压油泵和压力表三部分组成。

液压千斤顶按其构造可分为锥锚式、拉杆式和穿心式 3 种形式。

1)锥锚式千斤顶

锥锚式千斤顶适用于张拉用锥形锚具锚固的钢丝束。它主要由张拉油缸、顶压油缸、退楔装置、楔形卡盘等组成,其构造简图如图 5-3-44 所示。

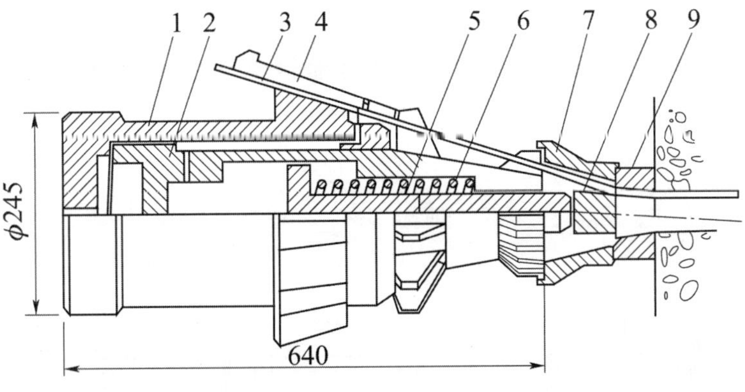

图 5-3-44　锥锚式千斤顶构造简图(尺寸单位:mm)

1-张拉杆;2-顶压油缸;3-钢丝;4-楔块;5-顶锚活塞杆;6-弹簧;7-对中套;8-锚塞;9-锚环

2)拉杆式千斤顶

拉杆式千斤顶适用于张拉带有螺杆式和镦头式锚、夹具的单根粗钢筋、钢筋束、钢丝束。拉杆式千斤顶主要由油缸、活塞、拉杆、端盖、撑脚、张拉头和动、静密封圈等部分组成,其构造如图 5-3-45 所示。

3)穿心式千斤顶

穿心式千斤顶主要用于张拉带有夹片式锚、夹具的单根钢筋、钢绞线或钢筋束、钢绞线束。图 5-3-46 所示为常用的穿心式千斤顶构造,它的主要部分有张拉缸、顶压缸、顶压活塞及弹簧等。

4. 张拉台座

张拉台座是先张法生产的主要设备之一,它承受预应力筋的全部张拉力,因此必须有足够的强度、刚度和稳定性。台座按构造形式可分为槽式和墩式两类。

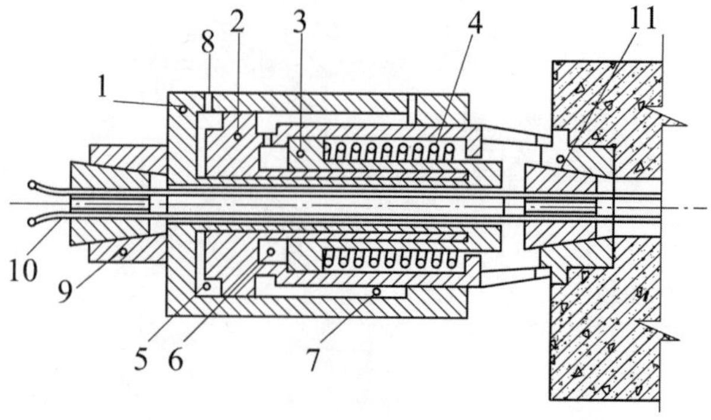

图 5-3-45 拉杆式千斤顶构造

1-大缸;2-小缸;3-顶压活塞;4-弹簧;5-张拉工作油室;6-顶压工作油室;7-张拉回程油室;8-后油嘴;9-工具式锚具;10-钢绞线;11-锚具

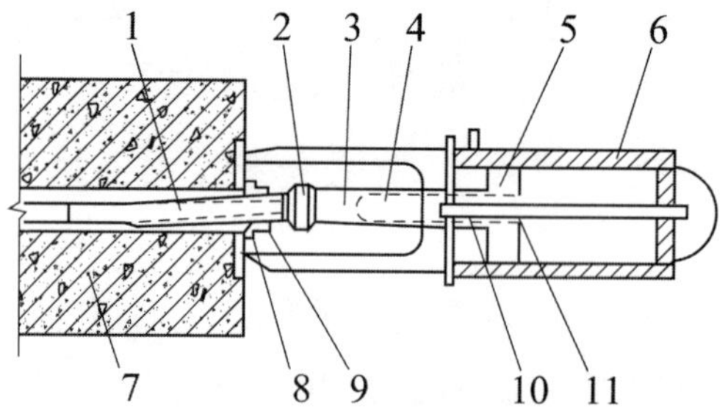

图 5-3-46 穿心式千斤顶构造

1-预应力筋;2-连接器;3-拉杆;4-副缸;5-主缸活塞;6-主缸;7-预留孔道;8-垫板;9-锚固螺母;10-副缸活塞;11-油封

1)槽式台座

当现场地质条件较差、台座又不很长时,可采用由台面、传力柱、横梁、横系梁等组成的槽式台座,如图 5-3-47 所示。

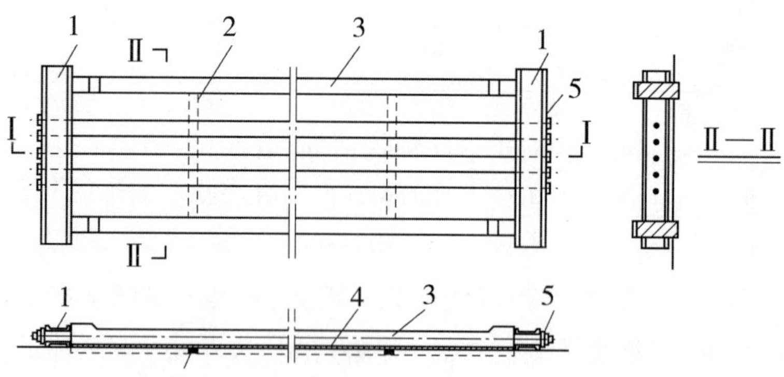

图 5-3-47 槽式台座

1-横梁;2-横系梁;3-传力柱;4-台面;5-定位板

2)墩式台座

墩式台座是靠自重和土压力来平衡张拉力所产生的倾覆力矩,并靠土壤的反力和摩擦力来抵抗水平位移。它适用于地质条件良好、张拉线较长的状况,由台面、承力架、横梁和定位钢板等组成,如图 5-3-48 所示。

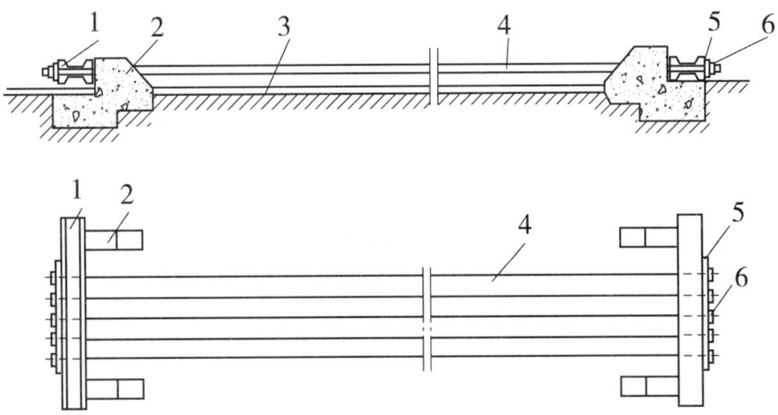

图 5-3-48　墩式台座

1-横梁;2-承力架;3-台面;4-预应力筋;5-定位钢板;6-夹具

5. 先张法预应力筋张拉程序

(1)预应力筋安装宜自下而上进行,先穿直线预应力筋,再通过转折器穿折线预应力筋。

(2)张拉前,应对台座、横梁及各项张拉设备进行详细检查,符合要求后可进行操作。

(3)同时张拉多根直线预应力筋时,应预先调整其初应力,使相互之间的应力一致,再整体张拉。张拉过程中,应使活动横梁与固定横梁始终保持平行,并应抽查力筋的预应力值,其偏差的绝对值不得超过按一个构件全部力筋预应力总值的5%。

(4)预应力筋张拉完毕后,与设计位置的偏差不得大于5mm,也不得大于构件最短边长的4%。预应力筋张拉完毕后,宜在4h内浇筑混凝土。

(5)先张法预应力筋的张拉程序应按表5-3-5的规定进行。

先张法预应力筋张拉程序　　表5-3-5

预应力钢筋种类		张 拉 程 序
钢丝、钢绞线	夹片式等具有自锚性能的锚具	低松弛力筋 0→初应力→σ_{con}(持荷5min)(锚固)
	其他锚具	0→初应力→1.05σ_{con}(持荷5min)→0→σ_{con}(锚固)
螺纹钢筋		0→初应力→1.05σ_{con}(持荷5min)→0.9σ_{con}→σ_{con}(锚固)

注:1. 表中σ_{con}为张拉时的控制应力值,包括预应力损失值。

2. 当超张拉值超过规定的最大超张拉应力限制时,应按该条规定的限制张拉应力进行张拉。

3. 张拉螺纹钢筋时,应在超张拉并持荷5min后放张至0.9σ_{con}时,再安装模板、普通钢筋及预埋件等。

(6)张拉时,预应力筋的断丝数量不得超过表5-3-6的规定。

先张法预应力筋断丝限制　　表5-3-6

预应力钢筋种类	检 查 项 目	控制数
钢丝、钢绞线	同一构件内断丝数不得超过钢丝总数的百分比	1%
螺纹钢筋	断筋	不容许

6. 先张法施工时钢丝、钢绞线的实测项目及质量要求

先张法施工时钢丝、钢绞线的实测项目及质量要求应满足表5-3-7的要求。

钢丝、钢绞线先张法实测项目　　表5-3-7

<table>
<tr><th>项次</th><th colspan="2">检 查 项 目</th><th>规定值或允许偏差</th><th>检查方法和频率</th></tr>
<tr><td rowspan="3">1</td><td rowspan="3">镦头钢丝同束长度相对差(mm)</td><td>$L>20$m</td><td>$\leqslant L/5000$ 及 5</td><td rowspan="3">尺量:每加工批测2束</td></tr>
<tr><td>$6\text{m}\leqslant L\leqslant 20$m</td><td>$\leqslant L/3000$ 及 5</td></tr>
<tr><td>$L<6$m</td><td>$\leqslant 2$</td></tr>
<tr><td>2△</td><td colspan="2">张拉应力值</td><td>满足设计要求</td><td>查油压表读数:每根(束)检查</td></tr>
<tr><td>3△</td><td colspan="2">张拉伸长率</td><td>满足设计要求,设计未要求时±6%</td><td>尺量:每根(束)检查</td></tr>
</table>

注:L 为钢束长度。

复习思考题

一、填空题

1. 装配式钢筋混凝土简支T形梁由几根________和与主梁肋相垂直的________组成。

2. T形梁截面包括________和设在主梁肋顶部的________。

3. 在装配式梁桥中,横隔梁的主要作用是________。

4. 装配式钢筋混凝土简支T形梁,其纵向分布筋,靠近梁的下部布置得________,靠近梁的上部布置得________。

5. 装配式钢筋混凝土T形梁模板种类有________、________和________等类型。

6. 装配式简支板的横截面形式主要有________和________。

7. 钢筋混凝土空心板的跨径范围为________m。

8. 装配式板桥为减轻自重,在跨径6m、10m、13m三种钢筋混凝土板桥标准图中,采用________截面。

9. 支点附近剪力较大,________须加密加粗。

10. 板的横向接缝是薄弱环节,必须设置强度足够的横向联结。通常采用两种接缝形式:________和________。

11. ________施工方法是先浇筑水泥混凝土,待达到规定的强度后再张拉预应力筋以形成预应力混凝土构件的施工方法。

12. 螺栓端杆锚具由________和________组成。

13. 制孔器按照制孔的方式可分为________和________两类。

14. 孔道压浆是用________填满孔道中预应力筋周围的空隙，目的是为了保护预应力筋不致锈蚀。

15. 孔道压浆一般宜采用水泥浆，水泥浆的强度等级不应低于构件本身混凝土强度等级的________，应不低于________。

二、选择题

1. 装配式钢筋混凝土简支T形梁主梁间距一般在(　　)范围内。

A. 1～2m　　B. 2～2.5m　　C. 1.5～2.2m　　D. 1.0～3.0m

2. 弯起钢筋又称为斜筋，其作用是(　　)。

A. 抵抗剪力　　B. 受压　　C. 受拉　　D. 抗弯

3. (　　)的作用是抵抗剪力，在构造上固定主筋和斜筋的位置。

A. 弯起钢筋　　B. 箍筋　　C. 主筋　　D. 架立钢筋

4. 翼缘板内受力钢筋应横向布置在板的(　　)。

A. 跨中　　B. 下缘　　C. 上缘　　D. 中部

5. 装配式钢筋混凝土T形梁，为保证主梁在梁端有足够的钢筋数量，伸过支点截面的钢筋不应少于主筋截面积的(　　)，且不少于(　　)。

A. 30%　　B. 20%　　C. 2根　　D. 3根

6. (　　)为纵向受力钢筋，一般布置在截面受拉区，主要作用是承受荷载引起的拉应力。

A. 主筋　　B. 箍筋　　C. 分布钢筋　　D. 横向钢筋

7. 自高处向模板内倾卸混凝土时，为防止混凝土离析，其自由倾落高度不宜超过(　　)m。

A. 20　　B. 10　　C. 5　　D. 1

8. 请按照装配式钢筋混凝土空心板施工顺序将下列工序排序(　　)。

①底模施工　②侧模端模安装、加固　③拆模　④混凝土的养护

⑤钢筋加工和绑扎　⑥移梁与存梁　⑦混凝土的浇筑、芯模的安装

A. ①②③④⑤⑥⑦　　B. ①⑤②⑦③④⑥

C. ②③④⑤⑦①⑥　　D. ③④⑤⑦①②⑥

9. 下列对空心板的基本要求中(　　)是错误的。

A. 混凝土所用的水泥、砂、石、水、外掺剂及混合材料的质量和规格，必须符合有关技术规范的要求，按规定的配合比施工

B. 空心板不得出现空洞和露筋现象

C. 空心板采用胶囊施工时，不需要考虑胶囊上浮问题

D. 空心板在吊移出预制底座时，混凝土的强度不得低于设计所要求的吊装强度；梁(板)在安装时，支承结构(墩台、盖梁、垫石)的强度应符合设计要求

10. 请按照自行式起重机安装空心板的安装顺序将下列工序排列(　　)。

①定位放线　②安装橡胶支座　③起重机就位　④空心板运输就位　⑤吊装空心板

A. ①②③④⑤　B. ①⑤②③④

C. ②③④⑤①　D. ③④⑤①②

11. 孔道压浆应使用(　　)。

A. 钢筋插捣　B. 千斤顶

C. 压浆泵　D. 压缩空气

12. 预应力筋张拉后,孔道应尽早压浆,应在(　　)内完成。

A. 48h　B. 1h　C. 12h　D. 24h

13. 一般排气孔应设在孔道(　　)位置。

A. 边缘　B. 最高点　C. 最低点　D. 中间点

14. 预制箱梁底板混凝土应采用(　　)振捣器进行振捣。

A. 碾压式　B. 附着式

C. 插入式　D. 平板式

15. 长度(　　)的直线预应力筋,可在一端张拉。

A. 小于25m　B. 大于25m

C. 小于50m　D. 大于50m

三、判断题

1. T形梁混凝土的浇筑,一般采用自下而上。(　　)

2. T形梁的主梁和横隔板一般采用插入式振捣器安装在模板外部进行振捣。(　　)

3. 对于T形梁翼缘板,可采用平板式振捣器放在浇筑层的表面振捣。(　　)

4. 非承重侧模板,一般当混凝土抗压强度达到5MPa时方可拆除。(　　)

5. 混凝土浇筑时,其自由倾落高度一般不宜超过5m,否则应采用串筒、溜管或振动溜管等设施。(　　)

6. 某桥梁采用3孔13m跨径,则该桥可划分为中桥。(　　)

7. 简支板桥主要用于小跨径桥梁。(　　)

8. 主钢筋也是纵向受力钢筋,一般布置在截面受拉区。(　　)

9. 支点附近剪力较大,箍筋须加密加粗。(　　)

10. 装配式空心板施工不需大型的吊装设备和专门的预制场地,结构的整体性能好。(　　)

11. 孔道压浆时,对于曲线孔道应由最低点的压浆孔压入,由最高点的排气孔排气及溢出水泥浆。(　　)

12. 封锚混凝土的强度不宜低于构件混凝土强度的75%。(　　)

13. 预应力钢筋混凝土箱梁桥采用顶推法施工时,当梁的设计跨径大于50m时,宜考虑设置千斤顶。(　　)

14. 后张预应力筋张拉时,每束钢丝断丝或滑丝不超过 2 根。（　　）

15. 预应力筋张拉时,构件的混凝土强度不应低于设计强度的 75%。（　　）

四、简答题

1. 简述横隔梁的构造特点。
2. 简述焊接钢筋骨架时焊缝长度的要求。
3. 简述装配式钢筋混凝土 T 形梁的施工工序。
4. 简述钢筋混凝土预制 T 形梁实测项目及检验方法。
5. 简述钢筋混凝土 T 形梁施工对模板的要求。
6. 简述板桥的特点。
7. 板的横向联结有几种形式?
8. 简述预制安装法的优缺点。
9. 简述自行式起重机安装空心板的施工顺序。
10. 简述空心板混凝土浇筑的顺序。
11. 简述后张法钢筋混凝土箱梁的实测项目及检验方法。
12. 简述制孔器的抽拔顺序。
13. 简述先张法预应力筋张拉程序。
14. 什么叫作后张法?
15. 简述后张法预应力筋张拉程序。

学习任务六

拱桥施工

拱桥是指在竖直平面内以拱作为上部结构主要承重构件的桥梁,在我国历史悠久且使用广泛,其造型优美,曲线圆润,富有动态感,且经久耐用。在我国,拱桥因其适合国情及国人的审美习惯而得到充分的发展,创造出全世界瞩目的拱桥技术和文化。根据力学知识分析可知,拱式结构在竖向荷载作用下,支承处不仅产生竖向反力,而且还产生水平推力。拱的弯矩比相同跨径的梁的弯矩小得多,拱主要承受压力,这样就可以充分利用抗压性能较好的圬工材料来修建拱桥。

拱桥的组成与梁桥大致相同,不同的是:拱桥无须设置支座,上部结构主要包括主拱圈和拱上建筑。拱桥的基本组成见学习任务一图 1-1-25 所示,拱桥的特点及拱桥的划分详见学习任务一,此处不再赘述。

拱桥施工方法主要有支架施工法、无支架缆索吊装法、悬臂施工法、转体施工法、劲性骨架施工法等,那么一座拱桥究竟采用哪种施工方法较合理,就要根据其结构形式、跨径大小、建桥材料、桥址环境的具体情况,以及方便、经济、快速的原则来确定了。

学习活动一　有支架施工

学习目标

1. 能进行拱架的制作、安装及卸落;
2. 能描述拱圈的基本砌筑工艺;
3. 掌握拱圈的砌筑程序和注意事项;
4. 能列出拱圈的合龙方法及要求;
5. 能说出石拱桥拱上建筑的施工程序。

建议完成本学习活动的时间为 6 课时。

学习情境描述

赵州桥(图 6-1-1)全长 50.82m,两端宽 9.6m,中部略窄,宽 9m。桥的设计完全合乎科学原理,施工技术更是巧妙绝伦。唐朝的张嘉贞说它“制造奇特,人不知其所以为”。赵州桥的特点是:①全桥只有一个大拱,长达 37.4m,在当时可算是世界上最长的石拱。桥洞不是普通半圆形,而是像一张弓,因而大拱上面的道路没有陡坡,便于车马上下。②大拱的两肩上,各有两个小拱。这是创造性的设计,不但节约了石料,减轻了桥身的重量,而且在河水暴涨的时候，还可以增加桥洞的过水量，减轻洪水对桥身的冲击。同时，拱上加拱，桥身也更美观。③大拱由28道拱圈拼成，就像这么多同样形状的弓合龙在一起，做成了一个弧形的桥洞。每道拱圈都能独立支撑上面的重量，一道坏了，其他各道不致受到影响。

图6-1-1　赵州桥

石拱桥、混凝土预制块砌筑的拱桥和现浇混凝土拱桥主要采用有支架施工法施工，它是如何修建的呢？它的质量又是靠哪些施工方法和程序来保证呢？通过本学习活动我们就要解决这些问题。

相关知识

一、实腹式拱桥的基本结构组成

实腹式拱桥的基本结构组成如图6-1-2所示。

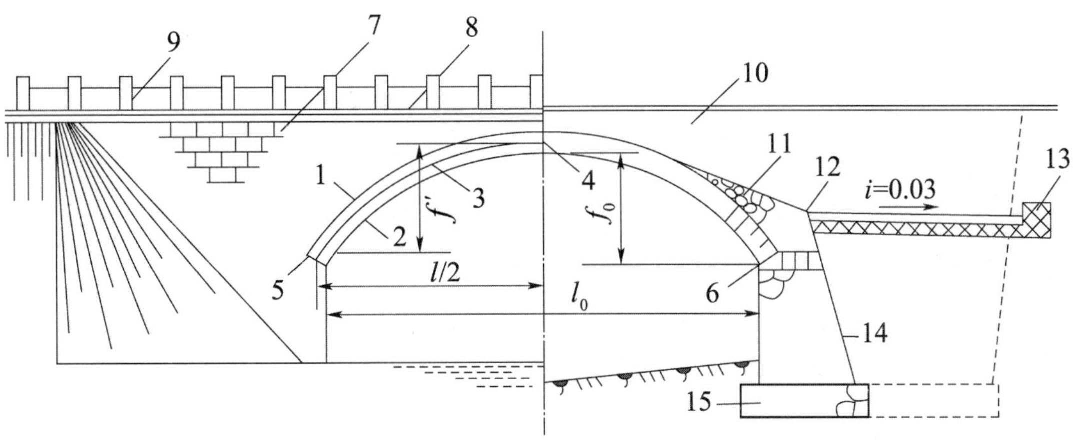

图6-1-2　实腹式拱桥的基本结构组成

1-拱背；2-拱腹；3-拱轴线；4-拱顶；5-拱脚；6-起拱线；7-侧墙；8-缘石；9-栏杆；10-拱腹填料；11-护拱；12-防水层；13-盲沟；14-桥台；15-基础

在拱桥拱圈上腹部两侧填实土壤或粒料后铺装路面，这种拱桥称为实腹拱桥。如图6-1-2所示，实腹式拱桥由基础、桥台、拱圈、拱腹填料、侧墙、护拱、变形缝、防水层、泄水管及桥面组成。实腹式拱上建筑构造简单，施工方便，填料数量较多，恒载较重，所以一般适用于小跨径拱桥。

二、拱圈放样

为了能合理划分拱石及保证拱架形状、尺寸的准确,通常需要在样台上将拱圈按1:1的比例放出大样,然后用木板或锌铁皮在样台上按分块大小制成样板以利于加工拱石,或者依大样制作拱架。

1. 放样台制作

放样工作必须在平坦结实的样台上进行。放样台宜位于桥位附近的平地上,先用碎石或卵石夯实,再铺一层2~3cm厚的水泥砂浆,也可采用三合土地坪。对于左右对称的拱圈,为节约用地,一般只需放出半孔大样。

2. 放样方法

1)圆弧拱圈放样

常用的放样方法有圆心推磨法和直角坐标法。下面仅介绍圆心推磨法(图6-1-3)。

(1)在样台上用经纬仪放出 $x-x$、$y-y$ 坐标。

(2)用校正好的钢尺在 y 轴上方量出 f_0,在 y 轴下方量出 O'(由 $R-f_0$ 得)点。

(3)以 O' 点为圆心,R 为半径画弧交 $x-x$ 轴于 a、b 两点,则弧 ab 为圆拱之拱腹线,并用钢尺校核 ab 是否与 L_0 相等。

(4)以 O' 为圆心,$(R+d)$ 为半径画弧交 $O'a$、$O'b$ 延长线于 c、d 两点,则弧 cd 为圆弧拱之拱背线。弧的圆心可在放样台之外,但必须与放样台在同一平面上。拉尺画弧时,应使尺身均匀移动,不能弯扭。

2)悬链线拱圈放样

常用的放样方法有直角坐标法和多圆心法。下面仅介绍直角坐标法(图6-1-4)。

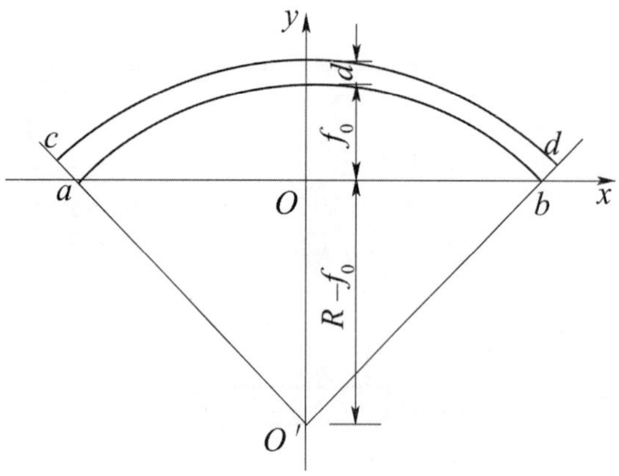

图6-1-3　圆心推磨法

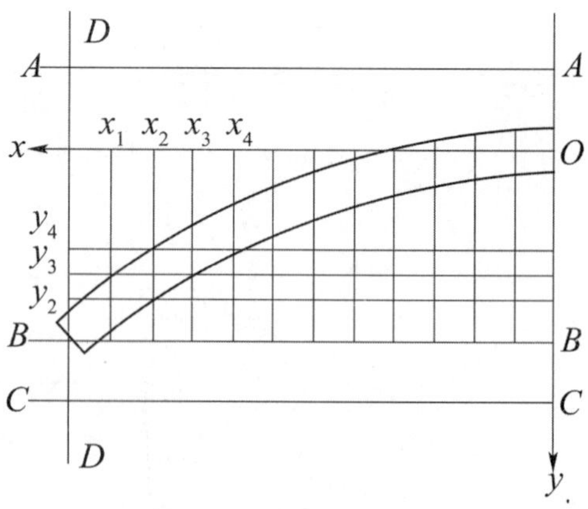

图6-1-4　直角坐标法

(1)在样台上,以拱顶为坐标原点,用经纬仪放出 $x-x$ 和 $y-y$ 两轴线和 AA、BB、CC、DD 等辅助线,并校核该四边对角线是否相等。

(2)沿 x 轴方向将半跨进行12等分,画出12个大小一致的矩形。

(3)在矩形的 y 轴方向,量出拱腹、拱轴、拱背坐标,用铁钉或油漆标出。

(4)用 $\phi6 \sim \phi8$(mm)钢筋将拱腹、拱轴、拱背各点圆滑地连接成弧线。

3. 拱石放样与编号

1)正拱石放样与编号

拱圈的弧线画好后,可划分拱石。划分拱石前,需先确定拱石宽度及灰缝宽度。灰缝宽度一般为 1 ~ 2cm,灰缝过宽,将降低砌体强度,增加灰浆用量;灰缝过窄,灰浆不易灌注饱满,影响砌体质量。

根据确定的拱石宽度和灰缝宽度,即可沿拱圈弧用钢尺定出每一灰缝中点,再经此点顺相应的内弧半径方向画线,即可定出外弧线上的灰缝中点。连内外弧灰缝中点,垂直此线向两边各量出缝宽一半画线,即得灰缝边线。然后根据要求的高度和错缝长度,可划分全部拱石。拱石划分后,应立即编号,如图 6-1-5a)所示。

拱石编号后,还要依放样台上的拱石尺寸,做成样板如图 6-1-5b)所示,写明各边尺寸、号码、长度、块数。样板可用木板和镀锌铁皮制成。

当用片石、块石砌筑时,石料的加工程序大为简化,无须制作样板和按样加工,只需对所开采的石料进行挑选,将较好的留作砌筑拱圈,并在安砌时稍加修凿。

2)斜拱石放样

将划分后第 n 块拱桥的四角点,分别向拱圈的斜边 OM 作投射并交于 M_1、M_2、M_3、M_4。由 M_1 作水平线与投影线分别相交于 P_2、P_3、P_4,先求得 M_1P_2、M_1P_3、M_1P_4 值后,再根据 $y_i = x_i\tan\alpha$(α 为桥梁斜度)关系求得 P_2M_2、P_3M_3、P_4M_4 值,如图 6-1-6 所示。

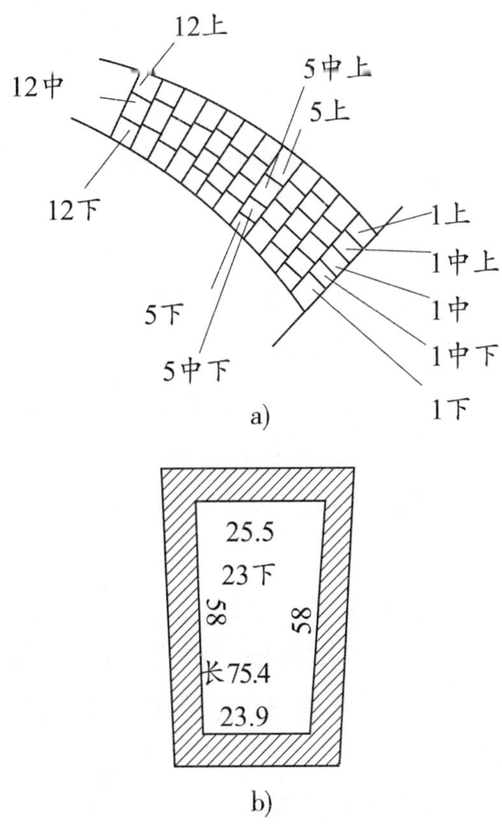

图 6-1-5 拱石放样与编号

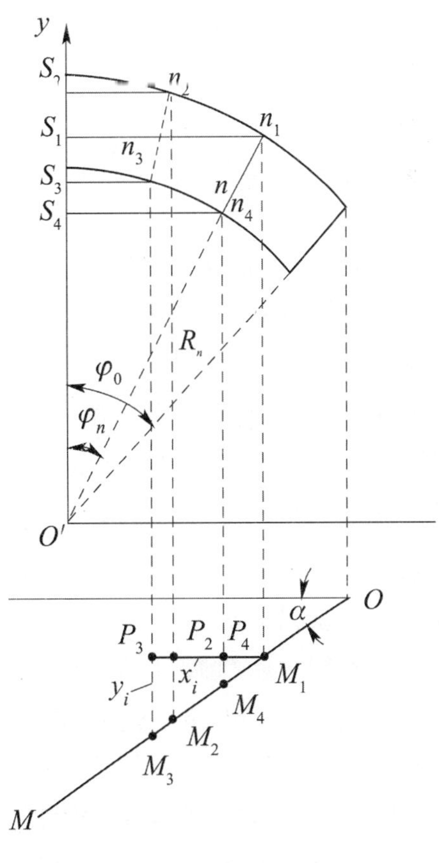

图 6-1-6 斜拱石放样

三、拱圈的砌筑程序及工艺

1. 拱架的施工

拱架的种类很多,按其使用的材料可分为钢拱架、木拱架、竹拱架、竹木混合拱架、钢木组合拱架及土牛拱胎等形式。下面仅介绍木拱架和钢拱架。

制作拱架所采用材料的规格和质量应符合施工设计要求。对钢拱架,应采用标准化、通用化的常备式构件,或型钢、钢管等材料;在特殊情况下采用木拱架时,应选择材质坚硬、无损伤且湿度较小的材料。拱架的制作应保证杆架或构件的尺寸准确,连接节点处的螺栓孔或焊接质量应满足施工设计要求。

1)钢拱架

以扣件式钢管拱架为例。扣件式钢管拱架是将房建施工用的钢管脚手架移植到拱桥施工中作为拱架。它不仅在陆地上可使用,而且在水深7m左右的河流中也可使用。

扣件式钢管拱架一般不分支架和拱盔部分。它是一个空间框架结构,所有杆件(钢管)通过各种不同形式的扣件实现连接,也无须设置卸落拱架的设备。

(1)扣件式钢管拱架结构

扣件式钢管拱架一般由立杆(立柱)、小横杆(顺水流方向)、大横杆(顺桥轴线方向)、剪刀撑、斜撑、扣件和缆风索等组成,并以各种形式的扣件(如直角扣件、回转扣件和套筒扣件)连接各杆件。

立杆是承受荷载并将之传递给地基的主要受力杆件;顶端小横杆是将模板和混凝土构件的重力、施工临时荷载传给立杆的主要受力构件,其余小横杆起横向联结立杆的作用;大横杆起纵向联结立杆的作用;扣件是把各杆件联结成整体钢管拱架的关键,其中直角扣件依靠它与钢管的摩擦力来传递荷载,对接扣件(套筒扣件)既传力又是立杆接长的手段;缆风索是保证扣件式钢管拱桥整体横向稳定的重要措施,且承受水平力。

(2)扣件式钢管拱架的基础

扣件式钢管拱架可以采用在立杆端部垫上底座,使立杆承重后均匀沉陷并有效地将荷载传给地基。但由于立杆数量多,分散面宽,每根立杆所处的地基土不一定相同,除按一般支架基础处理外,还可采用分别确定立杆管端承载能力的方法,使各立杆承载后的不均匀沉陷控制在允许范围内。一般采用的方法是:将各立杆用人工锤击法打入土中,测出其入土深度,再从地质剖面图上找到立杆钢管底端所处的岩层类型,以确定管端的承载能力。

(3)扣件式钢管拱架的安装

扣件式钢管拱架的安装一般不需要技术工人,也常常无正规施工设计图纸,安装工具仅需扳手。一般由两拱脚开始,全拱圈宽度推进,合龙于拱顶处。由于杆件轻,运输传递灵活方便,不需要特殊起吊设备,工作面宽,拱架的搭设进度快,但施工中应注意以下几点:

①立杆打入土中时,要求捶击钢管直至出现多次反弹现象为止。

②立杆位置要正确,并与地面垂直;相邻立杆接头不能在同一高程内,立杆不宜采用搭接,对接端面应平稳。

③所有扣件架设时要求拧紧，对于顶端小横杆的连接扣件，在浇筑混凝土过程中，还应派专人经常检查，严防松滑。

④安装顶端小横杆时，要求杆身不能弯曲。

⑤缆风绳捆绑点上下游要求交叉，且对等收紧。

2）木拱架

木拱架以满布式木拱架为例。满布式木拱架通常由拱架上部、卸架设备、拱架下部三个部分组成，如图6-1-7所示。上部是由斜梁、立柱、斜撑和拉杆组成拱形桁架（拱盔），下部是由立柱及横向联系（斜夹木和水平夹木）组成支架，上下部之间放置卸架设备（木楔或砂筒等）。在斜梁上钉以弧形垫木以适应拱腹曲线形状，故将斜梁和弧形垫木合称为弓形木。弓形木支承在立柱或斜撑上，长度一般为1.5～2.0m。在弓形木上设置横梁，其间距一般为0.6～0.7m，上面再纵向铺设模板。当拱架横向的间距较密时，也可不设横梁，而直接在弓形木上面铺设模板。弓形木构造如图6-1-8所示。

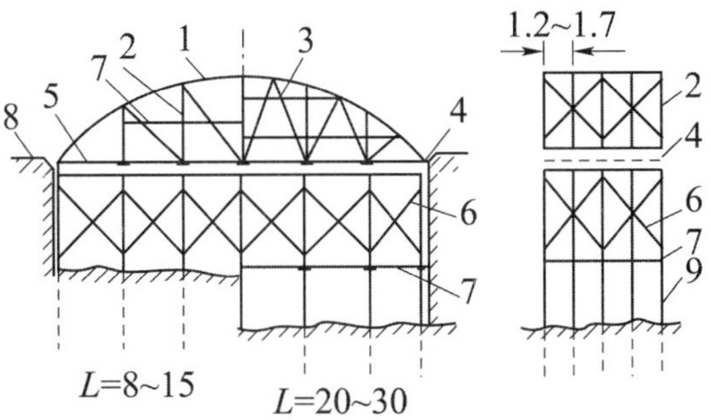

图6-1-7　排架式木拱架（尺寸单位：m）

1-弓形木；2-立柱；3-斜撑；4-卸架设备；5-水平拉杆；6-斜夹木；7-水平夹木；8-桥墩（台）；9-桩木

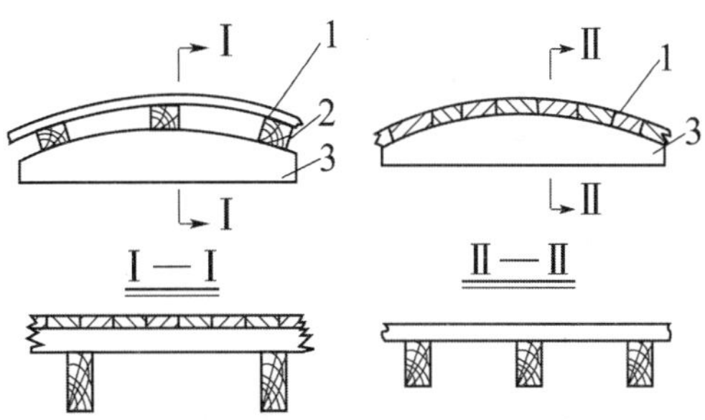

图6-1-8　弓形木构造

1-模板；2-横木；3-弓形木

3）卸架设备

（1）木楔

木楔有简单木楔和组合木楔等不同构造，如图6-1-9所示。简单木楔如图6-1-9a）、b）所示，它由两块1∶6～1∶10斜面的硬木楔形块组成，构造简便。落架时用锤轻轻敲击木楔小头，将木楔取出，拱架即下落。组合木楔如图6-1-9c）所示，它由3块楔形木和1根拉紧螺栓组成。卸架时只需扭松螺栓，木楔徐徐下降，拱架即可逐渐降落。

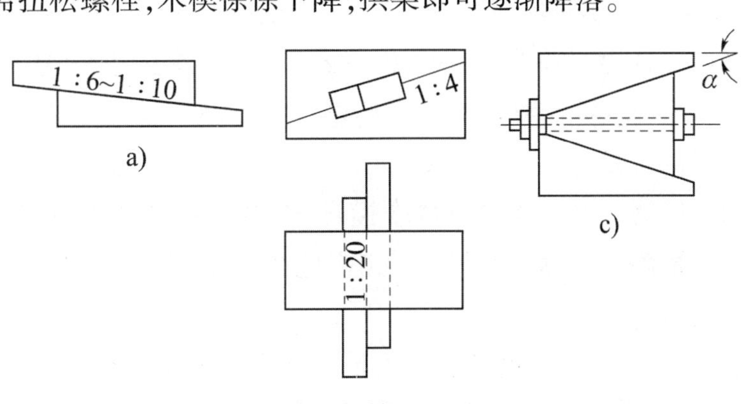

图6-1-9　木楔

(2)砂筒

拱式拱架及大跨径拱架,宜采用砂筒卸架。砂筒构造如图6-1-10所示。内装砂子的砂筒可由铸铁制成圆筒或用方木拼成方盒。砂筒上面的顶心可用方材或混凝土制成。砂筒与顶心间的空隙应以沥青填塞,以免砂子受潮不易流出。卸架是靠砂子从砂筒下部的泄砂孔流出而实现的。因此,要求筒里的砂子干燥、均匀、洁净。由砂子的泄出量来控制砂筒顶心的降落量(即控制拱架卸落的高度),这样就能由泄砂孔的开与关,分数次进行卸架,并能使拱架均匀下降而不受振动。

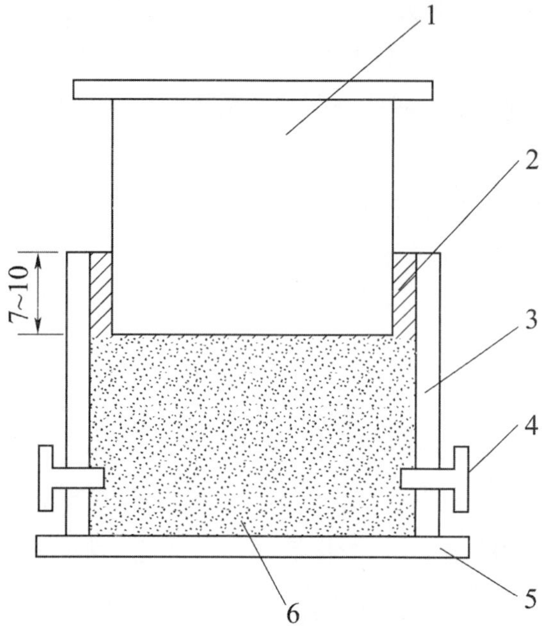

图6-1-10 砂筒构造(尺寸单位:cm)

1-活塞;2-沥青;3-钢板筒;4-泄砂孔;5-垫板;6-砂

4)拱架的设计安装

支架基础必须稳固,承重后应能保持均匀沉降且下沉量不得超过设计范围。当基础为石质时,将表土挖去,立柱根部岩面应凿低、凿平。当基础为密实土时,如施工期间不会被流水冲刷,可采用枕木或铺砌石块作支架基础;如基础施工期间可能被流水冲刷或为松软土质时,需采用桩基、框架结构或其他加固措施施工(如采用夯填碎石补强,砂砾土用水泥固结),再在其上浇混凝土基座作为支架基础。

在设计和安装拱架时,应结合桥位处地形、地基等实际条件进行多方面的技术经济比较。主要原则是拱架要有足够的强度、刚度和稳定性。拱架可就地拼装,也可根据起吊设备能力,预拼成组件后再进行安装。

拱架制作安装时,拱架尺寸和形状要符合设计要求,立柱位置准确且保持直立,各杆件连接接头要紧密,支架基础要牢固。高拱架应特别注意它的横向稳定性。拱架全部安装完成后,应全面检查,确保结构牢固可靠。

5)施工预拱度

拱架在拱桥施工中承受荷载后,会产生弹性和非弹性变形。另外,当拱圈砌筑完毕且强度达到要求而卸落拱架后,在自重、温度变化等因素影响下,拱圈也会产生弹性下沉。为了使拱圈的拱轴线符合设计要求，必须在拱架上预设施工预拱度，以抵消上述各种可能发生的竖向变形。

设置预拱度时，拱顶处应按全部预拱度总值设置，拱脚处为零，其余各点可按拱轴线坐标高度程度比例或按二次抛物线分配，如图6-1-11所示。

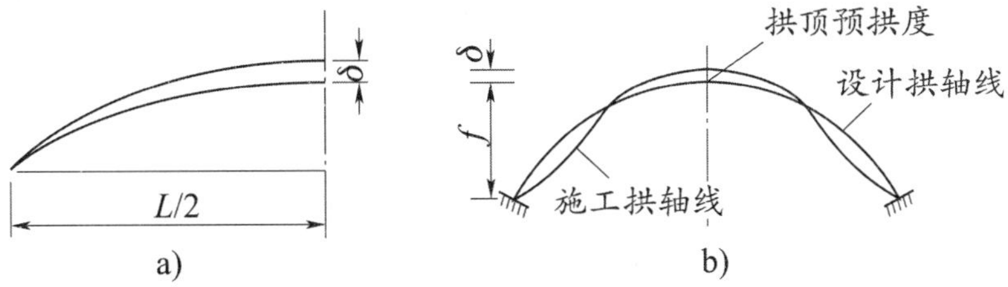

图6-1-11 预拱度示意图

2. 拱圈的砌筑程序及工艺

1）砌筑材料

（1）用于砌筑拱圈的拱石应采用粗料石或块石，当拱圈曲线半径较大时，拱石可做成矩形；当拱圈曲线半径较小且辐射缝上下宽度相差超过30%时，拱石应做成楔形。拱石应按立纹破料，岩层面应与拱轴线垂直，各排拱石沿拱圈内弧的厚度应一致，拱石尺寸要求如图6-1-12所示。

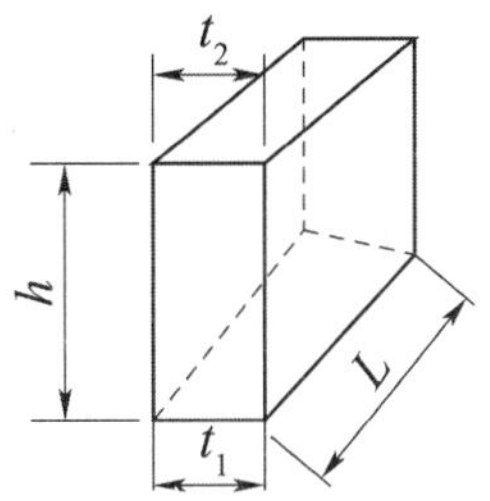

图6-1-12 拱石尺寸要求

注：$t_1 \geq 20\text{cm}$，t_2 按设计值放样；$h=(1.2\sim2.0)t_1$；$L=(2.5\sim4.0)t_1$

（2）拱圈砌缝可用砂浆或小石子混凝土砌筑、填塞。砌筑拱圈用的砂浆，一般宜为水泥砂浆。砂浆强度等级应符合设计规定；砂浆必须具有良好的和易性；砂浆应随拌随用，保持适宜的流动性；砂浆中使用的水泥、砂、水等材料质量应符合相应材料的质量标准。

2）拱圈基本砌筑方法

（1）粗料石拱圈

拱圈砌筑应按编号顺序取用石料。砌筑时砌缝砂浆应铺填饱满。对于较平的砌缝，应先坐浆再放拱石挤砌，以利用石料自重将砂浆压实。侧面砌缝可填塞砂浆，用插刀捣实。当砌缝较陡时，可在拱石间先嵌入与砌缝同宽的木条或用撬棍拨垫，然后分层填塞砂浆捣实，填塞完毕后再抽出木条或撬棍。

（2）块石拱圈

块石拱石的尺寸可不统一，排数可不固定，砌筑时应符合下列要求：

①应分排砌筑，每排中拱石内口宽度应尽量一致。

②竖缝应成辐射形，相邻两排间砌缝应互相错开。

③石块应平砌，每层石料高度应大致相等。

此外，《公路桥涵施工技术规范》(JTG/T 3650—2020)还规定，浆砌粗料石和混凝土预制块拱圈的砌缝宽度应为10~20mm，块石拱圈的砌缝宽度不应大于30mm。用小石子混凝土砌块石时，不应大于50mm。

拱圈的辐射缝应垂直于拱轴线，辐射缝两侧相邻两行拱石的砌缝应互相错开（同一行内上下层砌缝可不错开),错开距离不应小于100mm。拱石错缝如图6-1-13所示。

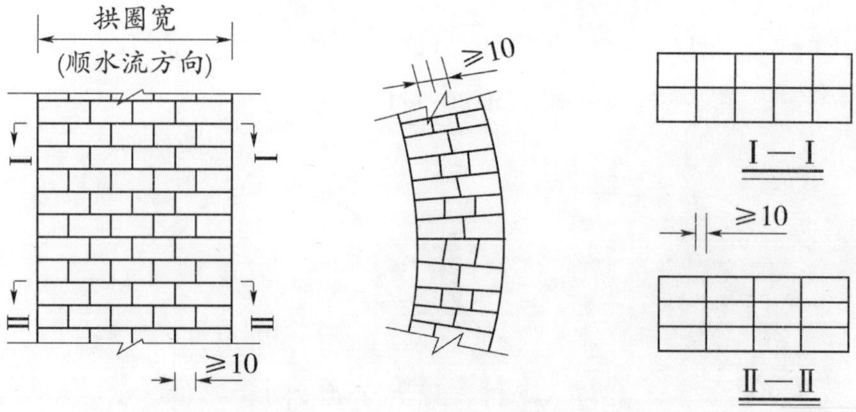

图6-1-13 拱石错缝(尺寸单位:cm)

3)拱圈的砌筑(资源6-1-1)

(1)拱圈按顺序对称连续砌筑

对于跨径小于10m的拱圈,当用满布式拱架砌筑时,可按拱圈的全宽和全厚,由两拱脚同时按顺序对称均衡地向拱顶砌筑,最后砌拱顶石合龙,但应争取以最快的速度施工,使在拱顶合龙时拱脚处砌缝中的砂浆尚未凝结。

(2)拱圈分段砌筑

对于跨径为10~20m,用满布式拱架砌筑的拱圈和跨径≤20m用拱式拱架砌筑的拱圈,可采取每半跨分成三段对称砌筑方法,分段位置一般在跨径1/4点及拱顶3/8点附近,每段长度不宜超过6m,当为满布式拱架时,分段位置宜在拱架节点上。砌筑顺序:先砌拱脚段(Ⅰ)和拱顶段(Ⅱ),后砌1/4跨径段(Ⅲ),两半跨应同时对称地进行,最后砌筑拱顶石合龙,如图6-1-14所示。

资源6-1-1:石拱圈构造

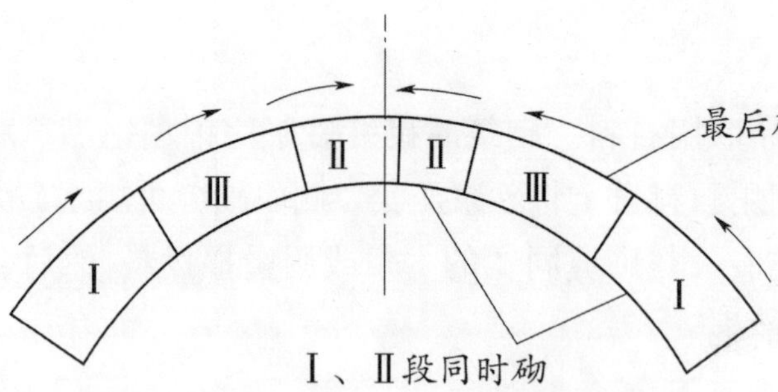

图6-1-14 拱圈分段砌筑

当拱圈分段砌筑时,各段间应预留空缝,以防止拱圈因拱架变形而开裂,并起部分预压作用。空缝数量由分段长度而定,一般在拱脚、拱顶石两侧、各分段点等处设置空缝,空缝宽度在拱圈外露面应与相应类别砌块的一般砌缝相同。当拱圈采用粗料石时,空缝的内腔可加大至30~40mm。空缝设置如图6-1-15所示。为保证空缝的宽度,当拱圈跨径≥16m时,拱脚部位附近的空缝宜用铸铁垫隔,其他部位的空缝可用M2.5水泥砂浆块垫隔。铸铁条垫隔如图6-1-16所示。空缝的填塞,应在砌缝砂浆强度达到设计强度的85%后进行,填塞时应分层捣实。用于空缝两侧的拱石,靠空缝一侧的石面应加工凿平。空缝的填塞顺序视具体情况确定，可由拱脚逐次向拱顶对称填塞，或先填塞拱脚处，再填塞拱顶处，然后自拱顶向两端对称逐条填塞。所有空缝也可同时填塞。

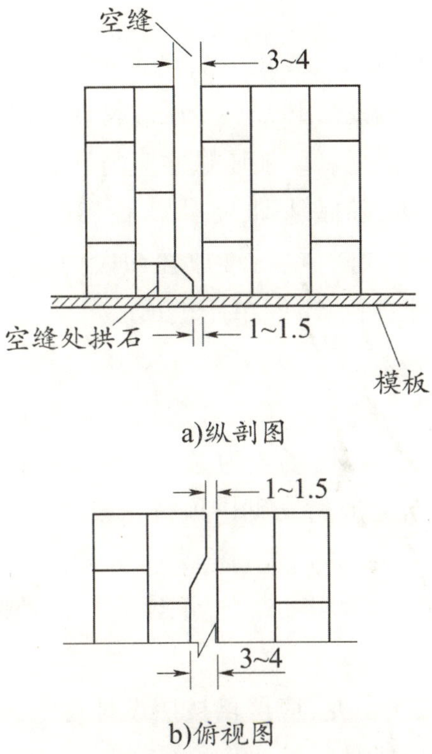

图 6-1-15　空缝的设置（尺寸单位：mm）

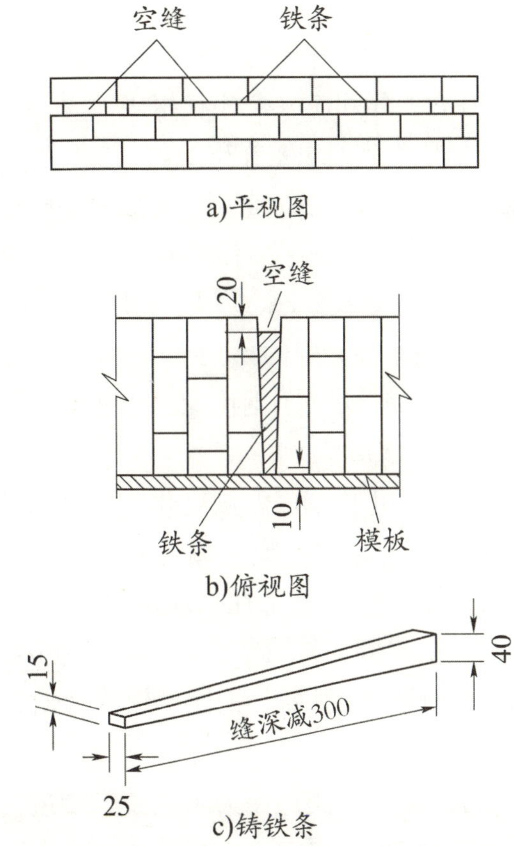

图 6-1-16　铸铁条垫隔（尺寸单位：mm）

隔开砌的拱段，其倾斜角大于砌块与模板间的摩擦角时，为了防止拱段向下滑动，应在拱段下侧临时设置分段支撑，如图 6-1-17 所示。

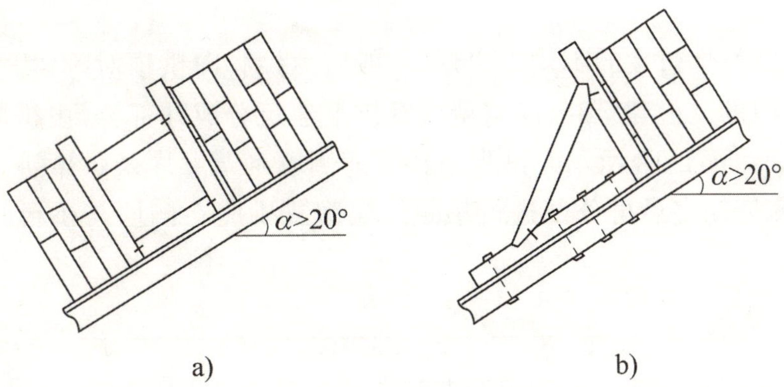

图 6-1-17　设置分段支撑

（3）拱圈分环分段砌筑

对于跨径 >20m 的拱圈，一般采用分段砌筑或分环分段相结合的方法砌筑，必要时应对拱架预加一定的压力。当拱圈厚度较大、由三层以上拱石组成时，可将全部拱圈厚度分成几环砌筑，每一环可分成若干段对称、均衡地砌筑，砌一环合龙一环。分环砌筑时，应待下环砌筑合龙、砌缝砂浆强度达到设计强度的 85% 以上后，再砌筑上环。

按此方法砌筑拱圈时,下环可与拱架共同负担上环的重力,因而可减轻拱架的荷载,节省拱架材料且保证施工安全。下环承担荷载的大小,可按分环数、上下环厚度及砌缝砂浆硬化程度等情况确定。

分环砌筑时,各环的分段方法、砌筑顺序及空缝的设置等,与一次砌筑(不分环、只分段)相同,但上下环间应以犬牙状相接。

预加压力砌筑法是在砌筑前,在拱架上预加一定重力,以防止或减少拱架的弹性和非弹性下沉的一种砌筑方法。它可以有效地预防拱圈产生不正常的变形和开裂。压重材料可以利用砌筑拱圈所用的拱石;如不能利用拱石时,也可用砂袋等其他材料。加压顺序应与计划砌筑拱圈的顺序一致。砌筑时,应尽量利用附近压重拱石就地安砌,随撤随砌,使拱架保持稳定。

若采用刚性较强的拱架,可仅预压拱顶。预压拱顶时,可将拱石堆放在该段内,或当即将该段砌筑完。若采用刚性较差的拱架,预压必须均匀地进行,不能单压拱顶。

4)拱圈合龙

(1)为防止拱圈因温度变化产生过大的附加应力,拱圈合龙应按设计规定的温度和时间进行。如设计无规定,则拱圈合龙宜选择在当日气温最低且温度场较为稳定的时段进行。

(2)砌筑拱圈时,常在拱顶预留一龙口,在各拱段砌筑完成后安砌拱顶石完成拱圈合龙。分段砌筑的拱圈应待填塞空缝的砂浆强度达到设计强度的85%后进行合龙。分段较多的拱圈以及分环砌筑的拱圈,为使拱架受力对称、均匀,可在拱圈两半跨的1/4处或在几处同时完成拱圈合龙。

(3)用千斤顶施加压力来调整拱圈应力,然后进行拱圈合龙,应严格按照设计规定进行,如设计文件中无此要求时,不得采用预施压力封顶来完成拱圈合龙。

5)拱上建筑施工

拱上结构在拱架卸架前砌筑时,应待拱圈合龙段的砂浆强度达到设计强度的85%以上后进行;当先卸架后砌拱上结构时,应待拱圈合龙段的砂浆强度达到设计强度的100%后进行。

为避免主拱圈产生过大的不均匀变形,一般应由拱脚向拱顶对称、均衡地砌筑拱上建筑。砌筑实腹式拱的拱上建筑时,应将侧墙等拱上建筑分成几部分,由拱脚向拱顶对称地做台阶式砌筑,如图6-1-18所示。拱腹填料可随侧墙砌筑顺序及进度进行填筑。填料数量较大时,宜在侧墙砌完后再分部进行填筑。实腹式拱应在侧墙与桥台间设伸缩缝使两者分开。

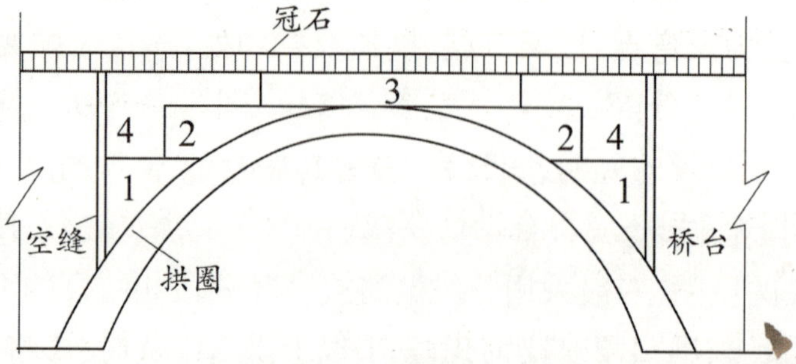

图6-1-18 拱上建筑砌体砌筑顺序(图中数字为砌筑顺序号)

对于空腹式拱桥,为防止腹拱圈受到主拱圈卸落拱架时的变形影响,可在主拱圈砌完后，先砌腹拱横墙，待卸落拱架后再砌筑腹拱拱圈。腹拱上的侧墙，应在腹拱拱铰处设置变形缝。拱上腹拱圈施工时，应考虑腹拱圈所产生的推力对立柱或横墙的影响，相邻腹板的施工进度应同步。

6）拱架卸落

（1）拱架卸落过程

拱架卸落的过程，就是由拱架支承的拱圈（或拱上建筑已完成的整个拱桥上部结构）的重力逐渐转移给拱圈自身来承担的过程，为了对拱圈受力有利，拱架不能突然卸除。卸落拱架应按提前拟定的卸落程序分步进行，在纵向因对称均衡卸落，横向同时一起卸落。在卸架中，拱架的卸落量应分成几次和几个循环逐步完成，各次和各循环之间有一定间歇，间歇后应将松动的卸落设备顶紧，使拱圈体落实。

（2）拱架卸落期限

砌筑拱圈必须待砌筑砂浆强度达到设计强度的85%以后才能卸落拱架；浇筑拱圈、拱肋，只有当拱圈混凝土强度达到设计强度的85%或满足设计规定后，方可开始卸架。此外，还需考虑拱上建筑、拱背填料、连拱等因素对拱圈受力的影响，尽量选择对拱体产生最小应力的时机为宜，过早或过迟卸架都将对拱圈受力不利。

一般情况下，卸架期限应选择在下列阶段并符合以下规定：

①跨径小于10m的实腹式小拱桥宜在拱上建筑全部完成后卸架，中等跨径的实腹式拱桥宜在护拱砌完后卸架。

②空腹式拱在拱上小拱横墙完成后、小拱圈砌筑前卸架。

③裸拱卸架时，应对裸拱进行截面强度及稳定性验算，并采取必要的稳定措施。

四、拱圈（或拱肋）的浇筑程序及工艺

1. 连续浇筑

跨径小于16m的拱圈（或拱肋）混凝土，应按拱圈全宽度、自两端拱脚向拱顶对称地连续浇筑，并在拱脚处混凝土初凝前全部完成。如预计不能在限定时间内完成，则须在拱脚处预留一个隔缝并最后浇筑隔缝混凝土。

2. 分段浇筑

跨径≥16m的拱圈（或拱肋），为避免拱架变形而产生裂缝以及减少混凝土的收缩应力，应采用分段浇筑的施工方法。分段位置应以能使拱架受力对称、均匀和变形小为原则，拱式拱架宜设置在拱架受力反弯点、拱架节点、拱顶及拱脚处；满布式拱架宜设置在拱顶、$L/4$部位、拱脚及拱架节点等处，分段长度一般为6～15m。间隔缝的位置应避开横撑、隔板、吊杆及刚架节点等处，间隔缝的宽度一般为50～100cm，以便于施工操作和钢筋连接。如图6-1-19所示，分段浇筑程序应符合设计要求，且对称于拱顶进行，使拱架变形保持对称均匀和尽可能小。

填充间隔缝混凝土，应由两拱脚向拱顶对称进行。拱顶及两拱脚间隔缝应在最后封拱时浇筑，间隔缝与拱段的接触面应事先按施工缝进行处理。各段的接缝面应与拱轴线垂直。并应注意以下几点：

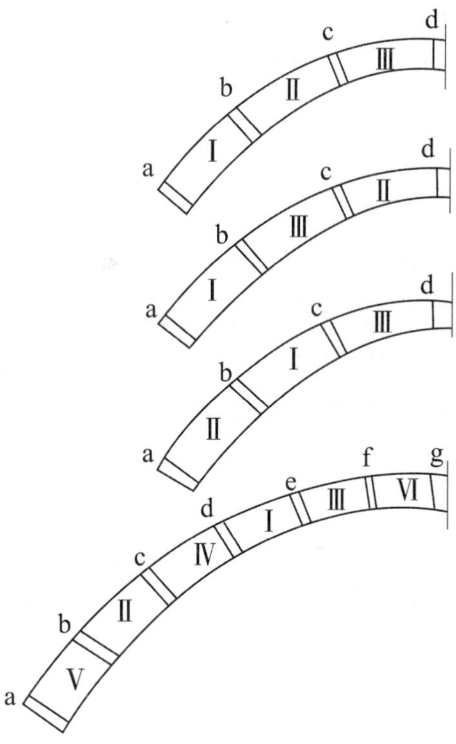

图6-1-19　拱圈分段浇筑的施工程序

(1)间隔缝混凝土应在拱圈分段混凝土强度达到设计强度的85%后进行。

(2)拱圈合龙的温度应符合设计要求,如设计未要求时,宜选择夜间气温较稳定时段的温度。拱圈合龙前,当采取千斤顶对两侧拱圈施加压力的方法调整应力时,拱圈混凝土的强度应达到设计规定的强度。

3. 箱形截面拱圈(或拱肋)的浇筑

大跨径拱桥一般采用箱形截面的拱圈(或拱肋),为减轻拱架负担,一般采取分环、分段的浇筑方法。分段的方法与上述相同,分环的方法一般有两种:

(1)分成两环浇筑。先分段浇筑底板(第一环),然后分段浇筑腹板、横隔板及顶板混凝土(第二环)。

(2)分成三环浇筑。先分段浇筑底板(第一环),然后分段浇筑腹板和横隔板(第二环),最后分段浇筑顶板(第三环)。

分环、分段浇筑时,拱圈(或拱肋)的合龙方法有两种:

(1)采取分环填充间隔缝合龙。采取分环填充间隔缝合龙时,已合龙的环层可起到拱架作用。在浇筑后一环混凝土时,可减轻拱架的负担,但施工工期较一次合龙的方法长。

(2)全拱圈(或拱肋)浇筑完成后最后一次填充间隔缝合龙。采用最后一次合龙时,拱圈(或拱肋)仍必须一环一环地分段浇筑,但不是浇完一环合龙一环,而是在最后一环混凝土浇完后,一次填充各环间隔缝完成拱圈(或拱肋)的合龙。因此,采用这种合龙方法时,上下环的间隔缝位置应互相对应和贯通,其宽度一般为2m左右,有钢筋接头的间隔缝一般为4m左右。

图6-1-20所示为箱形截面拱圈采用分环分段浇筑方法的例子。

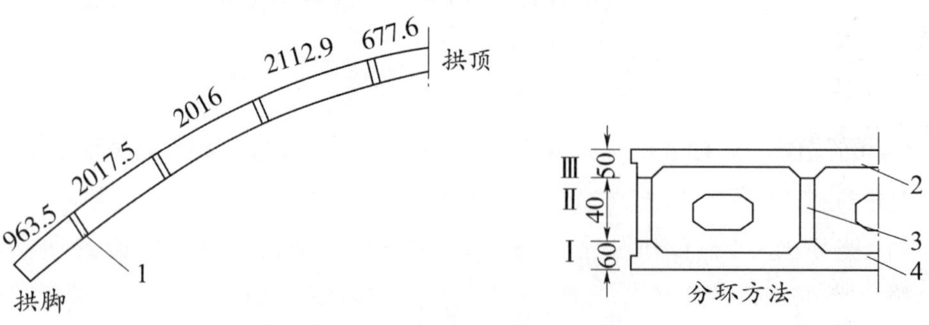

图6-1-20　箱形截面拱圈浇筑示意图(尺寸单位:cm)

1-工作缝;2-顶板;3-肋墙;4-底板

4. 钢筋接头布置

为适应拱圈(或拱肋)在浇筑过程中的变形,拱圈(或拱肋)的主钢筋或钢筋骨架一般不使用通长钢筋,而在适当位置的间隔缝中设置钢筋接头,一般安排在设计规定的最后浇筑的几个间隔缝内,并应在这些间隔缝浇筑时再连接。

分环浇筑拱圈(或拱肋)时,钢筋可分环绑扎。分环绑扎时各种预埋钢筋应予以临时固定,并在浇筑混凝土前进行检查和校正。

5. 钢筋混凝土拱桥拱上建筑施工

(1)主拱圈的混凝土强度达到设计规定强度后,方可进行拱上结构的施工。

(2)拱上建筑的施工应由拱顶向拱脚或由拱脚向拱顶对称、均衡地进行。

(3)对大跨径拱桥的拱上结构,施工时应严格按照设计加载程序进行;设计未提供加载程序时,应根据施工验算由拱脚至拱顶均衡、对称加载。施工中应对主拱圈进行监测和控制。

(4)立柱的底座应与拱圈同时浇筑,立柱上端的施工缝应设在横梁承托的底面。

(5)桥面系的梁与板应同时浇筑,两相邻伸缩缝间的桥面板应一次浇筑完成。

(6)安装预制桥面板时,应按照纵横向对称的原则进行,且宜从拱的一端至另一端分阶段往复安装,改善主拱圈的受力。

小贴士

我国的石拱桥有悠久的历史。《水经注》里提到的“旅人桥”,大约建成于公元282年,可能是有记载的最早的石拱桥了。我国的石拱桥几乎到处都有,其中最著名的当推河北省赵县的赵州桥,还有北京市丰台区的卢沟桥。

学习活动二　无支架施工

学习目标

完成本学习任务后,你应当能:

1. 描述构件的立式和卧式预制施工方法及优缺点;
2. 根据跨径进行拱肋分段与接头形式的选择;
3. 描述拱肋起吊、运输及堆放要求和注意事项;
4. 描述吊装设备的组成及其组成设备的构造与作用;
5. 进行缆索设备的检查与试吊;
6. 列出吊装准备工作的各检查项目与质量要求;
7. 根据不同要求对拱肋进行起吊;
8. 能够掌握拱肋缆索吊装程序;
9. 可以根据不同情况选择不同的合龙方式。

建议完成本学习活动的时间为6课时。

学习情境描述

中国既保留着像赵州桥那样历史悠久的古代桥梁,也在不断地建造着刷新世界纪录的公路、铁路新桥,高速公路和高速铁路桥梁建设尤其引人注目。在宽阔的江河、峡谷之上,经常架设着一座座大跨度拱桥,人们不禁要问,它是靠什么方法架设的?是整体架设的还是分段架设的?若是分段架设,又是如何连接的?各个分段是如何预制和运输的?现在,我们带着这些疑问来学习以下内容。

在峡谷河段、通航河段、受漂流物影响的河段修建拱桥,以及采用有支架的方法施工将会遇到很大困难或是很不经济时,便可以考虑采用无支架的施工方法。从有支架施工到无支架施工,无支架施工从缆索吊装、转体施工、悬臂拼装到劲性骨架施工等方法的应用与进步,使我国拱桥跨径跃上一个又一个台阶。缆索吊装具有水平和垂直运输机动灵活,适应性广,施工也比较稳妥方便等优点,目前在修建桥梁时广泛采用。缆索吊装施工主要用于预制安装的钢筋混凝土拱桥,同时在劲性骨架施工拱桥的骨架安装、拱上结构安装、桁架拱桥施工、刚架拱桥施工、悬索桥加劲梁安装中得到广泛运用。本学习活动以预制安装的钢筋混凝土拱桥为例,介绍缆索吊装施工的主要工艺。

相关知识

一、钢筋混凝土肋拱桥的基本结构组成

如图6-2-1和如图6-2-2所示,肋拱桥由两条或多条分离的平行拱肋,以及在拱肋上设置的立柱和横隔梁支承的行车道部分组成,适用于大、中跨径。拱肋是该拱桥的主要承重结构,拱肋的数目和间距以及拱肋的截面形式等,均应根据使用要求(跨径桥宽等)以及所用材料和经济性等条件综合比较选定。

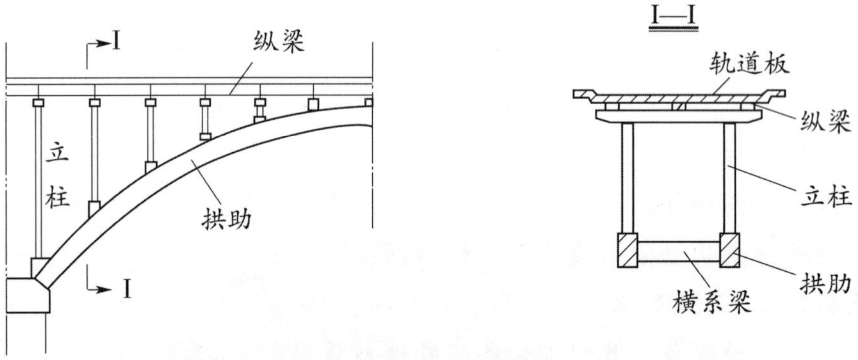

图6-2-1 肋拱桥组成图

图6-2-2 肋拱桥实例

二、拱箱(肋)的预制

1. 构件的预制

1)拱肋立式预制

立式浇筑方法预制拱肋,具有起吊方便、节省木材的优点。拱肋立式预制一般有下列几种方法。

(1)土牛拱胎立式预制

底模采用土牛拱胎密排浇筑时,能减小预制场地,是预制拱肋最常用的方法,尤其适用于大跨径拱桥。该法施工方便,适用性较强。填筑土牛拱胎时,应分层夯实,表面土中宜掺入适量石灰,并加以拍实,然后用栏板套出圆滑的弧线,如图 6-2-3 所示。为便于固定侧模,表层宜按适当距离埋入横木,也可用粗钢筋或钢管固定侧模。土牛拱胎的表面,可铺一层木板、油毛毡或水泥袋纸,也可抹一层水泥砂浆。侧模可采用 4 ~5cm 厚的木板或其他适宜材料。当采用密排浇筑时,可利用已浇拱肋做侧模,但须用油毛毡、塑料布等隔开。

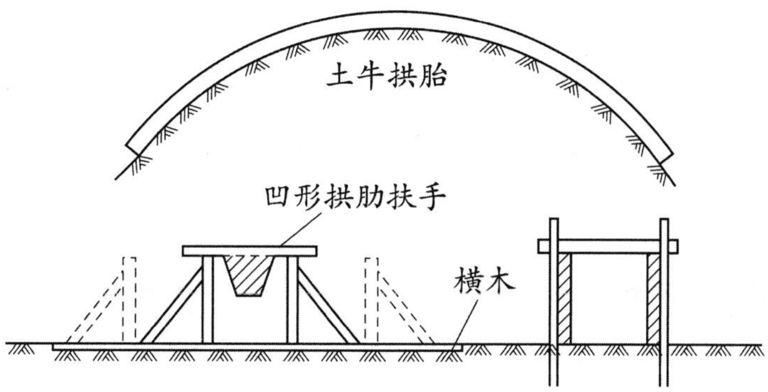

图 6-2-3　土牛拱胎预制拱肋

(2)木架立式预制

当取土及填土不方便时,可采用木支架进行装模和预制,但拆除支架时须注意拱肋的强度和受力状态,防止拱肋发生裂纹。

(3)条石台座立式预制

条石台座由数条石支墩、底模支架和底模等组成,如图 6-2-4 所示。

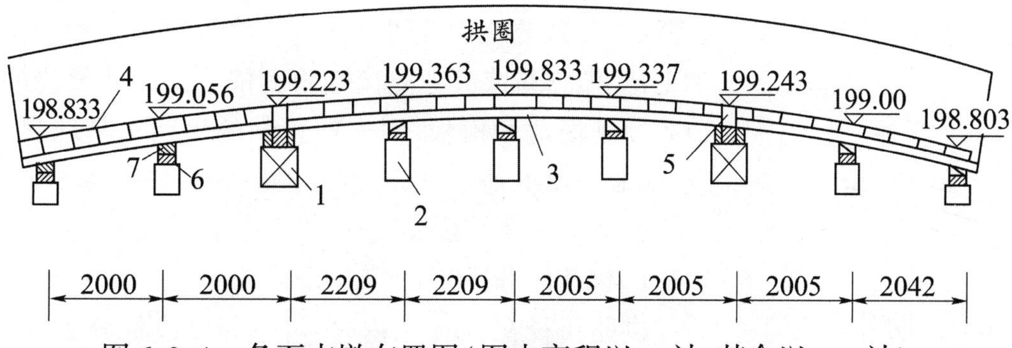

图 6-2-4　条石支墩布置图(图中高程以 m 计,其余以 mm 计)

1-滑道支墩;2-条石支墩;3-底模支架;4-底模;5-船形滑板;6-木楔;7-混凝土帽梁

条石支墩用 M5 砂浆砌筑而成。支墩平面尺寸应根据拱肋的长度和宽度决定;支墩高度根据拱肋端头下高程及便于横移拱肋操作确定,顶部用砂浆抹平或再浇筑20~25cm高的混凝土。每个台座设2个滑道支墩。

滑道支墩顶面埋设钢板,以便拱肋移运。

底模支架由槽钢、角钢等型钢组成,底模可采用组合钢模,为便于脱模,可将钢模点焊在底模支架上。底模支架应根据拱肋高程作适当预弯。每个支墩处设木楔用于脱模。

条石台座立式预制拱肋,脱模方便;由于滑道支墩处设有滚筒和船形滑板,移梁容易,因此不需要专门的起重设备,施工方法简单。

2)拱肋卧式预制

卧式预制,拱肋的形状和尺寸较易控制,特别是空心拱肋,浇筑混凝土时操作方便,且节约木材,但起吊时容易损坏。拱肋卧式预制一般有下列几种方法。

(1)木模卧式预制

预制拱肋数量较多时,宜采用木模,如图6-2-5a)所示。浇筑截面为L形或倒T形时(双曲拱拱肋),拱肋的缺口部分可用黏土砖或其他材料垫砌。

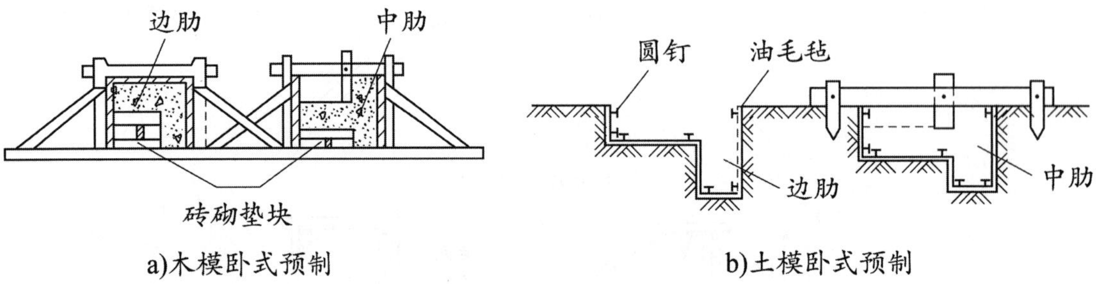

图6-2-5　拱肋卧式预制

(2)土模卧式预制

在平整好的土地上,根据放样尺寸,挖出与拱肋尺寸大小相同的土槽,然后将土槽壁仔细抹平、拍实,铺上油毛毡或水泥袋,便可浇筑拱肋。虽然此法节省材料,但土槽开挖较费工且容易损坏,尺寸也不如木模准确,仅适用于预制少量的中小跨径拱桥中,如图6-2-5b)所示。

(3)卧式叠浇

采用卧式预制的拱肋混凝土强度达到设计强度的30%以后,在其上安装侧模,浇筑下一片拱肋,如此连续浇筑称为卧式叠浇。卧式叠浇一般可达5层。浇筑时每层拱肋接触面用油毛毡、塑料布或其他隔离剂将其隔开。卧式叠浇的优点是节省预制场地和模板,但先期预制的拱肋不易取出,影响工期,如图6-2-6所示。

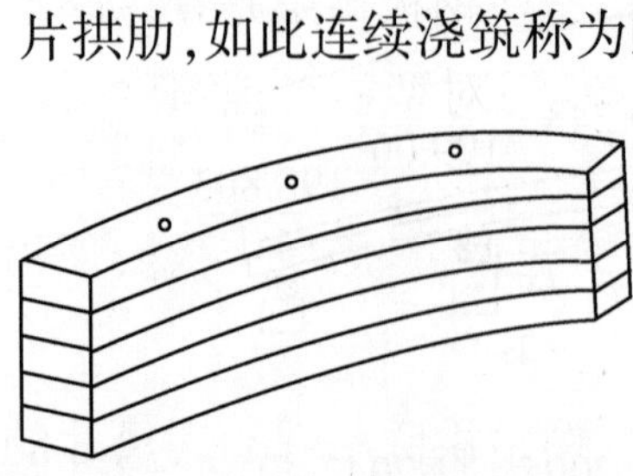

图6-2-6　拱肋卧式叠浇

2. 拱肋分段与接头

1)拱肋的分段

拱肋跨径在30m以内时,可不分段或仅分2段;在30~80m范围内时,可分3段;大于80m时,一般分5段。拱肋分段吊装时,理论上接头宜选择在拱肋自重弯矩最小的位置及其附近,但一般为等分,这样各段重力基本相同,吊装设备较省。

2)拱肋的接头形式

(1)对接

为方便预制,简化构造,当拱肋分2段吊装时多采用对接形式,如图6-2-7a)、b)所示。对接接头在连接处为全截面通缝,要求接头的连接材料强度高,一般采用螺栓或电焊钢板。

(2)搭接

分3段吊装的拱肋,因接头处在自重弯矩较小的部位,一般宜采用搭接形式,如图6-2-7c)所示。分5段安装的拱肋,边段与次边段拱肋的接头也可采用搭接形式。

搭接接头受力较好,但构造复杂,预制也较困难,必须用样板校对、修凿,确保拱肋安装质量。

(3)现浇接头

用简易排架施工的拱肋,可采用主筋焊接或主筋环状套接的现浇接头,如图6-2-7d)所示。

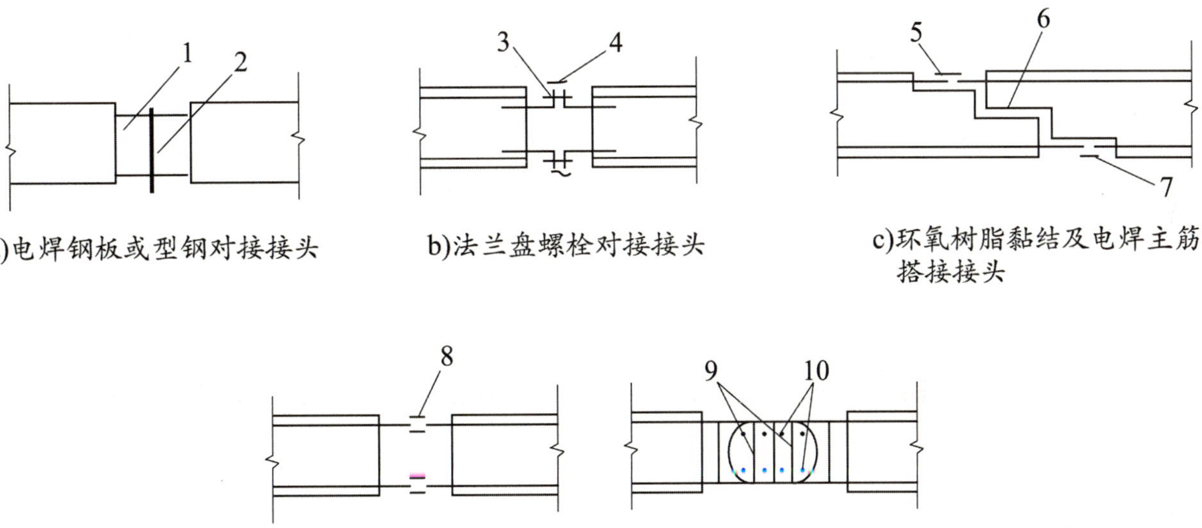

a)电焊钢板或型钢对接接头　b)法兰盘螺栓对接接头　c)环氧树脂黏结及电焊主筋搭接接头

d)主筋焊接或主筋环状套

图6-2-7　拱肋接头形式

1-预埋钢板或型钢;2-电焊缝;3-螺栓;4、5、7-电焊;6-环氧树脂;8-主筋对接和绑焊;9-箍筋;10-横向插销

3.拱座

拱肋与墩台的连接,称为拱座。拱座主要的几种形式如图6-2-8所示。其中,插入式及方形拱座因其构造简单、钢材用量少、嵌固性能好采用较为普遍。预埋钢板拱座是在拱座上预埋角钢和型钢,与边段拱肋端头的型钢焊接,这种方法施工简单,但对型钢预埋精度要求较高。

按无铰拱设计的肋拱桥,其拱肋宜采用插入式以加强与墩台的连接,拱肋插入端应适当加长拱肋,安装时将拱肋加长部分插入拱座预留孔内,合龙定位后,即可封槽。

采用方形拱座的拱肋,在安装时可利用水平面与垂直面,适当调整拱肋和墩台间尺寸的误差。调整时一般用铸铁块嵌紧,然后灌以高等级小石子混凝土封固。

4.拱肋起吊、运输及堆放

1)拱肋脱模、运输、起吊时间的确定

装配式拱桥构件在脱模、移运、堆放、吊装时,混凝土的强度不应低于设计所要求的吊装强度，若无设计要求，一般不得低于设计强度的85%，为加快施工进度，可掺入适量早强剂。在低温环境下，可用蒸汽养护。

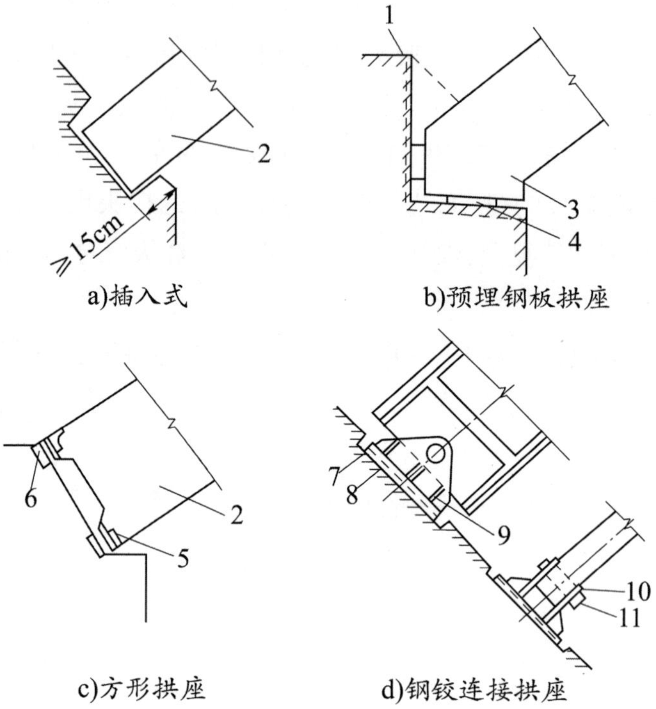

图6-2-8　拱座的形式

1-预留槽；2-拱肋；3-拱座；4-铸铁垫板；5-预埋角钢；6-预埋钢板；7-铰座底板；8-预埋钢板；9-加劲钢板；10-铰轴支承；11-钢铰轴

2）场内起吊

拱肋移运起吊时的吊点位置应按设计图上设计位置进行，如设计上无要求应结合拱肋的形状、拱肋截面内的钢筋布置以及吊运、搁置过程中的受力情况综合考虑确定，以保证移运过程中的稳定安全。当采用两点吊时，吊点位置应设在拱肋弯曲平面重心轴之上，一般可设在离拱肋端头（0.22～0.24）L 处（L 为拱肋长度）。当拱肋较长或曲率较大时，应采用三点吊或四点吊，以保持拱肋受力均匀和稳定。除跨中设一吊点外，其余两吊点可设在离拱肋端头0.2L 处。采用四点吊时，外吊点一般设在离拱肋两端头0.17L 处，内吊点可设在离拱肋两端头0.37L 处，4个吊点应左右对称布置。

大跨径拱桥拱肋构件的脱模起吊一般采用龙门架，小跨径拱桥拱肋及小型构件可采用三角木扒杆、木马凳、起重机等机具进行，如图6-2-9所示。

3）场内运输（包括纵横移）

场内运输可采用龙门架、胶轮平板挂车、汽车平板车、轨道平车或船只等机具进行。

4）构件堆放

拱肋堆放时应尽可能卧放，特别是矢跨比小的构件（拱肋、拱块），卧放时应垫3个点，垫木位置应在拱肋中央及离两端0.15L 处。3个垫点应同高度。如必须立放时，应搁放在符合拱肋曲度的弧形支架上，如无此种支架，则应垫搁3个支点，其位置在中央及距两端0.2L 处，各支点高度应符合拱肋曲度，以免拱肋折断。

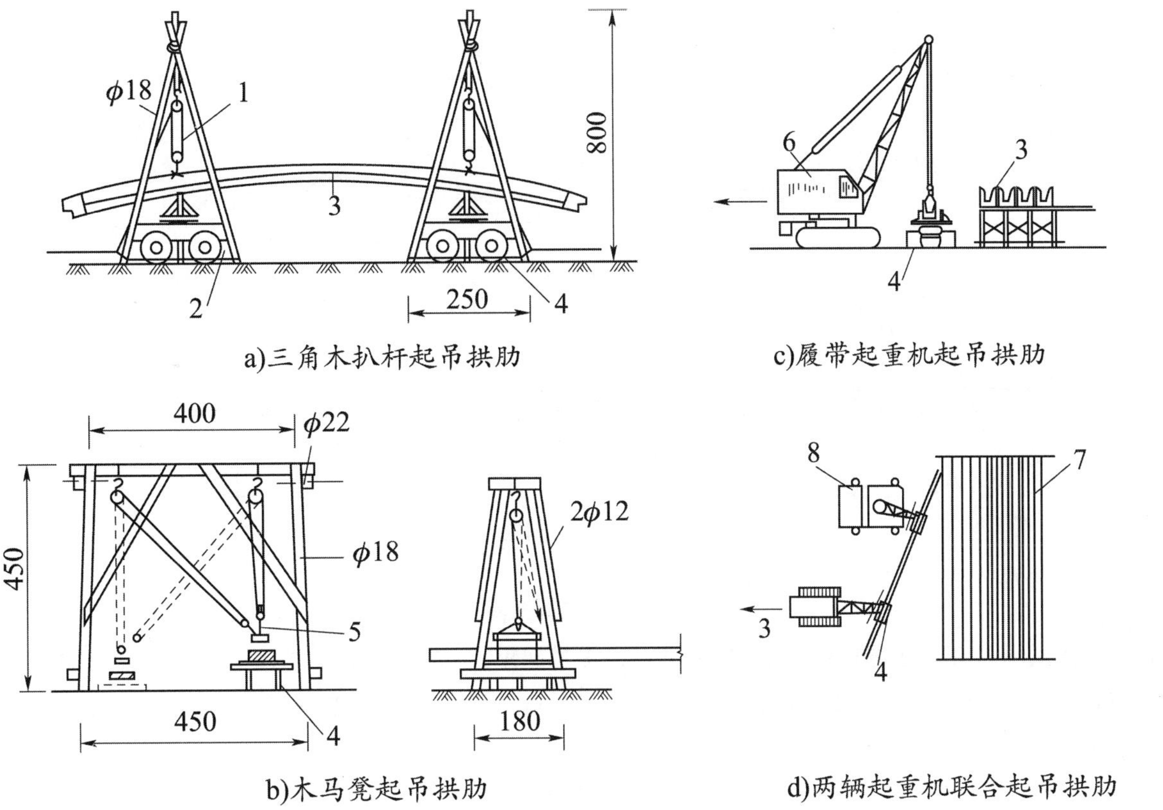

图 6-2-9 拱肋起吊方法(尺寸单位:cm)

1-滑轮组;2-千斤顶;3-拱肋;4-胶轮平车;5-横移索;6-履带起重机;7-预制拱肋;8-汽车起重机固定回转起吊

堆放构件的场地应平整夯实,不致积水,当因场地有限而采用堆垛时,应设置垫木。堆放高度按构件强度、地面承载力、垫木强度以及堆放的稳定性而定,一般以2层为宜,高度不应超过构件,应按吊运及安装次序顺序堆放,并留适当通道,防止越堆吊运。

三、缆索吊装设备

1.缆索吊装设备的组成构造与使用

缆索吊装设备又称缆索起重机,主要用于高差较大的垂直吊装和高空纵向运输。其设备可自行设计、就地安装,也可采用定型产品运至现场安装。

缆索吊装系统由主索、天线滑车、起重索、牵引索、起重及牵引绞车、主索锚碇、塔架、缆风索等主要设备组成,如图6-2-10所示。

1)主索

主索又称承重或运输天线,它横跨桥墩并支承在两岸塔架的索鞍上,两端锚固于锚碇上,吊运构件的行车支承于主索上。

2)起重索

起重索套绕于天线滑车组,作起吊重物之用。其一端与绞车滚筒相连,另一端固定于对岸的锚碇上。这样,当行车在主索上沿桥跨做往复运动时,可保持行车与吊钩间的起重索长度不随行车的移动而改变,如图6-2-11所示。

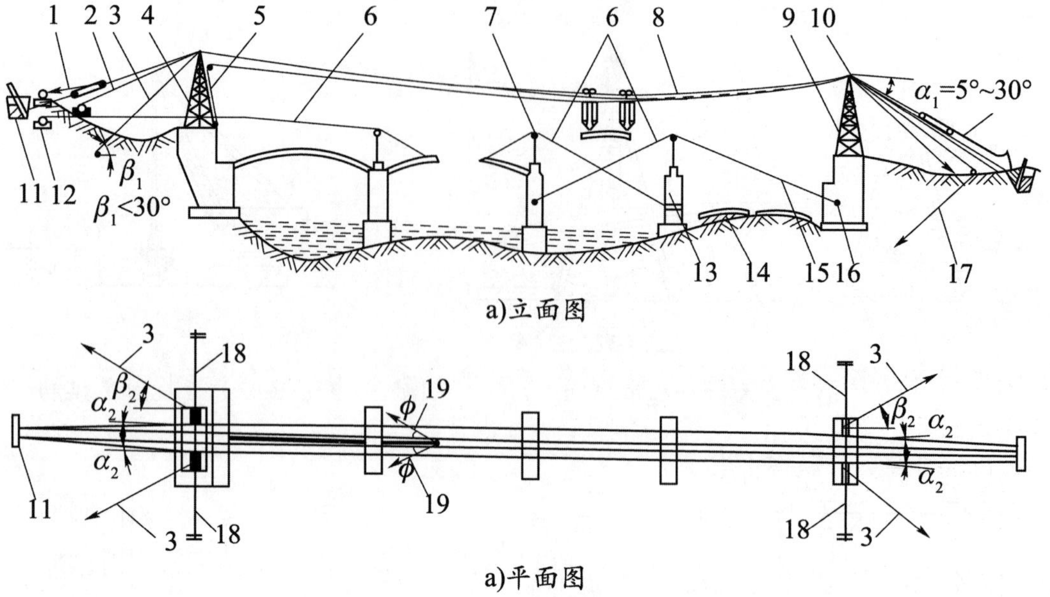

图6-2-10　缆索吊装布置示例

1-主索张紧绳;2-2 号起重索;3-后浪风;4-塔架;5-1 号起重索;6-扣索;7-平滚;8-主索;9-塔架;10-塔顶索鞍;11-地垄;12-手摇绞车;13-扣塔;14-待吊肋段;15-单排立柱浪风;16-法兰螺钉;17-牵引索;18-侧向浪风;19-浪风

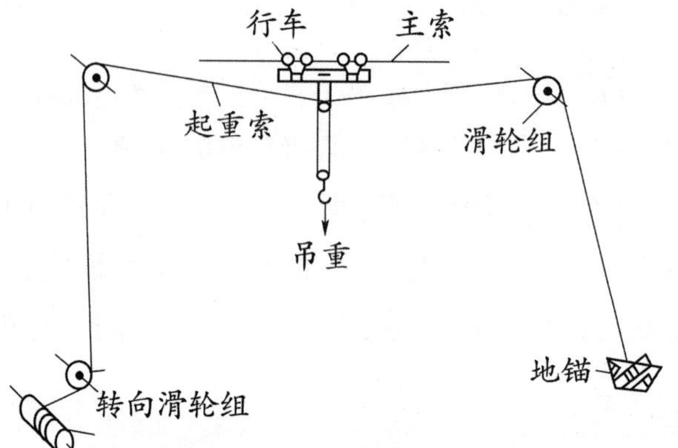

图6-2-11　起重索的布置图

3)牵引索

牵引索是牵引天线滑车沿主索做水平移动的拉绳。每岸各设一台绞车,一台用于前进牵引,一台用于后退牵引,而牵引索的一端固定在滑车上,一端与绞车相连。

4)结索

结索用于悬挂分索器,使主索、起重索和牵引索相互之间不干扰,且仅承受分索器重力和自重。

5)扣索

为了暂时固定分段拱肋,在拱肋无支架施工中,边段拱肋及次边段拱肋均用扣索悬挂。按支承扣索的结构物的位置和扣索本身的特点分为天扣、塔扣、通扣、墩扣等类型,可根据具体情况选用,也可混合使用。边段拱肋扣索悬挂方法如图 6-2-12 所示。

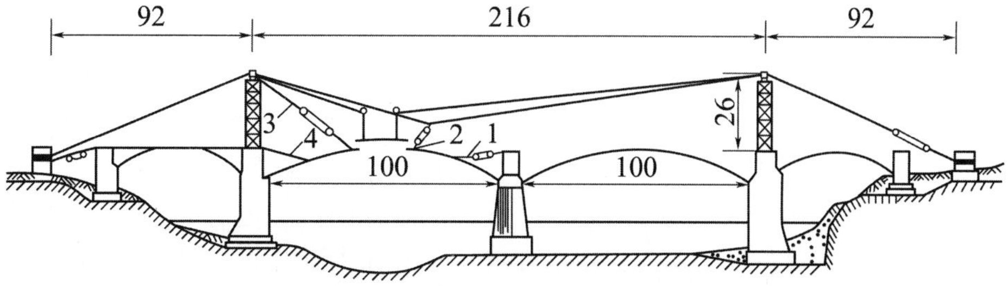

图 6-2-12 边段拱肋扣索悬挂示意图(尺寸单位:m)

1-墩扣;2-天扣;3-塔扣;4-通扣

图中 1 号扣索锚固在桥墩上,简称墩扣;2 号扣索是用另一组主索跑车(天线滑车)将拱肋悬挂在天线上,简称天扣;3 号扣索支承在主索塔架上,简称塔扣;4 号扣索一直贯通到两岸地锚前收紧,简称通扣。

6)缆风索

缆风索又称浪风索或抗风索,主要用于稳定塔架(或索架和墩上排架),调整和固定预制构件的位置。

7)天线滑车

天线滑车又称骑马滑车或跑车,由跑车轮、起重滑车组和牵引系统三部分组成,如图 6-2-13 所示。

8)塔架和索鞍塔架

塔架是用来提高主索的临空高度和支承各种受力钢索的结构物,由塔身、塔顶、塔底等组成,如图 6-2-14 所示。塔身多用万能杆件或贝雷桁节拼成;塔底采用浆砌片石或片石混凝土基础;塔顶设置索鞍,索鞍用于放置主索、起重索、扣索等,以减小钢绳与塔架间的摩阻力,如图 6-2-15 所示。

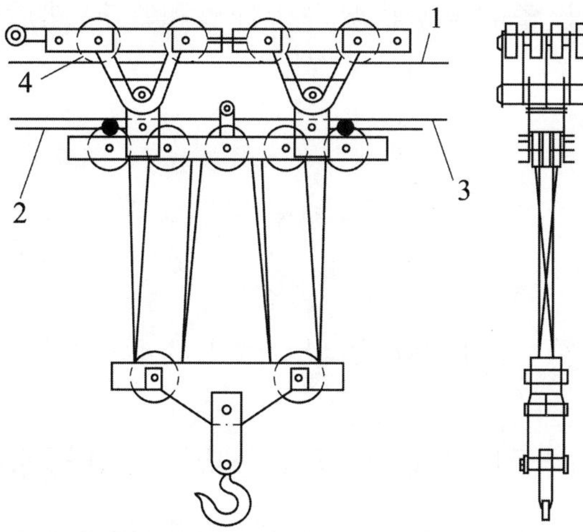

图 6-2-13 天线滑车示意图

1-主索;2-起重索;3-另一跑车起重索;4-跑车轮

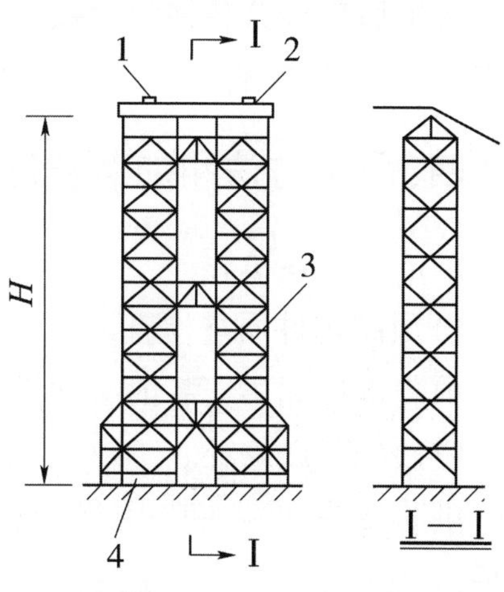

图 6-2-14 塔架

1-索鞍;2-塔顶;3-塔身;4-塔底

2. 缆索吊装设备的检查与试吊

缆索吊装设备在使用前必须进行试拉和试吊。

1)地锚试拉

一般每一类地锚取一个进行试拉。缆风索的土质地锚要求位移小,因此在有条件时宜全部试拉,使其预先完成一部分位移;或者利用地锚相互试拉,受拉值一般为设计荷载的1.3~1.5倍。

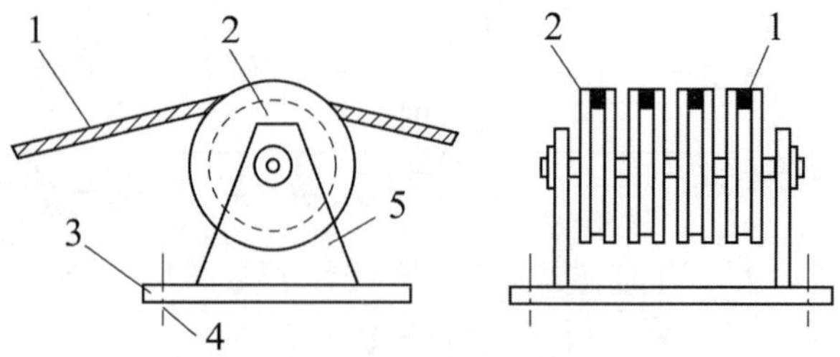

图6-2-15 索鞍构造图

1-主索;2-滑轮;3-垫板;4-联结螺栓(固定于塔架上);5-支承板

2)扣索对拉

扣索是悬挂拱肋的主要设备,因此必须通过试拉来确保其可靠性。试拉时,可将两岸的扣索用卸甲连在一起,将收紧索收紧进行对拉,这样可全面检查扣索、扣索收紧索、扣索地锚和动力装置等是否达到了要求。

3)主索系统试吊

主索系统试吊一般分跑车空载反复运转、静载试吊和吊重运行三个步骤。必须待每一步骤检查、观测工作完成并无异常现象后,方可进行下一步骤。试吊重物可以利用钢筋混凝土预制构件、钢轨和钢梁等,一般按设计吊重的60%、100%、130%分几次进行。

在各阶段试吊中,应连续观测塔架位移、主索垂度和主索受力的均匀程度,动力装置工作状态、牵引索、起重索在各转向轮上运转情况,主索地锚稳固情况以及检查通信、指挥系统的通畅性能和各作业组之间的协调情况。在有条件时,应施测主索、牵引索和起重索的拉力。

试吊后应综合各种观测数据和检查情况,对设备的技术状况进行分析和鉴定,然后提出改进措施,确定能否进行正式吊装。

四、吊装方法和加载程序

1.吊装准备工作

1)预制构件质量检查

预制构件起吊安装前必须进行质量检查,不符合质量标准和设计要求的不准使用,有缺陷的应预先予以修补。

拱肋接头和端头应用样板校验,突出部分应予以凿除,凹陷部分应用环氧树脂砂浆抹平。

接头混凝土接触面应凿毛,钢筋应除锈。螺栓孔应用样板套孔,如不合适应适当扩孔。拱肋接头及端头应标出中线。

应仔细检测拱肋上下弧长,如与设计不符,应将长度大的弧长凿短。拱肋在安装后如发生接合面张口现象,可在拱座和接头处垫塞钢板。

2)墩台拱座尺寸检查

墩台拱座混凝土面要修平,水平顶面高程应略低于设计值,预留孔长度应不小于计算值，拱座后端面应与水平顶面相垂直，并与桥墩中线平行。在拱座面上应标出拱肋安装位置的台口线及中线。用红外线测距仪或钢尺（装拉力计）复核跨径，每个拱座在肋宽范围内左右均应至少丈量两次。用装有拉力计的钢尺丈量时，丈量结果要进行温度和拉力的修正。

3）跨径与拱肋的误差调整

每段拱肋预制时拱背弧长宜小于设计弧长 0.5 ~ 1.0cm，使拱肋合龙时接合面保留上缘张口，便于嵌塞钢片，调整拱轴线。通过丈量和计算所得的拱肋长度和墩台之间净跨的施工误差，可以在拱座处垫铸铁板来调整，如图 6-2-16 所示。背垫板的厚度一般比计算值增加 1 ~ 2cm，以缩短跨径。合龙后，应再次复核接头高程以修正计算中一些未考虑的因素和丈量误差。

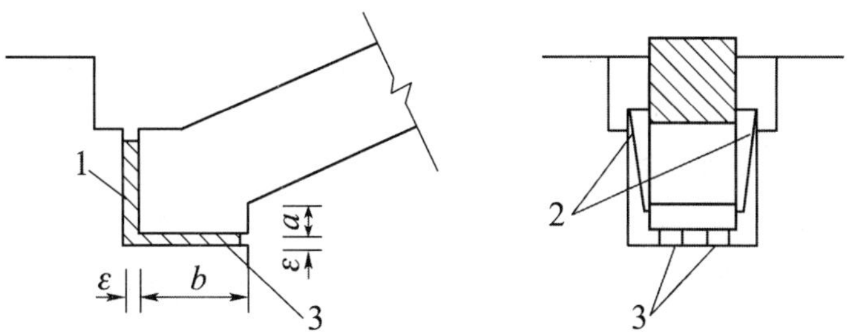

图 6-2-16　拱肋施工误差的调整

1-背调整垫板；2-左、右木楔；3-底调整垫板

2. 拱肋缆索起吊

拱肋由预制场运到主索下后，一般用起重索直接起吊，当不能直接起吊时，可采用下列方法进行。

1）翻身

卧式预制拱肋在吊装前需要“翻身”为立式，常用就地翻身和空中翻身两种方法。

（1）就地翻身，如图 6-2-17a）所示。先用枕木垛将平卧拱肋架至一定高度，使其在翻身后两端头不至碰到地面，然后用一根短千斤顶将拱肋吊点与吊钩相连，边起重拱肋边翻身直立。

（2）空中翻身，如图 6-2-17b）所示。在拱肋的吊点处用一根串有手链滑车的短千斤顶，穿过拱肋吊环，将拱肋兜住，挂在主索吊钩上，然后收紧起重索起吊拱肋，当拱肋起吊至一定高度时，缓慢放松手链滑车，使拱肋翻身为立式。

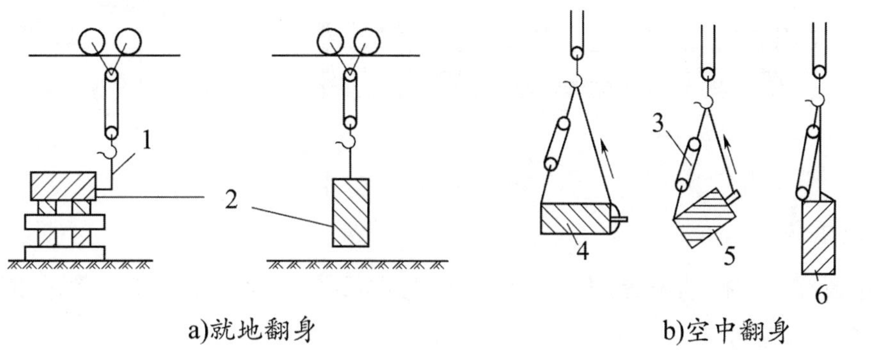

图 6-2-17　拱肋翻身

1-短千斤顶；2-拱肋；3-手链滑车；4-平放的拱肋；5-放松的拱肋；6-翻身后的拱肋

2)掉头

为方便拱肋预制,边段拱肋有时采用同一方向预制,这样部分拱肋在安装时,掉头方法常因设备不同而异,具体如下:

(1)在河中起吊时,可利用装载拱肋的船进行掉头。

(2)在平坦场地采用胶轮平车运输时,可将跑车与平车配合起吊将拱肋掉头。

(3)用一个跑车吊钩将拱肋吊离地面约50cm,再用人工拉动麻绳使拱肋旋转180°掉头放下,当一个跑车承载力不够时,可在两个跑车下另加一钢扁担起吊,旋转调头。

3)吊鱼

吊鱼如图6-2-18所示。当拱肋从塔架下面通过后,在塔架前起吊而塔架前场地不足时,可先用一个跑车吊起一个吊点并向前牵出一段距离后,再用另一个跑车吊起第二个吊点。注意:采用此法起吊,并用单点向前牵引拱肋时,须拉住尾索,以防拱肋向前滑动。

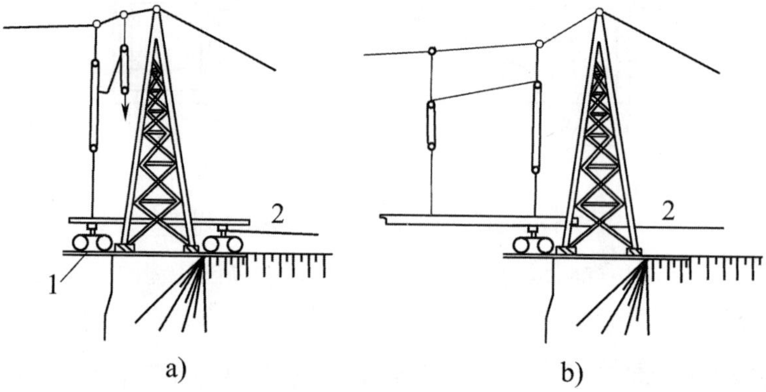

图6-2-18　吊鱼

1-悬臂钢架;2-尾索

4)穿孔

拱肋在桥孔中起吊时,最后几段拱肋常需在该孔已合龙的拱肋之间穿过,俗称穿孔,如图6-2-19所示。穿孔前应将穿孔范围内的拱肋横夹木暂时拆除。在拱肋两端另加稳定缆风索,穿孔时应防止碰撞已合龙的拱肋,故主索宜布置在两拱肋中间。

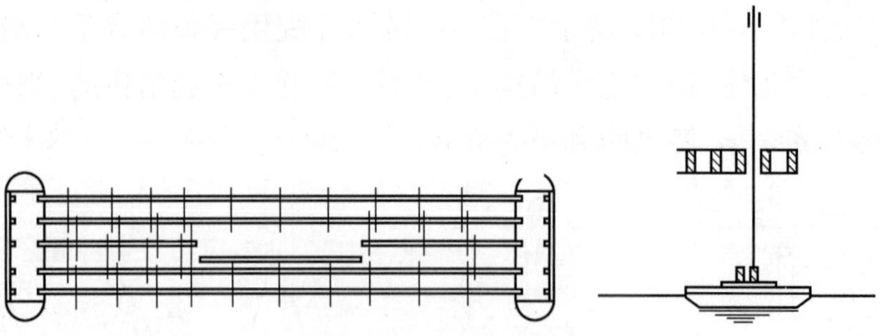

图6-2-19　穿孔

5)横移起吊

当主索布置在对中拱肋位置,不宜采用穿孔工艺起吊时,可以用横移索帮助拱肋横移起吊。

3. 拱肋缆索吊装程序

1)3段吊装程序

当拱肋分3段吊装,采用螺栓对接接头时,宜先将边段拱肋初步悬挂定位,调整扣索,使上端头高程比设计高程值高出 5～10cm；然后准确悬吊拱顶段，使两端头高程比设计值高出 1～2cm；最后放松两拱段扣索使其均匀下降与拱顶段合龙，安装接头螺栓。

当采用阶梯形搭接接头时，宜先准确扣挂两拱脚段，调整扣索使其上端头高程比设计值高出 3～5cm，再安装拱顶段使之与拱脚段合龙，如图 6-2-20 所示。

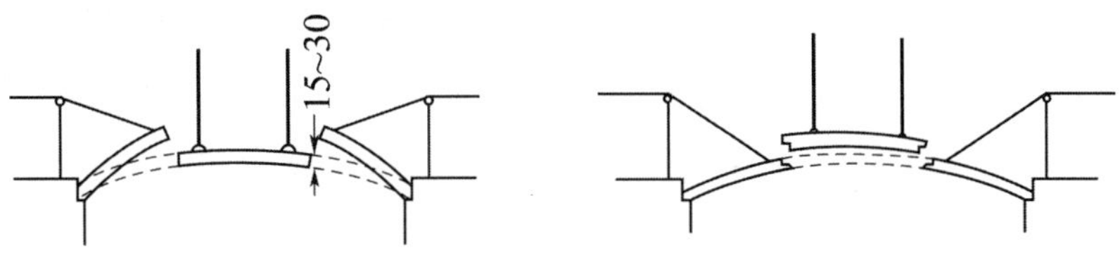

图 6-2-20　3 段拱肋吊装定位示意图（尺寸单位：cm）

2）5 段吊装程序

当拱肋分 5 段吊装时，边段拱肋悬挂就位的方法与 3 段吊装边段拱肋就位方法基本相同，定位后接头高程应较设计高程高 15～20cm。次边段与边段拱肋安装定位时，为了防止拱肋接头处开裂，要求在 2 台水准仪配合观测下，保持次边段的上端头抬高值约为次边段的下端头抬高值的 2 倍的关系，反复调整高程，使次边段定位完成后，$\Delta y_{下}$ 约为 5cm，$\Delta y_{上}$ 约为 10cm（$\Delta y_{上}$、$\Delta y_{下}$ 分别指次边段定位后上、下端头的预加高度）。拱顶段拱肋定位时准确悬吊拱顶段，使两端头高程比设计值高出 1～3cm，按照先边扣索、后次边扣索的松索顺序，两侧均匀对称地放松扣索，反复循环直到与拱顶段接头合龙。调整拱肋中线位置，偏差在 1～2cm 范围内，如图 6-2-21 所示。

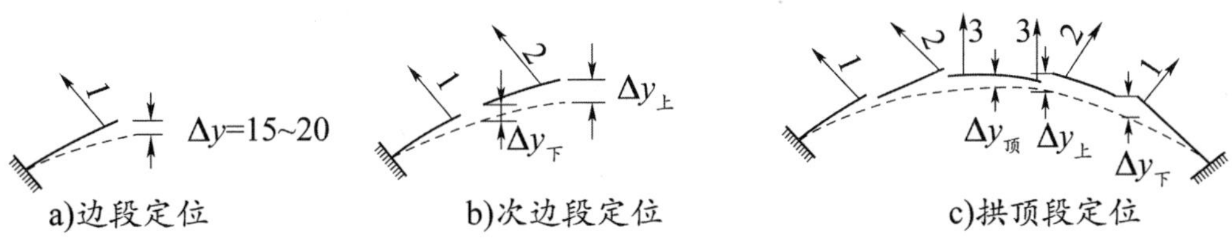

图 6-2-21　5 段拱肋吊装定位示意图（尺寸单位：cm）

1-边扣索；2-次边扣索；3-起重索

注：图 c）中 $\Delta y_{上}$（次边段）≈10cm；$\Delta y_{下}$（次边段）≈5cm；$\Delta y_{顶}$（拱顶段）：1～3cm。

3）拱肋松索成拱程序及注意事项

（1）松索调整拱轴线。调整拱轴线时应观测各接头点高程，拱顶及 1/8 跨径处截面高程。调整轴线时精度要求：每个接头点与设计高程之差不大于 ±1.5cm，两对称接头点相对高差不大于 2cm，中线偏差不超过 0.5～1.0cm，防止出现反对称变形，导致拱肋开裂甚至纵向失稳。松索成拱的操作方法是否正确，直接影响合龙后拱肋的拱轴线，必须认真、仔细操作。

（2）松索时应按边扣索、次边扣索、起重索三者的先后顺序对称均匀地进行。每次松索量以控制各接头高程变化不超过 1cm 为限。

（3）用铸铁楔、薄钢板嵌塞拱肋接头缝隙。

（4）拱肋松索成拱是一个反复循环的过程，将索放松压紧接头缝后，应再调整中线偏差到 0.5～1.0cm 以内，固定缆风索将接头螺栓旋紧。

(5)电焊各接头部件,全部松索成拱。电焊时,宜采取分层、间隔、交错施焊的方法,每层不可一次焊得过厚,以防灼伤周围混凝土。电焊后必须将各接头螺栓拧紧焊死。

(6)对于大跨径分5段或3段吊装的拱肋,在合龙成拱后,可保留起重索和扣索部分受力(称留索),待拱肋接头的连接工序基本完成后再完成松索。留索受力的大小取决于拱肋接头的密合程度和拱肋的稳定性。施工实践中,起重索受力一般保留在拱肋重力的5%~10%,扣索基本放松。

4. 拱肋的横向稳定措施和纵向稳定措施

在吊装过程中,为了减少拱肋的自由长度和增强拱肋的横向整体性,拱肋之间的横向联系是一项必不可少的施工措施。拱肋的横向稳定措施一般采用有横向稳定缆风索和横向联系的木夹板、木剪刀撑、钢筋拉杆、钢横梁和钢筋混凝土横系梁等形式,如图6-2-22~图6-2-24所示。当拱肋接头处可能发生上冒变形时,可在其位置下方设置下拉索来控制变形,下拉索一般对称布置,如图6-2-25所示。

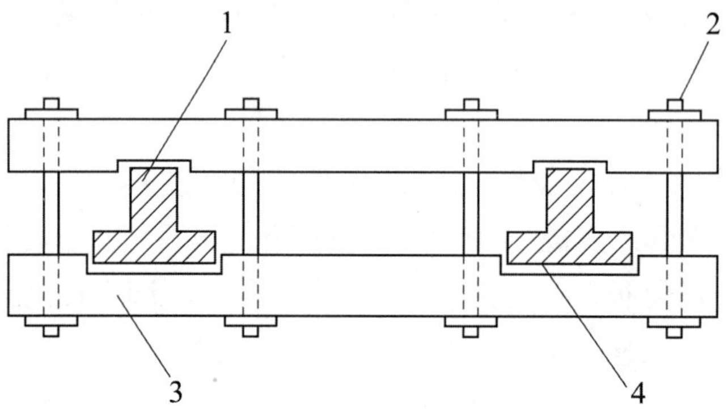

图6-2-22　拱肋间的横夹木构造

1-拱肋;2-螺栓;3-横夹木;4-砍口凹槽

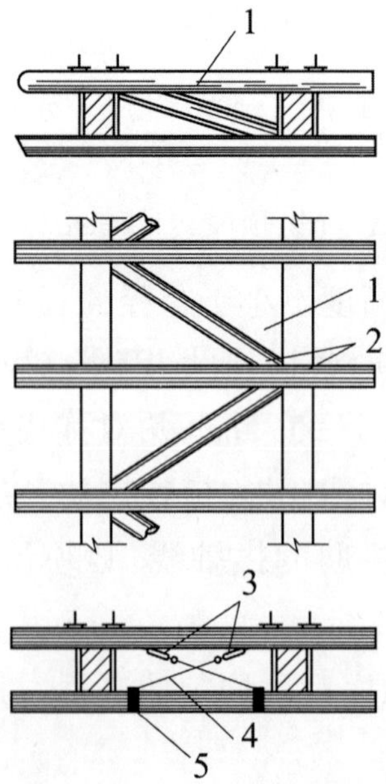

图6-2-23　木剪刀撑

1-圆木;2-马钉;3-花篮螺栓;4-拉杆;5-铅丝

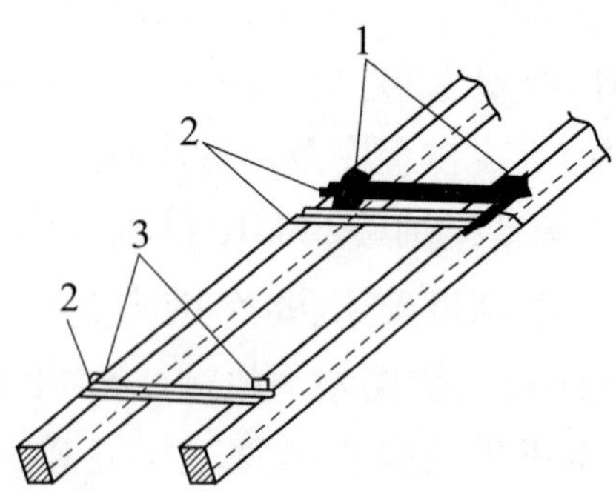

图6-2-24　钢横梁

1-拱肋接头处外露钢筋;2-临时焊接角钢;3-拱肋吊环钢筋

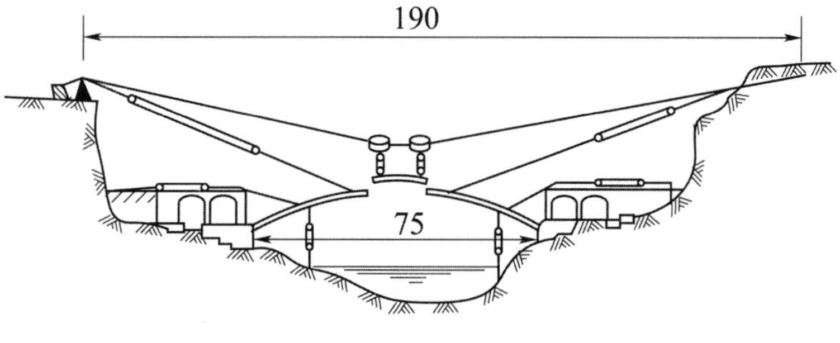

图6-2-25　拱肋下拉索布置图(尺寸单位:cm)

5.拱肋缆索吊装合龙方式

边段拱肋悬挂固定后,就可以吊运中段拱肋进行合龙。拱肋合龙后,通过接头、拱座的联结处理,使拱肋由铰接状态逐步成为无铰拱。因此,拱肋合龙是拱桥无支架吊装中一项关键工作。

拱肋合龙的方式比较多,主要根据拱肋自身的纵向与横向稳定性、跨径大小、分段多少、地形和机具设备条件等不同情况,选用不同的合龙方式。

1)单基肋合龙

拱肋整根预制吊装或分两段预制吊装的中小跨径拱桥,当拱肋高度大于(0.009～0.012)L(L为跨径),拱肋底面宽度为肋高的0.6～1.0倍,且横向稳定系数不小于4.0时,可以进行单基肋合龙。这时其横向稳定性主要依靠拱肋接头附近所设的缆风索来加强,因此缆风索必须十分可靠。这种方法多用在缆风索锚固在两河岸的单孔桥中。实践证明,只要拱肋有足够量的缆风索,一般情况下都可以采用单基肋合龙。

单基肋合龙的最大优点是所需要的扣索设备少,相互干扰也少,因此也可用在扣索设备不足的多孔桥跨中。在跨径较大时,第一片拱肋单肋合龙后,第二片拱肋也可以独立设置缆风索进行单肋合龙,待两片拱肋完成接头连接工序后,再将两片拱肋横向连成整体。跨径比较小的桥梁,则第二片拱肋可不设缆风索,利用木夹板与第一片拱肋横向联系即可。图6-2-26a)为单基肋合龙的缆风索布置示意图。

2)悬挂多段边段或次边段拱肋后单基肋合龙

拱肋分3段或5段预制吊装的大、中跨径拱桥,当拱肋高度不小于跨径的1/100且其单肋合龙横向稳定安全系数不小于4.0时,可采用悬扣边段或次边段拱肋,用木夹板临时连接两拱肋后,单根拱肋合龙,设置稳定缆风索,成为基肋。待第二根拱肋合龙后,立即安装两肋拱顶段及次边段的横夹木,并拉好第二根拱肋的风缆。如横系梁采用预制安装,应将横系梁逐根安上,使两肋及早形成稳定、牢固的基肋。其余拱肋的安装,可依靠与“基肋”的横向连接,达到稳定。悬挂多段边段或次边段拱肋后,进行单根肋合龙松索成拱的方法,如图6-2-26b)、c)所示。

3)双基肋同时合龙

当拱肋跨径大于等于80m,或虽小于80m但单肋合龙横向稳定安全系数小于4.0时,拱肋缆风索很长或缆风角度不好(一般要求每对风缆与拱肋轴线水平投影的夹角不小于50°)时,应采用“双基肋”合龙的方法。先将第一根拱肋合龙并调整轴线,楔紧拱脚及接头缝后,松索压紧接头缝,但不卸掉扣索和起重索,然后将第二根拱肋合龙,并使两根拱肋横向连接固定。拉好风缆后,再同时松卸两根拱肋的扣索和起重索,这种方法需要两组主索设备。

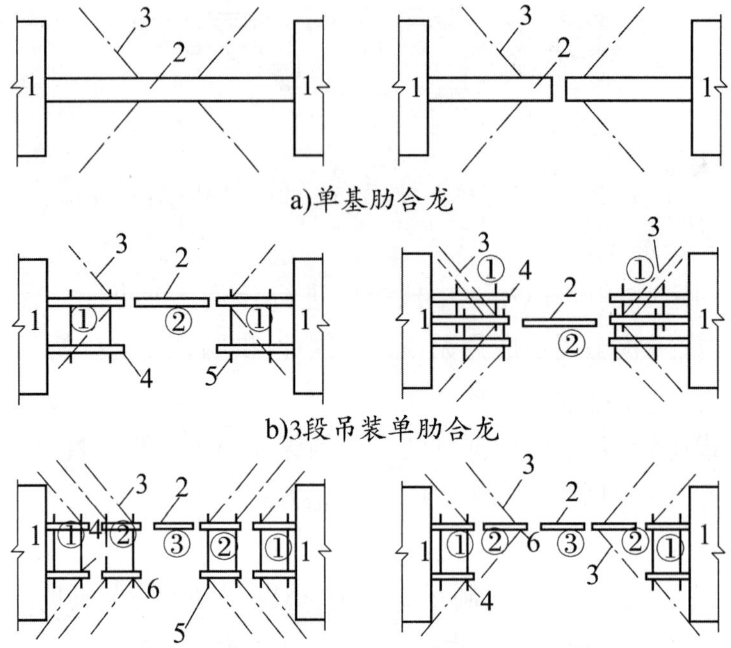

a)单基肋合龙

b)3段吊装单肋合龙

c)5段吊装单肋合龙

图6-2-26　拱肋合龙示意图(图中①②③为施工程序号)

1-墩台;2-基肋;3-风缆;4-拱脚段;5-横夹木;6-次拱脚段

4)留索单肋合龙

在采用两组主索设备吊装而扣索和卷扬机设备不足时,可以先用单肋合龙方式吊装一片拱肋合龙,待合龙的拱肋松索成拱后,将第一组主索设备中的牵引索、起重索用卡子固定,抽出卷扬机和扣索移到第二组主索中使用。等第二片拱肋合龙并将两片拱肋用木夹板横向联结、固定后,再松起重索并将扣索移到第一组主索中使用。

6. 拱上构件吊装

主拱圈以上的结构部分,均称为拱上构件。拱上构件的砌筑同样应按规定的施工程序对称均衡地进行,以免产生过大的拱圈应力。为了能充分发挥缆索吊装设备的作用,可将拱上构件中的立柱、盖梁、行车道板、腹拱圈等做成预制构件,用缆索吊装施工,以加快施工进度。

小贴士

郑皆连:成就现代拱桥中国"高度"

郑皆连院士,1941 年生于四川省内江市,路桥工程专家,一辈子都在与拱桥打交道,仅20 世纪七八十年代,就参与修筑大桥40 余座,长度达2 万多延米,当时70%的广西公路大桥都是采用他原创的技术修筑的。他主持建设的拱桥,不断刷新世界纪录,获得无数同行的赞赏与肯定。他穷尽一生,只为打造一张亮丽的中国拱桥名片。

1965 年,24 岁的郑皆连从重庆交通学院毕业,被分配到广西百色公路总段工作。那时候,传统拱桥的拱圈施工十分困难,施工过程中一直需要应用支架,但洪水一来就很容易把支架摧毁。能否不立支架也能把桥建起来?20 多岁的热血小伙儿,浑身有着使不完的干劲儿。突破难关、跨越极限,是从内心深处迸发的呐喊,一如他当初跨入这个行业的初心。随后的一千多个日夜,郑皆连只要没有任务,就在工地上转悠,也常在施工最危险处工作,目光总离不开那一座座拱架上的"半成品"。3 年后,27 岁的郑皆连,首创中国双曲拱桥无支架施工新工艺,解决了不立拱架修建拱桥的难题。他琢磨出了一套行之有效的方法——通过钢丝绳斜拉扣挂,松索合龙形成拱圈,即把传统的桥梁下方支架支撑转变为上方悬吊。后来,51 岁时他又设计了升级版——千斤顶钢绞线斜拉扣挂合龙松索工艺。前者适用于 100m 跨径以内拱桥,后者适用于 500m 跨径以内拱桥。

无支架施工成了传统拱桥与现代拱桥的分水岭,最直观的感受就是跨径有了质的飞跃。作为无支架施工工艺创新中的翘楚,郑皆连的这两项技术后续被应用于国内 80% ~90% 的现代拱桥。

1999 年,郑皆连当选为中国工程院院士,成为广西第一位,也是迄今为止广西唯一一位院士。

2018 年,广西平南三桥开工建设。然而,这座世界上最大跨径的拱桥在设计伊始,却几易设计稿——原设计推荐悬索桥,交通部门等审查单位又建议建成斜拉桥。经过多次走访调研,结合以往的造桥经验,郑皆连力排众议,向审查单位提出了拱桥方案。在当时看来,原定方案已板上钉钉,新的拱桥方案几乎没有任何希望,但郑皆连没有放弃,几度谏言。"第一,建成拱桥,刚度会比悬索桥、斜拉桥还要大。第二,拱桥造价比推荐的悬索桥少 9000 万元,而且拱桥维护费每年还比其他桥少 100 多万元。"后续,拱桥的方案被通过。2019 年末,世界拱桥大会之际,多位国外拱桥专家来到平南三桥施工现场,对该桥给予了很高的评价。

"如果想把一生都献给科技事业,就应树立终身奋斗的信念,善于发现需求,找准问题,然后持之以恒地研究。"郑皆连语重心长地鼓励年轻科技工作者,事实上,这也正是他自己一生恪守的信念和追求。

——(文章来自网络)

复习思考题

一、填空题

1. 拱架的种类很多,按其使用的材料可分为________、________、竹拱架、竹木混合拱架、钢木组合拱架及土牛拱胎等形式。

2. 扣件式钢管拱架一般由________、________、大横杆(顺桥轴线方向)、剪刀撑、斜撑、扣件和________组成。

3. 分3段吊装的拱肋,因接头处在自重弯矩较小的部位,一般宜采用________形式接头。

4. 为了暂时固定分段拱肋,在拱肋无支架施工中,边段拱肋及次边段拱肋均用________悬挂。

5. 拱肋的横向稳定措施一般采用有横向稳定缆风索和横向联系的________、________、钢筋拉杆、钢横梁和钢筋混凝土横系梁等形式。

二、选择题

1. 砌筑拱圈必须待砌筑砂浆强度达到设计强度的(　　)以后才能卸落拱架。

A. 50%　　B. 70%　　C. 85%　　D. 100%

2. 下列哪一个选项不属于木拱架的构造?(　　)

A. 拱盔　　B. 卸架设备　　C. 支架　　D. 扣件

3. 拱圈分段砌筑时,砌筑顺序为(　　),两半跨应同时对称地进行,最后砌筑拱顶石合龙。

A. 先砌拱脚段和拱顶段、后砌1/4跨径段

B. 先砌拱脚段和1/4跨径段、后砌拱顶段

C. 先砌1/4跨径段、后砌拱脚段和拱顶段

D. 先砌1/4跨径段和拱顶段、后砌拱脚段

4. 拱肋的分段,拱肋跨径在30~80m范围时,可分(　　)段。

A. 3　　B. 4　　C. 5　　D. 2

5. 松索时应按(　　)三者的先后顺序对称均匀地进行。

A. 边扣索、次边扣索、起重索　　B. 起重索、次边扣索、边扣索

C. 边扣索、起重索、次边扣索　　D. 起重索、边扣索、次边扣索

三、判断题

1. 堆放构件的场地应平整夯实,不致积水,当因场地有限而采用堆垛时,应设置垫木,一般以2层为宜。　(　　)

2. 主索系统试吊一般分跑车空载反复运转、静载试吊和吊重运行三个步骤,这三个步骤先进行哪个都可以。　(　　)

3. 主索系统试吊重物可以利用钢筋混凝土预制构件、钢轨和钢梁等,一般按设计吊重的60%、100%、130%分几次进行。　(　　)

4. 次边段与边段拱肋安装定位时,应保持次边段的上端头抬高值约为次边段的下端头抬高值的2倍关系。　(　　)

5. 拱肋松索成拱是一个一次完成的过程,所以必须认真对待。　(　　)

四、简答题

1. 拱架施工时,为什么要设置施工预拱度?

2. 拱圈分段砌筑时,如何分段?

3. 跨径与拱肋的误差如何调整?

4. 叙述拱肋缆索三段吊装程序。

5. 拱肋缆索吊装合龙方式有哪些?并简述各自的适用范围。

学习任务七

悬索桥施工

悬索桥是一种组合体系桥，由桥塔、索鞍、主缆索、吊索、索夹、加劲梁和锚碇等组成，主缆索是悬索桥的主要承重结构。本学习任务要求学生了解悬索桥的组成结构和构造特点，以及悬索桥的施工流程和施工方法，能通过查阅资料编制悬索桥的施工流程图，描述悬索桥施工质量控制要点。

学习活动一　悬索桥的结构形式和构造特点

学习目标

1. 能描述悬索桥的结构组成及每一个部分的功能和作用，并且能分析悬索的受力特点；
2. 能描述出悬索桥的分类；
3. 能描述悬索桥的主要优缺点。

建议完成本学习活动的时间为 4 课时。

学习情境描述

重庆市万州区地处长江中上游结合部、三峡工程库区腹地，濒临举世闻名的长江三峡，是四川省及重庆市通往长江中、下游的重要通道，素有"川东门户"之称，历来是渝东、陕南、鄂西、黔东北等地区的物资集散地和水陆交通枢纽，是长江流域的重要港口之一，川江第二大港。万州区上距重庆市主城区 327km，下距湖北省宜昌市 321km，距三峡大坝约 290km，境内公路交通较为完善，318 国道（上海—拉萨）从境内通过，另有万开路、万云路、万巫路等，将万州与国内其他地区的公路网连通，但运输标准相对较低。长江二桥的建设显得十分迫切重要，该大桥的建设是完成三峡库区万州移民搬迁、扩展移民安置容量、减轻动迁难度的重要设施，也是实施万州城市总体规划的重要组成部分，有利于拉开城市格局，扩大城市范围。万州长江二桥的建设对万州的经济建设带来新的发展机遇，具有重要的经济意义。该桥为大跨度悬索桥，工程规模大，技术要求高，受制约因素多，其设计具有显著技术特点，总投资 25487 万元。全桥长 1148.86m，桥宽 20.5m，主桥为 1 孔 580m 悬索桥，引桥为 7 孔跨径 40m 钢筋混凝土简支梁桥，双向 4 车道。主缆索采用二次抛物线线形，由 $\phi5.1$mm 高强预制镀锌平行钢丝束股组成，每根束股由 91 根钢丝组成，全桥为双面缆索，横向布置于两侧人行道以外，矢跨比采用 1/10.5，主缆安全系数采用 $K \geqslant 2.5$。全桥吊杆共 62 对，纵向间距为 9.2m，横向中心间距为 21.2m，由高强镀锌平行钢丝束股组成。索鞍包括塔顶主索鞍和锚碇处散索鞍两类,主体采用铸钢结构,索夹、索鞍及连接套筒等均采用铸钢结构,其中索夹分两片制造,安装中采用高强螺栓连接。桥塔采用钢筋混凝土门式框架结构,塔高130~170m,根据地质条件,基础均采用钻孔灌注桩。为有效控制工程投资,同时考虑地形地质条件,本桥锚碇采用隧洞式锚碇。主桥及引桥行车道板及人行道板等均以预制构件为主,以加快施工进度,方便施工质量控制。桥梁的设计图纸已经下发给施工单位,根据总工期的要求,项目部安排这座大桥施工的时间为2010年3月至2013年3月。

本学习活动要求学生通过教师讲解和自己查阅相关资料了解悬索桥的结构组成,能描述悬索桥的组成部件,以及各部件的功能和作用。

相关知识

一、悬索桥的结构形式

1. 悬索桥的结构组成(资源7-1-1、资源7-1-2)

悬索桥(图7-1-1),又名吊桥,是指以通过桥塔悬挂并锚固于两岸或桥两端的缆索(或钢链)作为上部结构主要承重构件的桥梁。其主缆索的几何形状由力的平衡条件决定,一般接近抛物线。主缆索通过索鞍悬挂于索塔并锚固于两岸或桥两端作为主要承重构件,一般由多股钢丝挤压而成,每股钢丝由多根钢丝组成。

资源7-1-1:主缆构造展示

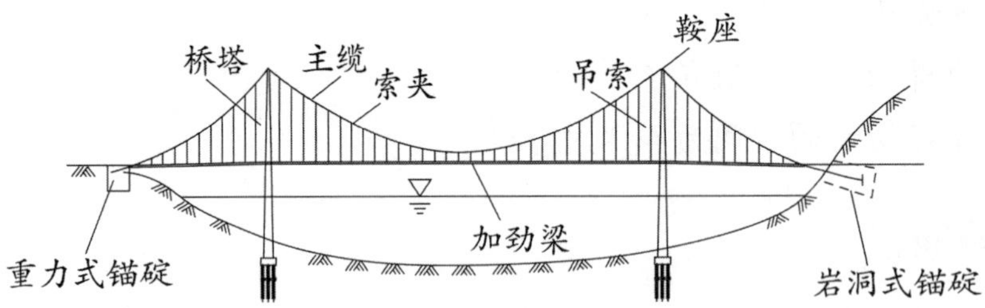

资源7-1-2:混凝土桥台展示

图7-1-1 悬索桥的结构组成

吊索是从主缆索垂下的缆索,把桥面吊住,吊索通过索夹与主缆索相连,将桥面结构的重力传递到主缆索上。

在桥面和吊杆之间常设置加劲梁,同缆索形成组合体系,以减小活载所引起的挠度变形。

索塔(又称桥塔)主要承受主缆索的压力,一般采用混凝土浇筑而成,也有部分桥梁采用钢结构索塔;在索塔的顶部设置有索鞍,用于支撑主缆索。

锚碇是主缆索锚固装置的总称,由水泥混凝土锚块(含钢筋)及支架、锚杆、鞍座(散索鞍)等组成。主缆索经过转向、展开、锚固等构件进入锚碇。

2. 悬索桥的分类

(1)按缆索体系,悬索桥可分为单跨、双跨、三跨以及多跨。

(2)按照主缆索的锚固方式,悬索桥可分为地锚式、自锚式。

(3)按照桥面系的刚度大小,悬索桥可分为柔性悬索桥和刚性悬索桥。柔性悬索桥的桥面系一般不设加劲梁,因而刚度较小,在车辆荷载作用下,桥面将随悬索形状的改变而产生S形的变形,对行车不利,但它的构造简单,一般用作临时性桥梁。刚性悬索桥的桥面用加劲梁加强,刚度较大。加劲梁能同桥梁整体结构一起承受竖向荷载。

3. 悬索桥各部件的作用

(1)桥塔:桥塔是支撑主缆索的重要构件,主缆索通过索鞍跨于其上。

(2)锚碇:锚碇是主缆索的锚固体,主缆索的丝股通过散索鞍分散开来锚于其中。通常采用重力式锚碇和岩洞式锚碇。

重力式锚碇依靠巨大自重来抵抗主缆索的垂直分力,水平分力则由锚碇与地基间的摩擦力或嵌固力来抵抗[图 7-1-2a)]。

岩洞式锚碇则是将主缆中的拉力直接传递给周围的基岩[图 7-1-2b)]。

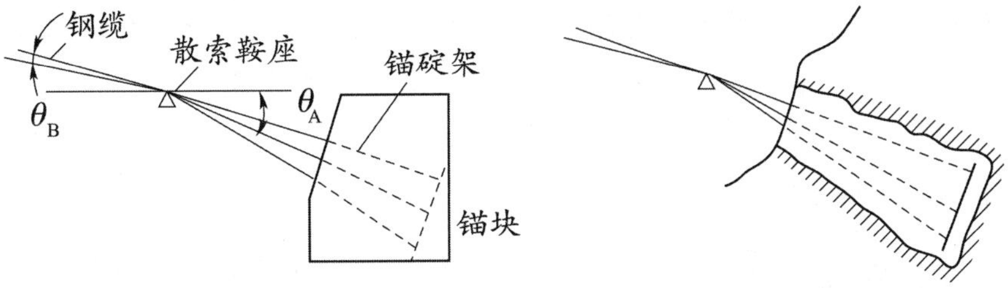

图 7-1-2　锚碇

(3)主缆:主缆是悬索桥的主要承重构件,由钢丝绳或平行钢丝组成。大跨径悬索桥普遍使用平行钢丝式,可采用预制平行钢丝索股架设方法,也可采用空中纺丝法架设。

(4)吊索:吊索是将活载和加劲梁的恒载传递到主缆索的构件,通过索夹将加劲梁悬挂在主缆索上。

(5)加劲梁:加劲梁的主要功能是提供桥面和防止桥面发生过大的挠曲变形和扭曲变形。

(6)鞍座:鞍座是支承主缆索的重要构件。

4. 世界排名前十的悬索桥(表 7-1-1)

世界排名前十的悬索桥　　表 7-1-1

序　号	桥　名	主跨跨径(m)	建成时间	所　在　地
1	明石海峡大桥	1991	1998 年	日本
2	武汉杨泗港长江大桥	1700	2019 年	中国武汉
3	舟山西堠门大桥	1650	2009 年	中国浙江
4	大带桥	1624	1996 年	丹麦
5	韩国李舜臣大桥	1545	2012 年	韩国
6	润扬长江大桥	1490	2005 年	中国江苏
7	南京长江四桥	1418	2012 年	中国江苏
8	亨伯尔桥	1410	1981 年	英国
9	江阴长江大桥	1385	1999 年	中国江苏
10	青马大桥	1377	1997 年	中国香港

注:本表按照主跨跨径长度大小顺序排名。

小贴士

表7-1-1中悬索桥的排名凸显了我国近30年桥梁建设方面的成就,代表了我国桥梁发展先进水平,更是我国国家综合国力的体现。"十三五"期间,依靠不断增强的综合国力和自主创新能力,我国桥梁设计、建设水平不断提升,武汉杨泗港长江大桥的建成标志着我国目前已有六座悬索桥跻身世界排名前十行列。习近平总书记强调"世界上没有坐享其成的好事,要幸福就要奋斗。"建设交通强国是新时代赋予交通运输行业的历史使命,是我们在新时代的新长征。作为新时代的"路桥人",逢山开路、遇水架桥,必须弘扬奋斗精神,以四方通达之追求,以上天入海之无畏,以一往无前之坚决,为早日建成交通强国贡献力量。

二、悬索桥构造特点

现代悬索桥是由索桥演变而来的,其结构形式是19世纪初发明的,适用范围以大跨度及特大跨度公路桥为主,是特大跨径桥梁的主要形式之一,如用自重轻、强度很大的碳纤维作主缆索,理论上其极限跨径可超过8000m。

悬索桥是以承受拉力的主缆索作为主要承重构件的桥梁,主缆索一般用抗拉强度高的钢材(钢丝、钢缆等)制作。悬索桥可以充分利用材料的强度,并具有用料省、自重轻的特点。因此,悬索桥在各种体系桥梁中的跨越能力最大,跨径可以达到1000m以上。1998年建成的日本明石海峡桥的跨径为1991m,是目前世界上跨径最大的悬索桥。相对于其他桥梁结构,悬索桥可以使用比较少的物资来跨越比较长的距离。悬索桥可以造得比较高,容许船在下面通过。在建造悬索桥时没有必要建造临时桥墩。因此,悬索桥可以跨越比较深的河谷或比较急的水流。

悬索桥的主要缺点是刚度小,在荷载作用下容易产生较大的挠度和振动,需注意采取相应的措施;悬索桥的坚固性不强,在大风情况下必须暂时中断交通;悬索桥的桥塔会对地面施加非常大的力,因此,假如地面本身比较软的话,桥塔的地基必须非常大和相当昂贵;悬索桥的主缆索锈蚀后不容易更换。

学习活动二　悬索桥的施工方法与工艺

学习目标

1. 根据任务要求,严格根据施工图和《公路桥涵施工技术规范》(JTG/T 3650—2020)进行悬索桥施工工艺流程图的编制;

2. 通过查阅验评标准描述悬索桥的验收项目与施工质量控制要点。

建议完成本学习活动的时间为6课时。

学习情境描述

重庆市万州长江二桥设计为一座悬索桥,通过学习活动一,学生已经对其结构组成和受力特点有了一定的了解,设计图纸已经下发给施工单位,根据总工期的要求,项目部安排这座大桥施工的时间为2010年3月至2011年10月共20个月。

项目负责人(教师)派单,由施工人员(学生)在规定时间内完成该桥的详细施工方案,并严格按照设计图纸和《公路桥涵施工技术规范》(JTG/T 3650—2020)分工合作讨论实施完成,施工方案编写完毕后交由项目负责人验收。

相关知识

悬索桥的施工顺序是锚碇、桥塔、主缆索、吊索、加劲梁,施工需要的机械、技术和工艺相对较简单。结构的线形主要取决于主缆索线形和吊杆长度,因而施工控制相对比较简单。

一、锚碇施工

锚碇主要由锚块、锚杆、鞍座等组成。锚块的主要功能是容纳锚碇的锚固系统、传递主缆索拉力到岩体,其形式可分为隧道式(又称岩洞式)和重力式锚碇施工两种。

锚杆的主要作用是作为开挖的初期支护、加强锚体、作为岩体间的连接、提高锚洞周围开挖扰动带的强度,同时利用锚杆孔完成对锚体围岩的灌浆。其设置应根据锚洞围岩整体结构连续性状况及锚洞围岩普遍存在的松弛圈厚度范围,并结合力学分析的结果综合确定。鞍座直接承受由主缆索作用于散索鞍的压力,并传递到基岩层上。

1. 隧道式锚碇施工

隧道式锚碇可分为隧道式预应力岩锚锚碇和隧道式普通混凝土锚碇。

若锚碇处有坚实岩层靠近地表,修建隧道锚有可能比较经济,但隧道锚有传力机理不明确的缺点。

1)适合建造隧道锚的锚址地质条件的特点

(1)锚址区的地质条件应是区域稳定的。锚址区不应有滑坡、崩塌、倾倒体及层间滑动等区域性地质灾害存在,不应有深大断裂带通过。

(2)锚址区的岩体应具有较强的整体性。锚址区的岩体不应存在较多的裂隙、层理等地质构造,这些构造降低了岩体的整体性,对控制隧道锚的变位极为不利。

(3)锚址区的岩体应具有较高的强度。由于隧道锚的承载能力与岩体的强度密切相关,故要求锚址区的岩体应具有较高的强度以达到隧道锚的承载要求。

2)隧道式锚碇施工

(1)隧道锚孔宜采用破碎法施工,在成孔过程中注意对钻孔深度和孔空间轴线位置的检查和记录。达到设计深度后,用洁净高压水冲洗孔道并采用有效方法将钻渣掏出。

(2)锚索下料时宜采用砂轮机切割。穿束时必须设置定位环,保证锚索在孔中位于对中位置,同时注意避免锚索扭转。

(3)锚杆就位后应及时进行压浆。

3)隧道式锚碇混凝土施工要求

(1)锚体混凝土必须与岩体结合良好,宜采用自密实型微膨胀混凝土,确保混凝土与周围基岩紧密黏结。

(2)洞内应具备排水和通风条件。

2. 重力式锚碇施工

当采用重力式锚碇时,若锚址区有坚实基岩层靠近地表,应让锚块嵌入基岩,使位于锚块前的基岩凭借承压来抵抗主缆索的拉力,如广东汕头海湾大桥就是利用两岸山体岩层来抵抗主缆索拉力;若锚址区坚实基岩层位于桥面之下深度30~50m,可修建直接坐落在基岩上的锚块;若坚实基岩层埋置更深,而设计意图是使荷载完全传至该持力层,则必须设置沉井、沉箱、大直径桩(含斜桩)等深基础,这样的锚碇造价是比较昂贵的。

1)锚碇锚固体系施工

(1)型钢锚固体系施工

①所有钢构件、锚杆、锚梁制造时应严格按设计要求进行抛丸除锈、表面涂装和无破损探伤等工作。出厂前应对构件连接进行试拼,其中应包括锚杆拼装、锚杆与锚梁连接、锚支架及其连接系平面试装。

②锚杆、锚梁制作及安装精度应符合表7-2-1的要求。

锚杆、锚梁制作及安装精度要求 表7-2-1

项目		规定值或允许偏差
锚杆制造(mm)	长度	±3
	高度	
	宽度	
支架安装(mm)	中心线偏差	±10
	横向安装锚杆之平联高差	−2,+5
锚杆安装(mm)	*X*轴	±10
	*Y*轴	±5
	*Z*轴	±5
后锚梁安装	中心偏位	5mm
	偏角	符合设计要求
漆膜厚度		不小于设计要求

(2)预应力锚固体系施工

①预应力张拉与压浆工艺应符合相关规范要求,锚头要安装防护套,并注入保护性油脂。

②加工件必须进行超声波和磁粉探伤检查。

③预应力锚固系统施工精度应符合表7-2-2的要求。

预应力锚固系统施工精度要求　　表7-2-2

项　　目	规定值或允许误差	项　　目	规定值或允许误差
拉杆张拉力	符合设计要求	拉杆轴线偏位(mm)	5
前锚孔道中心坐标(mm)	±10	连接器轴线偏位(mm)	5
前锚面孔道角度(°)	±0.2		

2)锚碇体混凝土施工

(1)大体积混凝土配合比设计原则：

①采用低水化热品种的水泥，不宜采用初出炉水泥。

②尽量降低水泥用量，掺入质量符合要求的粉煤灰和矿粉，粉煤灰和矿粉用量一般分别为胶凝材料用量的30%左右，水泥用量为40%左右。大体积混凝土可按60d龄期的抗压强度进行配合比设计。

(2)采取适当措施降低混凝土混合料入仓温度。对准备使用的集料采取措施避免日照，采用冷却水作为混凝土的拌和水。一般选择夜晚温度较低时段浇筑混凝土。

(3)在混凝土结构中布置冷却水管，设计好水管流量、管道分布密度，混凝土初凝后开始通水冷却，以减低混凝土内部温升速度及温度峰值。进出水温差控制在10℃左右，水温与混凝土内部温差不大于20℃。混凝土内部温度经过峰值开始降温时停止通水，降温速度不宜大于2℃/d。

(4)大体积混凝土浇筑工艺应遵循以下原则：

①大体积混凝土宜采取水平分层浇筑施工。每层厚度应视混凝土浇筑能力、配合比水化热计算及降温措施而定，混凝土层间间歇时间宜为4～7d。

②如需要竖向分块施工，块与块之间应预留后浇湿接缝。槽缝宽度宜为1.5～2m。槽缝内宜浇筑微膨胀混凝土。

③每层混凝土浇筑完后应立即遮盖塑料薄膜减少混凝土表面水分挥发。当混凝土终凝时可掀开塑料薄膜在顶面蓄水养护。当气温急剧下降时须注意保温，并应将混凝土内表温差控制在25℃以内。

锚碇混凝土施工精度应符合表7-2-3的要求。

锚碇混凝土施工精度要求　　表7-2-3

项　　目		允许偏差(mm)
混凝土强度(MPa)		在合格标准内
锚碇结构轴线偏位	基础	20
	锚面槽口	10
断面尺寸		±30

续上表

项　　目		允许偏差(mm)
基础底面高程	土质	±50
	石质	+50，-200
顶面高程		±20
大面积平整度		8
预埋件位置		符合设计要求

二、索塔施工

1. 塔身施工

索塔塔身一般采用翻模法分段浇筑,在主塔联结板的部位要注意预留钢筋及模板支撑预埋件。索塔塔身的施工控制主要是垂直度监控。每段混凝土施工完毕后,在第二天早晨8:00—9:00间温度相对稳定时,利用全站仪对塔身垂直度进行监控,以便调整塔身混凝土施工。应避免在温度变化剧烈时段进行测试,同时随时观测混凝土质量,及时对混凝土配合比进行调整。为便于塔柱内通风,宜在上、下游塔柱两侧壁上沿高度方向每隔10~15m设置通风孔。

索塔施工完成后,应测定裸塔倾斜度、塔顶高程及索塔中心线里程,并做好沉降、变位观测点标记。在塔顶位置预留主索鞍钢隔栅安装槽口。

索塔的施工精度要求见表7-2-4。

索塔施工精度要求　　表7-2-4

项　　目	规定值或允许偏差(mm)
混凝土强度	在合格标准内
塔柱底水平偏位	10
倾斜度	塔高的1/3000,且不大于30或设计要求
外轮廓尺寸	±20
壁厚	±5
索鞍底板面高程	+10,0
预埋件位置	5

2. 索鞍施工

1)索鞍安装

索鞍是专供悬索绕过塔顶的支撑并使主缆索平顺地改变方向的结构。索鞍安装包括散索鞍安装和主索鞍安装。散索鞍虽然属于锚碇的一部分,但是要和主索鞍一起安装调整。

索塔塔身浇筑完成后,应检查顶面高程。符合设计要求后,清理表面,准备安装索鞍。索鞍由索座、底板、索盖部分组成。索鞍既可以整体吊装,也可以分块吊运后再组装。索鞍安装应严格控制索鞍横向轴线偏差、高程偏差,并要求鞍体底面与底座密贴,四周缝隙用黄油填实。

检查钢板顶面高程,符合设计要求后,清理表面和四周的销孔,吊装就位,对齐销孔使底座与钢板销接。在底座表面进行涂油处理,安装索鞍主体。索鞍整体吊装和就位困难,可用吊车或卷扬设备分块吊运组装。索鞍安装误差控制在精度要求范围内。吊装入座后,穿入销钉定位,要求鞍体底面与底座密贴,四周缝隙用黄油填实。

主索鞍底座钢隔栅、散索鞍底座安装调整完成后,必须进行全桥联测检查,确认无误后方能灌注底座下的混凝土。

2)索鞍安装实测项目。

(1)索鞍安装精度要求见表7-2-5。

主索鞍安装实测项目及精度要求 表7-2-5

项　目	规定值或允许偏差(mm)	项　目	规定值或允许偏差(mm)
纵向最终偏差	符合设计要求	高程	+20,0
横向偏位	±10%	四角高差	2

(2)散索鞍安装实测项目及精度要求见表7-2-6。

散索鞍安装实测项目及精度要求 表7-2-6

项　目	规定值或允许偏差(mm)	项　目	规定值或允许偏差(mm)
纵、横向偏位	5	竖向倾斜角度	符合设计要求
高程	±5		

三、主缆索施工

主缆索是悬索桥的主要受力构件,一般由多股钢索挤压而成。为确保主缆索受力均匀,主缆索每股钢索必须与基准索保持平行。在架设过程中必须妥善保护主缆索,不得损坏主缆索钢丝。对于目前通用的平行钢丝束主缆索,主要有两种架设方法,空中编缆法(AS)和预制平行索股法。

主缆索施工时需要架设循环索作为主缆索索股牵引的动力,架设猫道作为主缆索施工的操作平台,一般主要施工工序如下。

1.建立牵引系统,架设猫道

1)牵引系统

牵引系统是悬索桥主缆索猫道施工和主缆索架设过程中必不可少的临时结构,宜结合工程特点、工期要求、施工安全、施工人员工艺水平及经济技术指标等因素,综合统筹选定牵引系统的技术结构类型。

当采用往复运行方式时,卷扬机应采用双摩擦卷筒无级调速,以便主副卷扬机收放协调。索股卷筒正常间距宜为8m左右,在索鞍位置适当加密。

2)施工猫道设计

(1)作为主缆索施工操作平台,猫道设计线形应与主缆架设线形保持一致,猫道面层距主缆空载中心线形下方1.5m为宜;猫道结构设计、计算荷载应与主缆架设施工方法相对应;猫道面层净宽宜为3~4m,左右对称于主缆中心线布置;猫道扶手高宜为1.2~1.5m。

(2)主缆索施工采用空中编缆低强度法进行索股编丝时,猫道必须设置特定垂度的控制索,通过张拉控制索补偿猫道因部分钢丝荷载作用引起的挠度。

(3)猫道的抗风稳定措施要针对桥位地理环境、气候条件进行设计。

①当桥下航道级别较高时不宜设抗风缆时,应适当增加两猫道间的横向天桥以增强抗风稳定性。

②跨山谷或桥下航道级别较低时宜设抗风缆以增强抗风稳定性。

③在沿海地区,猫道架设至主缆索安装完成的时间段应尽量避开台风期,否则需做好抗台风预案。

(4)施工猫道承重绳强度计算。

(5)猫道风荷载及稳定性分析。

通过猫道断面节段模型三分力测力风洞试验,获得猫道三分力系数试验数据,根据桥位处的地形、周边环境及风参数数据,确定桥位处的设计基准风速、阵风风速,进行猫道结构动力特性分析及静风稳定性验算。

(6)猫道承重绳锚固系统要有足够的调整范围,以满足悬索桥在不同施工阶段的垂度要求,承重绳每端锚固系统宜设±200cm以上的调节长度。

(7)猫道面层由承重网、步行网及防滑方木组成。承重网有3种材料可供选择:钢丝扣网、S形钢丝编织网、钢丝焊网。

3)猫道构件制作

猫道承重索可采用钢丝绳、平行钢索或钢绞线,对于大跨径悬索桥一般采用钢丝绳。承重绳制作须执行《公路悬索桥吊索》(GB/T 39133—2020)的相关规定。

4)猫道架设

(1)先导索架设一般有船舶牵引、直升机牵引、热气球(氢气球)牵引及火箭牵引等方法,应充分考虑桥位地理、地形条件并选择切合现场条件的方法。

(2)中跨承重绳宜采用托架法架设。上、下游猫道承重绳架设应保持基本同步,数量差不宜超过1根。

(3)猫道面层连同横向天桥从塔顶向跨中、锚碇方向铺设,设辅助钢丝绳避免面层接头断裂。铺设过程中设牵引及反拉系统,防止面层下滑失控而出现事故。

(4)中跨、边跨猫道面层的架设进度,要以索塔两侧的水平力差异不超过设计要求为准。

(5)在架设过程中须监测塔的偏移量和承重绳的垂度。

5)猫道改挂

(1)主缆随着加劲梁吊装加载,线形不断发生变化,猫道线形也要跟随协调变形,为此在加劲梁吊装之前必须把猫道分段悬挂于主缆上,分2~3次放松承重绳锚固调节系统,使其不呈悬链线受力状态。

(2)猫道改挂前必须拆除横向天桥。

(3)悬挂点须对应在猫道底梁处,间距不宜超过24m。

6)猫道拆除

(1)主缆防护工程、检修道安装完成,可进行猫道拆除工作。

(2)猫道拆除前检查承重绳锚固系统,适当收紧承重绳调节系统,使其回到悬链线受力状态。

(3)拆除顺序:分节段拆除面层、底梁,当每根承重绳完全独立后,逐根下放到桥面回收。

(4)面层、底梁拆除顺序:中跨从塔顶向跨中方向,边跨从塔顶向锚碇方向。

(5)猫道拆除时应采取适当措施保护吊索、主缆索和桥面铺装,避免伤及已施工完成的结构。

2. 主缆索股牵引

(1)索股放索工艺应和索股预制时的包装工艺相匹配。

(2)成盘制索采用水平轴放索,应采取适当措施避免出现"呼啦圈"现象,影响索股架设质量。

(3)放索牵引过程中必须专人跟踪牵引锚头,沿线设观察点监视索股,发现问题及时采取措施加以纠正。

(4)牵引最初几根时,宜压低牵引速度,注意检查牵引系统运转情况,对关键部位进行调整后,方能转入正常架设工作。

(5)牵引过程中发现绑扎带连续两处被绷断时,应停机进行修补。

(6)索股锚头牵引到位,在卸下锚头前须把索股临时固定,防止滑移。索股后端宜施加反拉力。

(7)索股两端的锚头引入锚固系统前,须将索股理顺,对鼓丝段进行梳理,不许将其留在锚跨内。

3. 单端冷铸锚头的制作

(1)严格控制锚杯内灌注的锌铜合金配合比及纯度。

(2)钢丝索股端头和锚杯在浇铸台垂直固定,将插入锚杯部分的索股钢丝呈同心圆散开,然后先清除其油污、锈蚀,保持均匀间距,同时清洗锚杯内壁。

(3)钢丝索股插入锚杯后,应保持丝股中心与锚杯中心完全一致,并保证钢丝的任何部位不与锚杯接触。

(4)锚杯下的钢丝索股垂直长度应不小于1600mm,弯曲半径应大于1290mm。

(5)锚杯下口应用石棉或耐火泥充分密封,以保证注入的合金不从下口漏出。

(6)锌铜合金的熔化温度不得高于600℃,灌注锌铜合金前应将锚杯预热至(150 ± 10)℃,灌注容器预热至200℃以上,以保证锌铜合金灌注温度为(460 ± 10)℃。

(7)将合金注入锚杯时,应避免任何振动,浇铸应一次完成,不得中断。

(8)锚杯内合金浇铸应密实、无气孔,浇铸量为每只锚杯实际容量的92%以上。

(9)索股与锚杯端面的垂直度应控制在90° ±0.5°。

(10)锚头及浇铸的合金完全冷却后,按图纸要求的荷载,在锚铸体后端顶压,持续5min,卸压后测量索股的外移量,外移量小于5mm为合格。否则,应将注入的合金熔化,重新进行浇铸。只允许进行1次重新浇铸。

(11)为便于索股的架设,在锚头顶面用红色油漆为钢丝索股编号。

4. 整形入鞍

(1)在索鞍区段内的索股从六边形断面整理成矩形,其钢丝在矩形断面内的排列应按既能顺利入鞍槽又使空隙率最小的原则整理。整形过程应在索股处于无应力状态下使用专用的整形器进行。整形完毕的索股方能放入鞍槽,并用木块楔紧。整形时应保持钢丝平顺,不能交叉、扭转,不允许损伤钢丝。

(2)索股横移时,须将索股从猫道滚筒上提起,确认全跨径的索股已离开猫道滚筒后,才能横向移到索鞍的正上方。横移时拽拉量不宜过大,任何人不允许站在索股下方。

5. 线形调整

(1)索股锚头入锚后进行临时锚固。为便于夜间调整线形,应给索股一定的抬高量(一般为200~300mm),并做好编号标志。

(2)索股线形调整应按下列要求执行:

①垂度调整必须在夜间温度稳定时进行。

a. 绝对垂度调整(对基准索股高程的调整):应测定基准索股下缘的高程及跨长、塔顶高程及变位、主索鞍预偏量、散索鞍预偏量、主缆垂度和高程、气温、索股温度等值后,经计算决定其调整量。基准索股高程必须连续3d在夜间温度稳定时进行测量,3次测出结果误差在容许范围内时,取3次的平均值作为该基准索股的高程。

b. 相对垂度调整:指一般索股相对于基准索股的垂度调整,按与基准索股若即若离的原则进行调整。

②温度稳定的条件为:长度方向索股的温差$\Delta t \leqslant 2$℃;横截面索股的温差$\Delta T \leqslant 1$℃。

(3)垂度调整精度标准如下:

①索股高程允许误差:基准索股中跨跨中$\pm L/20000$(L为跨径);

②边跨跨中为中跨跨中的2倍;

③上、下游基准索股高差10mm;

④一般索股(相对于基准索股)-5mm,10mm。

(4)调整好的索股不得在鞍槽内滑移。

(5)索力的调整以设计提供的数据为依据,其调整量应根据调整装置中测力计的读数和锚头移动量双控确定。其精度要求为:实际拉力与设计值之间允许误差为设计锚固力的3%。

6. 主缆索定型

(1)预紧缆应在温度稳定的夜间进行。预紧缆时宜把主缆索全长分为若干区段分别进行,以免钢丝的松弛集中在一处。索股上的绑扎带采用边紧缆边拆除的方法,不宜一次全部拆除。预紧缆完成处必须用不锈钢带捆紧,保持主缆索的形状,不锈钢带的距离可为5~6m,预紧缆目标空隙率宜为26%~28%。

(2)正式紧缆宜用专用的紧缆机把主缆整成圆形。其作业可以在白天进行。正式紧缆的方向宜从跨中向塔柱方向进行。当紧缆点空隙率达到设计要求时,在靠近紧缆机的地方打上两道钢带,其间距可取100mm,带扣放在主缆索的侧下方。紧缆点间的距离约1m。

(3)正式紧缆质量控制:

①空隙率须满足设计要求,空隙率偏差为±2%。

②不圆度(紧缆后主缆索横径与竖径之差)不宜超过主缆索设计直径的5%。

7. 主缆索防护

(1)主缆索防护应在桥面铺装完成后进行。

(2)防护前必须清除主缆索表面灰尘、油污和水分等污物,临时覆盖,待对该处进行涂装及缠丝时再揭开。

(3)主缆索涂装应按涂装设计进行。

(4)缠丝工作宜在二期恒载作用于主缆索之后进行,缠丝材料以软质镀锌钢丝为宜。缠丝工作应由电动缠丝机完成。

①缠丝总体方向宜由高处向低处进行,而两个索夹之间则应从低到高,以保证缠丝的密实程度。

②缠丝始端应设法嵌入索夹内不少于2圈(或按设计要求),并施加固结焊。

③节间内钢丝需要焊接时,宜用闪光对接焊。钢丝缠绕中须保持设计张力,缠绕应紧密均匀,电源应稳定。

④缠丝终端应设法嵌入索夹端部槽内并予固结焊,以免松弛。

⑤一个节间内缠好的钢丝宜用固结焊固结。对接钢丝除施加对接焊外,需采用固结焊固结。

8. 主缆索钢丝索股检验

1)原材料检验

(1)钢丝检验:

①钢丝供货厂家在供货前应按图纸规定尺寸及标准对钢丝进行检验,交货时应提供相应的检验报告。

②在使用前应对钢丝进行抽样检验,抽样数为每批的5%,检验项目为抗拉强度、延伸率、伸直性及全部钢丝的外观,其技术条件应符合规范的规定。

③制造钢丝索股过程中不得损伤钢丝表面镀锌层。

(2)锚具检验:

①锚具全部配件的所有指标均应符合图纸规定。

②每一锚具均应经探伤检验,并出具检验报告、材料合格证书及成套产品质量保证单、流水号和原材料力学性能指标。

(3)锚具铸体材料应有材质的证明材料和合格证书。

2)钢丝索股成品检验

(1)成形后的平行钢丝索股的钢丝应排列紧密、顺直、无错位。其长度制作精度应在1/15000以上。

(2)抽样测量外形尺寸应在索股内两端距锚口220mm之内进行。

(3)标准长度钢丝和定位标志钢丝位置正确,且未发生转动和扭绞。

(4)平行钢丝索股锚具铸体应进行下列质量检验:

①每根平行钢丝索股在出厂前必须进行铸体质量检验,并符合规范要求。

②锚具顶压前所有计量器具均应进行计量鉴定。

③锚具顶压的压缩位移量小于规定值。

④锚具套筒内的螺纹完好无损。

(5)平行钢丝束与锚具端面的垂直度检验时,置角尺于锚具上端面,以平行钢丝索股为基准面,测量另一直角边与锚具端面外口的距离,换算成角度,其结果应满足90°±0.5°规定。

(6)必要时增加锚具剖面检查。

四、索夹与吊索施工

1. 索夹安装

(1)索夹安装前须测定主缆的空缆线形,对原设计的索夹位置进行确认。当温度稳定时在空缆上放样定出各索夹的具体位置并编号,清除索夹位置处主缆索表面的油污及灰尘,涂上防锈漆。

(2)索夹在运输和安装过程中应注意保护,防止碰伤及损坏表面。

(3)索夹安装方法应根据索夹结构形式、施工设备和施工人员经验确定。当索夹在主缆上精确定位后,即紧固索夹螺栓。

(4)紧固同一索夹螺栓时,须保证各螺栓受力均匀,并按3个荷载阶段(索夹安装时、钢箱梁吊装后、桥面铺装后)对索夹螺栓进行紧固,补足轴力。索夹位置要求安装准确,纵向误差不应大于10mm。

2. 吊索安装

(1)运输、安装过程中保证吊索不受损伤。

(2)安装时须采取措施,防止吊索扭转。

五、加劲梁施工

悬索桥加劲梁多采用钢桁架,其架设方式也像钢桁架桥那样,在每一梁段拼好以后,立即将其与对应的吊索相连,使其自重由吊索传给主缆索。悬索桥加劲梁架设时一般采用缆载起重机、缆索起重机、大型浮式起重机进行架设。缆载起重机由主梁、端梁及各种运行、提升机构组成。起重机在主缆索上运行及工作,故主梁的跨度为两主缆索的中心距,并且起重机运行机构必须能跨越索夹障碍。在索塔附近架梁时,由于主缆索存在较大倾斜,起重机应设置与索夹相对固定抱紧的机构,以承受起吊时产生的下滑力。缆索起重机主要由起重小车、承重索、牵引索等组成。起重机架梁前需要在两侧索塔上架设起重机所需要的承重索及牵引索。承重索承受起重小车及加劲梁的重力,由牵引索承受吊梁时的下滑力并牵引起重机行走。三种架设方法相比而言,大型浮式起重机由于受环境因素、通航条件等条件限制,架设时使用比较少。缆索起重机架设前需要架设大量承重索及牵引索,使得架设成本大幅提升。缆载起重机由于直接支撑在主缆索上,既节约成本,也方便架梁,因此广泛用于悬索桥加劲梁的架设,但架梁时应注意主缆索的保护。加劲梁架设时既可以从索塔向跨中架设,也可以从跨中向索塔架设。从索塔侧开始吊装的优点是施工比较方便;缺点是桥塔两侧的索夹首先夹紧,此时主缆索形状与最终几何线形差别最大,因而主缆索中的次应力较大。而从跨中向索塔方向架设,其优点是在架设索塔附近的加劲梁段时,主缆索线形已非常接近其最终几何形状,此时将桥塔附近的索夹夹紧,主缆索的永久性角变位最小;缺点是如果边跨较长,为避免塔顶产生过大的纵向位移,应从两岸向桥塔方向同时吊装边跨梁段。例如,广东汕头海湾大桥采用由索塔向跨中架设的方案，而虎门大桥吊装次序则是先吊跨中段，再从跨中对称向两桥塔前进，直至合龙。当加劲梁的重力作用到主缆索上时，主缆索的形状将改变，所以在吊装过程中，上缘一般都顶紧而下缘张开，直至全部吊装完毕下缘才闭合。一般的做法是：在架设的开始阶段，使各梁段在上缘铰接，而使下缘张开，待加劲梁架设使得主缆索线形比较接近最终线形时，再将这一部分梁段下缘强制闭合。

1. 加劲梁组装

加劲梁组装精度应满足设计要求，当设计中无规定时，可按表 7-2-7 的要求执行。

加劲梁组装精度要求　　表 7-2-7

简　　图	项　　目	允许偏差(mm)
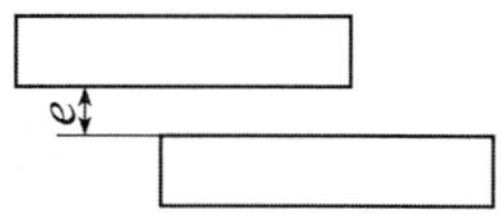	搭接接头的间隙	0.2
	接合的错位	小于 $t/5$，且不大于 4（t 为板厚）
—	横向构件与理论线位置偏差	±2
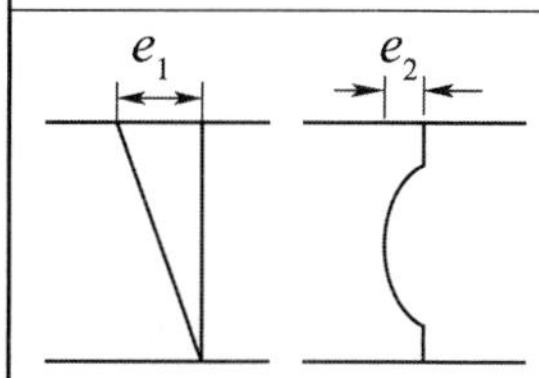	纵隔板和横隔板垂直度 e_1 和平面度 e_2	$e_1 \leq 3$ $e_2 \leq 4$
—	纵向构件与理论线位置偏差	±1
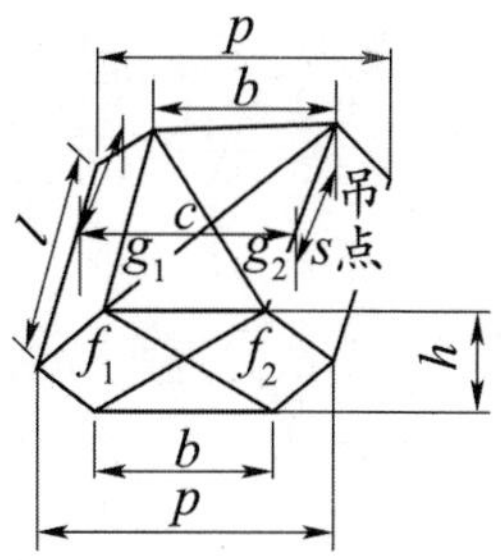	一般箱形梁节段的外形尺寸	b：±3 p：±3 l：±2 c：±2 s：±2 h = ±2（端口处） h = ±4（其他） $\lvert f_1 - f_2 \rvert \leq 4$ 吊点四角平面度小于或等于 5 $\lvert g_1 - g_2 \rvert \leq 5$

2. 试拼装

（1）钢梁应按拼装图进行厂内试拼装，试拼不少于 3 个节段，按架梁顺序进行试拼装。

（2）试拼装前，应认真做好各项准备工作，仔细检查试拼装胎位、工具、仪器及吊具是否完好和安全可靠。

（3）依据设计图及工艺文件核对每个零件、部件、梁段，不允许使用未经检验或不合格的零部件及梁段参加厂内试拼装。

3. 成品

(1)成品梁段基本尺寸允许偏差应符合表7-2-8的要求。

梁段验收允许误差　　表7-2-8

项目		允许误差(mm)
名称	范围	
跨度(L)	L为3段试拼装时最外两吊点的中心距(m)	±(5+0.15L)
	分段时两吊点中心距	±2
全长	分段累加总长	±20
	分段长	±2
盖板宽	盖板单元纵向有对接时的盖板宽	±1
	箱梁段的盖板宽	±3
旁弯	桥面中心线在平面内的偏差,L为3段试拼装长度(m)	3+0.1L,最大12
	单段箱梁	≤5
拱度	L为跨度或试拼装匹配时3段的长度(m)	超过设计的,+(3+0.15L),最大12 不足设计的,-(3+0.15L),最大6
工地对接板面高低差	安装匹配件后板面高差	≤1.5

(2)钢梁成品应由工厂检验部门进行全面检查、验收,并与建设单位(业主)委派的质量监理工程师共同确认,合格后方可填发产品合格证。

(3)成品移交用户时,工厂应提供下列文件:

①产品合格证。

②完工图。

③工厂内试拼装记录。

④焊缝重大修补检验记录。

4. 钢箱梁安装

(1)待索夹、吊索安装完毕并做好前期准备工作后方可进行吊装。

(2)安装钢箱梁的起重机可选用卷扬机提升跨缆起重机或液压提升跨缆起重机,启用前必须进行试吊。

(3)吊装方法可根据以下情况选定:

①如能将梁段运至吊点位置处,可采用垂直起吊法架设。

②因河床的限制,梁段不能运至吊点正下方时,可将起重机偏位将梁段垂直起吊,然后

纵向牵引箱梁就位。

(4)吊装过程应符合下列规定:

①吊装过程必须严格遵守高空作业及水上作业的安全规定。

②吊装过程应观察索塔变位情况,应根据设计要求和实测塔顶位移量分阶段调整索鞍偏移量,以保证工程质量和施工安全。

③安装前应确定安装顺序,一般可以从中跨跨中对称地向两边进行,安装完一段跨中梁段后,再从两边跨对称地向索塔方向进行。

④钢箱梁水上运输必须由有经验的人员担任。架设前,宜进行现场驳船定位试验,以保证定位精度。

⑤各工作面上,吊装第二节段起须与相邻节段间预偏一定间隙(0.5~0.8m),至高程后,牵拉连接,避免吊装过程与相邻节段发生碰伤,影响吊装工作顺利进行。

⑥安装合龙段前,必须根据实际的合龙长度,对合龙段长度进行修正。

(5)调试和定位。

①在节段吊装过程中应对箱梁节段接头进行测试,并随时拧紧定位临时螺栓。

②当节段吊装超过一定数量时,跨中段的挠度曲线趋于平缓,接近设计要求,此时可对该接头进行定位焊,随节段吊装的增加,其他节段的挠度曲线将逐渐趋于平缓,其他节段接头也将就位,可实施定位焊。

(6)工地焊接。

①工地焊接应做工艺评定,并严格按工地焊接工艺进行工地焊接。

②工地焊缝焊接前应用钢丝砂轮进行焊缝除锈,并在除锈后24h内进行工地焊接。

③焊接前应检查接头坡口、间隙和板面高低差是否符合要求,同时检查环境是否满足工地焊接的环境要求,如不满足应采取措施。工地焊接环境要求:风力<5级;温度>5℃;湿度<85%。另外,雨天不能进行工地焊接(箱内除外)。

④工地接头焊接时,应注意温度变化对接头焊接的影响。安装时须有足够数量的固定点并保证足够的强度。当工地焊缝形成并具有足够的刚度和强度时,方能解除安装固定点,防止焊缝裂纹及接口处错边量超差。

⑤箱内焊接须有通气排尘措施,钢桥上应有安全用电措施,确保施工安全。

⑥桥面板和桥底板应使用单面焊双面成形技术,其他结构应尽可能采用高效焊接以减少焊接变形。当箱内采用CO_2气体保护焊时,应采取通风防护安全措施。

⑦为控制变形,应对施焊顺序进行控制,横向施焊顺序宜从桥面中轴线向两侧焊接,并尽量做到对称施焊。

⑧工地焊接接头应进行100%的超声波探伤,其中抽其30%进行X光探伤拍片检查,当有一片不合格时则对所有焊接接头进行100%的X光拍片。

⑨纵向加劲肋的对接接缝只做超声波探伤。

(7)工地涂装。

①工地焊接后应按防腐设计要求进行表面处理。

②工地焊接的表面补涂油漆应在表面除锈24h内进行,分层补涂底漆和面漆,并达到设

计的漆膜总厚度。

③根据技术文件的要求,工地焊接完成后,应按涂装工艺文件的要求涂箱外装饰面漆。

(8)钢桁架梁安装。

①悬臂吊装时,可先利用塔顶的吊装设备安装好靠塔柱的节段,再在桁梁上安装移动式悬臂起重机,利用移动式悬臂起重机从塔柱往主跨跨中及锚碇方向对称均衡地将桁梁安装到位。

②对于桁梁节段重量较轻者,也可采用缆索吊装。

(9)钢加劲梁安装质量检验。

钢加劲梁安装应按表7-2-9的要求进行质量检查。

钢加劲梁安装后的允许偏差 表7-2-9

项　　目	规定值或允许偏差(mm)
吊点偏位	20
箱梁或桁梁顶面高程在两吊索处高差	20
相邻节段匹配高差	2
吊索防护	符合设计要求
箱梁或桁梁段工地连接	符合规范和设计要求
箱梁或桁梁工地防护	符合设计要求

六、悬索桥施工工艺流程

悬索桥施工一般分为下部工程和上部工程。先施工的下部工程包括锚碇基础、锚碇体和桥塔桩基础。上部工程包括主塔工程、主缆工程和加劲梁工程。图7-2-1所示为悬索桥上部工程的施工流程。

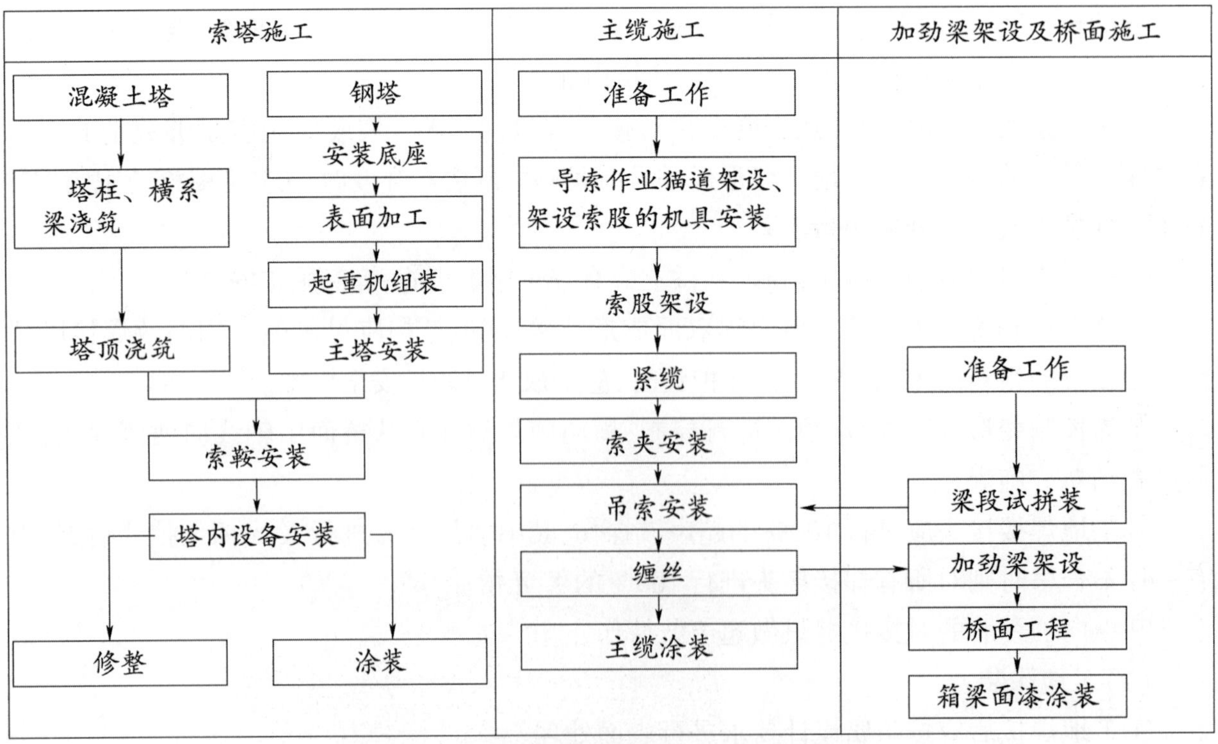

图7-2-1　悬索桥上部工程施工流程图

表7-2-10所列为悬索桥施工工序图解。

悬索桥施工工序图解 表7-2-10

工　　序	图　　解
锚碇施工： 悬索桥锚碇施工特点为混凝土数量特别大；持续时间长，施工期近一年，经历一年中的最高温季节和最低温季节；锚碇大体积混凝土的施工有难度	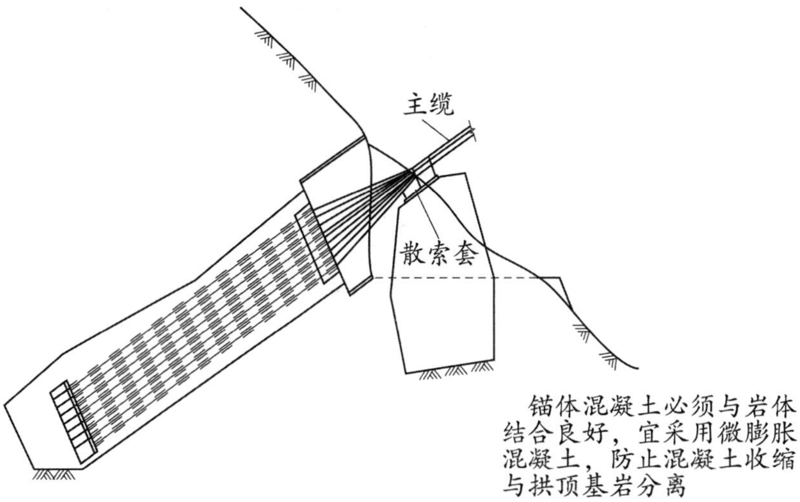 岩洞式地锚
索塔施工： 主塔施工过程中，应控制好倾斜度、塔顶高程等指标，按设计规定留压缩量	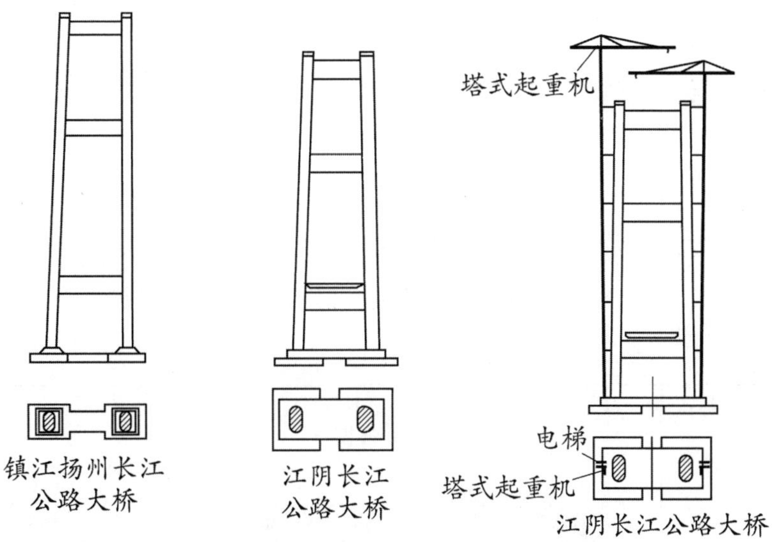 镇江扬州长江公路大桥　江阴长江公路大桥　江阴长江公路大桥
索鞍吊装： 采用特别设计的塔顶起重机吊装，该起重机应能保证鞍座分次吊装上主塔顶并移动安装就位	

续上表

工　　序	图　　解
主缆索架设	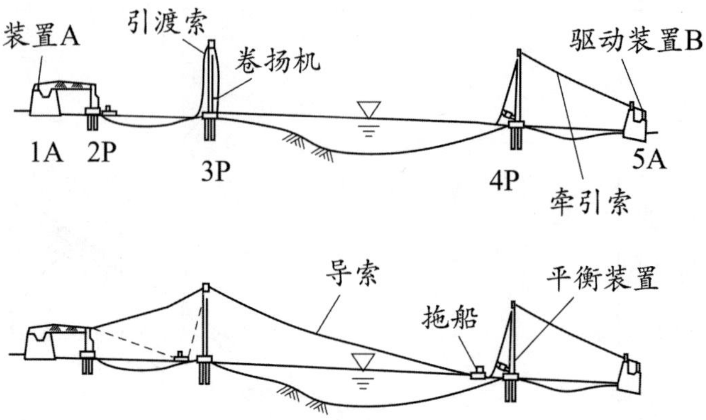
主缆与吊索通过索夹连接	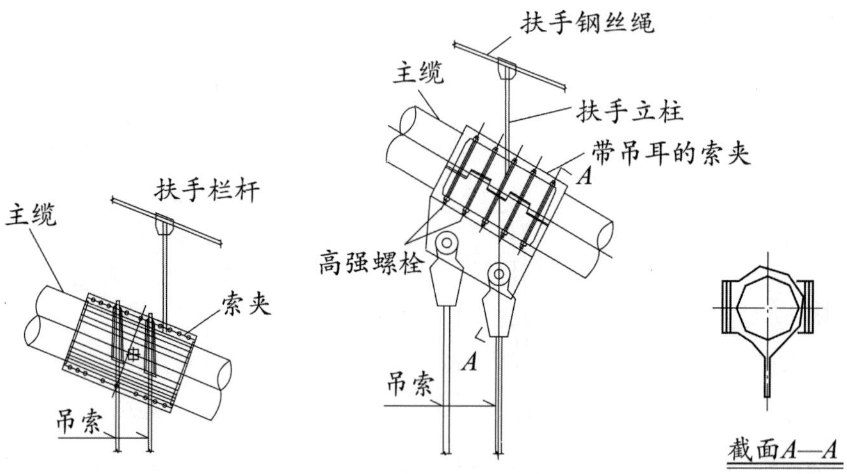 a)吊索绕置于索夹的凹槽内　b)吊索用钢销与索夹连接
吊索与加劲梁连接	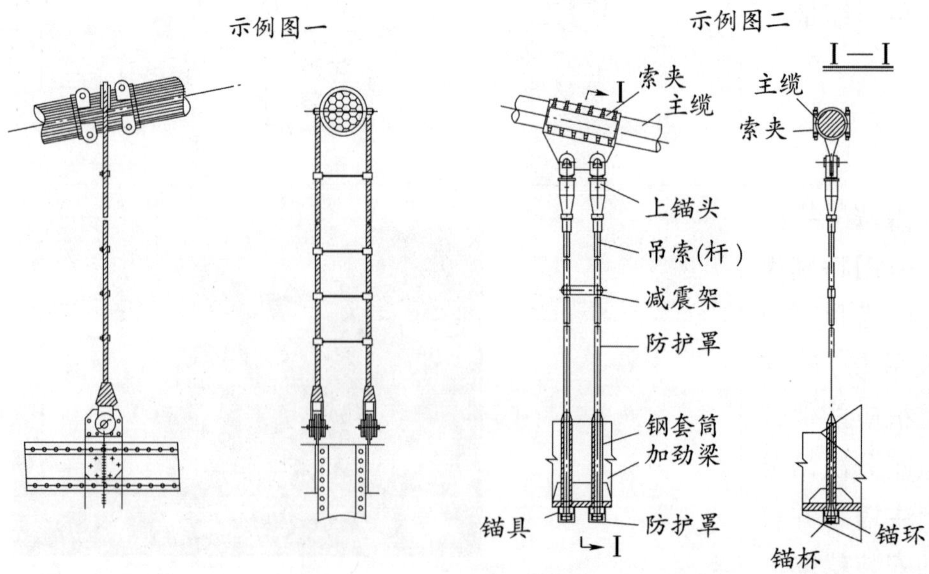

续上表

工　　序	图　　解
加劲梁安装	钢加劲箱梁示例断面 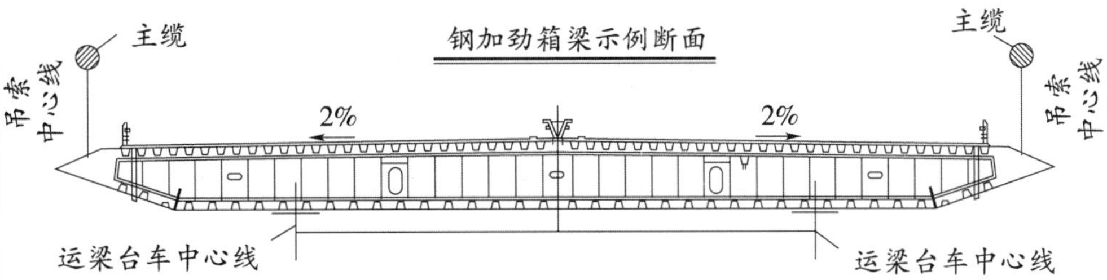 钢加劲桁梁示例构造图 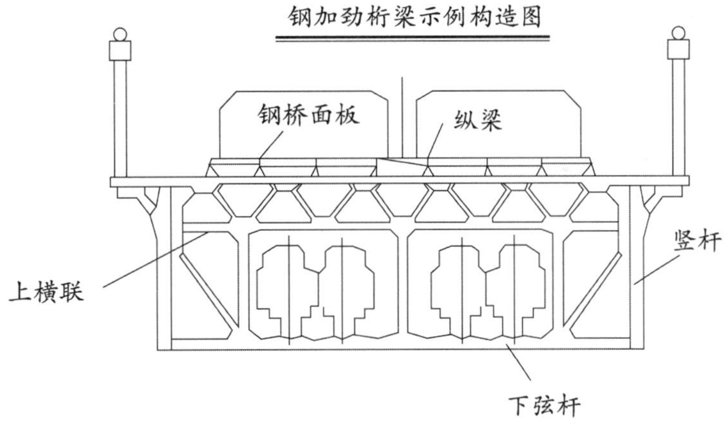 混凝土加劲箱梁示例断面 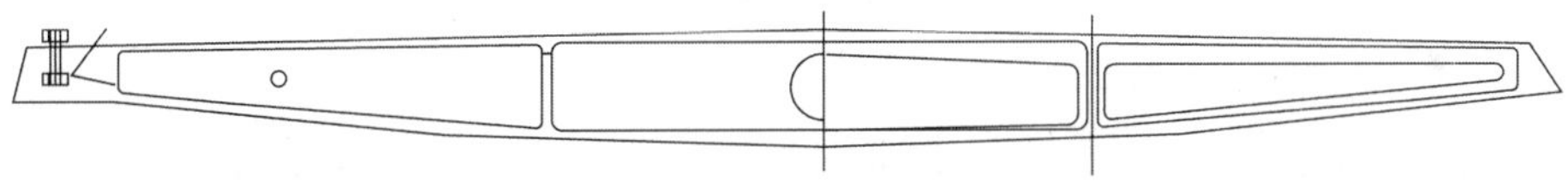
悬拼起重机安装主梁	   
桥面铺装	—

操作实训

制作悬索桥模型

各小组用简单工具和材料制作一个悬索桥的模型,并标出各部位名称。

1. 安全教育

正确使用刀、剪子等工具,注意避免利器割伤。不要在实训室玩耍打闹,遵守实训纪律,避免其他人身伤害。

2. 实训目的及要求

学生小组通过查阅资料,搜索悬索桥的相关图片,利用简单的材料制作悬索桥的桥梁模型。要求学生能够初步认识悬索桥的上、下部构造,了解专业知识,建立起初步的工程意识。目的是激发学生对专业后续课程的求知欲,为学习专业课奠定感性认识的基础。使学生进一步了解路桥专业,培养学生热爱专业,增加学习和从事本专业的自信和自豪感。

3. 实训准备工作(场地布置、实训所用器材)

全班在桥梁模型室分6个小组进行,小组人员做好分工,先确定以哪一座桥作为原型,再确定制作悬索桥模型所用的各种材料和工具。上网搜索尽可能多的有关这座桥梁的施工图片,掌握桥梁结构组成,尽量在模型中将桥梁的结构全部体现。

4. 操作步骤(实训操作程序、操作方法、实训组织与实施)

各小组编制桥梁模型制作方案、计划、人员分工,经指导教师审查后执行。

小组成员按照计划进行桥梁模型的制作,制作过程中可以进行小组间交流,教师要及时巡回指导,避免不必要的重复工作,避免材料的浪费。

按时完成模型制作,上交老师,如需修改,可按老师规定时间限时修改完善。

5. 注意事项

实训前做好充分的准备工作。注意保护环境,不要乱丢纸屑等垃圾。做好收尾工作,检查清点并归还工具和剩余材料。各小组学生互相配合,团结协作。

6. 质量验收及评定或实习报告、实训总结

每组上交悬索桥模型后,先由小组长进行互评,然后教师进行认真评定,每位学生上交一份实训总结,写出这次实训的心得体会。

复习思考题

一、填空题

1. 悬索桥按照主缆索的锚固方式可分为________、________。
2. 悬索桥由主缆索、________、锚碇、吊索、桥面系等部分组成。
3. 悬索桥的主塔一般较高,大部分采用________施工。

4. 锚碇主要由________、锚杆、鞍座等组成。

5. 桥墩按其构造可分为实体墩、________、柱式墩、框架墩等。

6. 悬索桥加劲梁架设时，一般采用缆载起重机、________、大型浮式起重机进行架设。

二、选择题

1. 悬索桥的(　　)通过索鞍悬挂于索塔并锚固于两岸(或桥两端)，作为主要承重构件。

A. 主梁　　B. 主缆索　　C. 吊索　　D. 索鞍

2. 索塔塔身的施工控制主要是(　　)监控。

A. 垂直度　　B. 高程　　C. 强度　　D. 稳定性

3. 为便于塔柱内通风，宜在上、下游塔柱两侧壁上沿高度方向每隔(　　)m 设置通风孔。

A. 8 ~ 12　　B. 10 ~ 15　　C. 12 ~ 16　　D. 20 ~ 30

4. 主缆索是悬索桥的主要受力构件，一般主要施工工序为(　　)。

①建立牵引系统、架设猫道；②主缆索股牵引；③单端冷铸锚头的制作；④整形；⑤线形调整；⑥主缆定型；⑦安装索夹、吊索；⑧吊杆的安装

A. ③①②⑥④⑤⑦⑧　　B. ⑦⑧①②④⑤③⑥

C. ①②③④⑤⑥⑦⑧　　D. ①②④⑦⑤⑥⑧③

三、判断题

1. 悬索桥也叫吊桥。(　　)

2. 悬索桥的主要承重构件为梁、索、塔。(　　)

3. 悬索桥适用范围以大跨度及特大跨度公路桥为主。(　　)

4. 悬索桥的主要缺点是刚度小，在荷载作用下容易产生较大的挠度和振动，需注意采取相应的措施。(　　)

5. 悬索桥是跨越能力最大的桥型。(　　)

四、简答题

1. 简述悬索桥的结构部件。

2. 简述悬索桥各部件的作用。

3. 简要描述悬索桥的施工工序。

4. 简述悬索桥的主缆施工工序。

5. 索塔施工检测的项目有哪几项？

学习任务八

斜拉桥施工

斜拉桥作为一种拉索体系桥梁，比梁式桥的跨越能力更大，是大跨度桥梁的主要桥型之一。斜拉桥由索塔、主梁、斜拉索组成。索塔形式有A形、倒Y形、H形、独柱，材料主要有钢和混凝土。斜拉索布置有单索面、平行双索面、斜索面等。现代斜拉桥可追溯到1956年瑞典建成的斯特姆特(Stromsund)桥，主跨182.6m。历经半个世纪，斜拉桥技术得到空前发展，世界上已建成的主跨在200m以上的斜拉桥有200余座，其中跨径大于400m的有40余座。尤其20世纪90年代后，世界上建成的著名斜拉桥有法国诺曼底斜拉桥(主跨856m)、南京长江二桥南汉桥钢箱梁斜拉桥(主跨628m)以及1999年日本建成的当时世界最大跨度的多多罗大桥(主跨890m)等。

小贴士

我国大跨径斜拉桥的发展历程：1982年通车的济南黄河大桥将我国斜拉桥的跨径提升到220m；2008年建成的苏通长江大桥跨径突破1000m；2020年建成通车的主跨1092m的沪苏通长江公铁大桥，是我国自主设计建造的、世界首座跨度超千米的公铁两用斜拉桥，中国的超级工程领先世界。

学习活动一　斜拉桥组成、特点、适用范围

学习目标

1. 能描述斜拉桥的组成；
2. 能描述斜拉桥的特点；
3. 能说出斜拉桥的适用范围。

建议完成本学习活动的时间为2课时。

学习情境描述

中国至今已建成100多座各种类型的斜拉桥，其中有52座跨径大于200m。20世纪80年代末，我国在总结加拿大安那西斯桥建设经验的基础上，于1991年建成了上海南浦大桥(主跨为423m的结合梁斜拉桥)，开创了中国修建400m以上大跨度斜拉桥的先河。目前，我国已成为拥有斜拉桥数量最多的国家。一般说，斜拉桥跨径300~1000m是合适的，在这一跨径范围，斜拉桥与悬索桥相比具有较显著优势。斜拉桥是一个由索、梁、塔三种基本构

件组成的结构，又称斜张桥，属组合体系桥。斜拉桥可看作用拉索代替支墩的多跨弹性支承连续梁，可减小梁体内弯矩，降低建筑高度，减轻结构质量，节省材料。索承受巨大拉力，而塔、梁承受巨大压力，但塔的左、右水平力自我平衡。按主梁所用建筑材料可分为混凝土斜拉桥（主梁为预应力混凝土梁）、钢斜拉桥（主梁为钢梁）、结合梁斜拉桥（主梁为钢-混凝土结合梁，又称组合梁斜拉桥）、混合式斜拉桥（主跨为钢主梁、边跨为混凝土主梁）。由于斜拉桥的基本构件特征和结构形式各异，演变出花样繁多的斜拉桥桥型。本学习任务主要是认识斜拉桥的组成、特点、适用范围。

相关知识

一、斜拉桥的组成、适用范围

斜拉桥是由上部结构的索、塔、梁和下部结构的墩台、基础组成的组合体系桥梁（图 8-1-1）。一座斜拉桥通常包含许多根斜拉索，斜拉索的一端吊起梁，另一端直接连接到塔上。影响斜拉桥结构各部分荷载效应最根本的因素是梁、塔、索、墩之间的结合方式，不同的结合方式产生不同的结构体系。根据斜拉桥结构自身的特点和梁、塔、索、墩的结合方式，可将斜拉桥结构体系划分为 4 种：漂浮体系、支承体系、塔梁固结体系、刚构体系（图 8-1-2）。

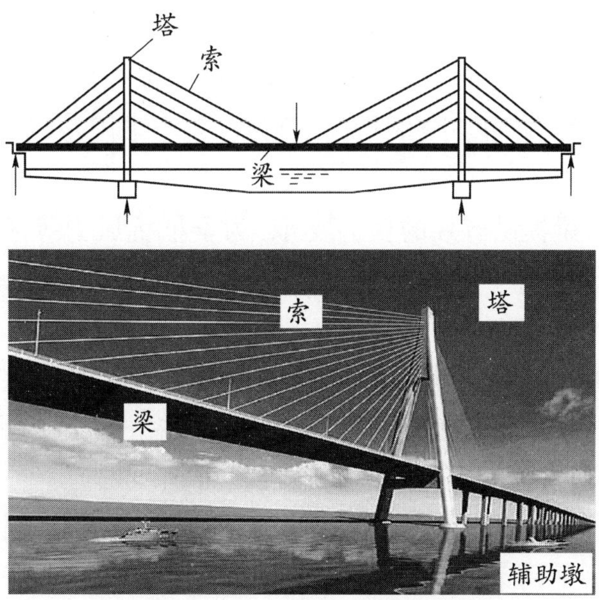

图 8-1-1　斜拉桥概貌

1. 漂浮体系

漂浮体系又称悬浮体系，该体系塔墩固结、塔梁分离，主梁除两端外全部用斜拉索吊起在纵向可稍做浮动，是一种具有多点弹性支承的单跨梁。

这种体系的优点是：主梁在顺桥向变形不受索塔约束，主梁水平荷载不直接传递给索塔，全跨满载时，索塔处主梁无负弯矩峰值；由于主梁可以随索塔的缩短而下降，所以温度、收缩和徐变内力均较小，在密索情况下，主梁各截面的变形和内力变化较平缓，受力较均匀；地震时允许全梁纵向摆荡周期运动，周期长，从而能抗震消能，因此地震烈度较高地区可考虑选择这类体系。

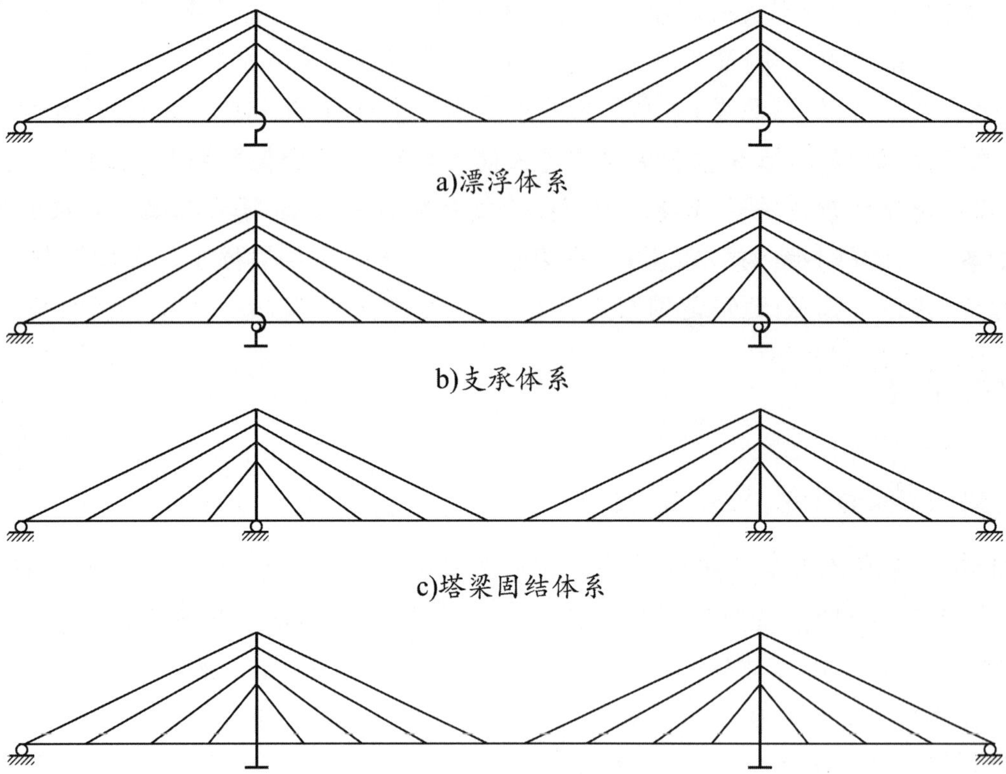

a)漂浮体系

b)支承体系

c)塔梁固结体系

d)刚构体系

图 8-1-2　斜拉桥的结构体系

这种体系的缺点是:结构刚度小,顺桥向变形较大;当采用悬臂施工时,索塔处主梁需临时固结,施工期间稳定性差。

另外,斜拉索不能对梁提供有效的横向支承,为了抵抗风力等所引起的横向摆动,必须增加一定的横向约束。

2. 支承体系

支承体系,又称半漂浮体系,该体系塔墩固结、塔梁分离,主梁在索塔处设置竖向支承,接近于在跨径内具有弹性支承的三跨连续梁。这种体系的主梁内力在索塔处产生急剧变化,出现了负弯矩尖峰,通常须加强支承区的主梁截面。

这种结构体系由于主梁支承在桥塔的横梁上,整体刚度比漂浮体系大。这种结构体系中,索塔对主梁的纵向水平约束刚度需根据结构受力要求通过试算确定,一般约束刚度越小,结构受到的水平地震作用也就越小,但顺桥向的水平变形增大。不足之处是刚度较大的支点使得主梁出现比较大的负弯矩,支承体系的主梁一般均设置活动支座,在横桥向亦需在桥台和索塔处设置侧向水平约束。

3. 塔梁固结体系

塔梁固结并支承在墩上,斜拉索为弹性支承,相当于梁顶面用斜拉索加强的一根连续梁。这种体系的优点是:减小了塔墩弯矩和主梁中央段的轴向拉力;缺点是:中孔满载时,主梁在墩顶处转角位移导致塔柱倾斜,显著增大主梁跨中挠度和边跨负弯矩;上部结构重力和可变作用反力都需由支座传给桥墩,这就需要设置吨位很大的支座。在大跨径斜拉桥中,这种结构体系可能要设置上万吨级的支座,支座的设计制造及日后的养护、更换均较困难。在跨径比较大的斜拉桥中不宜采用。

4.刚构体系

将斜拉桥的梁、塔、墩固结在一起,即可形成跨径内具有多点弹性支承的刚构体系。

这种体系的优点是:既免除了大型支座又能满足悬臂施工的稳定要求;结构的整体刚度比较好;主梁挠度小,结构维护容易。然而,刚度的增大是由梁、塔、墩固结处能抵抗很大的弯矩换取来的,因此这种体系必须加大固结处附近区段内主梁的截面。不足之处是:支点处主梁弯矩大,索塔还需承受很大的温度应力以及水平地震作用,故一般适用于结构温度应力不大的小跨径独塔斜拉桥。

二、斜拉桥的特点(资源8-1-1)

资源8-1-1:斜拉桥的特点

(1)鉴于主梁增加中间的斜拉索支承,弯矩显著减小,与其他体系的大跨径桥梁比较,斜拉桥的钢材和混凝土用量均较节省。

(2)斜拉索的预应力可以调整主梁的内力,使内力分布均匀合理,获得较好的经济效果,并且能将主梁做成等截面梁,便于制造和安装。

(3)斜拉索的水平分力相当于对混凝土梁施加的预压力,有助于提高梁的抗裂性能,可充分发挥高强材料的特性。

(4)结构轻巧,适用性强,利用梁、索、塔三者的组合变化做成不同体系,可适应不同地形与地质条件。

(5)建筑高度小,主梁高度一般为跨度的1/40~1/150,能充分满足桥下净空与美观要求,并能降低引道填土高度。

(6)与悬索桥比较,斜拉桥竖向刚度与抗扭刚度均较强,抗风稳定性要好得多,用钢量较少以及钢索的锚固装置也较简单。

(7)便于采用悬臂法施工和架设,施工安全可靠。

(8)斜拉桥属于超静定结构,计算复杂,施工中高空作业多,且技术要求严格。

(9)索与梁或塔的连接构造比较复杂,且缆索的防护、新型锚具的锚固工艺和耐疲劳问题都是需要研究的。

知识拓展

斜拉桥与悬索桥的比较

1)结构受力方面

悬索桥:主要靠主缆承受荷载,并通过主缆将拉力传给锚固体系,加劲梁仅仅起到局部承受荷载、传递荷载的作用;采用地锚时,加劲梁中不受轴向力作用,由加劲梁自重引起的恒载内力较小。

斜拉桥:由斜拉索与主梁共同承受荷载,斜拉索的纵桥向水平分力在主梁中引起较大的轴向力,恒载内力所占比重很大。悬索桥只有通过调整垂跨比才能改变主缆的恒载内力,而斜拉桥可直接通过张拉斜拉索就能调整索、梁的恒载内力。

2)材料方面

悬索桥(大跨度):加劲梁多采用自重较轻的钢材。

斜拉桥:主梁材料可以是钢、混凝土或钢-混凝土。

3)刚度方面

悬索桥:竖向刚度较小,且基本由主缆提供;调整其竖向刚度的方法主要靠调整主缆的恒载拉力。

斜拉桥:竖向刚度由斜拉索与主梁共同提供,相对于悬索桥而言,刚度可以较大;斜拉桥的主梁刚度对结构刚度的影响较大;改变斜拉桥的结构布置形式,可调整其竖向刚度。

4)施工方面

悬索桥:施工顺序是锚碇、桥塔、主缆、吊索、加劲梁,施工需要的机械、技术和工艺相对较简单;结构的线形主要取决于主缆线形和吊杆长度,因而施工控制相对比较简单。

斜拉桥:在施工中将发生多次的结构体系转换,必须严格控制结构的线形和拉索索力,施工控制较复杂,技术难度相对较大。

学习活动二 索塔施工

学习目标

1. 能描述斜拉桥索塔施工的起重设备;
2. 能描述斜拉桥索塔施工所用模板;
3. 能说出斜拉桥索塔施工混凝土浇筑流程。

建议完成本学习活动的时间为2课时。

学习情境描述

随着高速公路的迅猛发展,公路等级不断提高,斜拉桥、悬索桥等具有高墩、大跨径特点的桥梁被广泛应用到工程实际,同时也发挥了越来越重要的作用。索塔作为斜拉桥、悬索桥一个十分重要的组成部分,造价高昂、施工周期长,如何科学组织施工,优质高效地完成施工任务,具有十分重要的意义。

相关知识

一、起重设备

钢筋混凝土索塔的施工,属高空作业工艺,工作面小、施工难度大,实施方案中必须详细考虑材料设备的水上运输、垂直提升及安拆以及人员上下安全通道的布置等问题。目前大多数索塔施工起重设备均为塔式起重机辅以人货两用电梯,混凝土索塔的施工多采用塔式起重机施工法。

1. 选型原则

起重设备的选用应根据索塔的结构形式、规模及桥址地形等条件而定，起重设备的技术参数应满足索塔施工的垂直运输、起吊荷载及起吊范围的要求，并考虑安装、拆除操作简便、安全、经济等综合因素。对大型斜拉桥一般选用附着式塔式起重机并配以电梯的施工方法。索塔垂直时，可采用爬升式起重机，在规模不大的立塔结构中，也可采用简易的装配式起重机。这里着重介绍塔式起重机的布置与安装施工。

2. 塔式起重机的布置

塔式起重机的布置应根据索塔的结构形式和施工程序综合考虑，大体有如下几种方案：

(1)在索塔正面的任一侧设置一台塔式起重机，其位置距索塔横桥向中心线的距离，由塔式起重机吊臂操作范围和施工需要确定。该方案的优点是一次安装即可完成全塔施工，但需要主梁留孔，让塔式起重机立柱穿过，另需考虑拆除时的特殊设施和抗风措施。该方案适用于单柱式、双柱式、门式以及 H 形索塔。

(2)按前述方法先布置一台塔式起重机，待上横梁完成后，利用此塔式起重机再在上横梁上安装另一台。该方案的优点是塔式起重机的高度较小，稳定性好，但塔式起重机转换将影响工期，拆除也比较困难。该方案适用于有上横梁、高度较大的 H 形索塔。

(3)在索塔中心线的上游或下游水中布置一台塔式起重机，其优点是可一次安装完成全塔施工，且塔式起重机可牢靠地附着在索塔的侧面，但在一般情况下吊装的基础需另行设计和施工。该方案适用于双柱式、门式、A 形、倒 Y 形和钻石形索塔。

(4)按第一种方案设置塔式起重机，待主梁 0 号块完成后，利用此塔式起重机在 0 号块上安装另一台较小塔式起重机。其缺点是横梁上需预留孔，且拆除困难。该方案适用于双拉式、门式及 H 形索塔。

(5)对于主梁较宽的索塔，可在塔中线的上、下游各布置一台塔式起重机，以保证施工时能全方位开展起重作业。

3. 塔式起重机的安装、拆除及抗风措施

1)塔式起重机安装

塔式起重机的安装包括基础设置和塔式起重机自身的安装。塔式起重机的基础不论是设置在承台上还是在主梁 0 号块、上横梁或钢管桩平台上，均应考虑塔式起重机基础的构件预埋。施工时，先按塔式起重机基础节段的高程和螺栓孔位置预埋或安装地脚螺栓，并保证精度。底节安装时要求严格保证其水平度和垂直度。塔式起重机底节安装完成后，用浮式起重机或其他起重设备安装塔式起重机的其他部分。

2)塔式起重机的拆除

塔式起重机拆除时，一般均受到索塔、横梁和斜拉索的限制，故在塔式起重机布置及索塔施工时应预先确定塔式起重机的拆除方案，以便在索塔和主梁上预埋构件。

3)抗风措施

塔式起重机一般均随索塔的浇筑而不断升高，为保证其稳定性，需限制塔式起重机的自由长度，采取与塔壁附着措施。根据设计的高程和位置，在索塔外表面预埋钢板或螺栓，以便于副塔杆的连接。附着框架安装在塔式起重机标准节上，副塔杆一端与附着框架连接，一端与索塔预埋件连接。副塔杆和附着框架可利用厂家的标准件,也可自行加工。

二、模板

混凝土索塔现浇施工按模板的提升方法,可分为整体模板逐段提升法、翻模法、爬模提升法和滑模法四种。上述四种方法均可实现无支架施工。其中,爬模提升法在索塔施工中应用最广泛。四种提升方法的比较见表8-2-1。

四种提升方法比较 表8-2-1

施工方法	施工工序	优点	缺点	工程应用
整体模板逐段提升法	利用模板浇筑混凝土达到一定强度后,通过已浇筑混凝土上的钢骨架或专用立柱搭设起重横梁,通过横梁上的电动卷扬机等提升设备提升模板,再进行下一节段浇筑	施工简便,无须大型吊装设备,适合截面尺寸和节段长度相同的索塔	不适合截面尺寸变化较大、倾斜度较大的索塔,施工缝不易处理,预埋件多,索塔的外观质量不易保证	越南顺福大桥
翻模法	一般三节双面模板作为一个施工单元,把最下面的一层倒到上面进行混凝土浇筑,有的同时倒两层,最下面的一层作为受力层支撑上面的模板	索塔施工用得较少,高墩施工采用较多	施工进度慢,外观差,高空作业安全性低,需要大型起吊设备,只能在等截面塔柱上施工	厦门海沧大桥
爬模提升法	混凝土达到一定强度后脱模,用附设在模板结构上的提升装置,把模板提升到下一个灌注高度,逐层向上浇筑	兼有滑模和翻模优势,施工安全,质量可靠,降低劳动强度,适用范围广	施工速度较慢	苏通大桥、黄埔大桥
滑模法	滑模只做一层模板,混凝土达到一定强度后,模板在与混凝土保持接触、相互摩擦的情况下,逐步整体提升	施工速度快,劳动强度小	技术要求高,施工控制复杂,外观质量较差	赣江大桥

三、混凝土施工

混凝土的施工包括原材料的计量以及混凝土的搅拌、运输、浇筑和混凝土养护等内容。

1. 原材料计量

各种计量器具按计量法的规定定期检定，保持计量准确。在混凝土生产过程中，应注意控制原材料的计量偏差。对集料的含水率的检测，每一工作班不应少于一次。雨期施工应增加测定次数，根据集料实际含水率调整集料和水的用量。

2. 混凝土搅拌、运输和浇筑

1）混凝土搅拌

混凝土拌和物应均匀，颜色一致，不得有离析和渗水现象。搅拌时间是混凝土拌和时的重要控制参数，使用机械搅拌自全部材料装入搅拌机开始搅拌起，至开始卸料时止，连续搅拌的最短时间应符合表 8-2-2 的规定。

混凝土最短搅拌时间表　　表 8-2-2

搅拌机类型	搅拌机容量（L）	混凝土坍落度（mm）		
		<30	30 ~ 70	>70
		混凝土最短搅拌时间（min）		
强制式	≤400	1.5	1.0	1.0
	≤500	1.5	1.5	1.5

注：1. 当掺入外加剂时，外加剂应调成适当浓度的溶液掺入，搅拌时间宜延长。

2. 采用分次投料搅拌工艺时，搅拌时间应按工艺要求办理。

3. 当采用其他形式的搅拌设备时，搅拌的最短时间应按设备说明书的规定或经试验确定。

索塔混凝土一般用水上拌和站和现场搅拌。混凝土拌和物的坍落度应在搅拌地点和浇筑地点分别随机取样检测。每一工作班或每一单元结构物不应少于 2 次。评定时应以浇筑地点的测值为准。从混凝土出料至浇筑入模的时间不超过 15min 时，其坍落度可仅在搅拌地点检测。在检测坍落度时，还应观察混凝土拌和物的黏聚性和保水性。

2）混凝土运输

索塔高度一般较大，混凝土强度等级也较高，混凝土宜采用泵送方式输送。通过采用多台输送泵接力的方式，可以把混凝土输送到理想的高度。每个索塔下方设置一台固定拖泵，通过泵管将混凝土直接泵送至作业面。泵送分“一泵到顶”和“多级泵送”等方式，应根据设备性能、索塔高度合理选择泵送方式。为保证混凝土在泵送时不堵管，多级泵送时不离析，应该严格控制混凝土的施工配合比及搅拌时间，保证混凝土的运输能力满足混凝土凝结速度和浇筑速度的要求，使混凝土浇筑工作不间断。施工时严格控制混凝土坍落度。在泵车位置、泵管选用、水平管长度、垂直管长度、弯管的使用等方面，均应进行详细的施工组织设计，以保证施工顺利进行。混凝土应具有良好的工作性和可泵性，泵送间歇时间不宜超过 15min，严禁在运输过程中向混凝土拌和物加水。

下塔柱塔基部分设计一般为实心段，应按大体积混凝土施工考虑。内部设置降温水管，混凝土浇筑后，通水冷却，降低内部温度；同时对模板外部进行保温，防止混凝土产生温度应力裂缝。

3)混凝土浇筑

(1)浇筑前检查

混凝土浇筑前,应检查模板、支架的承载力、刚度、稳定性,检查钢筋及预埋件的位置、规格,并做好记录,符合设计要求后方可浇筑。在原混凝土面上浇筑新混凝土时,相接面应凿毛,并清洗干净,表面湿润但不得有积水。

(2)实施浇筑

混凝土一次浇筑量要适应各施工环节的实际能力,以保证混凝土的连续浇筑。对于实心塔柱塔基等大方量混凝土浇筑,应事先制订浇筑方案。

混凝土运输、浇筑及间歇的全部时间不应超过混凝土初凝时间。同一施工段的混凝土应连续浇筑,并应在底层混凝土初凝之前将上一层混凝土浇筑完毕。

混凝土浇筑从低处开始逐层扩展升高,并保持水平分层,分层厚度约为30cm,振捣时使用插入式振捣器,振捣密实标准:混凝土停止下沉,无显著气泡上升,表面平坦,呈现薄层水泥浆时停止振捣。

3.混凝土养护

一般混凝土浇筑完成后,应在收浆后尽快予以覆盖和洒水养护。对干硬性混凝土、炎热天气浇筑的混凝土、大面积裸露的混凝土,有条件的可以浇筑完成后立即架设遮阳棚进行养护。斜拉桥塔柱的养护一般是包裹薄膜。

洒水养护的时间:采用硅酸盐水泥、普通硅酸盐水泥或矿渣硅酸盐水泥的混凝土,不得少于7d;掺用缓凝型外加剂或有抗渗等要求以及高强度混凝土,不少于14d;采用涂刷薄膜养护剂养护时,养护剂应通过试验确定,并应制定操作工艺;采用塑料膜覆盖养护时,应在混凝土浇筑完成后及时覆盖严密,保证膜内有足够的凝结水;当温度低于5℃时,应采取保温措施,不得对混凝土洒水养护。

四、拉索锚固区塔柱的施工

斜拉桥的索塔形式有单柱式、双柱式、门架式、花瓶型、钻石型等,如图8-2-1所示。索塔根据材料的不同有混凝土索塔、钢索塔或者钢-混凝土组合索塔。斜拉桥索塔的施工方法与悬索桥的索塔基本相同,主要区别是斜拉桥的索塔需要考虑斜拉索的锚固问题,而悬索桥的索塔塔形更简单,但桥塔顶需要安装主索鞍。下面主要介绍斜拉桥拉索锚固区塔柱的施工。

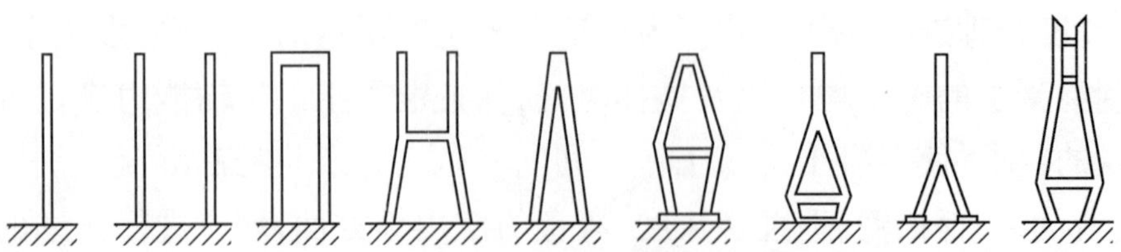

图8-2-1 斜拉桥索塔的横向布置形式

斜拉桥拉索锚固段是将多个斜拉索作用的局部集中力传递给塔柱的重要受力结构。拉索锚固段的构造形式很多,对大型斜拉桥来说,目前塔上常用的斜拉索锚固构造方式有三种:钢锚箱锚固(如法国诺曼底大桥、杭州湾大桥、苏通长江大桥)、钢横梁锚固(如加拿大安娜西斯大桥、南浦大桥)和环向预应力锚固(如南京长江二桥、舢桃夭门大桥)。塔柱锚固段构造示意图如图 8-2-2 所示。

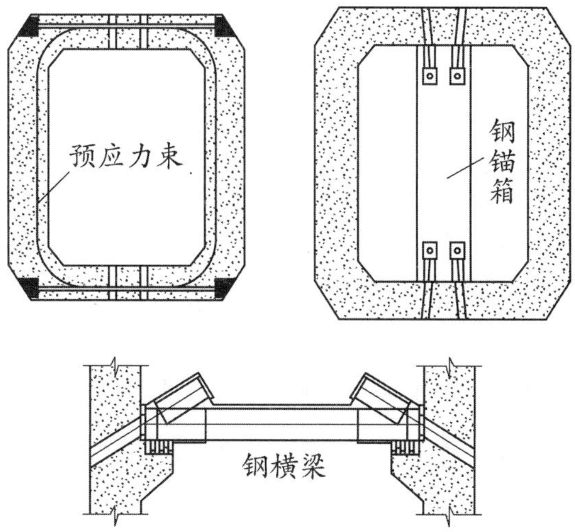

图 8-2-2　塔柱锚固段构造示意图

1. 钢锚箱锚固段施工

塔柱两侧的水平分力通过锚箱的水平钢板和塔柱共同承受，塔壁容易开裂；垂直分力通过锚箱的垂直钢板的剪力传递到塔柱的混凝土中，钢锚箱在工厂制作，容易控制锚固的位置和角度，但对吊装能力有一定要求。下面以杭州湾大桥北航道桥主塔钢锚箱为例进行说明，其施工工艺如图 8-2-3 所示。施工完成后还要施加环向预应力筋。

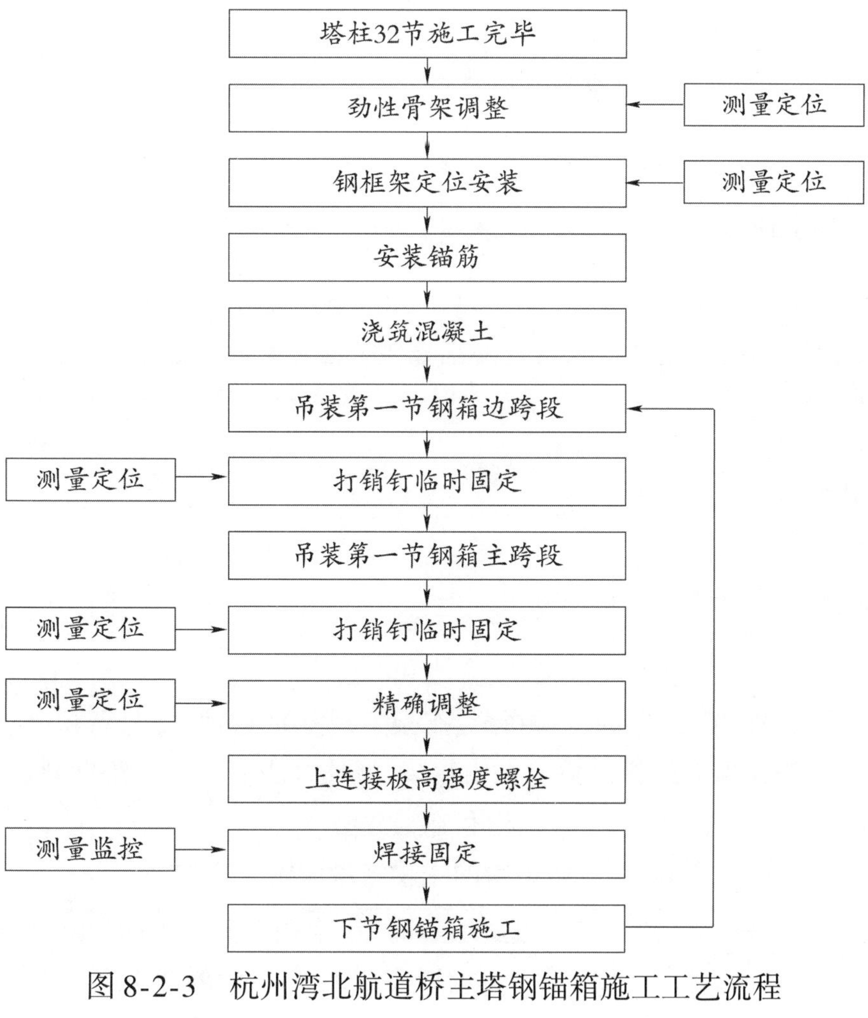

图 8-2-3　杭州湾北航道桥主塔钢锚箱施工工艺流程

2. 钢横梁构造锚固段施工

钢横梁是一个独立并且稳定的构件，它支撑于在空心塔塔壁上预埋的牛腿上，两端的刚性垂直支撑可在顺、横桥向做微小的移动和转动，但两个方向都有限位装量。斜拉索的拉力垂直分力由牛腿承担，而两端水平分力大部分由钢横梁平衡，只有少部分由塔壁承担。

索塔施工时，预埋拉索钢套管要求采用三维定位，在塔柱施工前预埋牛腿钢筋或与塔柱同时浇筑。锚固钢横梁对起重能力有一定要求，塔内空间有限时，也可考虑分段吊装，现场用高强度螺栓连接。

3. 环向预应力构造锚固段施工

环向预应力能够克服斜拉索的水平分力，防止混凝土塔在拉索锚固力作用下的开裂。环向预应力索一般设计为U形布置。环向预应力索锚固段的施工包括模板安装、预应力索的安装、钢套筒定位、混凝土浇筑、预应力索张拉和压浆。

学习活动三　主梁施工

学习目标

1. 能描述斜拉桥主梁施工方法；
2. 能描述斜拉桥主梁施工悬臂浇筑法；
3. 能说出斜拉桥主梁施工悬臂拼装法。

建议完成本学习活动的时间为4课时。

学习情境描述

通常情况下，斜拉桥都是由索塔、主梁以及斜拉索三部分组成的，因此斜拉桥的施工过程也主要包括了索塔施工、主梁施工以及斜拉索施工三大部分。其中，主梁主要包括混凝土主梁和钢主梁两类。

相关知识

一、主梁施工方法

斜拉桥主梁有钢梁、钢筋混凝土梁、叠合梁和混合梁等，施工方法与梁式桥基本相同，大体有顶推法、平转法、支架法（临时支墩拼装、支架上现浇）、悬臂法（悬臂拼装、悬臂浇筑）四种，前三种方法在跨径不大的斜拉桥上采用较多，而悬臂法适合于大跨度斜拉桥。表8-3-1为国内一些大跨度斜拉桥主跨的主梁结构和施工方法。

国内斜拉桥主跨的主梁结构和施工方法　　表8-3-1

序　号	桥　名	主跨径（m）	主梁结构	施工方法（主跨段）
1	鄂黄长江大桥	590	预应力混凝土	前支点挂篮浇筑

续上表

序　　号	桥　　名	主跨径(m)	主 梁 结 构	施工方法(主跨段)
2	广东九江大桥	160	预应力混凝土	浮式起重机悬拼
3	南京长江二桥	628	钢箱梁	桥面起重机悬拼
4	青州闽江大桥	605	结合梁	平衡悬拼

1. 混凝土主梁施工方法(资源 8-3-1)

斜拉桥的 0 号块是梁的起始段,一般都在支架和托架上浇筑。支架和托架的变形将直接影响主梁的施工质量。在 0 号段浇筑前,应消除支架和托架的温度变形、弹性变形、非弹性变形和支承变形。

资源 8-3-1:斜拉桥双边箱混凝土主梁构造示例

当设计采用非塔梁固结形式时,施工时必须采用塔梁临时固结措施,必须加强施工期内对临时固结的观察,并按设计确认的程序解除临时固结。

主梁采用挂篮悬臂浇筑时,挂篮设计和主梁浇筑应考虑抗风振的刚度要求,挂篮制成后应进行检验、试拼、整体组装检验、预压,同时测定悬臂梁及挂篮的弹性挠度、调整高程及其他技术性能。

主梁采用悬拼法施工时,预制梁段宜选用长线台座或多段连线台座,每联宜多于 5 段,各端面要啮合密贴,不得随意修补。

大跨径主梁施工时,应缩短双向长悬臂持续时间,尽快使一侧固定,以减少风振时的不利影响,必要时应采取临时抗风措施。

为防止合龙梁段施工出现的裂缝,在梁上下底板或两肋的端部预埋临时连接钢构件,或设置临时纵向预应力索,或用千斤顶调节合龙口的应力和合龙长度,并应不间断地观测合龙前数日的昼夜环境温度场变化与合龙高程及合龙长度变化的关系,确定适宜的合龙时间和合龙程序。合龙两端的高程在设计允许范围之内,可视情况进行适当压重。合龙浇筑后至预应力索张拉前应禁止施工荷载的超平衡变化。

2. 钢主梁施工方法(资源 8-3-2)

小贴士

作为世界上最长的钢铁大桥,港珠澳大桥有 15km 是全钢箱梁结构。承接港珠澳大桥钢箱梁制造的中铁山桥,在焊接桥梁钢组件过程中,为了解决人工焊接造成受热不均的问题,研发了机器人焊接系统,并形成了世界上规模最大、焊接精度最高的钢箱梁自动化生产线,不仅弥补了人工短板和降低了制造成本,还大大提高了桥梁焊接的效率和质量。

钢主梁应由资质合格的专业单位加工制作、试拼,经检验合格后,安全运至工地备用。堆放应无损伤、无变形和无腐蚀。

资源 8-3-2:斜拉桥钢箱梁构造

钢梁制作的材料应符合设计要求。焊接材料的选用、焊接要求、加工成品、涂装等项的标准和检验按有关规定执行。

应进行钢梁的连日温度变形观测对照,确定适宜的合龙温度及实施程序,并应满足钢梁安装就位时高强螺栓定位所需的时间。

3. 斜拉桥施工监测

1)施工监测目的与监测对象

施工过程中,必须对主梁各个施工阶段的拉索索力、主梁高程、塔梁内力以及索塔位移量等进行监测。

监测数据应及时反馈给设计等单位,以便分析确定下一施工阶段的拉索张拉量值和主梁线形、高程及索塔位移控制量值等,直至合龙。

2)施工监测主要内容

变形:主梁线形、高程、轴线偏差、索塔的水平位移。

应力:拉索索力、支座反力以及梁、塔应力在施工过程中的变化。

温度:温度场及指定测量时间塔、梁、索的变化。

二、悬臂浇筑法

1. 悬臂浇筑法的一般施工程序

悬臂段浇筑程序:支架上立模现浇0号块和1号梁段→拼装联体挂篮→对称浇筑2号梁段→挂篮分解前移→依次对称浇筑各梁段混凝土并挂索,如图8-3-1所示。

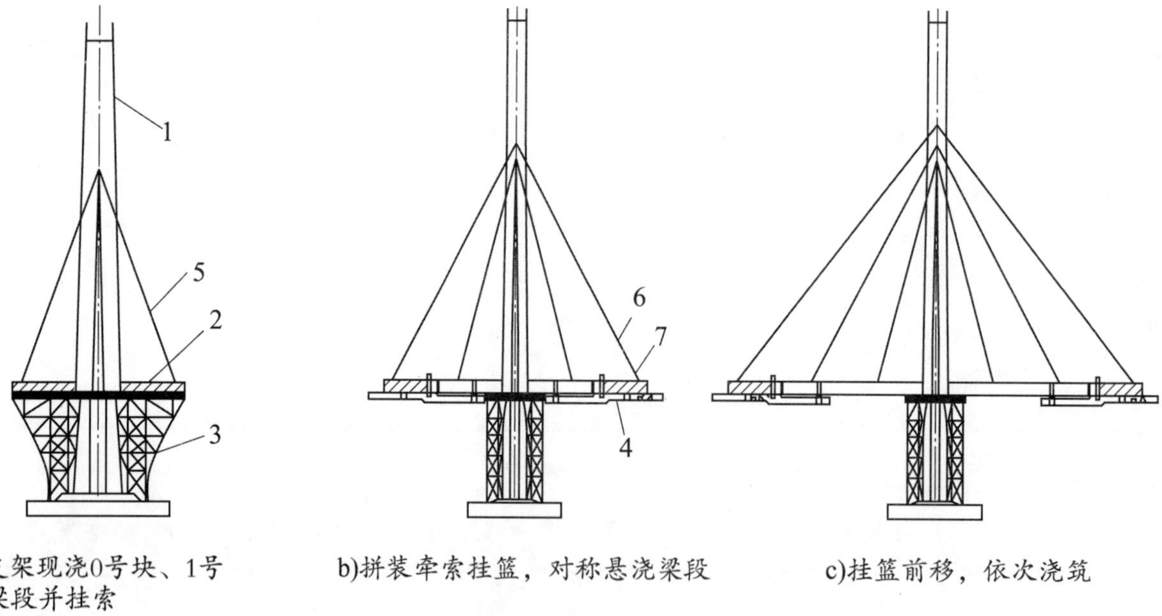

a)支架现浇0号块、1号梁段并挂索　b)拼装牵索挂篮,对称悬浇梁段　c)挂篮前移,依次浇筑

图8-3-1　主梁前支点悬臂浇筑法一般程序

1-索塔;2-现浇梁段;3-现浇支架;4-前支点挂篮;5-斜拉索;6-前支点斜拉索;7-悬浇梁段

2. 塔梁临时固结措施

在斜拉桥主梁悬臂施工过程中,索塔两侧的梁体因自重荷载、施工机具、两侧的斜拉索的不同张拉索力、风荷载等的不平衡将产生一定的倾覆力矩。当漂浮体系和半漂浮体系的斜拉桥采用悬臂浇筑法进行主梁施工时,为确保结构在施工过程中的稳定性,必须将塔和梁临时固结,合龙后解除固结。对钢箱梁、叠合梁等斜拉桥施工中都要考虑临时固结。

塔梁临时固结传统采用在索塔的下横梁上设置四个临时支座,支座下端预埋在下横梁中,上端锚固在主梁0号块的横隔梁中的大直径螺纹钢筋上,如图8-3-2所示。针对临时固结拆除困难的问题,发展出钢结构支座等形式。

3.悬臂浇筑施工工艺

斜拉桥主梁施工采用的挂篮主要有后锚点挂篮、劲性骨架挂篮和前支点挂篮三种。前支点挂篮法是充分利用了斜拉索而发展起来的,优点很多,目前大多采用此法,下面进行详细介绍。

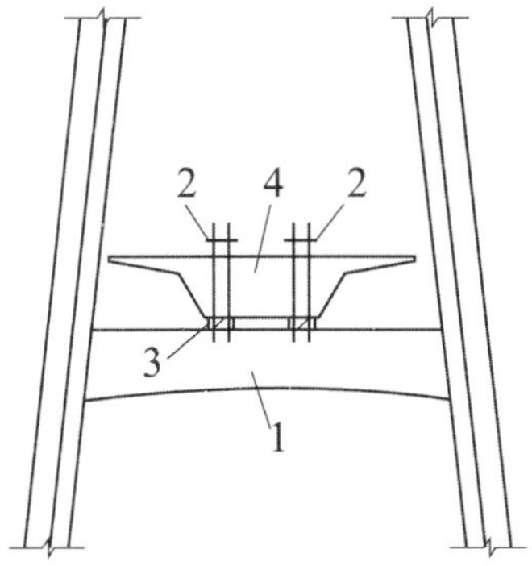

图8-3-2　临时固结支座的布置

1-下横梁;2-钢筋;3-临时固结支座;4-0号块

前支点挂篮悬臂浇筑施工是将挂篮后段锚固在已浇梁段底板上,并将待浇筑段的斜拉索挂在挂篮纵梁前端,以形成前支点,该法充分发挥斜拉索的作用,由斜拉索和已浇梁段共同承担待浇梁段的混凝土荷载。待混凝土达到所需强度后,拆除斜拉索和挂篮的连接,使节段荷载转换到斜拉索上,再前移挂篮。前支点挂篮构造如图8-3-3所示。

三、悬臂拼装法

大跨度斜拉桥钢箱梁一般采用悬臂拼装法架设,即钢箱梁按照设计要求分段制作,运至桥位逐段吊装,钢箱梁节段之间全断面焊接、螺栓连接或两者结合,直至跨中合龙。该法优点是施工速度快、工期短;钢箱梁块件制作在工厂进行,质量可靠。斜拉桥钢箱梁的安装一般分为边跨及辅助跨、无索区0号块、标准段和合龙段施工。各个区段吊装施工要综合考虑设备条件、地形地理、通航水位等采取不同方法。

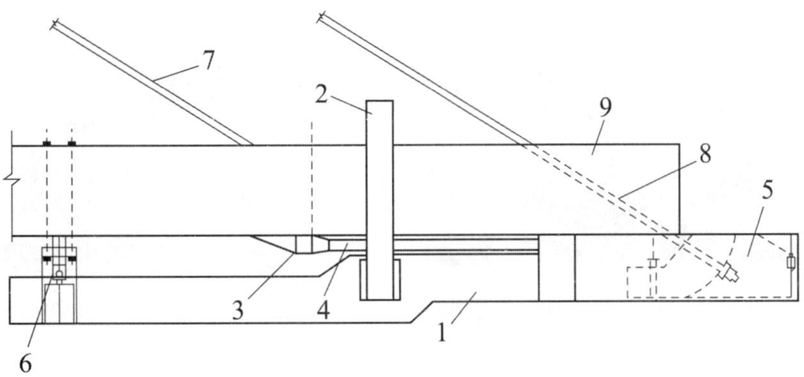

图8-3-3　前支点挂篮构造

1-纵梁;2-C形挂梁;3-水平止推座;4-水平止推杆;5-转动锚座;6-后锚座系统;7-斜拉索;8-前支点斜拉索;9-待浇梁段

1.边跨及辅助跨钢箱梁安装

一般预制钢箱梁由船舶水运至桥位处起吊架设,对于运梁船和浮式起重机不能到达的无水区和浅水区的钢箱梁运输和安装,可在辅助墩和主引桥过渡墩间搭设临时支架(图8-3-4),并在辅助墩外一定水域内增设适当的临时墩,以搭放用于运移和临时搁置钢箱梁的施工排架和移梁轨道,以便利用浮式起重机将边跨梁段吊至其上,然后沿轨道纵移就位焊接或临时搁置,与0号块逐段延伸过来的桥面起重机拼焊,完成岸边钢箱梁的架设。

图 8-3-4 斜拉桥边跨支架施工

2. 无索区 0 号块安装

在完成索塔封顶后,即可开始在索塔搭设无索区 0 号块支撑托架,并在其上铺设移梁轨道。托架可采用钢管桩作为主立柱,桩顶用万能杆件或其他桁架组拼平台。例如,苏通大桥北索塔区,1600t 起重船将长 22.2m、宽 35m、重 695t 的钢箱梁从运梁船上起吊,落至 72m 高的临时支架上(图 8-3-5),北索塔区有 3 块、总长 57.6m 的钢箱梁。焊接完成后,即可挂设并张拉第一对斜拉索,并将 0 号块和下横梁临时固结。

3. 标准梁段安装

在完成桥面起重机的安装、试吊和第一对斜拉索的第二次张拉并拆除 0 号块和支撑托架间的支撑钢楔块后,即可开始对称悬臂拼装标准梁段。金塘大桥钢箱梁标准段吊装如图 8-3-6 所示。标准梁段的施工程序(以金塘大桥为例):运梁驳船抛锚就位→钢箱梁起吊→钢箱梁调整、就位→高强螺栓连接施工→起重机松钩、前移锚固→斜拉索施工→下阶段施工。

图 8-3-5 苏通大桥无索区钢箱梁吊装

图8-3-6 金塘大桥钢箱梁标准段吊装

4. 合龙段施工

合龙段施工包括边跨合龙段和主跨跨中合龙段施工(图 8-3-7),梁段均为非标准段,合龙的基本方式相同。但是边跨合龙也有特殊的,如南京长江二桥边跨采用排架上顶推合龙。

中跨合龙常采用强制合龙法和温差合龙法两种方法。强制合龙法是在温差与日照影响最小的时候将两端箱梁用钢扁担或钢桁架临时固结,嵌入合龙段块件钢条填塞处理结合部缝隙,焊接完成后解除临时固结及其他约束,完成体系转换。温差合龙法也叫无应力合龙法,它利用对钢箱梁的影响,在一天中温度相对较低的时候将合龙段梁体安放进合龙口,因为此时的合龙口间距最大,在温度升高前,施焊完毕,解除塔墩临时固结,完成体系转换。一般在施工前,对梁段位移进行 48h 测量,然后根据测量结果,确定合龙段的精确长度,对预先已加工好并预留有足够长度的合龙段箱梁进行未匹配段进行配切。目前,大跨度斜拉桥的钢箱梁合龙基本采用温差合龙法,该合龙法平顺稳妥,不产生主梁次应力。

图 8-3-7　钢箱梁中跨合龙和边跨合龙

学习活动四　斜拉索施工

学习目标

1. 能描述斜拉桥斜拉索的制作;
2. 能描述斜拉桥斜拉索的防护;
3. 能说出斜拉桥斜拉索的安装。

建议完成本学习活动的时间为 2 课时。

学习情境描述

斜拉索是斜拉桥的重要组成部分,斜拉桥桥跨结构的重力和桥上可变作用,绝大部分或全部通过斜拉索传递到塔柱上。一根拉索可划分为两端的锚固段、过渡段和中间段三个部分。其中,锚固段用来将拉索分别固定在索塔和主梁上,分为固定端和张拉端两种;过渡段包括锚垫板、导索管和减振器、填充材料;中间段为索体,如图 8-4-1 所示。

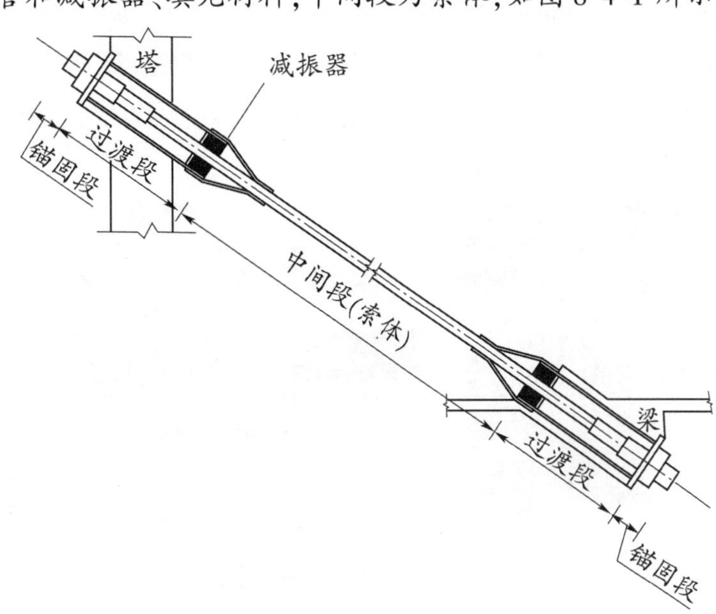

图 8-4-1　斜拉索示意图

相关知识

一、斜拉索的制作(资源8-4-1)

斜拉索是一种柔性拉杆,是斜拉桥的重要组成部分。斜拉桥的梁体自重和桥面荷载主要通过斜拉索传至塔、墩,然后传至地基基础。目前,国内外各类斜拉桥所用的斜拉索主要采用经过多种防腐处理制作的高强度平行钢丝和平行钢绞线两种。相对于悬索桥主缆的不可更换性,斜拉索在运营过程中可以进行换索,延长了斜拉桥的使用寿命。平行钢丝和钢绞线拉索典型断面如图8-4-2所示。

资源8-4-1:平行钢丝斜拉索冷铸锚制造安装过程

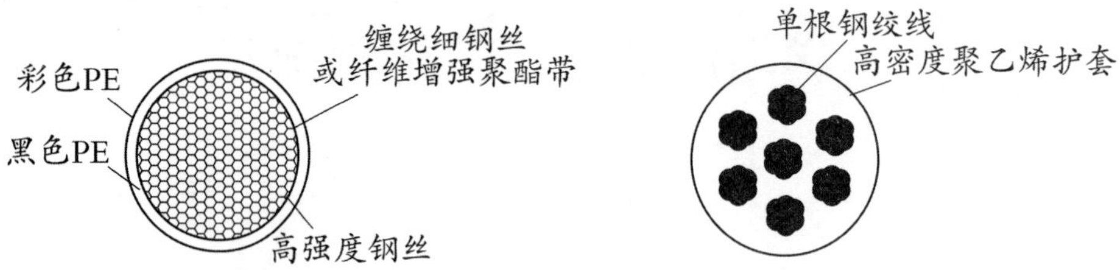

a)平行钢丝斜拉索　　b)平行钢绞线斜拉索

图8-4-2　平行钢丝和平行钢绞线斜拉索断面

平行钢丝斜拉索是经涂脂处理后按正六边形或缺角六边形平行并拢定形捆扎并轻度扭绞成束后,加缠高强度聚酯带和热挤高密度聚乙烯(HDPE)护套或染色PE护套,再于两端安装钢套管和锚具。国内大多斜拉桥,如苏通大桥、南京长江二桥等都采用了平行钢丝斜拉索。该种斜拉索采用工厂化制作,质量有保证;运输需要大直径索盘,不方便运输;整体性防护,防护性能好;整索张拉,张拉需要大的千斤顶,施工不太方便。

平行钢绞线斜拉索是现代斜拉桥斜拉索中常用的一种,在欧美各国及日本得到了广泛运用。它是将每根钢绞线束外涂防锈油脂或镀锌、喷铝后挤裹PE护套,再将若干根带有护套的钢绞线束组装成一根斜拉索,在斜拉索外再套一层HDPE套管形成无黏结柔性斜拉索。国内如福建青州大桥、广东湛江海湾大桥和安徽安庆长江大桥等都采用了平行钢绞线斜拉索。该种斜拉索采用部件工厂化制作,在工地组装,质量难控制;运输仅需要小直径索盘,方便运输;防护在工地现场实施,防护性能一般;单根索张拉,张拉力小,施工不太方便。斜拉索工厂制作如图8-4-3所示。

图8-4-3　斜拉索工厂制作

二、斜拉索的防护

1. 索体的防护

索体防腐蚀是斜拉索防护的基础。一是对基材钢丝和钢绞线的防护，主要方式是对高强度钢丝和钢绞线表面实施热镀锌工艺或环氧材料涂层工艺，对钢丝本体进行表面保护，防止锈蚀。二是对整个索体的保护，主要方式是对钢丝束和钢绞线热挤高密度聚乙烯(PE)护套或外套 PE 管防护，依靠 PE 材料气密性、水密性、抗紫外线性能好的特点，达到防护效果。实际应用中，平行钢丝斜拉索索体由“钢丝 + PE”衍生了多种不同防护结构系统，如图 8-4-4 所示。平行钢绞线斜拉索索体也有多种不同防护形式。

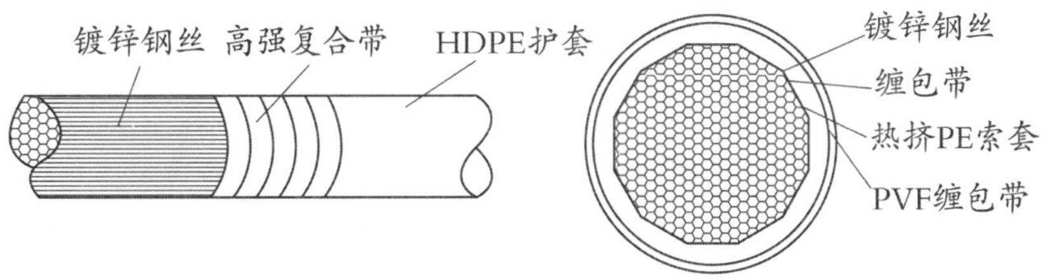

图 8-4-4　斜拉索索体防护

2. 索体与锚具结合部位的防护

斜拉索索体与锚具结合部位是斜拉索防腐蚀的薄弱环节，其原因是索体与锚具结构不同，结合部位存在结构差异，锚固区有一段钢丝索的 PE 要剥开，以方便锚固。这一区间密封困难，容易造成腐蚀，必须采取有效的结构措施和合适的材料、工艺进行特殊处理，防止水分和其他污染源进入。

平行钢丝索结合部是冷铸锚(或热铸锚)锚固，填充料是耐蚀性能较好的环氧铁砂配方料(或锌铜合金)。考虑到 PE 剥开区特点，利用抗疲劳结构的连接管，在管内用耐蚀的填料密封 PE 剥开区段。在连接管和 PE 索体分界处用橡胶密封圈或热收缩管密封口，平行钢绞线索是夹片群锚锚固，结合部位应用过环氧树脂或水泥砂浆密封。考虑到换索需要，在锚固区用防腐油脂保护。在室外环境中长期使用的防腐油脂，需具备滴点高、漏失量小、防腐蚀、耐候抗氧化等性能。主要保护区是锚具延伸管内的钢绞线 PE 剥开区和锚具端口，为此专门设计锚具防护配件使夹片端口浸在油脂中，用密封配件将剥开 PE 的一段钢绞线密封在延伸管内，保持结合区内的防腐油脂，隔绝水和空气，延伸管内的防护油脂采用专用工具和工艺注入。

3. 安装后的防腐蚀处理

安装完成后对锚具外部一般采用涂料涂装防护，选用高质量的涂料，分层对锚具进行涂装，同时用高性能密封胶对端盖、连接筒口等进行密封。锚具一般都采用表面镀锌，冷铸锚和夹片锚多为电镀锌，在镀层上涂装涂料要考虑底层处理，选用性能合适的底漆。在斜拉索的桥面锚固区，要设置锚板和锚管结构，通常雨水会顺索体下流，一旦安装在锚管内的减振橡胶圈和端口的将军帽结构密封不严，下锚管内容易积水，进而腐蚀索体和锚具结合部位。某桥在检查中发现下锚管积水，造成锚具连接筒、密封圈等浸在水中，如果密封不严、积水可能进入连接筒锈蚀钢丝，为此开发了锚管内聚氨酯泡沫材料填充技术。聚氨酯与钢材和 PE 材料都有良好的黏结性，经发泡注入锚管内，形成的填充层能吸收能量减少振动，且抗老化、密水密气,在端口安装止水圈,并用止水硅胶密封。这一措施已取得了良好效果,如图8-4-5所示。

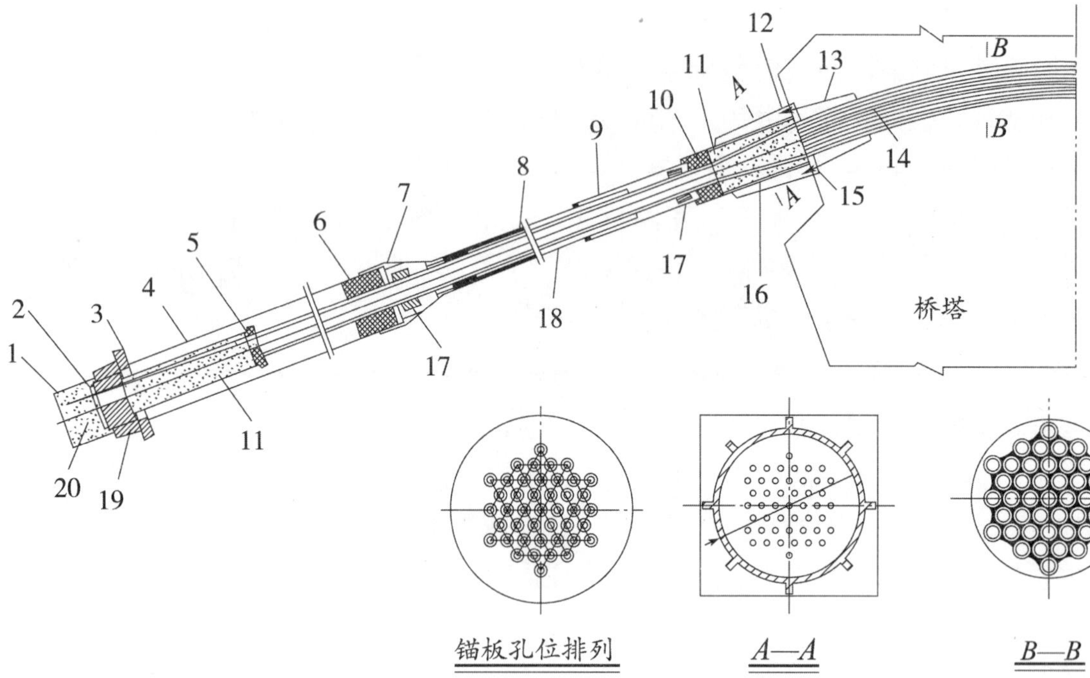

图8-4-5　斜拉索整体防护

1-保护罩;2-放松装置及夹片;3-锚垫板;4-预埋管;5-密封装置;6-减振装置;7-防水罩;8-不锈钢外护管;9-塔端连接装置;10-减振装置;11-环氧砂浆;12-高强螺栓组件;13-加劲板;14-索鞍;15-塔端锚垫板;16-锚固装置;17-索箍;18-HDPE护管;19-锚板;20 -防腐油脂

4.目前斜拉索防腐技术应用

虽然从结构和材料方面采取了一些有效措施,但斜拉索的防护措施仍不完善,需要不断地改进和提高。由于已经历过对早期拉索腐蚀失效的换索工程,正在进行一些与斜拉索防护有关的维护保养工程,一些新的材料和工艺技术正在逐步应用。

(1)索体PE套长期使用,可能产生老化和表面裂缝扩展,使水分和空气渗入。目前已对多座桥斜拉索的原PE层外缠专用缠包带(橡胶带或塑料袋),形成一个新的保护层。另外,还可以采用双层PE分层挤塑,限制外层裂纹向里层扩展,但应防止因外层较薄造成滑动起皱。应用PE分层时,在索两端要采取有效的固定措施,可以考虑用专用紧固圈或热塑封口。另外还可以考虑开发专用密封涂料,要求涂料与PE材料性能适配,附着性好,在使用一段时间的PE套上直接涂装涂料,延长其使用寿命。

(2)平行钢绞线斜拉索PE套管内已分段采用了减振胶定位,同时起到防振减振、防止钢绞线间相互撞击的效果,可以减少应力腐蚀。另外,还可以开发新的涂料和涂装技术,要适合斜拉索荷载的情况,避免荷载疲劳作用下涂层开裂现象;可以考虑用专用设备和工艺对PE内部填充油脂或其他材料,防止水气进入腐蚀钢丝。

(3)采用无损检测技术定期对使用过一段时期的斜拉索进行检测,如已经开发和应用的电磁检测方法、声波检测方法以及成像技术,及时检查和发现斜拉索腐蚀缺陷,采取有效措施。这方面应引起桥梁管理部门的重视。

(4)在PE套管内设置温度、湿度传感器,掌握套内温度、湿度变化规律,分析和判断腐蚀状况。如果PE套管内湿度较大,又无其他合适方法时,可以考虑应用干燥空气除湿的方法,将干燥空气压力注入斜拉索PE套内,排出湿空气,隔绝和阻断腐蚀源。这一技术已在主缆索防护技术中应用,并且被证实是一种比较可靠有效的防护方法。

(5)开发应用新的材料和工艺。例如,应用纤维加劲塑料(FRP)材料代替钢丝和钢绞线,这种材料的特点是高强度、耐腐蚀、耐疲劳、质量轻。

三、斜拉索的施工

1.平行钢丝斜拉索施工

斜拉索施工的主要工序:制作斜拉索→卷盘运至建桥工地→放索、牵引、安装、张拉→通过索力调整完成斜拉索的张挂受力。

1)运索

斜拉索通过船舶或者车运到工地后,有3种方法把斜拉索运到桥面:①桥面进索,也就是将斜拉索从地面或水面吊至桥面,再从固定位置将索放至梁端或连索盘一起运至梁端后再放索,如武汉长江二桥就采用了此法。②水面进索,也就是从施工的主梁的梁端处用钢丝绳把运输船上的索盘中的斜拉索吊上桥面,同时进索和放索。③桥侧水面进索,如施工场地受限制可采用桥侧水面进索,南京二桥就采用了此法。

2)进索

斜拉索从索盘上释放出来,进入塔端和梁端前需在桥面上移动一段距离,为了保护拉索的PE防护外套,常用的移动方法有滚筒法、移动平车法和垫层拖拉法。放索方法主要有立式转盘放索和水平转盘放索。

3)斜拉索的安装

一般根据斜拉索张拉端的位置确定安装顺序,如果斜拉索张拉端设于塔部,则先安装梁部,反之则先安装塔部。塔部安装锚固端的安装方法主要有吊点法、起重机安装法、脚手架法、钢管法;塔部安装张拉端的安装方法有分步牵引法和桁架床法;对于两端均为张拉端的斜拉索,可选用其中适宜的方法。梁部斜拉索的安装有吊点法和拉杆接长法,步骤与塔部安装法相同。

4)斜拉索张拉

斜拉索张拉一般有三种形式:①塔端张拉、梁端锚固,适合于空心塔。②梁端张拉,塔端锚固,适合于实心索塔。③塔、梁两端同时张拉,如安徽铜陵长江公路大桥就采用了此法。斜拉索张拉,根据设计和施工需要,一般分多次进行,斜拉索的张拉施工法为后张拉法,使用的千斤顶为大吨位、穿心式、单作用、YDC系列千斤顶。

2.平行钢绞线斜拉索施工

一般而言,平行钢绞线斜拉索的制作方法是在工厂先进行单股钢绞线下料、热挤PE护套,再卷盘运至工地组装,最后进行整索防护。也有在工厂内将单股钢绞线束外涂防锈油脂或镀锌或喷铝后,运至建桥工地,现场下料,穿索、形成平行钢绞线斜拉索,再现场进行斜拉索防护。由于单股钢绞线质量轻、束径小、柔性好,安装和放索均方便,故常采用桥面进索的施工方法。

1)斜拉索的挂设

斜拉索的挂设分刚性索和柔性索两种。刚性索挂设过程为设置牵引系统、安装梁端与塔柱端锚具、安装外套管、钢绞线牵引挂设。柔性索挂设不需要安装外套管,其余与刚性索挂设相同。

平行钢绞线安装时,首先把一根钢绞线和 HDPE 套管吊装,到一定高度后,将钢绞线穿入塔上锚具并固定,并将套管挂在塔外管口的相应位置。套管下端牵引至下端预埋管口,先将钢绞线穿入下端锚具并固定,张拉钢绞线,然后通过循环牵引系统牵引下一根钢绞线。

2)斜拉索的张拉

平行钢绞线斜拉索的张拉采取两阶段张拉法:先化整为零,逐股安装、逐股张拉,再集零为整;当每根斜拉索各股钢绞线全部安装并初张拉后再一次性整体张拉。

单股束张拉为拉丝式,即千斤顶张拉力直接传递给钢绞线丝的张拉方式。采用等值张拉法,即每股束的张拉力均相等,以满足每股斜拉索平均受力要求。在单根钢绞线张拉完毕并经紧索及减振器安装后,还需对初步形成的索股进行整体张拉,以检验并达到设计要求的索力。

3)斜拉索的防护

斜拉索是斜拉桥的主要受力构件,它的防护质量决定整个桥梁的安全和使用寿命。斜拉索防护按时间长短可分为临时防护和永久防护两种。

临时防护是从出厂开始至永久防护,常用的方法有钢丝镀锌、喷铝粉和喷环氧粉三种。

永久防护包括内渗防护和外裹防护。内渗防护的材料一般有防锈油脂、聚乙烯塑料泡沫和水泥浆或环氧砂浆等,外裹防护的材料一般有 HDPE 套管、PE 涂层、铝合金金属套管等。同时还要对锚头进行单独的防护。

知识拓展

一、顶推法

顶推法施工是在桥台的后方设置施工场地,分节段浇筑梁体,并用纵向预应力筋将浇筑节段与已完成的梁体连成整体,在梁体前安装长度为顶推跨径0.7倍左右的钢导梁,然后通过水平千斤顶施力,将梁体向前方顶推出施工场地。重复这些工序即可完成全部梁体施工。顶推法多应用于预应力钢筋混凝土等截面连续梁桥和斜拉桥主梁的施工。

顶推法最早于1959年在奥地利的阿格尔桥上使用,其特点是:由于作业场所限定在一定范围内,可于作业场上方设置顶棚而使施工不受天气影响,全天候施工。连续梁的顶推跨径为30~50m最为经济有利,如果跨径大于此值,则需要设临时墩等辅助手段。逐段顶推施工可在等截面的预应力混凝土连续梁桥中使用,也可在组合梁和斜拉桥的主梁上使用。顶推法施工设备简单,施工平稳,噪声低,施工质量好,可用于建造深谷和宽深河道上的桥梁、高架桥以及等曲率曲线桥、带有曲线的桥和坡桥等。

顶推施工的方法可分为单点顶推和多点顶推。

二、转体施工

转体施工在斜拉桥施工中使用不多。比利时于1988年建成的跨越默兹河的邦纳安桥,独塔,主跨共294m的梁体均在平行于河流的岸边制造,左岸3×42m,右岸168m。在安装和调整后,将整个桥塔-斜拉索-梁体以塔轴为中心转体70°就位,并与右岸就地浇筑的一孔42m桥跨相接。

四川省金川县留达桥是我国第一座转体施工斜拉桥,1981年建成。该桥为独塔,孔跨布置为41m+70m,桥面宽5.5m,墩、塔、梁固结。主梁为钢筋混凝土三室箱梁。桥址附近河滩平整且墩身较矮,适合采用平转法施工。先在河滩上搭设低支架浇筑梁身,索塔则卧地预制。将索塔挂起,与梁固结并安装斜拉索后,平衡转体施工就位。转体装置为混凝土球铰和钢滚轮,短跨内配有平衡重。

1997年建成的汤河大里管铁路斜拉桥位于秦皇岛站疏解线上,下跨京秦线,斜交,是一座采用槽形主梁、刚性索的斜拉桥,主跨50m,边跨42m。施工时,先沿所跨越的线路方向在支架上建造斜拉桥,包括塔、梁和刚性索,待混凝土达到设计强度后,张拉梁内和索内的预应力筋,然后整个斜拉桥绕转盘转动。转动时边孔的后端沿圆形轨道移动,主孔的前端悬空,为防止最前线悬空引起外主索悬吊点主梁上缘有过大拉应力,在转体时增加临时索吊住前墙。待转体就位后,卸除临时索,转盘用混凝土封实,再铺设道砟线路和人行道。

操作实训

斜拉桥模型制作

各小组用简单工具制作各类斜拉桥模型,并标出各部位名称(自由发挥,如图8-4-6所示)。

a)

b)

图8-4-6 斜拉桥模型

1. 安全教育

注意防止被利器割伤。

2. 实训目的及要求

各小组通过制作模型,认识斜拉桥的组成,通过课余时间制作斜拉桥相关知识的PPT,

并派小组代表上台描述所制作的斜拉桥的特点及适用性。

3. 实训准备工作(场地布置、实训所用器材)

桥梁实训室、桥梁模型室;制作斜拉桥模型所用的各种材料,如纸模型需用A3以上绘图纸、糨糊、透明胶、裁纸刀等。

4. 操作步骤(实训操作程序、操作方法、实训组织与实施)

各小组独立策划模型制作方案、计划、人员分工,经指导教师审查后执行。

5. 质量验收及评定或实习报告、实训总结

复习思考题

一、填空题

1. 斜拉桥按梁体结构可分为________、________、________和________四种。

2. 斜拉桥由________、________和________三部分组成。

3. 悬臂法分________和________。

4. 一根斜拉索可划分为两端的________、________和________三个部分。

5. 斜拉索锚固端用来将斜拉索分别固定在索塔和主梁上,分为________和________两种。

二、选择题

1. 混凝土斜拉桥属于(　　)。

A. 梁式桥　　B. 悬吊式桥　　C. 组合体系桥　　D. 拼装体系

2. 混凝土垂直卸落入模时,其自由卸落高度不宜超过(　　)m。

A. 2　　B. 3　　C. 4　　D. 5

3. 采用滑动模板浇筑混凝土时,当底层混凝土强度达到(　　)MPa时,可继续提升。

A. 0.2~0.3　　B. 0.5~1　　C. 1.1~5　　D. 1.5~2.0

4. 滑模到达预定高度停止浇筑后,每隔1h左右,应将模板提升(　　)cm,提升3~4次,防止混凝土与模板黏结。

A. 5~10　　B. 10~20　　C. 20~30　　D. 30~40

5. 浇筑混凝土要分层对称进行,一般每层厚度不超过(　　)cm。

A. 30　　B. 40　　C. 50　　D. 60

三、判断题

1. 悬臂浇筑施工时,合龙工作宜在高温时进行。(　　)

2. 如果已经对混凝土进行试验室检测,混凝土浇筑时不需再检测其性能。　(　　)
3. 悬臂浇筑施工法应以桥墩为中心向两侧对称平衡施工。　(　　)
4. 现浇梁的底模拆除应等到现场混凝土的强度达到设计强度的75%以上才可进行。　(　　)
5. 斜拉桥的主梁是桥的生命线,它承担着整个桥身的重力。　(　　)

四、简答题

1. 简述斜拉桥的结构组成。
2. 简述斜拉桥混凝土主梁悬臂浇筑的一般程序。
3. 简述钢箱梁斜拉桥中跨采用温差合龙法的一般施工步骤。
4. 简述斜拉索的防护措施。
5. 简述钢绞线斜拉索的安装工艺流程。

学习任务九

桥面系及附属工程施工

桥面系是桥梁直接与车辆、行人等接触的部分，对主梁起保护作用。它通常包括桥面铺装、排水设施、伸缩缝、人行道（或安全带）、路缘石、栏杆（或防撞护栏）和灯柱等，是桥梁服务车辆、行人实现其功能的最直接部分。附属结构包括桥梁支座、桥头搭板、锥坡等。桥面系及附属工程的施工质量不仅影响桥梁的外形美观，还关系到桥梁的使用寿命，必须引起足够的重视。

本学习任务主要学习伸缩缝、支座安装、梁间铰接缝、桥面防水及铺装的施工技术。本学习任务要求学生了解伸缩缝、支座安装、梁间铰接缝、桥面防水及铺装的类型与适应范围，能描述伸缩缝、支座安装、梁间铰接缝、桥面防水及铺装的施工工艺流程，能描述伸缩缝、支座安装、桥面防水及铺装的质量标准，并在指导教师的指导下，能进行伸缩缝装置、支座安装、梁间铰接缝、桥面防水及铺装的施工。

学习活动一　伸缩缝施工

学习目标

1. 能描述常用的伸缩装置的类型与适应范围；

2. 能描述桥梁伸缩缝施工工艺流程；

3. 能描述伸缩缝施工的质量标准；

4. 在指导教师的指导下，能进行伸缩装置的安装施工；

5. 培养团队协助、信息收集、应用知识解决实际问题的能力，培养善于沟通和合作的品质，以及责任意识、规范意识的职业素养，为发展职业能力奠定良好的基础；

6. 结合伸缩装置的安装施工，融合遵纪守法、诚实守信、爱岗敬业、爱护环境教育，培养工作认真、谨慎、负责的习惯，培养工作安全意识，弘扬精益求精的工匠精神。

建议完成本学习活动的时间为 2 课时。

学习情境描述

如图 9-1-1 所示，桥梁在梁端与梁端的连接处需要设置伸缩缝，以便主梁为了适应温度变化等发生适当的变形，请根据实际情况，选择适当的伸缩缝装置对桥面接缝处进行安装施工。

图 9-1-1　伸缩缝槽

相关知识

一、桥梁伸缩缝

1. 定义

为了保证桥跨结构因活载作用、温度变化、混凝土收缩与徐变等引起的纵向变形而自由地变形，通常在主梁之间、桥跨结构两端与桥台背墙之间设置横向的伸缩缝。在桥面伸缩缝处设置的各种装置统称为伸缩装置。

2. 设置伸缩装置的目的

(1)满足结构的变形要求。

(2)保证桥面的平整。

(3)防止梁端与梁端撞击、梁端撞击桥台背墙。

3. 伸缩装置的构造要求

(1)能自由伸缩，牢固可靠。

(2)使车辆平稳通过，无跳车现象和噪声。

(3)具有良好的密水性和排水性，防止雨水渗入。

(4)防止垃圾侵入和阻塞。

(5)易于安装、检查、养护和清除垃圾，价格便宜。

二、伸缩装置类型

桥梁上使用的伸缩装置种类较多，常用的伸缩装置有以下几种。

1. 对接式伸缩装置(资源 9-1-1)

对接式伸缩装置是利用不同形状的钢构件将不同形状的橡胶条嵌固，以橡胶条的抗压变形来吸收梁体的变形，其伸缩体可处于受压状态，也可处于受拉状态，如图 9-1-2 所示。这种装置主要适用于伸缩量在 80mm 及以下的桥梁中。

资源 9-1-1：对接式伸缩缝

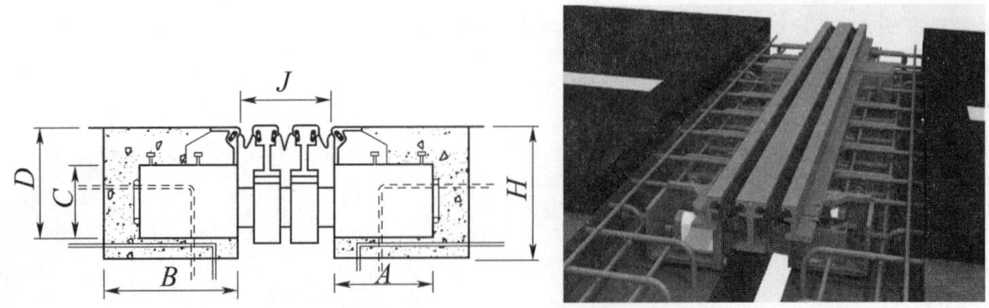

图9-1-2　对接式伸缩装置

2. 钢板式伸缩装置(资源9-1-2)

钢板式伸缩装置是利用钢材装配而成,能直接承受车辆荷载。其常见的形式有梳齿形和滑板形。图9-1-3所示为钢板式伸缩装置。

资源9-1-2:钢板式伸缩缝

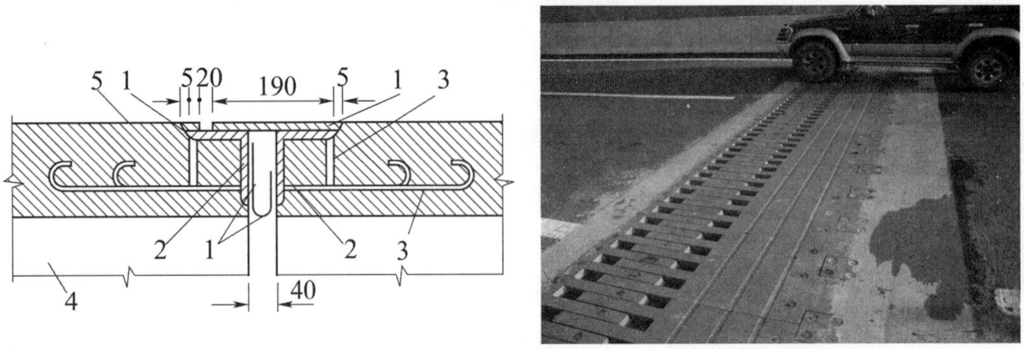

图9-1-3　钢板式伸缩装置(尺寸单位:mm)

1-钢板;2-角钢;3-钢筋;4-行车道块件;5-行车道铺装层

3. 橡胶伸缩装置

橡胶伸缩装置是利用橡胶材料剪切模量低的原理制成。橡胶伸缩体的上下都设有凹槽,其内埋设有承重钢板和锚固钢板,并设有螺栓孔,通过螺栓与梁端连成整体,如图9-1-4所示。橡胶伸缩装置适用于20~60mm的伸缩缝。

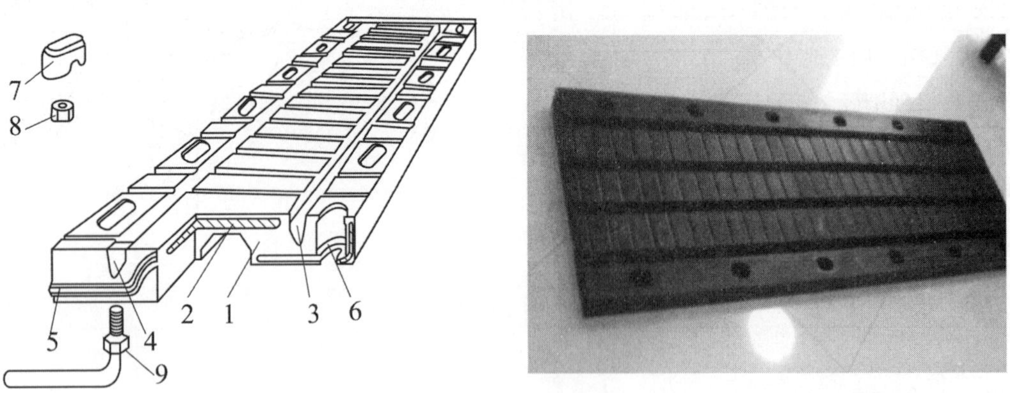

a)　　　　b)

图9-1-4　橡胶伸缩装置

1-橡胶;2-加强钢板;3-伸缩用槽;4-止水块;5-嵌合部;6-螺母垫板;7-腰型盖帽;8-螺母;9-螺栓

4. 模数式伸缩装置(资源9-1-3)

模数式伸缩装置由各种截面形状的橡胶密封条嵌接于异性钢梁之间,从而组成可伸缩的密封体,如图 9-1-5 所示。模数式伸缩装置适用于弯桥、斜桥及伸缩量为 80 ~ 1200mm 的大跨度桥梁。

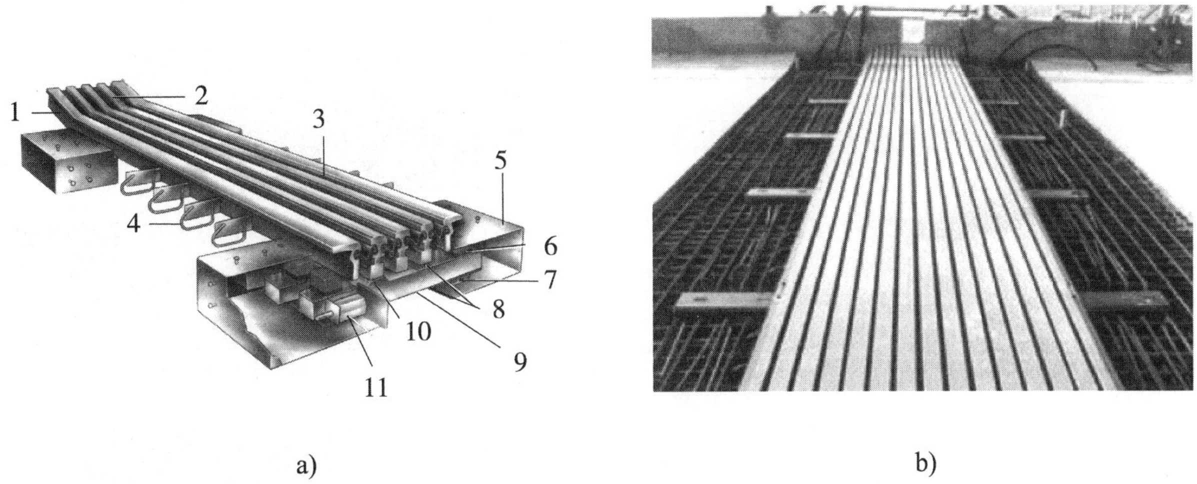

图 9-1-5　模数式伸缩装置

1-边梁;2-中梁;3-鸟型万宝密封条;4-锚固筋;5-支承箱;6-压缩弹簧;7-支座;8-不锈钢滑动面;9-凸状焊接面;10-支承横梁;11-位移控制缓冲器

5. 无缝式伸缩装置

无缝式伸缩装置是指接缝构造不伸出桥面,在桥梁端部的伸缩间隙中填入弹性材料并铺上防水材料,然后在桥面铺装层铺筑黏弹性复合材料,使伸缩缝处的桥面铺装与其他铺装部分形成一连续体,用连接缝的沥青混合料等材料的变形来承受伸缩的一种结构,如 图 9-1-6 所示。

资源 9-1-3:模数式伸缩缝

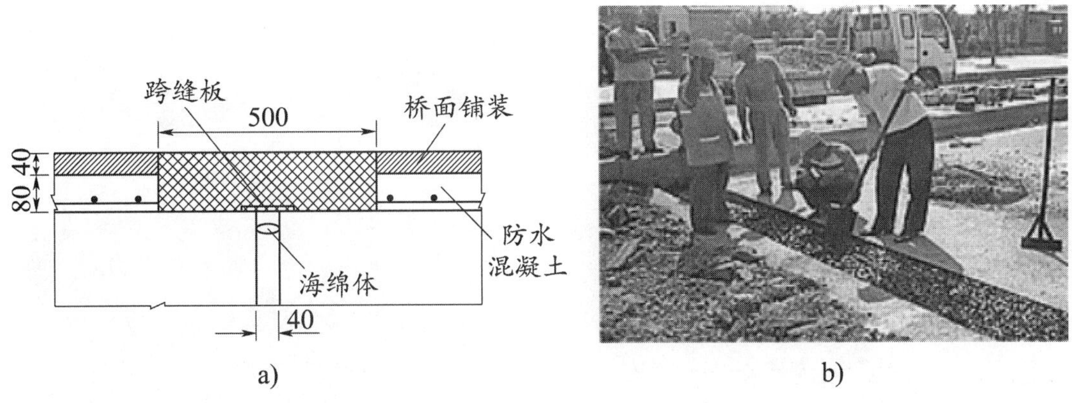

图 9-1-6　无缝式(TST 弹性体)伸缩装置(尺寸单位:mm)

三、桥梁伸缩缝施工

1. 伸缩缝的施工

根据伸缩装置的类型不同,桥梁伸缩缝的施工方法在细节处理上有所不同。

1)对接式、钢板式、橡胶、模数式等伸缩装置的施工工序(图 9-1-7)

(1)施工准备

在施工前,应组织相关技术人员熟悉现场情况、施工设计图纸和安全操作规范,对原材料进行取样检验,配备齐全机械设备,配备塑料布、薄膜等工具,并在施工现场设置安全标志。伸缩装置应由具有相应资质的专业厂家制造,且在进场时按相应产品标准的要求进行抽样检测。

a)施工准备　b)开槽　c)整理预埋钢筋　d)埋设伸缩装置　e)浇筑混凝土　f)养护

图9-1-7　伸缩缝施工

(2)开槽

先根据设计画出伸缩缝区的切割线,然后用切割机对桥面铺装进行切缝,切口应整齐顺直。切缝后将槽内的混凝土凿除干净,应凿毛至坚硬层,用强力吹风机或高压射水枪清除槽内的杂物和浮尘。开槽后禁止车辆通行。

(3)整理预埋钢筋

按规定对槽内漏埋或折断的预埋钢筋进行整理修复。

(4)埋设伸缩装置

埋设前,先对伸缩缝内进行彻底检查,确保缝槽内预埋钢筋的数量和质量,且无污染。

并按现场的实际气温调整伸缩装置的定位值。

安装定位支架，把伸缩装置整体放入预留槽内，并用定位支架控制好高程。将伸缩装置内的锚固钢筋与梁体内的预埋钢筋牢固焊接，固定好伸缩装置。

(5)浇筑混凝土

浇筑混凝土前，由专人复检模板是否牢固密实，以防混凝土振捣时产生漏浆或胀模，导致梁端被顶死。在伸缩缝两侧铺上塑料布，保证新浇混凝土不污染路面。

两侧过渡段的混凝土宜在接缝伸缩开放状态下进行浇筑，浇筑时应采取措施防止已定位的构件移位。同时振捣密实两侧混凝土，尤其是型钢下混凝土，需用振捣棒振至不再有气泡为止。振捣密实后，用抹板搓出水泥浆，分 4 ~5 次按常规抹压平整为止。待混凝土初凝后，立即拆除定位支架。

(6)养护

待混凝土浇筑完后，覆盖塑料薄膜或麻袋，按要求严格洒水养护，养护期不少于7d，其间禁止车辆通行。

2)无缝式(TST)伸缩装置施工工序(图 9-1-8)

a)放置海绵泡沫条　b)灌缝　c)填料　d)压实后

图 9-1-8　无缝式伸缩装置施工

(1)施工准备。

(2)开槽：切割槽口，设置膨胀螺栓和钢筋。

(3)整理槽口：将槽口整平、清洗烘干。

(4)涂黏合剂。

(5)放置海绵泡沫条。

(6)铺盖钢板。

(7)伸缩缝施工。

(8)振辗。

(9)修整。

外观要求:表面无缝式伸缩装置不高于石料面2mm,表面间断凹陷应小于35mm且不深于3mm。一般情况下施工后1~3h即可开放交通。

2. 安装注意事项

桥梁伸缩装置破坏的原因多数与锚固系统有关,若锚固系统薄弱,装置本身就容易破坏;锚固系统范围内的高程控制不严,就容易造成跳车;车辆对桥面的反复冲击,也会导致伸缩装置过早破坏。因此,在伸缩装置的安装施工时,仍需要注意以下问题:

(1)钢板式伸缩装置安装施工,应采取措施防止梳齿不平、扭曲或变形的发生,并对梳齿间隙偏差进行控制,在气温最高时,梳齿的横向间隙不小于5mm,齿板的间隙不小于15mm。

(2)橡胶伸缩装置安装施工,应符合下列规定:

①检查桥面板端部预留槽口的尺寸、钢筋,确认无误后方可进行安装。将槽口内混凝土清理干净后,可涂防水胶黏材料。

②根据安装时的环境温度计算并设置橡胶伸缩装置的模板宽度与螺栓间距,将加强钢筋与螺栓焊接就位后,再浇筑两侧过渡段的混凝土并洒水养护。

③向伸缩装置螺栓孔内灌注防蚀剂后,应及时盖好盖帽。

(3)模数式伸缩装置安装施工,应符合下列规定:

①安装前检查预留槽口的尺寸、预埋锚固筋,若不符合设计要求应进行处理,满足设计要求后方可进行安装。

②安装时宜采用专用卡具将其固定,伸缩装置的中心线应与桥梁中心线重合,顶面高程与设计高程相吻合;绑扎其他钢筋和铺设防裂钢筋网等工作,应在按桥面横坡定位、焊接固定后进行。

③浇筑过渡段混凝土前应将间隙填塞,防止浇筑时混凝土渗入模数式伸缩装置位移控制箱内,或撒落在密封橡胶带缝中及表面上,如果发生此现象应立即清除,浇筑后应将填塞物及时取出。

④待伸缩装置两侧混凝土强度满足设计要求后,方可开放交通。

四、质量标准

1. 基本要求

(1)伸缩缝必须满足设计和有关技术规范要求,须有合格证,并经验收合格后方可安装。

(2)伸缩缝必须锚固牢靠,伸缩性能必须有效。

(3)伸缩缝两侧混凝土的类型和强度,必须符合设计要求。

(4)大型伸缩缝与钢梁连接处的焊缝,应做超声检测,检测结果须合格。

(5)伸缩缝处不得积水。

2. 实测项目

实测项目见表9-1-1。

伸缩缝安装实测项目　　表 9-1-1

<table>
<tr><th>项次</th><th colspan="2">检 查 项 目</th><th>规定值或允许偏差</th><th>检查方法和频率</th></tr>
<tr><td>1</td><td colspan="2">长度(mm)</td><td>满足设计要求</td><td>尺量:测每道</td></tr>
<tr><td>2△</td><td colspan="2">缝宽(mm)</td><td>满足设计要求</td><td>尺量:每道每 2m 测 1 处</td></tr>
<tr><td>3</td><td colspan="2">与桥面高差(mm)</td><td>≤2</td><td>尺量:伸缩装置两侧各测 5 处</td></tr>
<tr><td rowspan="2">4</td><td rowspan="2">纵坡(%)</td><td>一般</td><td>±0.5</td><td rowspan="2">水准仪:每道测 5 处</td></tr>
<tr><td>大型</td><td>±0.2</td></tr>
<tr><td>5</td><td colspan="2">横向平整度(mm)</td><td>≤3</td><td>3m 直尺:每道顺长度方向检查伸缩装置及锚固混凝土各 2 处</td></tr>
<tr><td>6</td><td colspan="2">焊缝尺寸</td><td rowspan="2">满足设计规定,设计未要求时,按焊缝质量二级要求</td><td>量规:检查全部,每条焊缝检查 2 处</td></tr>
<tr><td>7△</td><td colspan="2">焊缝探伤</td><td>超声法:检查全部</td></tr>
</table>

3. 外观鉴定

伸缩缝无阻塞、渗漏、变形、开裂现象。

学习活动二　支座安装施工

学习目标

1. 能描述常用支座的类型与适用范围;

2. 能描述支座安装施工工艺流程;

3. 能描述支座安装施工的质量标准;

4. 在教师的指导下,能进行支座的安装施工;

5. 培养团队协助、信息收集、应用知识解决实际问题的能力,培养善于沟通和合作的品质,以及责任意识、规范意识的职业素养,为发展职业能力奠定良好的基础;

6. 结合支座的安装施工,融合遵纪守法、诚实守信、爱岗敬业、爱护环境教育,培养工作认真、谨慎、负责的习惯,培养工作安全意识,弘扬精益求精的工匠精神。

建议完成本学习活动的时间为 2 课时。

学习情境描述

桥梁在桥梁墩台上支承主梁结构时,通常会在两者之间设置支座,用来传力和适应主梁变形。如图 9-2-1 所示,请根据设计规定,假设混凝土台座为桥墩墩帽顶面,在台座上按照支座尺寸标出支座的纵横轴线,进行支座安装施工。

图9-2-1　混凝土台座

相关知识

一、支座的定义及其作用

1. 定义

支座是指设置在桥梁的桥跨结构与墩台之间的传力装置。

2. 支座的作用

(1)将桥跨结构的所有荷载传递到墩台上。

(2)保证桥跨结构在可变作用、温度变化、混凝土收缩和徐变等因素作用下产生一定的位移,以使上、下部结构的实际受力情况符合结构的静力图式。

二、支座的类型

梁桥的支座一般分为固定支座和活动支座两种。固定支座允许梁截面自由转动但不能移动;活动支座允许梁既能自由转动又能水平移动,又分为单向活动支座和多向活动支座。

简支梁桥应在每跨的一端设置固定支座,另一端设置活动支座。悬臂梁桥的锚固跨应在一端设置固定支座,另一端设置活动支座。多孔悬臂梁桥挂梁的支座布置与简支梁的相同。连续梁桥应在每联中的一个桥墩(或桥台)上设置固定支座,其余墩台上均应设置活动支座。

梁桥的支座通常采用橡胶、钢材或混凝土等材料制作,种类较多。每种类型有不同的适用要求,应根据桥梁的跨径、支座反力和支座允许转动和移动的要求来选用,在地震地区,还应选用有防震、减震功能的支座。目前我国常用的梁桥支座主要有以下几类。

1. 板式橡胶支座(资源9-2-1)

板式橡胶支座的构造简单,是用几层氯丁橡胶和薄钢板叠合而成,如图9-2-2所示。这种支座可用于支承反力达到3000kN左右的中等跨径桥梁。

2. 盆式橡胶支座(资源9-2-2)

常用的盆式橡胶支座构造如图9-2-3所示。它是由不锈钢滑板、锡青铜填充的聚四氟乙烯板、钢盆环、氯丁橡胶块、钢密封圈、钢盆塞、橡胶弹性防水圈等组装而成。它可分固定支座和活动支座,适用于支座承载力为1000kN以上的大跨径桥梁。

3. 球形支座(资源9-2-3)

球形支座分为固定支座、单向活动支座和多向活动支座。钢制球形支座传力可靠,转动灵活，适用于弯桥、坡桥、斜桥、宽桥及大跨径桥梁，且球形钢支座（图 9-2-4）无承重橡胶块，特别适用于低温地区。

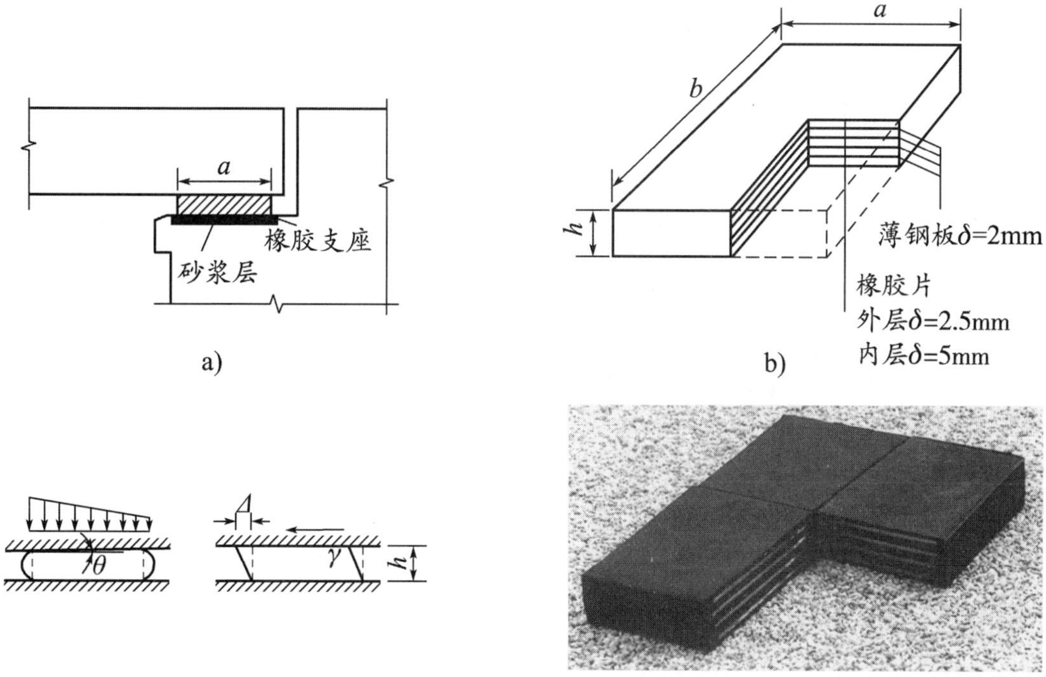

c)　　d)

图 9-2-2　板式橡胶支座

资源 9-2-1：板式橡胶支座

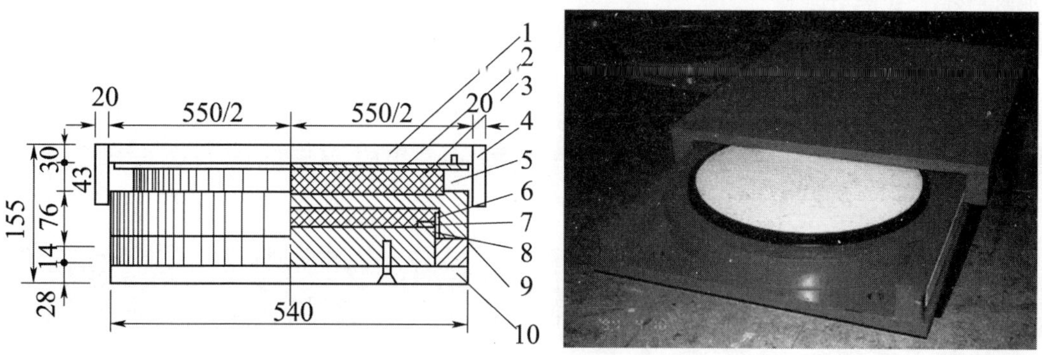

图 9-2-3　盆式橡胶支座（尺寸单位：mm）

1-上支座板；2-不锈钢板；3-聚四氟乙烯板；4-横向止移板；5-盆环；6-氯丁橡胶板；7-密封圈；8-盆塞；9-氯丁橡胶防水圈；10-下支座板

资源 9-2-2：盆式橡胶支座

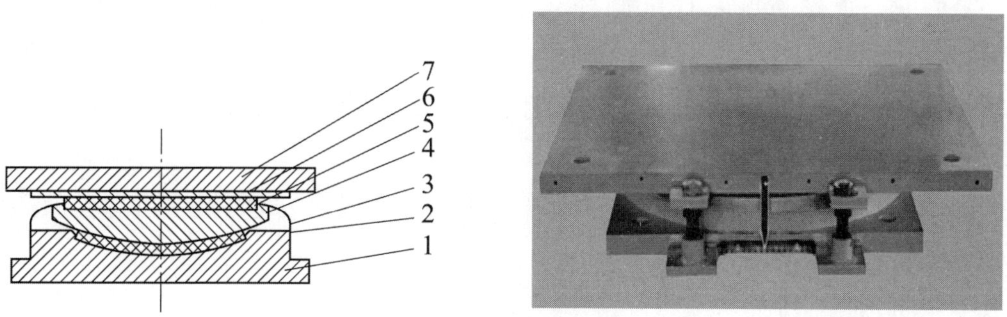

图 9-2-4　球形钢支座

1-下座板；2-球面四氟板；3-密封裙；4-中座板；5-平面四氟板；6-上滑板；7-上座板

资源 9-2-3：球形钢支座

4. 拉力支座

在连续梁桥、悬臂梁桥、斜桥、宽悬臂翼缘箱梁桥及小半径曲线桥上,因荷载作用会在某些支点上产生拉力,在这种情况下,就必须设置能抗拉且能承受相应的转动和水平位移的支座。板式橡胶支座、盆式橡胶支座和球形钢支座都能变更功能作为拉力支座,这种变更功能既可用于固定支座,也可用于活动支座。拉力支座构造图如图9-2-5所示。

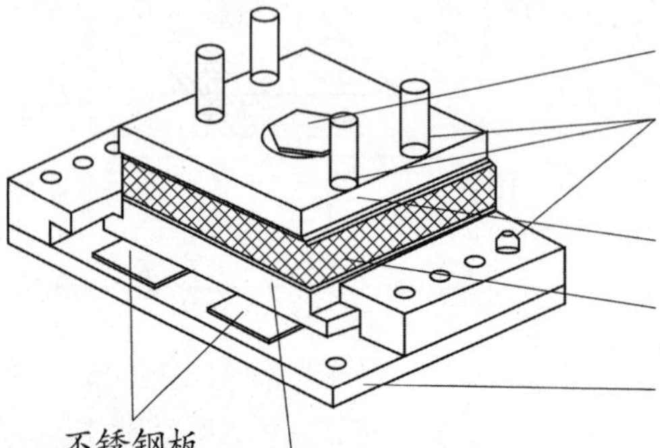

图9-2-5　拉力支座

三、支座安装施工

1. 支座安装施工

支座与墩台的连接可采用螺栓锚固或钢板焊接的方法,施工工序具体如下。

1)螺栓锚固(图9-2-6)

(1)施工准备。在施工前,应组织相关技术人员熟悉现场情况、施工设计图纸和安全操作规范,对原材料进行取样检验,配备齐全机械设备及小型工具,并在施工现场设置安全标志。支座应由具有相应资质的专业厂家制造,且在进场时按相应产品标准的要求进行抽样检测,不符合设计要求的不得用于工程中。

(2)清理墩台顶及预留槽。将墩台顶清理干净,检查支座垫石的混凝土强度、平面位置、顶面高程、预留螺栓孔、预埋钢垫板等,高程应准确,表面应平整、清洁,对预留槽进行凿毛并用空压机或扫帚吹扫干净。

(3)测量放线。用全站仪或水准仪在墩台顶放出支座的平面位置及高程控制线,分别在垫石和支座上标出纵横向的中心十字线。

(4)配制环氧砂浆。严格按配合比配制环氧砂浆,将细砂烘干后,依次将细砂、环氧树脂、二丁酯、二甲苯放入铁锅中加热并搅拌均匀,强度不低于设计规定,无规定时不低于40MPa。在黏结支座前将乙二胺投入砂浆中并搅拌均匀,乙二胺为固化剂,不得放得过早或过多,以免砂浆过早固化而影响黏结质量。

(5)安装锚固螺栓。安装前按纵横轴线检查螺栓预留位置及尺寸,无误后将螺栓放入预留孔内,调整好高程及垂直度后灌注环氧砂浆。

(6)用环氧砂浆将顶面找平。

(7)安装支座。在螺栓孔预埋砂浆固化后、找平层环氧砂浆固化前进行支座安装。找平层要略高于设计高程,支座就位后,在自重及外力作用下将其调至设计高程。随即对高程及四角高差进行检验,误差如超标应及时予以调整,直至合格。

a)施工准备

b)墩台顶清理及测量放线

c)检查预留孔

d)安装支座

e)检验

f)灌注环氧砂浆

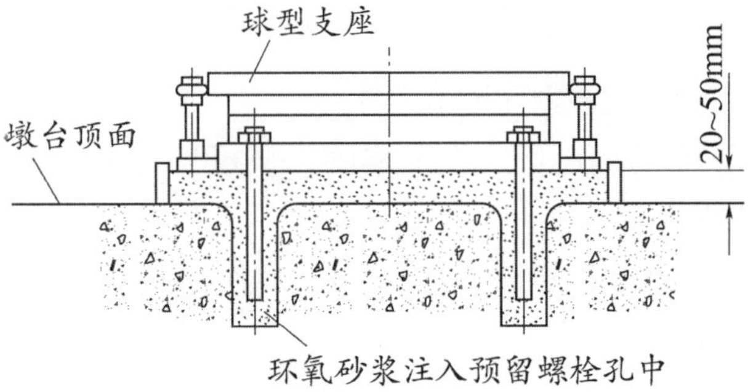

g)螺栓锚固支座施工构造图

图 9-2-6　螺栓锚固支座施工

2)钢板焊接(图 9-2-7)

(1)施工准备。步骤同螺栓锚固。

(2)清理墩台顶及预留槽。墩顶预埋钢板宜采用二次浇筑混凝土锚固,墩台施工时应注意预留槽的预留,预留槽内两侧应比预埋钢板宽 100mm,锚固前进行凿毛并用空压机及扫帚将预留槽吹扫干净。

(3)测量放线。步骤同螺栓锚固。

图9-2-7　钢板焊接支座施工

(4)钢板就位,浇筑混凝土。钢板位置、高程及平整度调好后,将混凝土接触面适当洒水湿润,进行混凝土浇筑,浇筑时从一端灌入、另一端排气,直至灌满为止。支座与垫板间应密贴,四周不得有大于1.0mm的缝隙。灌注完毕及时对高程及四角高差进行检验,误差如超标应及时予以调整,直至合格。

(5)支座就位、焊接。校核平面位置及高程,合格后将下垫板与预埋钢板焊接,焊接时应对称间断进行,以减小焊接变形影响,适当控制焊接速度,避免钢体过热,并应注意支座的保护。

2. 安装注意事项

支座安装是相当重要的环节,位置应准确、平整,支座不得发生偏歪,不能脱空。

(1)板式橡胶支座安装时,应注意下列事项:

①支座在顺桥向和横桥向的方向、位置应准确,橡胶支座准确安放在支承垫石上,要求支座中心线与支承垫石中心线相重合,安装时应进行检查核对,避免反置。

②当顺桥向有纵坡导致两个相邻墩台的高程不同时,支座安装对高程的控制应符合设计规定,且同一片梁在考虑坡度后其相邻墩垫石顶面高程的相对误差不得超过3mm,避免支座发生偏歪、不均匀受力和脱空现象。

③梁、板吊装时,应就位准确且其底面与支座密贴,否则应将梁、板吊起,重新调整就位安装;安装时不得采用撬棍移动梁、板的方式进行就位。

(2)盆式橡胶支座安装时,应注意下列事项:

①梁、板底面和垫石顶面的钢垫板应埋置牢固。垫板与支座间平整密贴,支座四周不得有0.3mm以上的缝隙,应保持清洁。

②活动支座的聚四氟乙烯板和不锈钢板不得有刮伤、撞伤。氯丁橡胶板块应密封在钢盆内,排除空气,保持紧密。

③活动支座安装前应采用丙酮或酒精等适宜的清洁剂仔细擦洗各相对滑移面,擦净后在四氟滑板的储油槽内注满硅脂类润滑剂,并注意保持硅脂清洁。

④盆式橡胶支座的顶板和底板可采用焊接或锚固螺栓拴接在梁体底面和垫石顶面的预埋钢板上。采用焊接时,应对称、间断焊接,并防止温度过高对橡胶块、聚四氟乙烯板及周边混凝土产生影响;焊接完后,应对焊接部位做防锈处理。安装锚固螺栓时,其外露螺杆的高度不得大于螺母的厚度。

⑤对跨数较多的连续梁,支座顶板纵桥向的尺寸,应考虑温度、预应力、混凝土收缩与徐变等影响因素引起的梁长变化,应保证支座能正常工作。

(3)球形支座安装时,应注意下列事项:

①支座安装高度应符合设计要求,要保证支座平面的水平及平整,支座支承面的四角高差不得大于2mm。

②安装支座板及地脚螺栓时,在下支座板四周宜采用钢楔块进行调整,使支座水平。支座在安装过程中不得松开上顶板与下底盘的连接固定板。

③用环氧砂浆灌注地脚螺栓孔及支座底面垫层,灌浆应饱满密实。待环氧砂浆硬化并达到规定强度后,应及时拆除支座四角的临时钢楔块,并用环氧砂浆填塞密实楔块抽出的位置。

④拆除上、下支座连接固定板后,检查支座并进行清洁,检查无误后灌注硅脂,并及时安装支座外防尘罩。

⑤当支座与梁体及墩台采用焊接连接时,应在支座准确定位后,用对称、间断的方式焊接。焊接时应采取适当措施,防止温度过高,损伤支座的钢构件、聚四氟乙烯板、硅脂及周边混凝土;焊接完后,应对焊接部位做防锈处理。

四、质量标准

1. 基本要求

(1)支座的材料、规格和质量必须满足设计和有关规范的要求,经验收合格后方可安装。

(2)支座底板调平砂浆性能应符合设计要求,灌注密实,不得留有空洞。

(3)支座上、下各部件纵轴线必须对正。当安装时温度与设计要求不同时,应通过计算设置支座顺桥向预偏量。

(4)支座不得发生偏歪、不均匀受力和脱空现象。滑动面上的四氟滑板和不锈钢板不得刮伤,安装前必须涂上硅脂油。

2. 实测项目

支座安装实测项目见表9-2-1。

支座安装实测项目　　表9-2-1

项次	检查项目		规定值或允许偏差	检查方法和频率
1△	支座中心横桥向偏位(mm)		≤2	尺量:测每支座
2	支座中心顺桥向偏位(mm)		≤5	尺量:测每支座
3△	支座高程(mm)		满足设计规定,设计未要求时为±5	水准仪:测每支座中心线
4	支座四角高差(mm)	承压力≤5000kN	≤1	水准仪:测每支座
		承压力>5000kN	≤2	

注:对直接安放于垫石上的支座,表中项次4不检查。

3. 外观鉴定

支座表面应保持清洁,支座附近的杂物及灰尘应清除。

学习活动三　梁间铰接缝施工

学习目标

1. 能描述铰接缝的类型与特点;

2. 能描述铰接缝施工工艺流程;

3. 在教师的指导下,能进行干、湿接缝的施工;

4. 培养团队协助、信息收集、应用知识解决实际问题的能力,培养善于沟通和合作的品质,以及责任意识、规范意识的职业素养,为发展职业能力奠定良好的基础;

5. 结合铰接缝施工,融合遵纪守法、诚实守信、爱岗敬业、爱护环境教育,培养工作认真、谨慎、负责的习惯,培养工作安全意识,弘扬精益求精的工匠精神。

建议完成本学习活动的时间为2课时。

学习情境描述

装配式桥梁在安装主梁时,主梁与主梁横向之间需要连接,通常可采用干接缝或湿接缝的形式。图9-3-1所示为梁间铰接缝。

图9-3-1　梁间铰接缝

相关知识

装配式简支梁(板)桥的梁间接缝,是保证桥梁上部形成整体结构、满足设计受力模式、实现荷载横向分布的重要构造。梁(板)间接缝的施工质量直接影响整个桥梁结构的整体稳定性与正常使用,因此施工要按设计及规范要求进行,以保证工程质量。

一、简支板桥铰接缝施工

1. 铰接缝的形式

简支板桥铰接缝的形式如图9-3-2所示,企口形状在空心板预制时形成。

2. 铰接缝的施工

简支板桥纵向铰接缝构造图如图9-3-3所示。简支板桥铰接缝施工步骤如下:

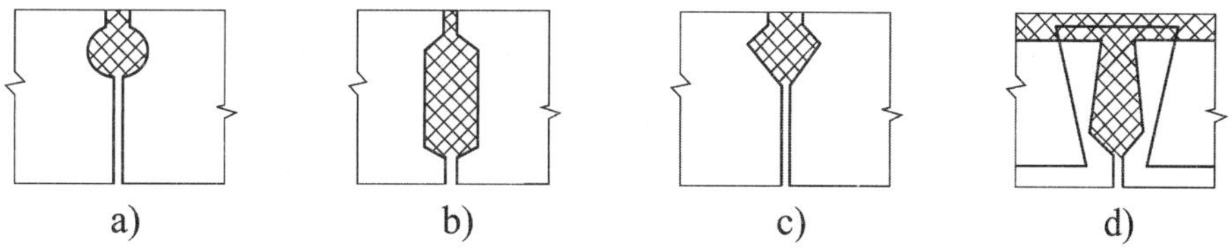

图 9-3-2　简支板桥铰接缝形式

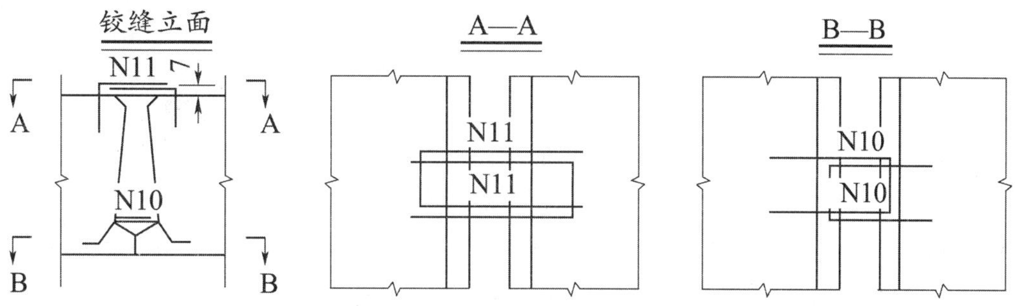

图 9-3-3　简支板桥纵向铰接缝构造图(尺寸单位:cm)

(1)将相邻两块空心板底部紧密接触,形成铰接缝混凝土底模。

(2)将铰接缝内在梁板预制时紧贴着模板向上竖起的钢筋 N10 和 N11 扳平,进行焊接或绑扎牢固。

(3)用水将接缝内冲洗干净,并使其充分湿润。

(4)安装侧模板。

(5)浇筑混凝土。

拌制混凝土时应严格控制集料粒径和拌合物的和易性,浇筑中用人工插捣器进行捣实,此项混凝土施工一般与桥面铺装混凝土同时进行。

(6)养护。

二、简支梁桥梁间接缝施工

1. 铰接缝的形式

常用的简支梁桥有 T 形梁桥和箱形梁桥。T 形梁桥的梁间接缝,按梁体设计不同有干接缝、湿接缝、胶接缝 3 种。箱形梁桥的梁间接缝,通常采用混凝土现浇湿接缝。图 5-1-1 所示为 T 形梁桥的干接缝连接构造。

2. 铰接缝的施工

1)干接缝

干接缝是指用钢板或螺栓将相邻两片梁翼板和横隔板焊接起来形成横向联系的方法,有时也称钢板连接,如图 9-3-4 所示。这种方法的优点是施工方便、连接速度快、强度可靠,焊接后能立即承受荷载。缺点是耗费钢材较多,需要有现场焊接设备,且有时需要在桥下进行仰焊,施工较困难,整体性效果稍差。

干接缝施工工序如下:

(1)焊接钢板。在 T 形梁翼缘板、横隔梁相应的位置有预埋钢板,当梁架设完成后,用钢板将相应的位置焊接相连,使其形成整体。

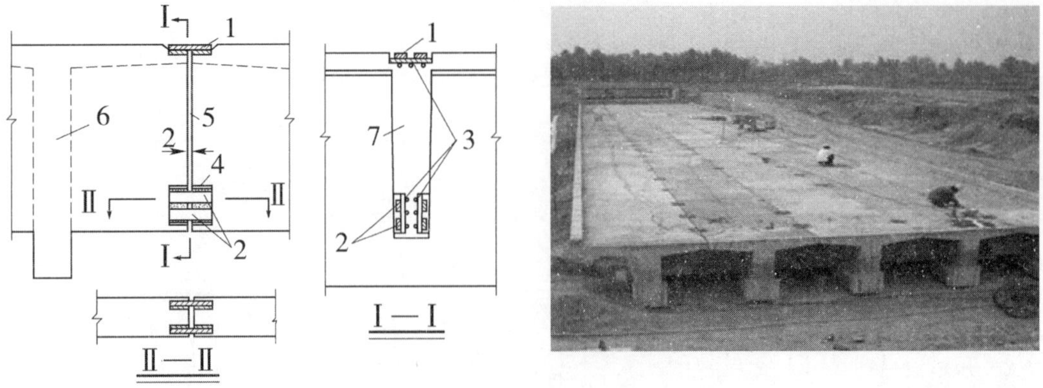

图 9-3-4　横隔梁用钢板连接

1-2▱160mm×60mm×12mm 盖接钢板;2-2▱160mm×60mm×12mm 盖接钢板;3-预埋钢板;4-焊缝;5-砂浆塞缝;6-主梁;7-横隔梁

(2)将相邻横隔梁之间的缝隙用水泥砂浆填满,所有外露钢板用水泥浆封盖。为了简化接头的现场施工,也可采用螺栓连接。螺栓连接方法基本上与钢板连接相同,不同之处是钢板之间不用焊接,而是用螺栓与预埋钢板连接,为此钢板上要预留螺栓孔,如图 9-3-5 所示。这种连接简化了接头的施工工序,由于不用特殊机具而有拼装迅速的优点,但在运营过程中螺栓容易松动,需要定期进行检查和维修。

图 9-3-5　螺栓连接

2)湿接缝

湿接缝是指主梁预制时,将翼缘板、横隔梁的钢筋外伸,待主梁架设就位后,将两侧外伸钢筋焊接相连,然后立模板现浇接缝混凝土,使各片梁横向联结形成整体,如图 9-3-6 所示。这种方法的优点是节省钢板用量,强度可靠,整体性好,不需要特殊机具;缺点是施工较复杂,现浇混凝土数量大,接缝混凝土须养护达到初凝后方能承受荷载。

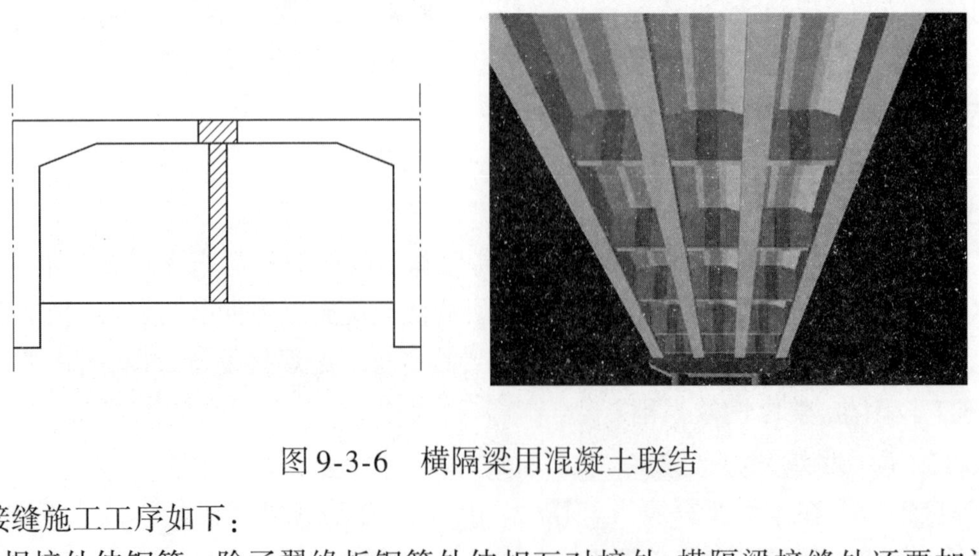

图 9-3-6　横隔梁用混凝土联结

湿接缝施工工序如下:

(1)焊接外伸钢筋。除了翼缘板钢筋外伸相互对接外,横隔梁接缝处还要加设扣环钢筋。横隔梁在预制时在接缝处伸出钢筋扣环 A,安装时在相邻构件的扣环两侧再安上腰圆形接头扣环 B,在形成的圆环内插入 ϕ6mm 的短分布筋。将外伸钢筋与扣环钢筋焊接相连。

(2)安装模板,浇筑混凝土。在接缝处安装模板,现浇混凝土封闭接缝,接缝宽度为 0.20 ~0.50m。

(3)翼缘板接缝施工。翼缘板接缝混凝土的施工方法:先分段安吊装模板,由底梁支撑着模板,其重力靠连接螺杆传递给支承横木,而横木支承在两边的翼缘板上,如图 9-3-7 所示。施工时先用螺杆把底梁与支承横木相连,再在底梁上钉设模板,钉好后上紧连接螺杆上的螺栓,使模板固定牢靠,然后现浇混凝土。拆模时松开连接螺杆上的螺栓,用绳子将底梁和模板徐徐放至桥下,以便回收利用,若为高空作业,桥下水流湍急,也可使用一次性模板,松开螺杆后掉至河中,不再使用。图 9-3-8 所示为翼缘板接缝施工图。

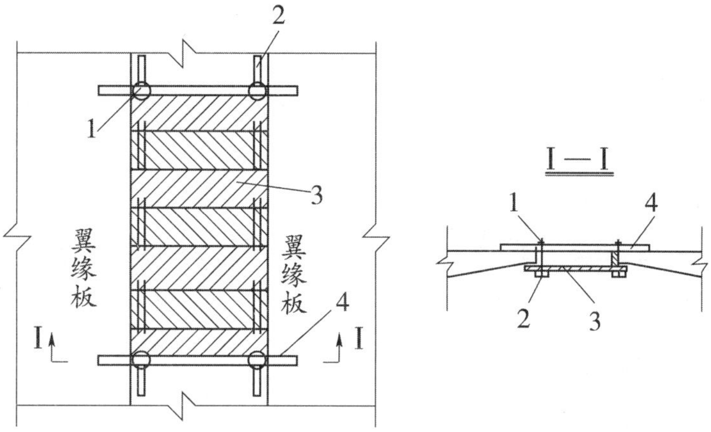

图 9-3-7　翼缘板接缝构造

1-连接螺杆;2-底梁;3-模板;4-支承横木

a)焊接钢筋

b)吊装模板

c)固定模板

d)浇筑接缝混凝土

图 9-3-8　翼缘板接缝施工

横隔梁的湿接缝施工难度较大,应在翼缘板接缝之前施工。端横隔梁接缝施工较简单,施工人员可以站在墩帽或台帽上安装模板浇筑接缝混凝土。中横隔梁接缝施工比较困难,若桥下条件允许,可在桥下架设临时支架或用高空作业车将施工人员送至预定高度进行安装模板、浇筑接缝混凝土的工作,若桥下有水,则应设法从桥面向下悬吊施工,不仅模板要有悬吊设施,施工人员也要系安全带进行高空作业,需要特别注意施工安全。

3)胶接缝

胶接缝是指T形梁在架设完成后,留在两片梁翼缘连接的部分缝隙用环氧胶黏剂黏合为一体的接缝。

三、桥面连续

桥面上的伸缩装置在使用过程中容易损坏,影响结构的整体稳定性,因此,在多孔简支体系桥梁的上部结构中,采用桥面连续的措施,可以减少伸缩缝的数量,从而可以提高行车的舒适性,减小桥梁的养护工作强度,延长桥梁的使用寿命。桥面连续措施的实质,就是将简支桥梁上部结构在其伸缩缝处做成连续的,但不影响它的简支受力性质,如图9-3-9所示。

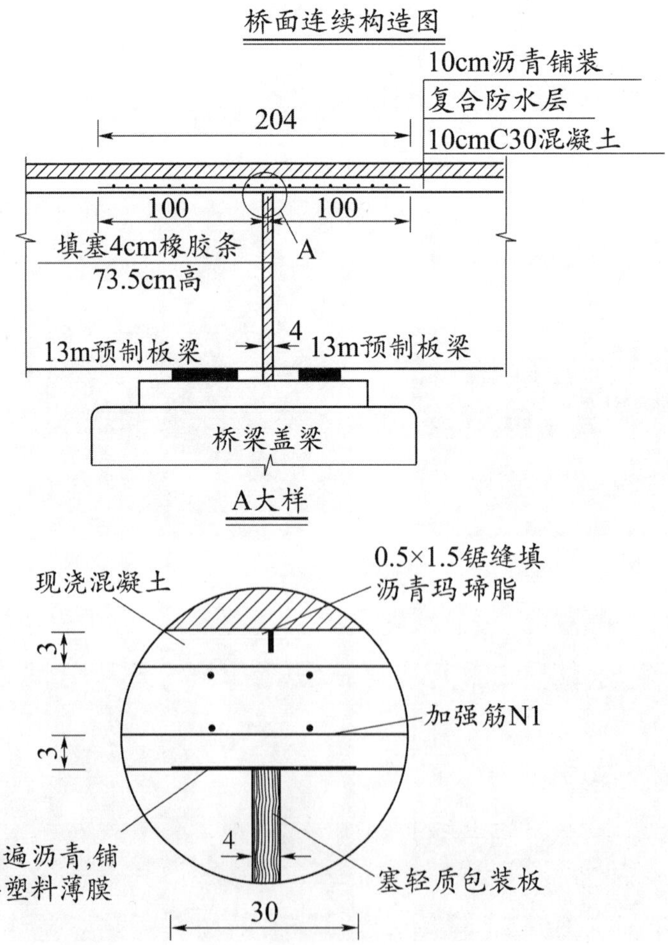

图9-3-9　桥面连续构造图(尺寸单位:cm)

桥面连续与桥面铺装层混凝土同时施工,其施工工序如下。

1.铺设钢筋网

桥面靠顶层布设钢筋网,用混凝土预制块将钢筋网垫至设计高程,保证混凝土粗集料均匀进入。

2.安装纵向联结钢筋

为保证梁体伸缩应力能通过连续部位传递,在桥面连续处的桥面铺装内,顶层部位增加一层纵向联结钢筋,底层加设分布钢筋和联结筋,选用 ϕ8mm 光圆钢筋,间距适当增大到50mm。

3.填塞梁端缝隙

浇筑混凝土之前用具有一定强度的3～5mm 的轻质包装板或橡胶板,将梁端之间的缝隙填塞密实,既要保证上部现浇混凝土不下漏,又能使梁体能自由伸缩。提高连续处混凝土的抗拉强度,防止连续处混凝土早期开裂。混凝土浇筑过程中,宜使用插入式振动棒进行振捣,以混凝土表面有均匀气泡为宜,保证连续处混凝土浇筑密实无空洞。

4.形成假缝

为了保证桥面在温度下降时不产生任意裂缝,在混凝土浇筑完成后24～48h(夏季)或36～60h(冬季)内,在接缝顶部的正中心位置锯开一条15mm 深的假缝,用水冲洗,然后用沥青玛瑞脂填实。

四、先简支后连续梁桥的梁端接缝施工

1.先简支后连续梁桥

先简支后连续梁桥是由预制梁与墩顶现浇连续段共同组成,经过体系转换,由简支梁桥转换为连续梁桥,是一种兼顾简支梁桥和连续梁桥优点的桥型。其施工特点是先按简支梁规模化预制生产,后用墩顶现浇连续段把相邻跨的梁板连接成连续梁。它适用于一些跨径不大且施工条件受限,不能采用悬臂施工和顶推施工的连续桥梁。

先简支后连续的连续梁桥,在墩顶处的连续有单支座和双支座两种方法,施工工艺和体系转换方法有所不同。

2.梁端接缝施工

1)单排支座先简支后连续梁桥

这种连续梁桥建成后在墩顶连续处只有一排支座,内力分配效果好,负弯矩峰值较高,能大幅削减跨中正弯矩,使内力分布均衡,但施工方法较为麻烦,且连续处要设置顶部预应力钢筋,如图9-3-10所示。

施工步骤如下:

(1)预制和安装主梁:预制主梁时,在梁端顶板上预留预应力孔道,并预设齿板,预留工作人孔。连续一端的梁端不进行封锚处理,将顶板、底板、腹板的普通钢筋伸出梁端。对湿接头处的梁端,应按施工缝的要求进行凿毛处理。架设主梁时先设置两排临时支座,使梁呈简支体系。临时支座可采用硫黄和电热丝制作,既要保证强度,又能在通电加热后软化。

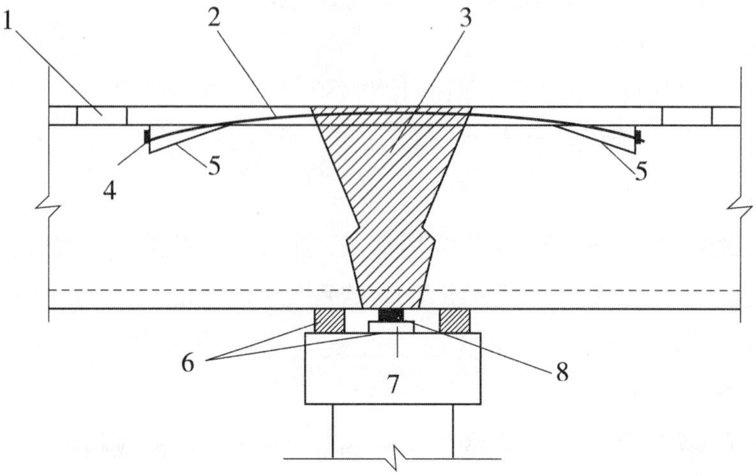

图9-3-10　单排支座先简支后连续梁桥

1-人孔;2-预应力钢筋;3-现浇钢筋混凝土;4-锚具;5-齿板;6-临时支座;7-垫石;8-永久支座

(2)放置永久性支座:主梁架好后,在墩顶上设计位置处安放永久性支座及垫石。

(3)安装模板,焊接钢筋:在顶部布设的预应力筋孔道应连接平顺,在连接处底部和两边梁的外侧安装模板,焊接两梁端外伸钢筋。

(4)浇筑混凝土并养护、拆模:现浇连接处混凝土,养护时间不少于14d,待强度达到设计强度的80%后拆除模板。

(5)安装预应力钢筋并张拉:从主梁顶板预留人孔处穿入预应力钢筋,进行张拉并予以锚固。

(6)拆除临时支座实现体系转换:给临时支座通电使其软化,然后拆除临时支座,实现体系转换。

(7)现浇混凝土封闭人孔,即完成连续化施工。

2)双排支座先简支后连续梁桥

这种连续梁桥受力接近于简支梁桥,内力分布不均匀,但由于施工简单,体系转换方便,被广泛采用,如图9-3-11所示。

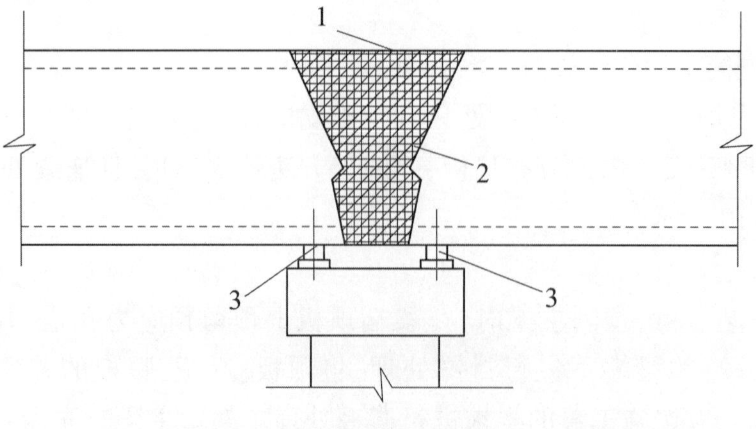

图9-3-11　双排支座先简支后连续梁桥

1-现浇钢筋混凝土;2-连接钢筋;3-永久支座

施工步骤如下：

(1)预制和安装主梁：预制主梁时，连续一端的梁端不进行封锚处理，将顶板、底板、腹板的普通钢筋伸出梁端。对湿接头处的梁端，应按施工缝的要求进行凿毛处理。

(2)放置永久性支座：主梁架设前，在墩顶上设计位置处安放两排永久性支座及垫石，使其牢固。

(3)安装模板，焊接钢筋：在连接处底部和两边梁的外侧安装模板，焊接两梁端外伸钢筋。

(4)浇筑混凝土并养护、拆模：现浇连接处混凝土，养护时间不少于14d，待强度达到设计强度的80%后拆除模板。此时即实现体系转换，完成连续化施工。

这种方法不用更换支座，也不在梁顶施加预应力，因此简单实用。需要注意的是，由于连接处墩顶有负弯矩，而又没有施加预应力，必然会产生正常裂缝，为防止桥面水从缝中渗入，锈蚀钢筋，需要在梁端顶板前后各4m范围内设置防水层。

学习活动四　桥面防水及桥面铺装施工

学习目标

1. 能描述桥面防水层的类型与桥面铺装的类型；

2. 能描述防水层、桥面铺装的施工工艺流程；

3. 能描述防水层、桥面铺装施工的质量标准；

4. 在教师的指导下，能进行桥面铺装施工；

5. 培养团队协助、信息收集、应用知识解决实际问题的能力，培养善于沟通和合作的品质，以及责任意识、规范意识的职业素养，为发展职业能力奠定良好的基础；

6. 结合桥面铺装施工，融合遵纪守法、诚实守信、爱岗敬业、爱护环境教育，培养工作认真、谨慎、负责的习惯，培养工作安全意识，弘扬精益求精的工匠精神。

建议完成本学习活动的时间为2课时。

学习情境描述

桥面铺装铺设在主梁顶面，主梁顶面是车辆轮胎直接接触的部分，也是保护主梁的重要部分。如图9-4-1所示，请根据实际情况，在主梁顶面进行水泥混凝土桥面铺装施工。

图9-4-1　主梁顶面

相关知识

桥面系施工是整座桥梁施工的最后一道工序，因为桥面属于外露工程，直接与车辆、行人接触，对车辆、行人的安全及桥梁的美观有着十分重要的影响。

桥面系构造通常包括桥面铺装、防水和排水设施、伸缩缝、人行道（或安全带）、路缘石、栏杆（或防撞护栏）和灯柱等，如图 9-4-2 所示。这里主要介绍桥面铺装中的防水设施和铺装层施工。

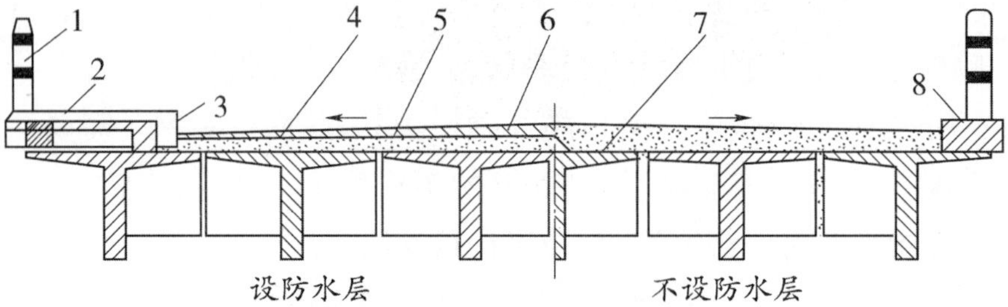

图 9-4-2　桥面构造横截面

1-栏杆；2-人行道铺装层；3-缘石；4-行车道铺装层；5-防水层；6-三角垫层；7-行车道铺装层；8-安全带

一、桥面防水设施

1. 桥面横坡的设置

为了迅速排除桥面雨水，除在桥梁上设有纵向坡度外，尚应将桥面铺装沿横向设置双向的桥面横坡。

（1）对于沥青混合料或水泥混凝土铺装，横坡为 1.5% ~2.0%，将横坡设在墩台顶面而做成倾斜的桥面板[图 9-4-3a）]，此时铺装层在整个桥宽上可做成等厚的。

（2）装配式肋梁桥，为架设和拼装方便，通常都采用不等厚的铺装层（包括混凝土三角垫层和等厚的桥面铺装层）以构成桥面横坡，如图 9-4-3b）所示。

（3）在较宽的桥梁（如城市桥梁）中，可直接将行车道板做成双向倾斜的横坡，如图 9-4-3c）所示。

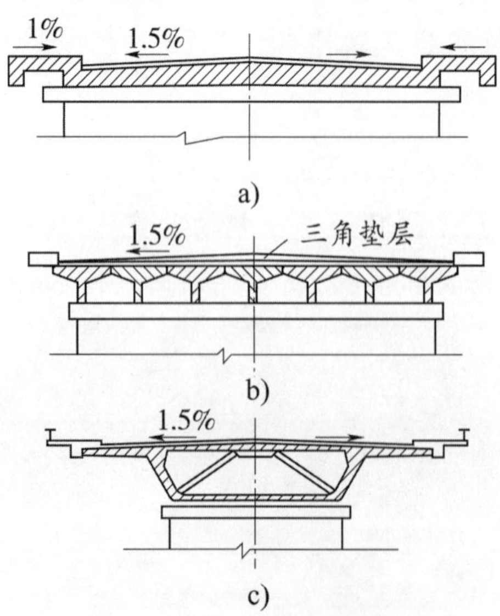

图 9-4-3　桥面横坡设置

2. 桥面防水层

桥面防水层设置在行车道铺装层下面，它将透过铺装层渗下的雨水汇集到排水设施排出。对于防水程度要求高，或桥面板位于结构受拉区而可能出现裂纹的混凝土梁式桥上，应在铺装层内设置防水层，如图9-4-4所示。

图9-4-4　防水层

1）防水层的类型

（1）洒布薄层沥青或改性沥青，其上铺一层砂，经碾压形成沥青涂胶下层，如图9-4-5a）所示。

（2）涂刷聚氨酯胶泥、环氧树脂、阳子乳化沥青、氯丁胶乳等高分子聚物涂胶，如图9-4-5b）所示。

（3）铺装沥青或改性沥青防水卷材，及浸渍沥青的无纺土工布等做法，如图9-4-5c）所示。

a)喷涂防水材料

b)刮涂防水材料

c)铺装防水卷材

图9-4-5　防水层类型

2)铺设桥面防水层时的注意事项

(1)防水层材料应在进场时进行检测,在符合产品的相应标准后方可使用。

(2)铺设防水材料前应清除桥面的浮浆和各类杂物。

(3)防水层在横桥向应闭合铺设,底层表面应平顺、干燥、干净。防水层不宜在雨天或低温下铺设。

(4)防水层通过伸缩缝或沉降缝时,应按设计规定铺设。

(5)水泥混凝土桥面铺装层当采用油毛毡或织物与沥青黏合防水层时,应设置隔断缝。

(6)防水层施工完成后,在未达到规定的时间内,不得开放交通。

二、桥面铺装

如图9-4-6所示,桥面铺装是指用沥青混合料、水泥混凝土等材料铺筑在桥面板上的保护层结构,其作用是保护桥面板不受车辆轮胎的直接磨耗,防止主梁受到雨水侵蚀,并分布车辆的集中荷载作用。

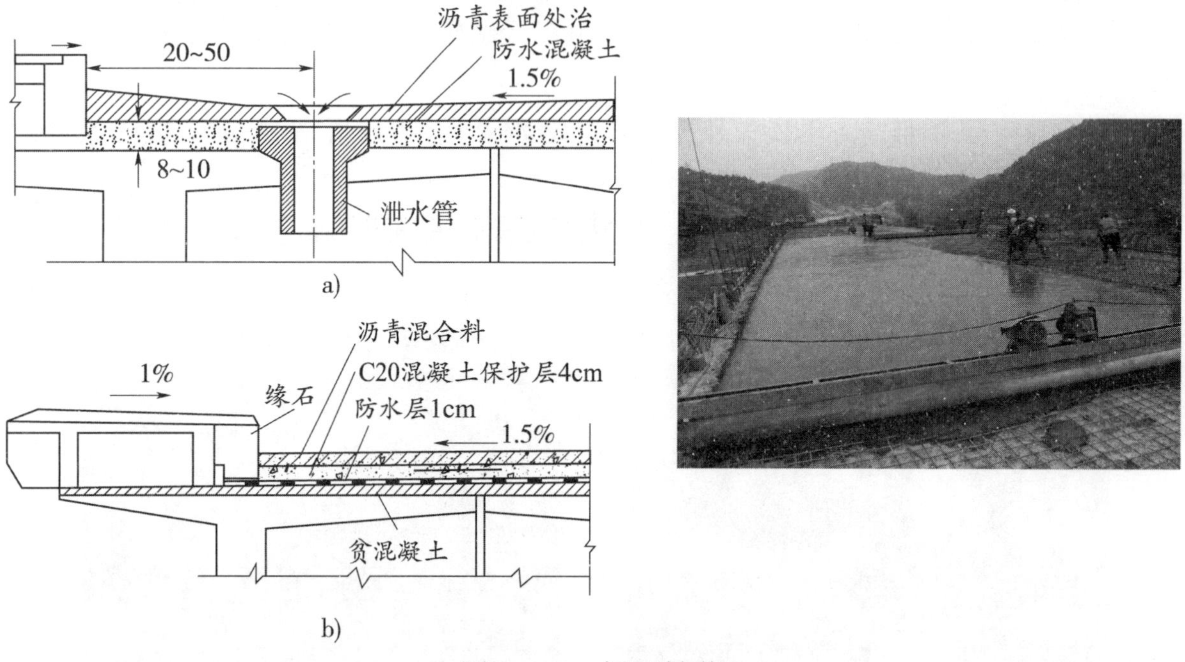

图9-4-6 桥面铺装

桥面铺装的种类很多,有沥青混合料、水泥混凝土、沥青表面处治和泥结碎石等。因沥青表面处治和泥结碎石铺装耐久性差,仅在低等级公路桥梁中使用,使用最广泛的还是沥青混合料和水泥混凝土。沥青混合料铺装适宜机械化施工,施工进度快,桥面透水性小,行车平稳舒适,噪声小,维修养护方便,但温度稳定性差,容易被履带车辆或坚硬物体损伤。水泥混凝土铺装的耐高温性好,使用寿命长,维修费用少,但养护期长,平整性和舒适性较低。

1. 沥青混凝土桥面铺装

1)施工工序(图9-4-7)

(1)凿除浮渣,清洗桥面:对梁顶表面凿毛,去除浆皮,彻底清除泥土、油污等杂物。

(2)测量放样:在桥面上进行施工放样,确定平面及高程控制点。

(3)铺设防水材料:采用热铺法铺设防水材料,加热必须均匀,沥青不能过热,防止变脆而影响黏结。搭接处的厚度要尽量减薄,以防厚度变化过大。

a)凿除桥面

b)测量放样

c)铺设防水材料

d)洒布黏层油

e)铺装沥青面层

图9-4-7　沥青混凝土桥面铺装施工

(4)洒布黏层油:在铺筑沥青混合料前先洒布沥青黏层油,可以使新铺沥青面层与下层表面黏结良好而洒布的一种沥青薄层。

(5)铺装沥青面层:摊铺沥青混合料,并按先轻后重、先慢后快、先低后高的原则,分初压、复压和终压三个阶段进行碾压。卸料时要防止混合料的离析,整平后立即检查宽度、厚度、平整度、路拱及温度并及时调整。当沥青混合料表面温度低于50℃后,方可开放交通。

2)沥青混合料桥面铺装应符合的规定

(1)沥青混合料铺装前应对桥面进行检查,桥面应平整、粗糙、干燥、整洁。铺筑前应洒布黏层沥青。

(2)当采用刻槽方式增加沥青混合料铺装层与混凝土桥面的啮合,提高其抗滑能力时,刻槽的宽度宜为20mm,槽间距宜为20m,槽深宜为3～5mm。

(3)沥青混合料的配合比设计、铺筑及碾压等施工,应符合《公路沥青路面施工技术规范》(JTG F40—2004)的有关规定。

2. 水泥混凝土桥面铺装

1)施工工序(图9-4-8)

a)凿除桥面

b)测量放样

c)铺设防水材料

d)绑扎钢筋

e)安装模板

f)浇筑混凝土并振捣

g)整平

h)养护

图9-4-8 水泥混凝土桥面铺装施工

(1)凿除浮渣,清洗桥面:对梁顶表面凿毛,去除浆皮,彻底清除泥土、油污等杂物。

(2)测量放样：在桥面上进行施工放样，确定平面及高程控制点。

(3)铺设防水材料。

(4)绑扎钢筋：按设计图纸进行钢筋绑扎作业。绑扎钢筋前应清扫干净；为保证上层钢筋网不致变形过大，在上、下钢筋网之间用钢筋或其他措施进行加固和支撑，底层钢筋网下垫砂浆垫块以保证保护层厚度。

(5)安装模板：立模前对梁顶进行找平，充分利用企口接缝上的预留孔做好模板的支撑和加固工作；模板高度应与混凝土面层板厚度相同，底面应与找平层紧贴，空隙要事先用水泥砂浆填实；模板面均匀涂刷一薄层机油或脱模剂，以便拆模。

(6)浇筑混凝土并振捣：浇筑前，应对模板与钢筋进行全面检查，考虑振实的影响应预留一定的混凝土高度；浇筑时应同时进行均匀地振捣，以不再冒气泡并泛出水泥浆为准；振捣完后，初步整平，对不平之处进行人工补填找平。

(7)养护：混凝土表面修整完毕后，应进行养护，通常使用普通硅酸盐水泥时时间约为14d。

2)水泥混凝土桥面铺装应符合的规定

(1)铺装的厚度、材料、铺装层结构、混凝土强度、防水层设置等均应符合设计规定。

(2)桥面铺装工作必须在梁体的横向联结钢板焊接工作或湿接缝浇筑完成后，方可进行，以免后焊的钢板引起桥面水泥混凝土在接缝处发生裂纹。

(3)铺装施工前应使梁、板顶面粗糙，清洗干净，并按设计要求铺设纵向接缝钢筋和桥面钢筋网。

(4)水泥混凝土桥面铺装，其表面应采取防滑措施，宜分2次进行，第二次抹平后，应沿横坡方向拉毛或采用机具压槽，拉毛或压槽的深度应符合《公路水泥混凝土路面施工技术细则》(JTG/T F30—2014)的有关规定。

(5)水泥混凝土桥面铺装如设计为防水混凝土，施工时应按照防水混凝土的相关规定执行。

(6)纤维水泥混凝土桥面铺装的施工，可参照现行行业标准《纤维混凝土结构技术规程》(CECS 38—2004)的规定执行。

三、质量标准

1.桥面防水层质量标准

1)基本要求

(1)防水材料的规格和性能必须符合设计要求，防水层至少应有不低于桥面沥青混合料铺装层使用年限的寿命，并能适应动荷载及混凝土桥面开裂时不损坏的特点。

(2)在喷涂防水涂料前，混凝土表面应清除垃圾、杂物、油污与浮浆，并保持干净和干燥。

(3)喷涂应严格按规定的工艺施工。

(4)防水层的抗渗性应符合设计要求，必要时应现场做抗渗试验。

(5)预计涂料表面在干燥前会下雨，则不应施工。施工过程中，严禁踩踏未干的防水层。

防水层干燥后,可行驶10t以下汽车,但不得在其上急转弯或紧急制动。

2)实测项目

混凝土桥面板桥面防水层实测项目见表9-4-1。

防水层实测项目　　表9-4-1

项次	检查项目		规定值或允许偏差	检查方法和频率
1△	防水涂膜	厚度(mm)	满足设计要求;设计未要求时,平均厚度≥设计厚度,85%检查点的厚度≥设计厚度,最小厚度≥80%设计厚度	测厚仪:每施工段测10处,每处测3点
		用量(kg/m²)	满足设计要求	按施工段涂敷面积计算
2△	防水层黏结强度(MPa)		在合格标准内	按《公路工程质量检验评定标准 第一册 土建工程》(JTG F80/1—2017)附录N检查
3	混凝土黏结面含水率		满足设计要求	含水率测定仪:当施工段大于1000m²时,每施工段测5处,每处测3次,取均值;超过1000m²时,每增加1000m²增加1处

3)外观鉴定

混凝土桥面板桥面防水层外观质量应符合要求:

(1)涂层防水应无漏涂、气泡、脱皮、胎体外露。

(2)卷材防水应无空鼓、翘边、褶皱。

(3)防水层与泄水孔进水口、伸缩装置、护栏、路缘石衔接处应无渗漏。

2.桥面铺装质量标准

1)基本要求

(1)水泥混凝土桥面的基本要求同水泥混凝土路面,沥青混合料桥面基本要求同沥青混合料路面。

(2)桥面泄水孔进水口的布置应有利于桥面和渗入水的排除,其数量不得少于设计要求,出水口不得使水直接冲刷桥体。

2)实测项目

沥青混合料桥面铺装实测项目见表9-4-2、表9-4-3。

沥青混合料桥面铺装实测项目　　表 9-4-2

<table>
<tr><th rowspan="2">项次</th><th rowspan="2" colspan="2">检查项目</th><th colspan="2">规定值或允许偏差</th><th rowspan="2">检查方法和频率</th></tr>
<tr><th>高速公路
一级公路</th><th>其他公路</th></tr>
<tr><td>1△</td><td colspan="2">压实度</td><td colspan="2">≥试验室标准密度的96%(98%)
≥最大理论密度的92%(94%)
≥试验段密度的98%(99%)</td><td>按《公路工程质量检验评定标准 第一册 土建工程》(JTG F80/1—2017)附录B检查,长度大于200m时测5点,每增加100m增加2点</td></tr>
<tr><td>2</td><td colspan="2">厚度(mm)</td><td colspan="2">+10,-5</td><td>水准仪:以同桥面板产生相同挠度变形的点为基准点,测量桥面铺装施工前后相对高差:长度不大于100m,每车道测3处,每增加100m,每车道增加2处</td></tr>
<tr><td rowspan="6">3</td><td colspan="2">平整度</td><td>沥青混合料</td><td>水泥混凝土</td><td rowspan="5">平整度仪:全桥每车道连续检测,每100m计算IRI或 a</td></tr>
<tr><td rowspan="2">高速公路、一级公路</td><td>IRI(m/km)</td><td>2.5</td><td>3.0</td></tr>
<tr><td>a(mm)</td><td>1.5</td><td>1.8</td></tr>
<tr><td rowspan="3">其他公路</td><td>IRI(m/km)</td><td colspan="2">4.2</td></tr>
<tr><td>a(mm)</td><td colspan="2">2.5</td></tr>
<tr><td>最大间隙 h(mm)</td><td colspan="2">5</td><td>3m直尺:每100m测3处×3尺</td></tr>
<tr><td rowspan="2">4</td><td rowspan="2">横坡</td><td>水泥混凝土</td><td colspan="2">±0.15%</td><td rowspan="2">水准仪:每100m检查3个断面</td></tr>
<tr><td>沥青面层</td><td colspan="2">±0.3%</td></tr>
<tr><td>5</td><td colspan="2">抗滑构造深度</td><td colspan="2">符合设计要求</td><td>砂铺法:每200m查3处</td></tr>
</table>

注:1. 桥长不满100m者,按100m处理。

2. 对高速、一级公路上的小桥(中桥视情况)可并入路面进行评定。

复合桥面水泥混凝土铺装实测项目　　表9-4-3

项次	检 查 项 目	规定值或允许偏差	检查方法和频率
1△	混凝土强度(MPa)	在合格标准内	按《公路工程质量检验评定标准 第一册 土建工程》(JTG F80/1—2017)附录D检查
2	厚度(mm)	+10,-5	水准仪:以同桥面板产生相同挠度变形的点为基准点,测量桥面铺装施工前后相对高差:长度10m以内,每车道测3处,每增加100m,每车道增加2处
3	平整度(mm)	≤5	3m直尺:半幅车道板带200m测2处×5尺
4	横坡(%)	±0.15	水准仪:长度不大于200m时测5个断面,每增加10m增加1个断面

3)外观鉴定

桥面排水良好。

操作实训

伸缩装置的安装施工

1.安全教育

阐述安全操作要求,要求学生穿戴反光工作服,在实训区放置安全标志。

2.实训目的及要求

通过实训练习,掌握伸缩装置的安装施工技术。

3.实训准备工作

(1)在校园内路面实训场地。

(2)准备伸缩缝施工的相关技术文件。

(3)准备伸缩装置,准备路面清扫、切割、开槽工具,钢筋焊接工具。

4.操作步骤

(1)人员组织:学生以6~8人为一组,每组设一个监理,每两组设一个指导老师。

(2)学生按规定进行操作,指导老师在旁边进行讲解。

5.注意事项

(1)每操作完一个步骤,必须进行检查,合格后才能进行下一步操作。

(2)机械工具的安全操作。

(3)团结合作。

6. 质量验收及评定(表9-4-4)

表9-4-4

步骤	1	2	3	4	5	6
存在问题						
得分						
总分						

7. 实训总结

复习思考题

一、填空题

1. 为了保证桥跨结构的适当变形,通常在________、________设置横向的伸缩缝。

2. 支座的作用是________、________。

3. 梁间铰接缝形式有________、________、________三种。

4. 桥面铺装常采用________、________等材料进行铺筑。

5. 水泥混凝土桥面铺装要检查________、________、________、________、________等项目。

二、选择题

1. 对接式伸缩缝装置多用于伸缩量在(　　)mm以下的桥梁中。

A. 20　　B. 60　　C. 80　　D. 800

2. 进行支座安装时,环氧树脂强度不低于设计规定,无规定时不得低于(　　)MPa。

A. 35　　B. 40　　C. 45　　D. 50

3. 湿接缝的宽度约为(　　)m。

A. 0.1～0.4　　B. 0.2～0.5　　C. 0.3～0.6　　D. 0.4～0.7

4. 为使桥面在降温时不产生裂缝,通常会在接缝顶部的正中心位置锯开一条(　　)。

A. 平缝　　B. 凸形缝　　C. 凹形缝　　D. 假缝

5. 铺装层混凝土浇筑时,振捣采用(　　)振捣器。

A. 平板式　　B. 插入式　　C. 附着式　　D. 人工式

三、判断题

1. TST伸缩缝装置施工后1～3h即可开放交通。(　　)

2. 板式橡胶支座是利用橡胶的剪切变形实现梁端的转动,利用其不均匀弹性压缩实现上部结构的水平位移。(　　)

3. 对于多孔简支体系的梁桥,减少伸缩缝的主要措施就是采用桥面连续。(　　)

4. 防水层在横桥向应闭合铺设,不宜在雨天或低温下铺设。(　　)

5. 高等级公路桥梁,沥青混合料摊铺后的平整度要求是IRI≤3.0,均方差不超过1.8mm。(　　)

四、简答题

1. 简述对接式伸缩装置的施工工序。

2. 简述螺栓锚固支座的安装施工工序。

3. 比较先简支后连续梁桥两种方式的优缺点。

4. 简述沥青混合料桥面铺装的施工工序。

5. 简述水泥混凝土桥面铺装的施工工序。

学习任务十

涵洞施工

涵洞是指在是公路或铁路与沟渠、道路相交的地方,使水、人、畜、车辆等从路下通过的小型构造物。它虽然在总造价中所占比例很小,但涵洞施工质量好坏,直接影响到公路工程的整体质量及使用性能,以及周围农田的灌溉、排水。

桥与涵洞技术上是以跨径为划分标准的。一般单孔标准跨径小于5m或多孔跨径总长小于8m就称为涵洞。但圆管涵和箱涵不论孔径、跨径多少都称为涵洞。

涵洞按照构造形式,可分为圆管涵、拱涵、盖板涵、箱涵。

学习活动一　钢筋混凝土圆管涵施工

学习目标

1. 能认识钢筋混凝土圆管涵基本结构组成,并能识读钢筋混凝土圆管涵的施工图纸;
2. 能进行涵洞的施工放样;
3. 能描述钢筋混凝土圆管涵的施工工艺和流程;
4. 能简述钢筋混凝土圆管涵施工注意事项;
5. 能评定钢筋混凝土圆管涵施工的质量。

建议完成本学习活动的时间为8课时。

学习情境描述

在某二级公路第一合同段内包含一座单孔0.75m正交钢筋混凝土圆管涵,中心桩号为K4+918,涵长为10.60m,其构造如图10-1-1所示。项目负责人(教师)派单,由施工人员(学生)在规定时间内写出该涵洞的详细施工流程,并严格按照设计图纸和《公路桥涵施工技术规范》(JTG/T 3365—2020)分工合作讨论,写出各工序施工工艺和施工注意事项,由项目负责人确认是否正确、合理。

相关知识

一、钢筋混凝土圆管涵结构组成

公路工程中的圆管涵有混凝土管涵和钢筋混凝土管涵,目前我国公路工程中多采用钢筋混凝土管涵。其主要由管身、基础、接缝及防水层组成,如图10-1-2所示。

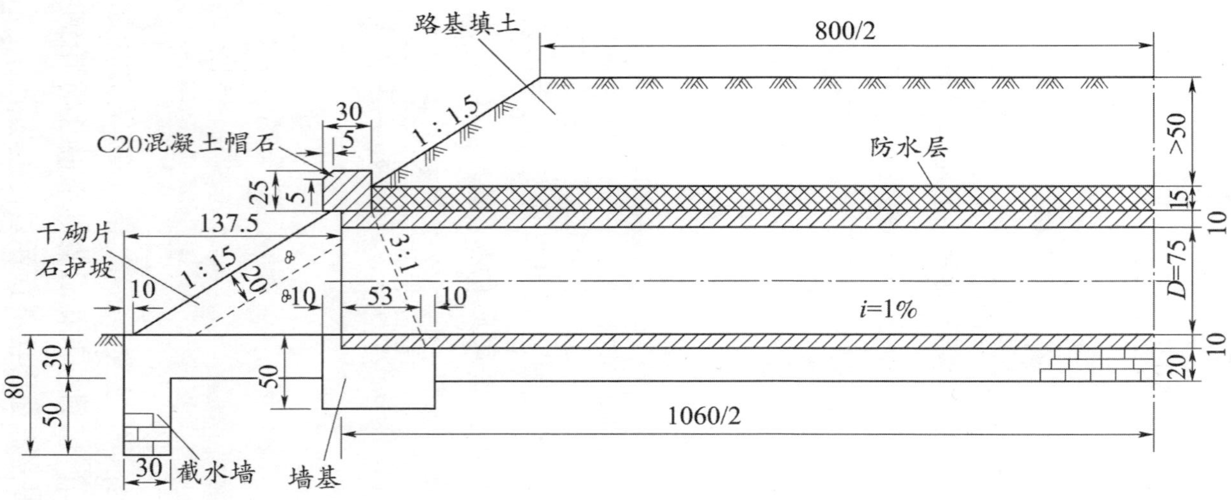

a)半纵剖面图

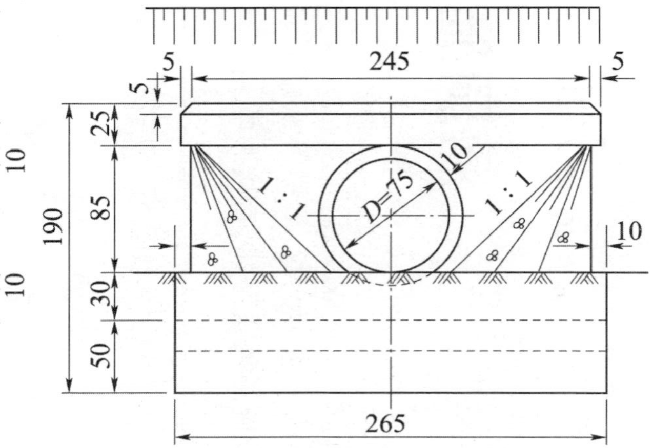

c)洞口正面图

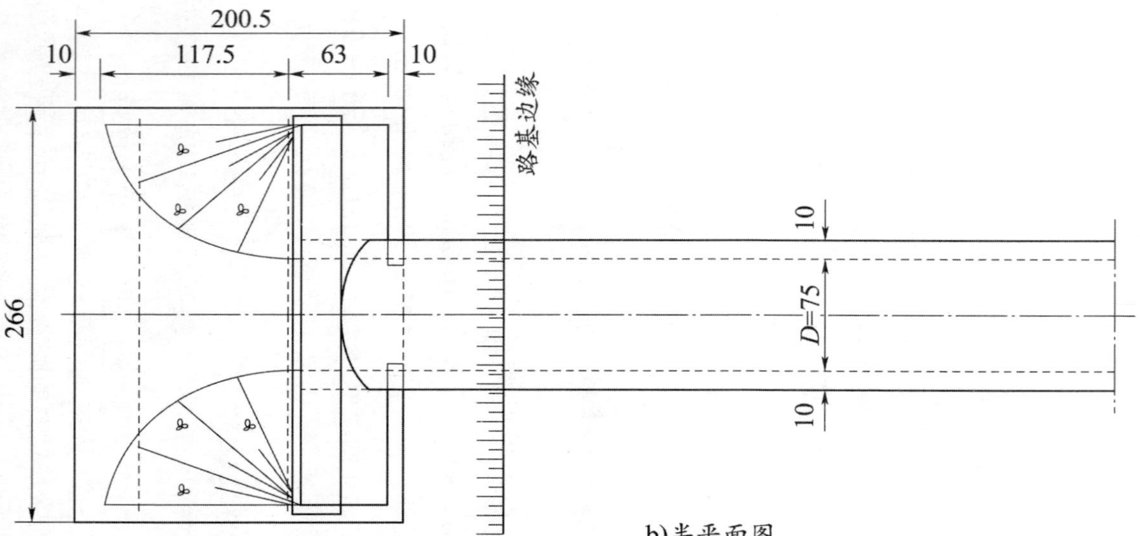

b)半平面图

洞口工程数量表(一端)

工程数量 项别 / 管径	C20混凝土帽石(m^3)	M10砂浆片石墙身(m^3)	M10干砌片石基础(m^3)	干砌片石护坡(m^3)
75	0.191	0.552	2.200	0.275

注：1.图中尺寸以厘米为单位。

2.洞口工程数量所指一端，即一个进水口或一个出水口。

图10-1-1　圆管涵构造图

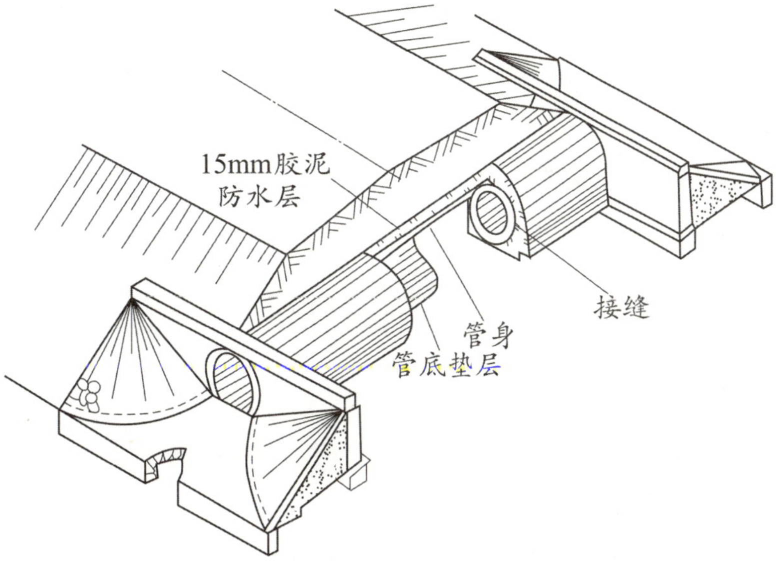

图 10-1-2 管涵各组成部分(尺寸单位:cm)

二、钢筋混凝土圆管涵施工放样

涵洞放样前应核对涵洞纵横轴线的地形剖面图是否与设计图相符,注意涵洞长度、涵底高程的正确性。对斜交涵洞、曲线上和陡坡上的涵洞,应考虑交角、加宽、超高和纵坡对涵洞具体位置尺寸的影响,并注意锥坡翼墙、一字墙和涵洞墙身顶部位置、方向、长度、高度、坡度,使之符合技术要求。

采用经纬仪放样,首先按照路基中桩的放样方法放出涵洞中心位置(图 10-1-3),将经纬仪置于涵洞的中心点并找出涵洞中心点切线的方向,再根据涵洞的偏角即可得到涵洞的轴线方向,在此基础上,根据涵洞的平面几何尺寸,依次放出涵洞有关部位的特征点位置。

随着测量技术的更新,采用全坐标放样法可有效提高作业效率和放样精度,其方法如下:根据设计提供的直线、曲线及转角表或逐桩坐标表,同时结合放样对象的平面几何尺寸,计算出所有工程部位特征点的坐标,然后用全站仪在控制点上直接将这些点位放出。

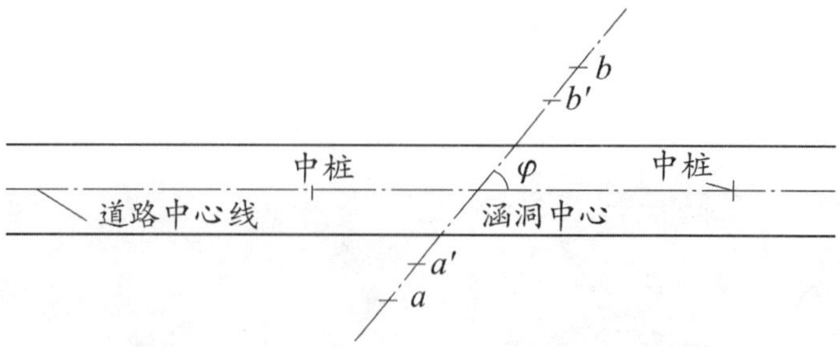

图10-1-3　涵洞中心桩位及轴线测设

采用全坐标放样法计算涵洞特征点的坐标时,必须要认真细致,同时要根据放样对象的平面几何尺寸对坐标进行必要的复核,确保放样点坐标计算无误。为提高计算效率,避免计算错误,最好利用计算机或可编程的计算器进行计算。

为防止在现场出现放样错误,可采取一定的方法进行检查:一是检查放样点位的绝对位置是否正确,检查方法是在用两个控制点将全部点位放完后,再用第三个控制点进行闭合检查,根据闭合差的大小来确定放样过程中仪器的工作状态是否正常,如果闭合差在允许范围内,说明放样点位的绝对位置正确,仪器工作状态正常,否则就应该查找原因并进行必要的处理;二是检查放样点位之间的相对位置是否正确,检查方法是用钢尺量出放样点位之间的相对距离,然后与设计图纸给出的尺寸比较,如二者相符,则说明各点位之间的相对位置正确,否则就应查找原因进行处理。

三、钢筋混凝土圆管涵施工工艺

钢筋混凝土圆管涵的施工是将涵管预制成管节,每节长度多为1m,然后运往现场安装。

1.管节

公路工程中管节一般为外购,故对管节预制不再进行详细说明,但管节进场后必须对其质量进行检验。质量检验应符合下列规定:

(1)制作完成的管节,内外侧表面应平顺圆滑,管节端面应平整并与其轴线垂直;斜交管涵进出水口管节的外端面,应按斜交角度进行处理。

(2)混凝土管节成品质量应符合表10-1-1的规定。

混凝土管节成品质量标准　　表10-1-1

项　目	规定值或允许偏差	项　目	规定值或允许偏差
混凝土强度(MPa)	在合格标准内	顺直度	矢度不大于0.2%管节长
内径(mm)	不小于设计值	长度(mm)	-5,0
管壁厚度(mm)	正值不限,-3		

2.管节运输与装卸

在管节运输与装卸过程中,应注意下列问题:

(1)待运的管节其各项质量应符合前述的质量标准,应特别注意检查待运管节顶的填土高度是否符合设计要求,防止错装、错运。

(2)运输管节的工具,可根据道路情况和设备条件采用汽车、拖拉机拖车,不通公路地段可采用马车。

(3)管节的装卸可根据工地条件,使用各种起重设备,如龙门起重机、汽车吊和小型起重工具滑车、链滑车等。

(4)在装卸和运输过程中,应小心谨慎。运输途中每个管节底面宜铺以稻草,用木块圆木楔紧,并用绳索捆绑固定,防止管节滚动、相互碰撞破坏。固定方法如图 10-1-4 所示。

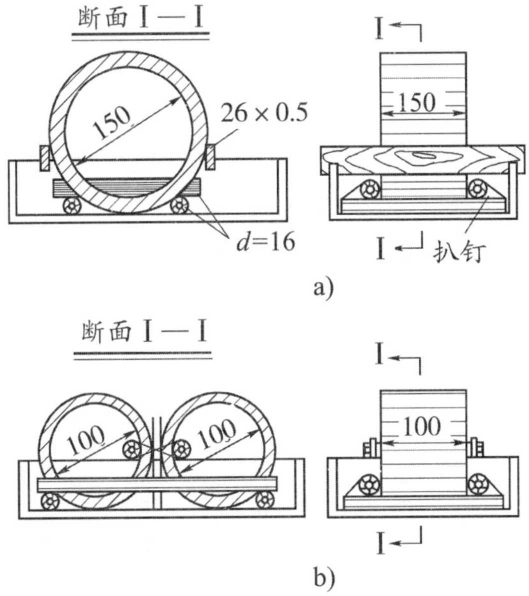

图 10-1-4 管涵固定在车身内的方法(尺寸单位:cm)

(5)从车上卸下管节时,应采用起重设备。严禁由汽车上将管节滚下,造成管节破裂。

3.管涵的施工

管涵可分为单孔、双孔的有圬工基础管涵和无圬工基础管涵。

1)单孔有圬工基础管涵施工程序(图 10-1-5)

(1)挖基坑并准备修筑管涵基础的材料。

(2)砌筑圬工基础或浇筑混凝土基础。

(3)安装涵洞管节,修筑涵管出入口端墙、翼墙及涵底(端墙外涵底铺装)。

(4)铺设管涵防水层及修整。

(5)铺设涵管顶部防水黏土(设计需要时),填筑涵洞缺口填土及修建加固工程。

2)单孔无圬工基础管涵施工程序(图 10-1-6)

(1)挖基备料与图 10-1-5 相同,本图未示出。

(2)在捣固夯实的天然土表层或矿砂垫层上,修筑截面为圆弧状的管座,其深度等于管壁的厚度。

(3)在圆弧管座上铺设垫层的防水层,然后安装管节,管节间接缝宽约 1cm。缝中填塞防水材料。

(4)在管节的下侧再用天然土或砂砾垫层材料作培填料,并捣实至设计高程,并切实保证培填料与管节密贴。再将防水层向上包裹管节,防水层外再铺设黏质土,水平径线以下的一部分特别填土,应立即填筑,以免管节下面的砂垫层松散,并保证其与管节密贴。在严寒地区这部分特别填土必须填筑不冻胀土料。

(5)修筑管涵出入口端墙、翼墙及两端涵底和进行整修工作。

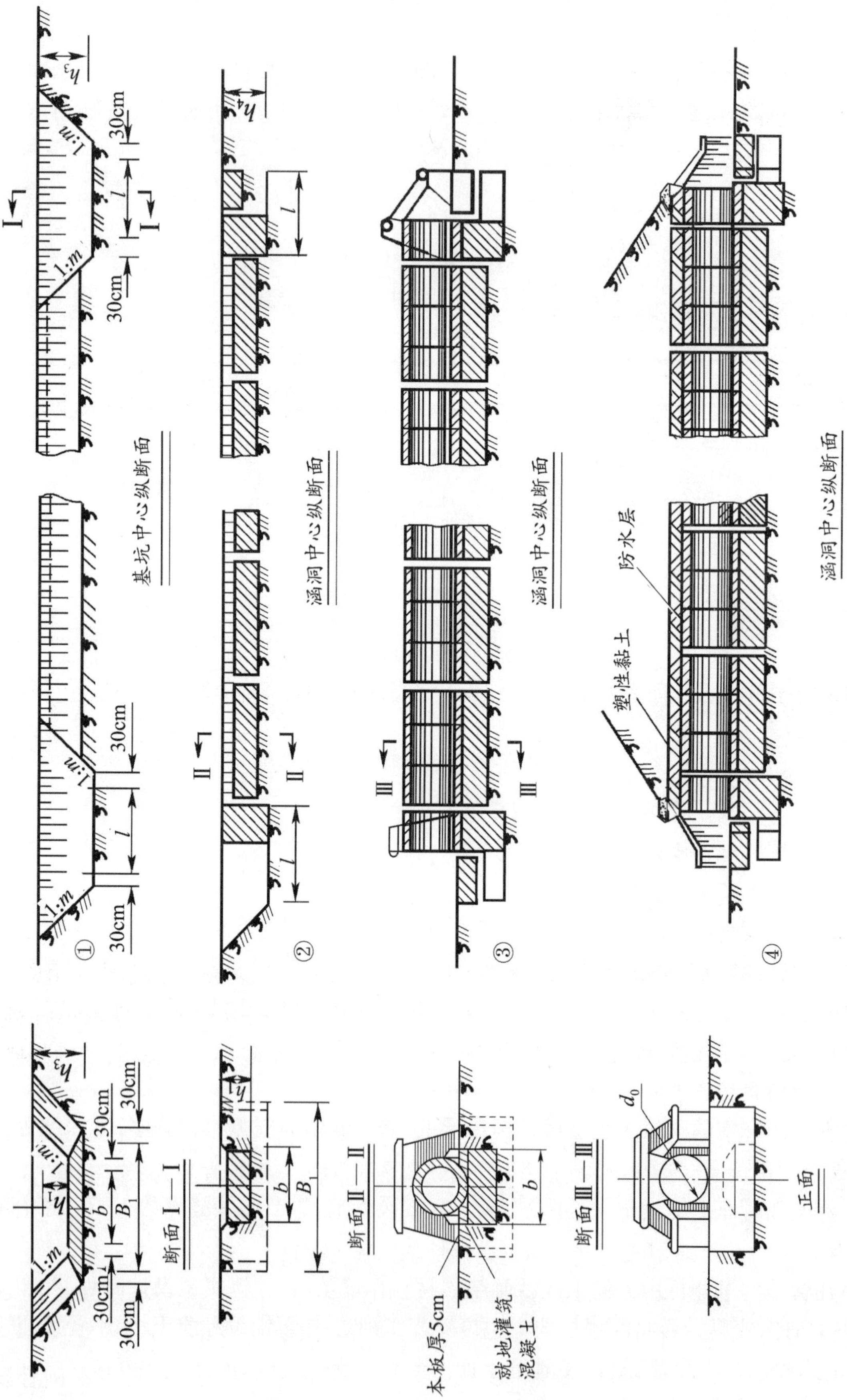

图10-1-5　单孔有圬工基础管涵施工程序

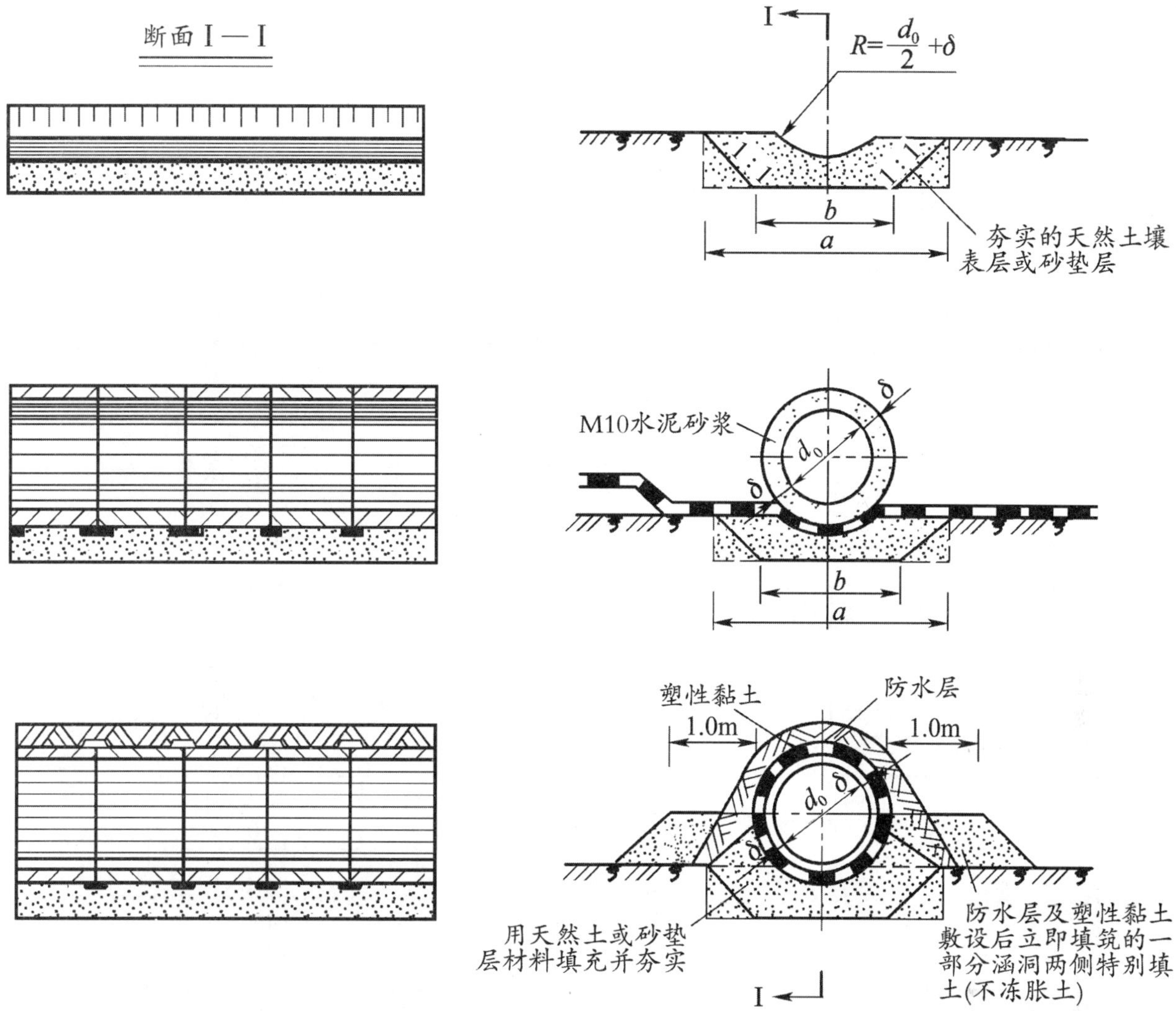

图 10-1-6　单孔无圬工基础管涵施工程序

3)双孔无圬工基础管涵施工程序(图 10-1-7)

(1)挖基、备料与前面相同。

(2)在捣固夯实的天然土表层或砂垫层上修筑圆弧状管座,其深度等于管壁的厚度。

(3)如图 10-1-7 所示,先安装右边管并铺设防水层,在左边一孔管节未安装前,在砂垫层上先铺设垫底的防水层,然后按同样方法安装管节。管节间接缝尽量抵紧,管节内外接缝均以 M10 水泥砂浆填塞。

(4)在管节下侧用天然土或砂垫层材料作填料,夯实至设计高程处,并切实保证与管节密贴。左孔防水层铺设完后,用贫混凝土填充管节间的上部空腔,再铺设软塑状黏性土。

防水层及黏土铺设后,涵管两侧水平直径线以下的一部分填土应立即填筑,以免管节下面的砂垫层松散。在严寒地区此部分填土必须填筑不冻胀土料。

(5)修筑出入口两端端墙、翼墙及涵底和整修工作。

4)涵底陡坡台阶式基础管涵

沟底纵坡很陡时,为防止涵洞基础和管节向下滑移,可采用管节为台阶式的基础管涵,每段长度一般为 3 ~5m,台阶高差一般不超过相邻涵节最小壁厚的 3/4。如坡度较大,可按 2 ~3m 分段或加大台阶高度,但不应大于 0. 7m,且台阶处的净空高度不应小于 1m。此时在低处的涵顶上应设挡墙,以掩盖可能产生的缝隙,如图10-1-8所示。

无圬工基础的陡坡管涵,只可采用管节斜置的办法,斜置的坡度不得大于5%。

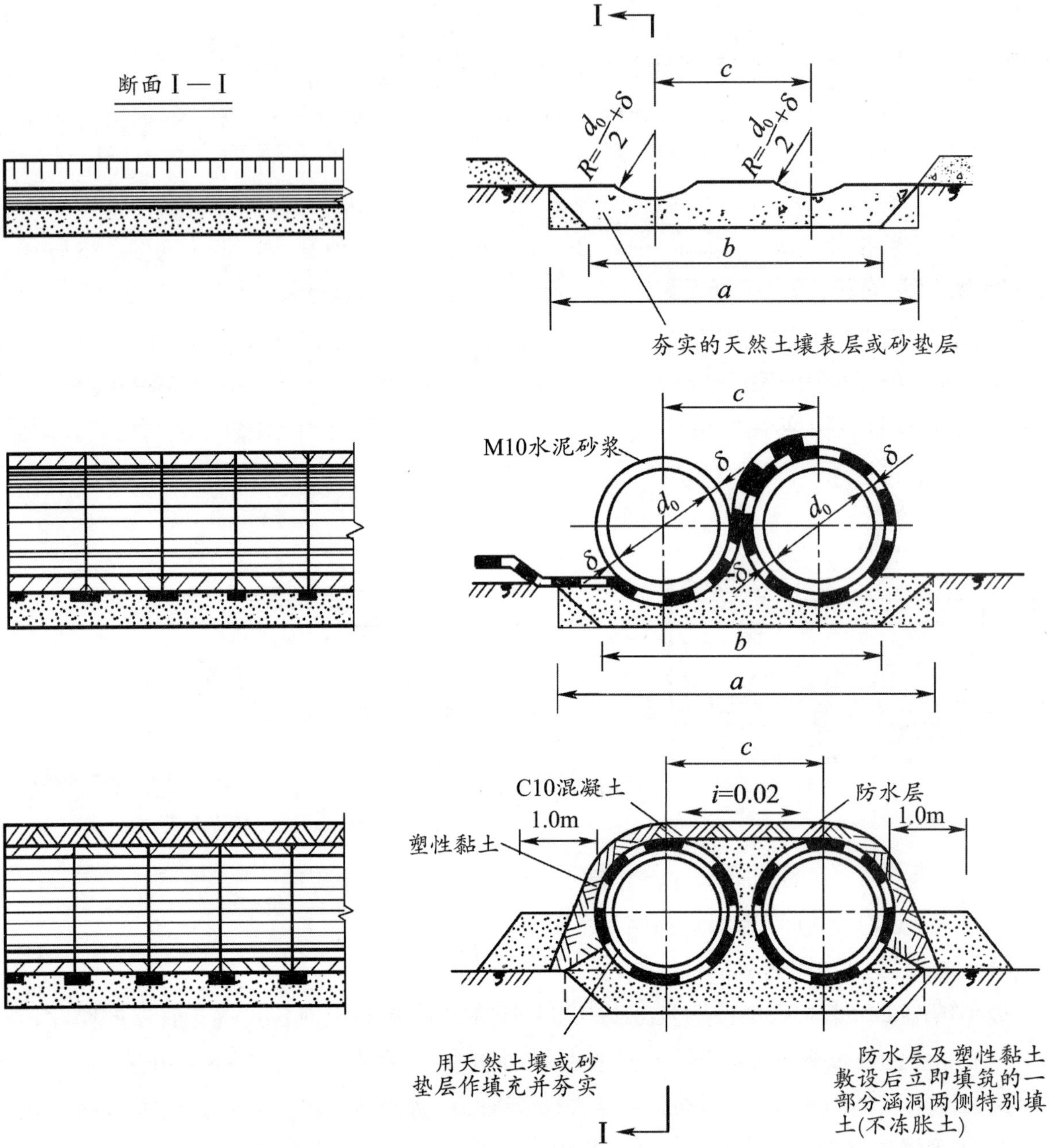

图10-1-7 双孔无圬工基础管涵施工程序

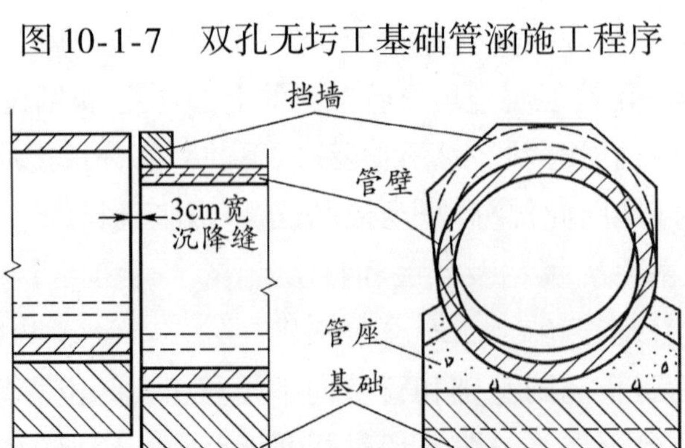

图10-1-8 陡坡台阶管涵

4. 管涵基础修筑

1）地基土为岩石

管节下采用无圬工基础，管节下挖去风化层或软层后，填筑0.4m厚砂垫层；出入口两端墙、翼墙下，在岩石层上用C15混凝土做基础，其埋置深度至风化层以下0.15～0.25m，并最小等于管壁厚度加5cm。风化层过深时，可改用片石圬工，最深不大于1m。管节下为硬岩时，可用混凝土抹制与管节密贴的垫层。

2）地基土为砾石土、卵石土或砂砾、粗砂、中砂、细砂或匀质黏性土

管节下一般采用无圬工基础，对砾、卵石土先用砂填充地基土空隙并夯实，然后填筑0.4m厚砂垫层；对粗、中、细砂地基土表层应夯实；对匀质黏性地基土应做砂垫层；出入口两端端墙、翼墙的圬工基础埋置深度，设计无规定时为1m，对于匀质黏性土，负温时的地下水位在冻结深度以上时，出入口两端端墙、翼墙的圬工基础埋置深度为1～1.5m；当冻结深度不深时，基础埋深宜等于冻结深度的0.7倍，当此值大于1.5m时，可采用砂夹卵石在圬工基础下换填至冻结深度的0.7倍。

3）地基土为黏性土

管节下应采用0.5m厚的圬工基础，出入口两端端墙、翼墙的圬工基础埋置深度为1～1.5m；当地下水冻结深度不深时，埋置深度应等于冻结深度；当冻结深度大于1.5m时，可在圬工基础下用砂夹卵石换填至冻结深度。

4）必须采用有圬工基础的管涵

（1）管顶填土高度超过5m。

（2）最大洪水流量时，涵前壅水高度超过2.5m。

（3）河沟经常流水。

（4）沼泽地区深度在2m以内。

（5）沼泽地区淤积物、泥炭等厚度超过2m时，应按特别设计的基础施工。

5）严寒地区的管涵基础

常年最冷月份平均气温低于零下15℃的地区称严寒地区。

（1）匀质黏性土和一般黏性土的基础均须采用圬工基础。

（2）出入口两端端墙、翼墙基础应埋置在冻结线以下0.25m。

（3）一般黏性土地区的地下水位在冻结深度以上时，管节下埋置深度应为$H/8$（H为涵底至路面填土高度），但不小于0.5m，也不得超过1.5m。

6）基础砂垫层材料

可采用砂、砾石或碎石，但必须注意清除基底植物层。为避免管节承受冒尖石料的集中应力，当使用碎石、卵石作垫层时，要有一定级配或掺入一定数量的砂，并夯捣密实。

7）软土地区管涵地基处理

管涵地基土如为软土，应按软土层厚度分别进行处理。当软土层厚度小于2m时，可采取换填法处理，即将软土层全部挖除，换填碎石、卵石、砂夹石、土夹石、砾砂、粗砂、中砂等材料并碾压密实，压实度要求94%～97%；或者采用灰土（石灰土、粉煤灰土）换填，压实度要求93%～95%，换填土的干密度宜用重型击实试验法确定。碎石或卵石的干密度可取2.2～

2.4t/m³。换填层上面再砌筑0.5m厚的圬工基础。

当软土层超过2m时,应按软土层厚度、路堤高度、软土性质做特殊设计处理。

5.管节安装方法

管节安装应从下游开始,使接头面向上游;每节涵管应紧贴于垫层或基座上,使涵管受力均匀;所有管节应按正确的轴线和图纸所示坡度进行敷设。如果管壁厚度不同,应使内壁齐平。在敷设过程中,要保持管内清洁无赃物、无多余的砂浆及其他杂物。管节的安装方法通常有滚动安装法、滚木安装法、压绳下管法、龙门架安装法、吊车安装法等,可根据施工现场实际情况选用。

1)滚动安装法

如图10-1-9所示,管节在垫板上滚动至安装位置前,转动90°使其与涵管方向一致,略偏一侧。在管节后用木撬棍拨动至设计位置,然后将管节向侧面推开,取出垫板再滚回原位。

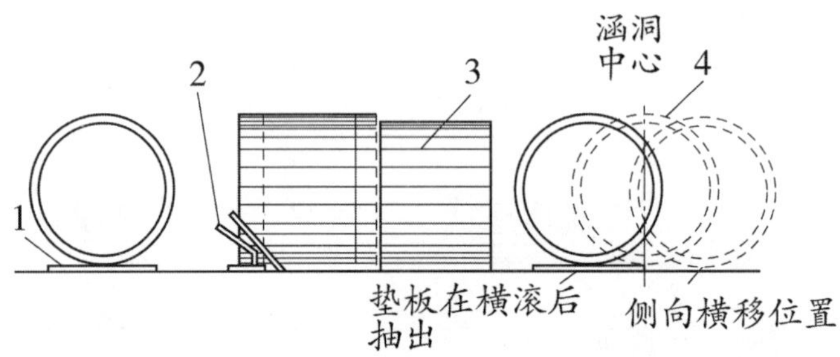

图10-1-9 涵管滚动安装法

1-垫板;2-木撬棍;3-已安装好的管节;4-安装就位

2)滚木安装法

如图10-1-10所示,先将管节沿基础滚至安装位置1m处,旋转90°,使与涵管方向一致。把薄铁板放在管节前的基础上,摆上圆滚木6根,在管节两端放入半圆形承托木架,以杉木杆插入管内,用力将前端撬起,垫入圆滚木,再滚动管节至安装位置,将管节侧向推开,取出滚木及铁板,再滚回来并以撬棍(用硬木护木承垫)仔细调整。

3)压绳下管法

当涵洞基坑较深,需沿基坑边坡侧向将管滚入基坑时,可采用压绳下管法。

如图10-1-11所示,压绳下管法是侧向下管的方法之一,下管前应在涵管基坑外3~5m处埋设木桩,木桩直径不小于25m,长2.5m,埋深最少1m。桩为缠绳用,在管两端各套一根长绳,绳一端紧固于桩上,另一端在桩上缠两圈后,绳端分别用两组人或两盘绞车拉紧。下管时由专人指挥,两端徐徐松绳,管子渐渐由边坡滚入基坑内。绳用优质麻制成,直径50mm,绳长应满足下管要求。下管前应检查管子质量及绳子、绳扣是否牢固,下管时基坑内严禁站人。

管节滚入基坑后,再用滚动安装法或滚木安装法将管节准确安装于设计位置。

4)龙门架安装法

如图10-1-12所示,这种方法适用于孔径较大管节的安装,移动龙门架时,可在柱脚下放3根滚杠,用撬棍拨移。

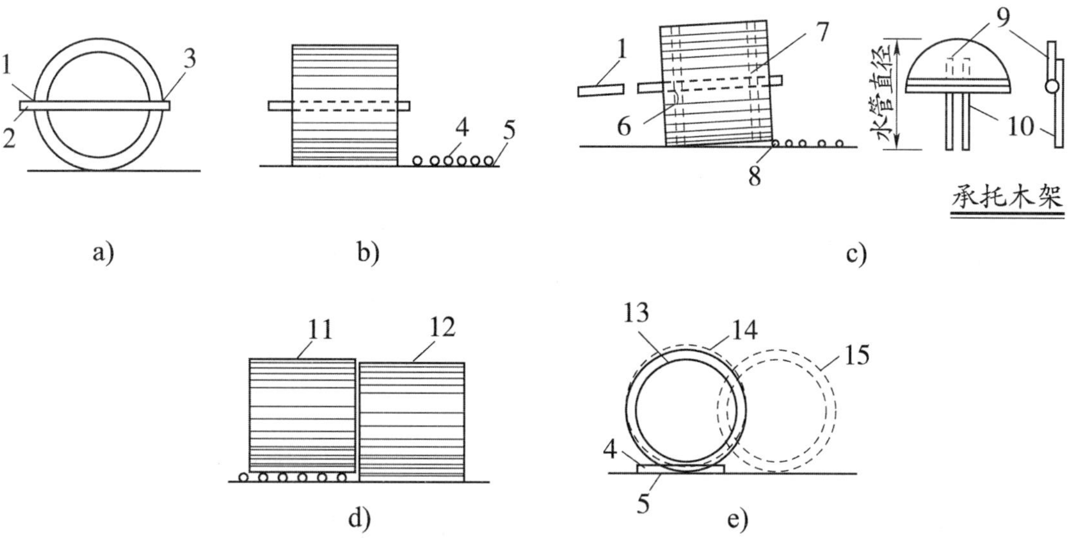

a) b) c) d) e)

图 10-1-10 涵管滚木安装法

1-着力点;2-d12×400 杉木杆;3-支点;4-滚木;5-铁板;6-支点托木架;7-着力点承托木架;8-垫进滚木或铁管;9-管圆形 5cm 厚木板;10-圆木架;11-推到安装位置;12-已安装好的管节;13-滚回安装位置;14-推到安装位置(虚线表示);15-侧向滚开位置

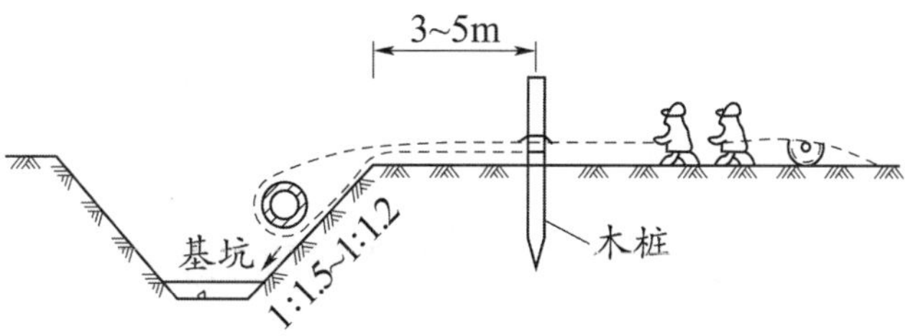

图 10-1-11 涵管压绳下管法

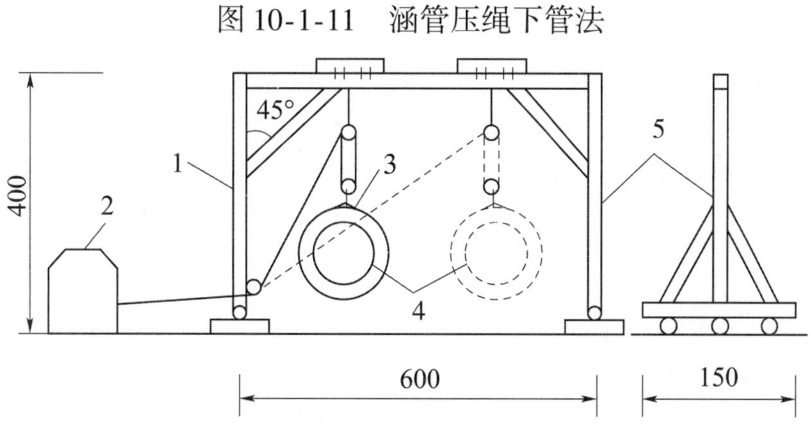

图 10-1-12 用龙门架安装涵管法(尺寸单位:cm)

1-20×20×600 方木;2-50kN 绞车;3-ϕ19 钢丝绳;4-管节;5-龙门架

5)吊车安装法

使用汽车或履带吊车安装管节更为方便,但一般零星工点,机械台班利用率不高,宜在工作量集中的工地使用。

为了加快工程进度,保证管节安全就位,用吊车安装时可采用特殊吊钩,如图 10-1-13所示。

用吊车起吊管节时,将横梁穿进管节,然后把套钩挂在钩子上,管节用吊车吊起并安装在涵管的基础上。在管节准确安装就位后;将钩子与套钩脱离并把横梁取出。

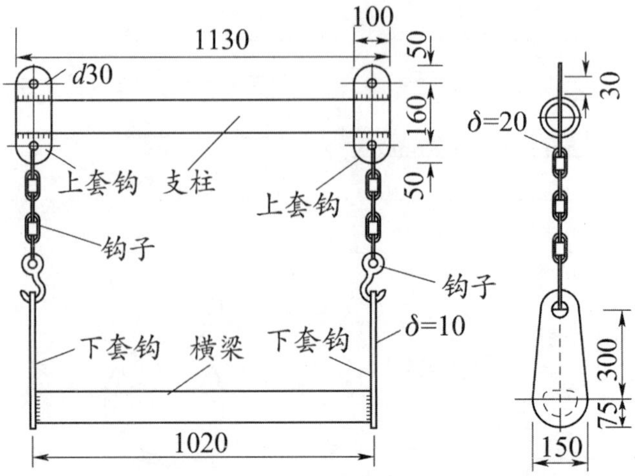

图 10-1-13　安装管节的吊钩架(尺寸单位:cm)

6. 管节安装注意事项

(1)管涵基础的顶面应设置混凝土管座,管座的弧面应与管身紧密贴合,使管节受力均匀。当管节直接放置在天然地基上时,应按照设计要求将管底的土层夯压密实或设置砂垫层,并做成与管身弧度密贴的弧形管座。

(2)插口管安装时,其接口应平直,环形间隙应均匀,并应安装特制的胶圈或用沥青、麻絮等防水材料填塞;无插口的管节接头采用顶头接缝,应尽量顶紧,缝宽宜为 10 ~ 20mm,其接口应平整,并应采用有弹性的不透水材料嵌塞密实,严禁因涵身长度不够,将所有接缝宽度加大以凑合涵身长度。设计规定管身外围做防水层的,按前述施工工序施工。

(3)长度较大的管涵设计有沉降缝的,管身沉降缝应与圬工基础的沉降缝位置一致,缝宽为 2 ~ 3cm,应用沥青麻絮或其他具有弹性的不透水材料,从内、外侧仔细填塞。

(4)长度较大、填土较高的管涵应设预拱度,预拱度大小应按照设计规定设置。

(5)各管节应顺水流方向安装平顺,相邻管节如因管壁厚度不一致(在允许偏差内)时应调整高度使下部内壁齐平。

四、钢筋混凝土圆管涵质量控制

1. 质量标准

圆管涵施工质量应符合表 10-1-2 规定。

圆管涵施工质量标准　　表 10-1-2

项　　目	规定值或允许偏差
轴线偏位(mm)	≤50
流水面高程(mm)	±20
涵管长度(mm)	+100, -50
管座或垫层混凝土强度(MPa)	在合格标准内
管座或垫层宽度、厚度	不小于设计值

续上表

项　　目		规定值或允许偏差
相邻管节底面错台(mm)	管径≤1m	≤3
	管径＞1m	≤5

2. 外观鉴定

(1)涵洞内不得遗留建筑垃圾、杂物,进出口、洞身,与沟槽衔接处无阻水现象。

(2)锥坡不得出现塌陷和亏坡。

(3)涵管线形不应出现反复弯折。

(4)接缝不得出现脱落、间断、空鼓及宽度超过0.5mm的裂缝。

(5)砌缝开裂、勾缝不密实和脱落的累计换算面积不得超过该面面积的1.5%,单个换算面积不应大于0.04m^2,且不应存在宽度超过0.5mm、长度大于砌块尺寸的非受力砌缝裂隙。换算面积应按缺陷缝长度乘以0.1m计算。

(6)砌缝应无空洞、宽缝、大堆砂浆填隙和假缝。

(7)混凝土表面不应存在《公路工程质量检验评定标准》(JTG F80/1—2017)附录P所列限制缺陷。

小贴士

质量不合格的工程,会给人民生命和财产带来严重的损失,施工人员一定要具备责任意识,涵洞施工必须严格按照施工技术规范进行。

学习活动二　石拱涵施工

学习目标

1. 认识石拱涵基本结构组成并识读拱涵的施工图纸;
2. 能描述砌体施工工艺;
3. 能描述石拱涵的施工工艺和流程;
4. 能简述石拱涵施工注意事项;
5. 能评定石拱涵的施工质量。

建议完成本学习活动的时间为8课时。

学习情境描述

某公路第三合同段内包含石拱涵一处,其基本工程情况见表10-2-1,项目负责人(教师)派单,由施工人员(学生)在规定时间内写出该涵洞的详细施工流程,并严格按照设计图纸和《公路桥涵施工技术规范》(JTG/T 3650—2020)分工合作讨论,写出该石拱涵的施工工序和施工注意事项,由项目负责人确认是否正确、合理。

石拱涵情况一览表　　表10-2-1

<table>
<tr><td colspan="2">中心桩号</td><td colspan="2">交角(°)</td><td colspan="2">孔数及孔径(孔-cm)</td><td colspan="2">涵长(m)</td></tr>
<tr><td colspan="2">K34 +237</td><td colspan="2">90</td><td colspan="2">1 −400 ×270</td><td colspan="2">36.57</td></tr>
<tr><td colspan="8">工　程　数　量</td></tr>
<tr><td colspan="2">部位</td><td>材料</td><td>数量</td><td colspan="2">部位</td><td>材料</td><td>数量</td></tr>
<tr><td rowspan="6">洞身</td><td>基础</td><td rowspan="2">M7.5浆砌块石(m^3)</td><td>4442.7</td><td rowspan="6">洞口</td><td>八字墙身</td><td rowspan="5">M7.5浆砌片石(m^3)</td><td>83.3</td></tr>
<tr><td>台身</td><td>447.5</td><td>八字墙基</td><td>26.8</td></tr>
<tr><td>护拱</td><td rowspan="2">M7.5浆砌片石(m^3)</td><td>74.2</td><td>侧墙</td><td>27.2</td></tr>
<tr><td>铺底</td><td>58.5</td><td>截水墙</td><td>9.6</td></tr>
<tr><td rowspan="2">拱圈</td><td rowspan="2">M12.5浆砌块石(m^3)</td><td rowspan="2">122.7</td><td>洞口铺砌</td><td>48.5</td></tr>
<tr><td>帽石</td><td>C20混凝土(m^3)</td><td>0.7</td></tr>
</table>

相关知识

一、石拱涵结构组成

石拱涵主要由基础、涵台、拱圈、护拱、侧墙、铺底、沉降缝及排水设施等组成,如图10-2-1所示,其施工图如图10-2-2所示。

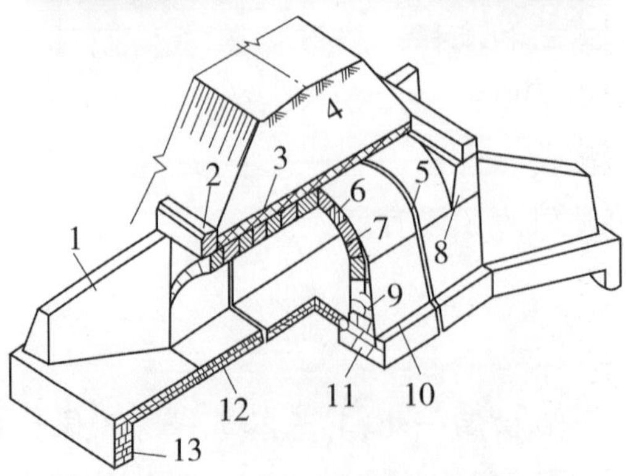

图10-2-1　石拱涵各组成部分

1-翼墙;2-帽石;3-防水层;4-路基;5-沉降缝;6-拱圈;7-护拱;8-侧墙;9-涵台;10-襟边;11-基础;12-涵底;13-截水墙

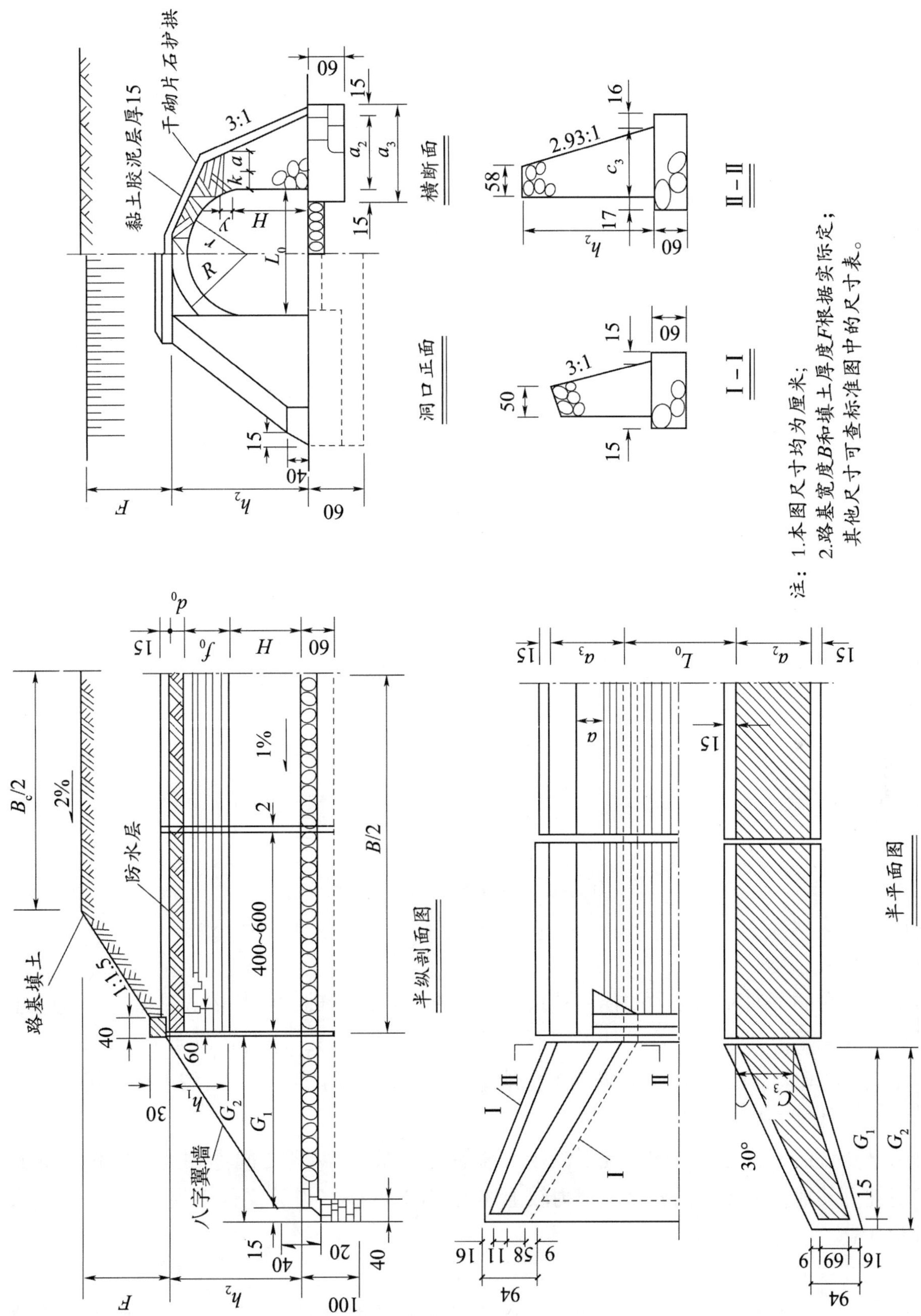

注：1.本图尺寸均为厘米；
2.路基宽度B和填土厚度F根据实际定；
其他尺寸可查标准图中的尺寸表。

图 10-2-2 石拱涵施工图

二、石拱涵施工工艺

石拱涵施工流程如图10-2-3所示。

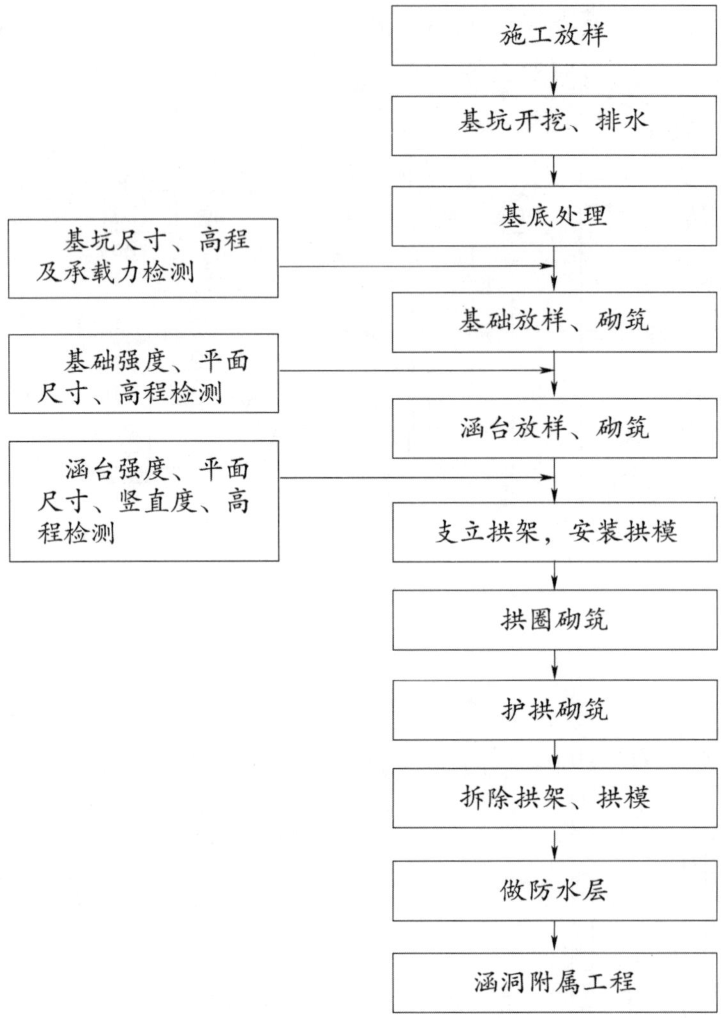

图10-2-3　石拱涵施工流程图

1. 拱涵基础

1)整体式基础

两座涵台的下面和孔径中间使用整块的混凝土浇筑的基础称为整体式基础。其地基土的承载力应满足设计规定。若设计无规定,则填方高 H 为1～12m时,必须大于0.2MPa;H 大于12m时,必须大于0.3MPa。湿陷性黄土地基,不论其表面承载力多少,均不得使用。

2)非整体式基础

两座涵台的下面为独立的现浇混凝土或浆砌片石基础,两者之间不相连接的称为非整体式基础。其地基土要求的容许承载力较上述的基础为高,当设计文件无规定时,一般应大于0.5MPa。

3)板凳式基础

两座涵台下面的混凝土基础之间用较薄的混凝土或钢筋混凝土板在顶部连接,一起浇筑成似同板凳式的基础。

根据当地材料情况,基础可采用C15片石混凝土或M5水泥砂浆砌片石,石料强度不得低于 25MPa。

2. 拱架和支架

拱架和支架支立牢固，拆卸方便（可用木楔作支垫），纵向连接应稳定，拱架外弧应平顺。拱架不得超越拱模位置，拱模不得侵入圬工断面。

拱架和支架安装完毕后，应对其平面位置、顶部高程、节点联系及纵横向稳定性进行检查，不符合要求者，立即进行纠正。

1）钢拱架

钢拱架可用角钢、钢板和钢轨等材料在工厂制成装配式构件，在工地拼装使用。图 10-2-4 所示为用钢轨制成的跨径 1.5 ~ 3m 拱涵的钢拱架。

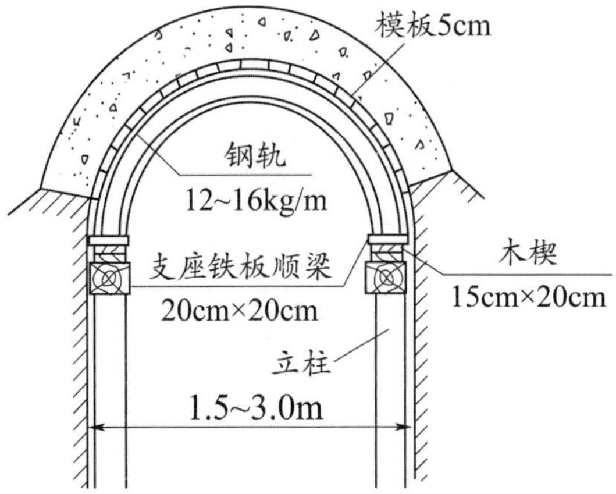

图 10-2-4　跨径 1.5 ~ 3m 钢轨拱架

2）木拱架

木拱架主要是由木材组合而成，拆装比较方便。但这种拱架浪费木材，应尽量不使用。图 10-2-5 所示为跨径 2 ~ 3m 木拱架。

3）土牛拱胎（土模）

在小桥涵施工中用土牛拱胎代替拱架，能节省木料，既经济又安全。根据河沟水流情况，土牛拱胎可做成全填土拱胎（图 10-2-6）、设有透水盲沟的土拱胎（图 10-2-7）、三角形木架土拱胎（图 10-2-8）、木排架土拱胎（图 10-2-9）等。

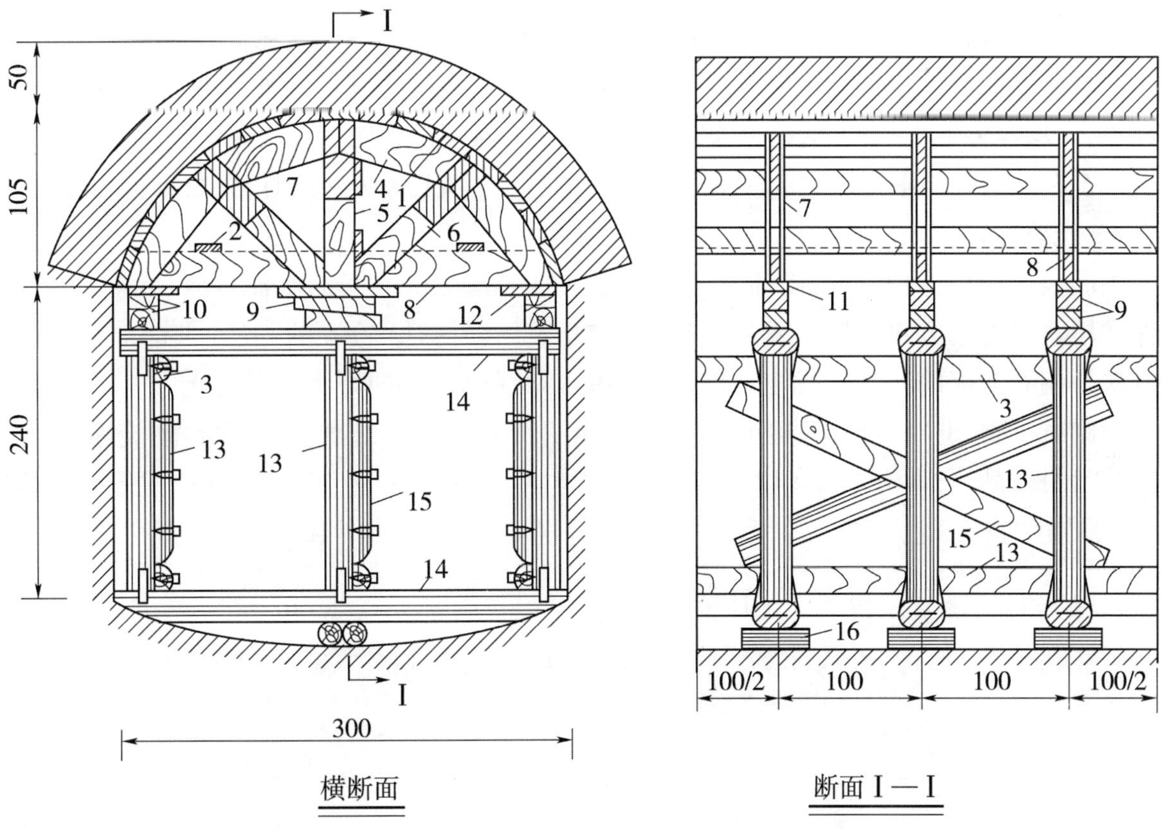

图 10-2-5　跨径 2 ~ 3m 的木拱架（尺寸单位：cm）

1-模型板；2-平联系木；3-平联系木；4-弓形板；5-撑木；6-撑木；7-夹板；8-拉杆木；9-楔木；10-楔木；11-楔顶板；12-楔顶板；13-柱木；14-槛木；15-斜联系木；16-填木

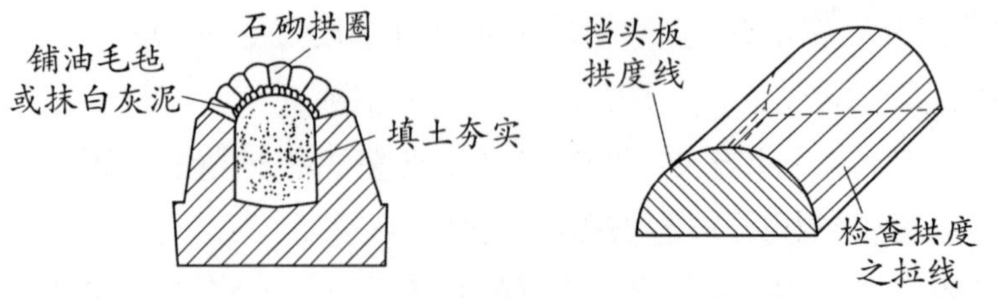

图 10-2-6　全填土拱胎

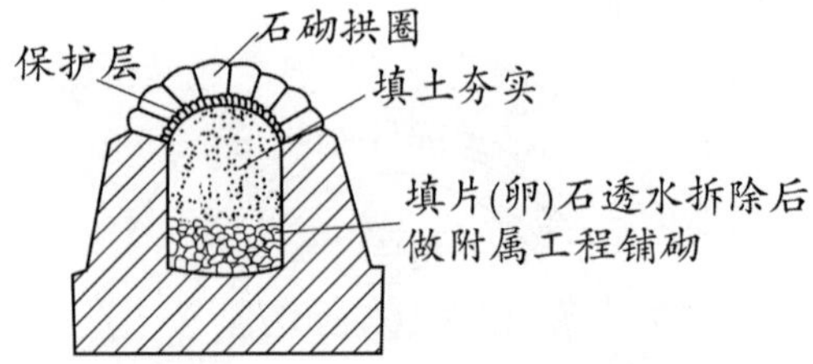

图 10-2-7　有透水盲沟的土拱胎

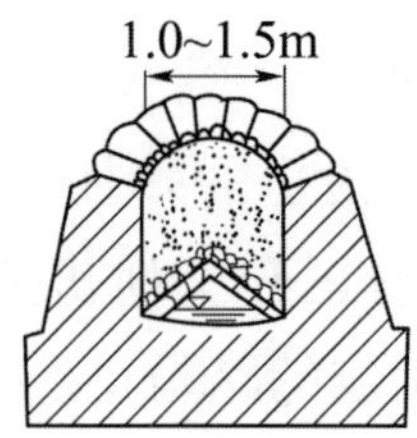

图 10-2-8　三角形木架土拱胎

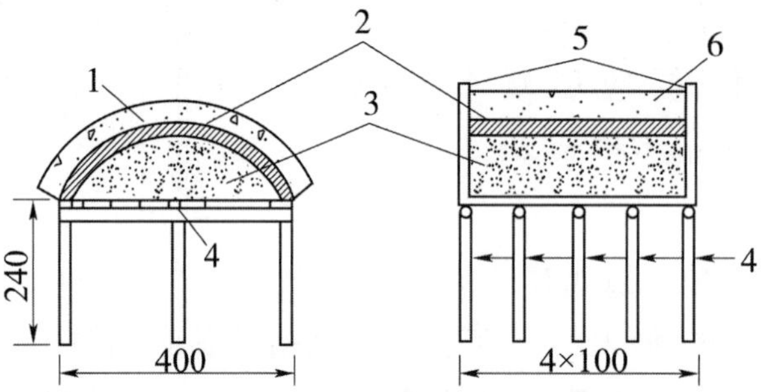

图 10-2-9　木排架土拱胎(尺寸单位:cm)

1-拱部混凝土;2-2cm 厚的白灰泥抹面;3-填土夯实;4-d20 圆木;5-挡头板;6-拱部混凝土

全填土拱胎施工步骤如下:拱胎填土应在边墙圬工强度达到设计强度的85%后,分层浇水夯填,每层厚度0.2~0.5m,跨度小的可以厚一些,但应视土质情况决定。

填土在端墙外伸出0.5~1m,并保持1:1.5的边坡,填土将达拱顶时,分段用样板校正,每隔30cm挂线检查。

拱胎表面应设保护层,可以铺设一层油毡或抹一层15mm厚的水泥砂浆(1:4~1:6)作为保护层。较好的方式是用砖或片石砌厚约20cm,然后抹厚2cm的黏土,再铺油毡。最好的方法是用石灰泥筋(石灰、黏土、麻筋)抹20cm厚,抹后3d即可浇筑混凝土。

对砌石拱圈,土牛拱胎上若不设保护层时,可用下述方法砌筑拱圈:在涵台砌筑好后,利用暂不使用的石料,把涵孔两端堵住,干砌一道宽为40~50cm、厚为20~40cm的拱形墙作为拱模,以便砌拱时挂线之用,然后在桥孔中间用土分层填筑密实,如图10-2-10所示。

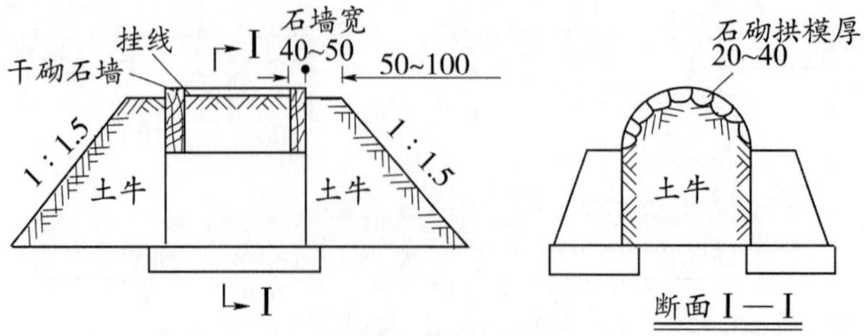

图 10-2-10　石块干砌配合土牛拱模(尺寸单位:cm)

如洞身很长,超过20m或拱形复杂时,可用木料做成3个合乎要求的标准模,两端及中间各置一个,两端的拱模可以支靠在石模上,中间的可按标准高度支于两旁涵台上并埋置于土中。填筑土牛时不必一次达成土牛的规定高度,可预留 2 ~ 3cm 空隙,待砌拱石时,边砌边填筑。

起拱线以上 3 ~ 4 层拱石不受拱胎支撑,可直接砌起。再往上砌时,因拱石的部分重力由拱胎支撑着,可用木板顺拱石灰缝按规定拱度放在拱石灰缝处的土牛上,木板下面以土石垫好,随即开始安砌这一层的拱石。砌好后把垫板取出,并将空隙用土填满捣实,再把垫板按规定拱度垫在上一层拱石砌缝处的土牛上,继续砌上一层拱石。当有较充分的木板时,木板可不抽出周转。拱石砌至拱顶附近时,应先将这部分的土模夯打坚实。填至与标准拱模相差 3 ~ 5cm 为止。因土牛拱胎虽经夯实仍不够坚硬,当拱石放上去时极易压缩,拱石的高度及位置不易正确,因此需要在拱石下面的四角垫上片石,使拱石与土牛保持一定的空隙以便校正拱石位置。拱石位置校正后,将其下面的空隙填砂捣实,然后在砌缝中灌以砂浆,这样可以保持不漏浆,同时挖去土牛后,灰缝中预填的砂自然脱落,省去勾缝时剔灰缝的麻烦。

在施工过程中预计有洪水到来的河沟中不能采用土牛拱胎法砌筑拱圈。

若用土牛拱胎浇筑盖板涵,其土牛填至涵台顶面高程即可,施工方法与拱涵相同。

3. 基础、涵台、拱圈等结构物砌筑

1)砌筑材料

(1)石料,规格及要求见表 10-2-2。

(2)结合料。

石料规格及要求　　表 10-2-2

类　别	规　格
一般规定:应符合设计规定的类别和强度,石质应均匀、不易风化、无裂纹	
片石	厚度不应小于 150mm,用作镶面时应选择表面较平整、尺寸较大者,并应稍加修整
块石	形状应大致方正,上下面大致平整,厚度为 200 ~ 300mm,宽度为厚度的 1.0 ~ 1.5 倍,长度为厚度的 1.5 ~ 3.0 倍(如有锋棱锐角,应敲除)。块石用于镶面时,应从外露面四周向内稍加修凿,后部可不作修凿,但应略小于修凿部分
粗料石	外形应方正,呈六面体,厚度为 200 ~ 300mm,宽度为厚度的 1.0 ~ 1.5 倍,长度为厚度的 2.5 ~ 4.0 倍,表面凹陷深度不大于 20mm。加工镶面粗料石时,丁砌石长度应比相邻顺石宽度大 150mm;修凿面每 100mm 长应有錾路 4 ~ 5 条,侧面修凿面应与外露面垂直,正面凹陷深度不应超过 15mm;外露面带细凿边缘时,细凿边缘的宽度应为 30 ~ 50mm
混凝土预制块	混凝土预制块砌体形状、尺寸应统一,其规格应与粗料石相同,砌体表面应整齐美观

砌筑结合料一般使用水泥砂浆。

①砌筑用砂浆的类别和强度等级应符合设计规定。

②砂浆中水泥、砂、水等材料的质量应符合相关规范要求。砂宜采用中粗砂,砂的最大粒径,当用于砌筑片石时,不宜超过5mm;当用于砌筑块石和粗料石时,不宜超过2.5mm。

③砂浆的配合比应通过试验确定,砂浆应具有良好的和易性,用于石砌体时其稠度宜为50~70mm,气温较高时可适当增大。砂浆的配制宜采用质量比,并应随拌随用,保持适宜的稠度,且宜在3~4h内使用完毕;气温超过30℃时,宜在2~3h内使用完毕。在运输过程或在储存器中发生离析、泌水的砂浆,砌筑前应重新拌和;已凝结的砂浆不得使用。

④各类砂浆均宜采用机械拌和,拌和时间宜为3~5min。

2)砌筑方法

(1)一般要求

①砌块在使用前必须浇水湿润,表面如有泥土、水锈,应清洗干净。

②砌筑基础的第一层砌块时,如基底为岩层或混凝土基础,应先将基底表面清洗、湿润,再坐浆砌筑;如基底为土质,可直接坐浆砌筑。

③砌体应分层砌筑,砌体较长时可分段分层砌筑,但两相邻工作段的砌筑差一般不宜超过1.2m;分段位置尽量设在沉降缝、伸缩缝处,各段水平砌缝应一致。

④各砌层应先砌外圈定位行列,然后砌筑里层,外圈砌块应与里层砌块交错连成一体。位于流冰或有重大漂浮物河中的墩台,砌体外露面镶面宜选用较坚硬的石料或高强度混凝土预制块进行镶砌。砌体里层应砌筑整齐,分层应与外圈一致,应先铺一层适当厚度的砂浆再安放砌块和填塞砌缝。砌体外露面应进行勾缝,并应在砌筑时靠外露面预留深约20mm的空缝备作勾缝之用。砌体隐蔽面砌缝可随砌随刮平,不另勾缝。

⑤各砌层的砌块应安放稳固,砌块间应砂浆饱满,黏结牢固,不得直接贴靠或脱空。砌筑时,底浆应铺满,竖缝砂浆应先在已砌石块侧面铺放一部分,然后在石块放好后用砂浆填满捣实。

⑥砌筑上层块时,应避免振动下层砌块。砌筑工作中断后恢复砌筑时,已砌筑的砌层表面应加以清扫和湿润。

(2)浆砌片石的技术要求

①片石应分层砌筑,宜以2~3层砌块组成一工作层,每一工作层的水平缝应大致找平。各工作层竖缝应相互错开,不得贯通。

②外圈定位行列和转角石,应选择形状较为方正及尺寸较大的片石,并长短相间地与里层砌块咬接。砌缝宽度一般不应大于40mm。

③较大的砌块应使用于下层,安砌时应选取形状和尺寸较为合适的砌块,尖锐突出部分应敲除。竖缝较宽时,应在砂浆中塞以小石块,但不得在石块下面用高于砂浆砌缝的小石片支垫。

(3)浆砌块石的技术要求

①石块应平砌,每层石料高度应大致一致。外圈定位行和镶面石块,应丁顺相间或两顺一丁排列,砌缝宽度不大于30mm,上下竖缝错开距离不小于80mm。

②砌体里层平缝宽度不应大于30mm，竖缝宽度不应大于40mm，用小石子混凝土砌筑时不应大于50mm。

(4)浆砌粗料石及混凝土预制块的技术要求

砌筑前应先计算层数、选好料，砌筑时应严格控制平面位置和高度。镶面石应一丁一顺排列，砌缝应横平竖直(图10-2-11、图10-2-12)。砌缝宽度，粗料石不应大于20mm，混凝土预制砌块不应大于10mm；上下层竖缝错开距离不小于100mm，同时在丁石的上层或下层不宜有竖缝。砌体里层为浆砌块石时，按块石浆砌的技术要求处理。

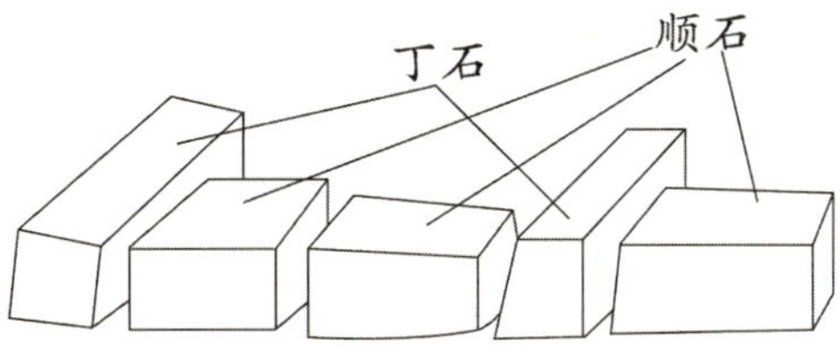

图10-2-11　两顺一丁砌筑

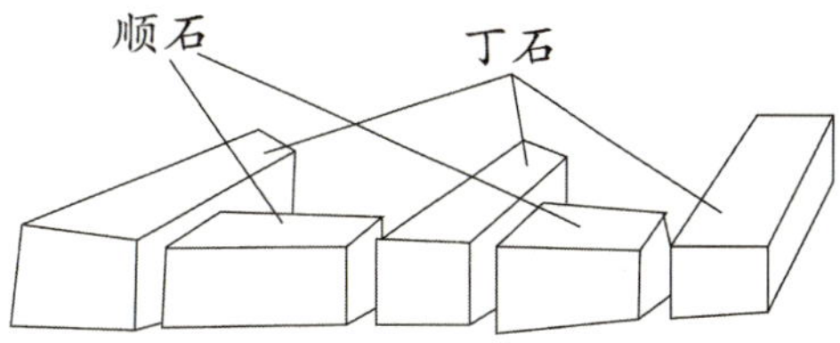

图10-2-12　一顺一丁砌筑

(5)拱圈和出入口拱上侧墙的施工，应由两侧向中间同时对称进行。

4. 拱架拆除和拱顶填土应符合的规定

(1)在拱架拆除前应完成拱脚以下部分的回填土。

(2)先拆除拱架再进行拱顶填土时，拱圈和护拱砌筑砂浆或混凝土强度达到设计强度的75%后方可拆除拱架，达到设计强度的100%后方可进行涵顶回填土。

(3)在拱架未拆除的情况下，拱圈和护拱砌筑砂浆或混凝土强度达到设计强度的75%时可进行拱顶填土，但在拱圈强度达到设计强度100%后方可拆除拱架。

(4)拱涵拆除拱架可用木楔，木楔用比较坚硬的木料斜角对剖制成，并将剖面刨光。两块木楔接触面的斜度为1∶6～1∶10。在垫楔时应使上面一块的楔尖各伸出下面一块楔尾以外，这样在拆架时敲击木楔比较方便，木楔垫好后将两端钉牢。

(5)拆卸拱架时应沿桥涵整个宽度上将拱架同时均匀降落，并从跨径中点开始，逐步向两边拆除。

三、石拱涵质量控制

1. 质量标准

石拱涵施工质量应符合表10-2-3的规定。

石拱涵施工质量标准　　表10-2-3

项　　目	规定值或允许偏差
轴线偏位(mm)	≤50
流水面高程(mm)	±20
涵底铺砌厚度(mm)	+40，-10
涵长(mm)	+100，-50

续上表

<table>
<tr><th colspan="2">项　　目</th><th>规定值或允许偏差</th></tr>
<tr><td colspan="2">孔径(mm)</td><td>±30</td></tr>
<tr><td colspan="2">净高(mm)</td><td>≥设计值 -50</td></tr>
<tr><td colspan="2">混凝土或砂浆强度(MPa)</td><td>在合格标准内</td></tr>
<tr><td rowspan="2">涵台断面尺寸(mm)</td><td>片石砌体</td><td>±20</td></tr>
<tr><td>混凝土</td><td>±15</td></tr>
<tr><td>垂直度或斜度</td><td colspan="2">≤0.3%台高</td></tr>
<tr><td>涵台顶面高程(mm)</td><td colspan="2">±10</td></tr>
<tr><td rowspan="2">拱圈厚度(mm)</td><td>砌体</td><td>+50，-20</td></tr>
<tr><td>混凝土</td><td>+30，-15</td></tr>
<tr><td colspan="2">内弧线偏离设计弧线(mm)</td><td>±20</td></tr>
</table>

2. 外观鉴定

(1)涵洞内不得遗留建筑垃圾、杂物，进出口、洞身与沟槽衔接处无阻水现象。

(2)锥坡不得出现塌陷和亏坡。

(3)砌缝开裂、勾缝不密实和脱落的累计换算面积不得超过该面面积的1.5%，单个换算面积不应大于0.04m^2，且不应存在宽度超过0.5mm、长度大于砌块尺寸的非受力砌缝裂隙。换算面积应按缺陷缝长度乘以0.1m计算。

(4)砌缝应无空洞、宽缝、大堆砂浆填隙和假缝。

(5)混凝土表面不应存在《公路工程质量检验评定标准》(JTG F80/1—2017)附录P所列限制缺陷。

学习活动三　钢筋混凝土盖板涵施工

学习目标

1. 认识盖板涵基本结构组成并识读盖板涵的施工图纸；

2. 能描述盖板涵的施工流程和施工注意事项；

3. 能描述防水层、沉降缝、涵洞进出水口、涵洞缺口填土等附属工程的施工方法和施工注意事项；

4. 能评定盖板涵的施工质量。

建议完成本学习活动的时间为10课时。

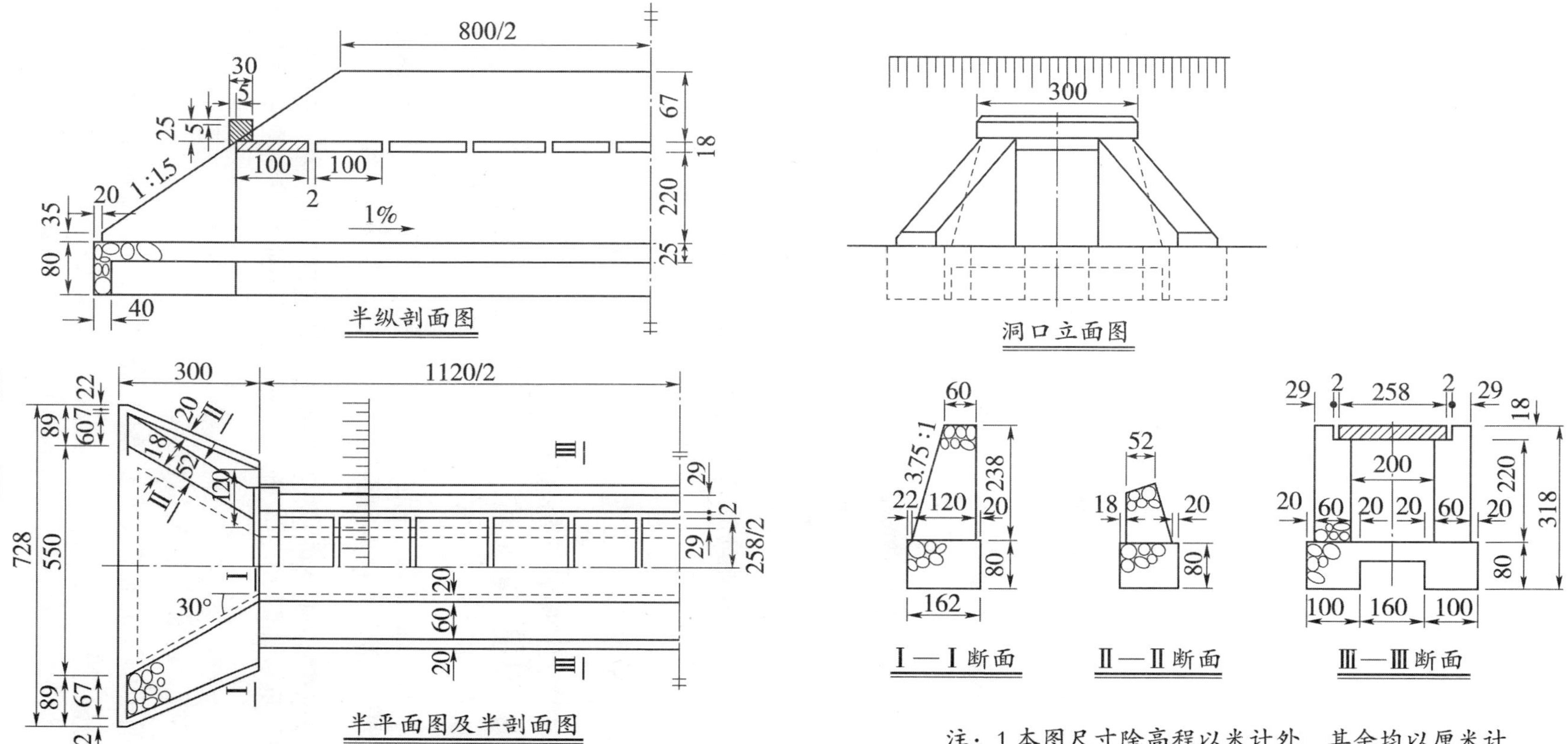

注：1.本图尺寸除高程以米计外，其余均以厘米计。
2.洞身每隔4~6m设置一道沉降缝，缝内填以沥青麻絮或不透水材料。
3.地基承载力不得低于0.25MPa，否则应进行换土或其他加固措施。
4.进出水口可适当开挖。

图10-3-1　盖板涵结构图

学习情境描述

太徐公路第一合同段内包含一个 200cm × 220cm 正交盖板涵,中心桩号为 K125 + 140.0,涵长为 11.20m,其结构图如图 10-3-1 所示。项目负责人(教师)派单,由施工人员(学生)在规定时间写出该涵洞的详细施工流程,并严格按照设计图纸和《公路桥涵施工技术规范》(JTG/T 3650—2020)分工合作讨论,写出各工序施工工艺和施工注意事项,由项目负责人确认是否正确、合理。

相关知识

一、钢筋混凝土盖板涵结构组成

盖板涵主要由盖板、涵台、台帽、基础、涵底铺砌、伸缩缝及防水层等部分组成,如图 10-3-2所示。

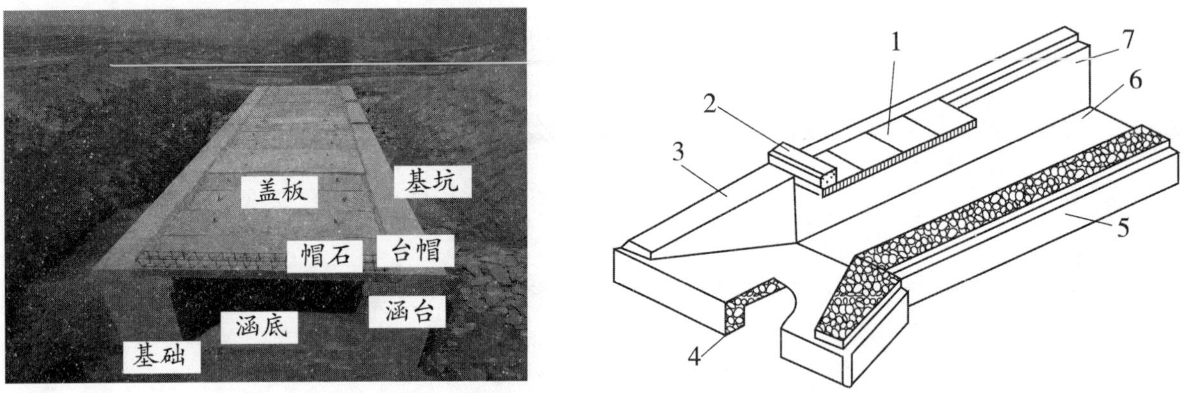

图 10-3-2 盖板涵各组成部分

1-盖板;2-帽石;3-八字翼墙;4-洞口铺砌;5-基础;6-涵底铺砌;7-涵台

二、钢筋混凝土盖板涵施工工艺

钢筋混凝土盖板涵施工流程如图 10-3-3 所示。

1. 钢筋混凝土盖板涵施工注意事项

(1)预制涵洞盖板的安装应注意下列事项:

①设计无具体要求的,成品混凝土强度达到设计强度的 85% 时,方可搬运、安装。

②成品安装前,应检查成品及涵墩、涵台的尺寸。

③预制钢筋混凝土涵洞的盖板,在堆放时应在块件端部用两支点支撑,且支点上、下对齐,不得将上下面倒置,堆放如图 10-3-4 所示。斜交涵洞还应注意斜交角的方向,避免发生反向错误。

④安装后,成品盖板上的吊装孔,应以砂浆填塞。

(2)盖板混凝土的现场浇筑施工在涵长方向宜连续进行。当涵身较长不能一次连续完成时,可沿长度方向分段进行浇筑。施工缝应设在沉降缝处。

(3)就地进行混凝土现场浇筑的盖板涵,宜采用组合钢模板或木模。

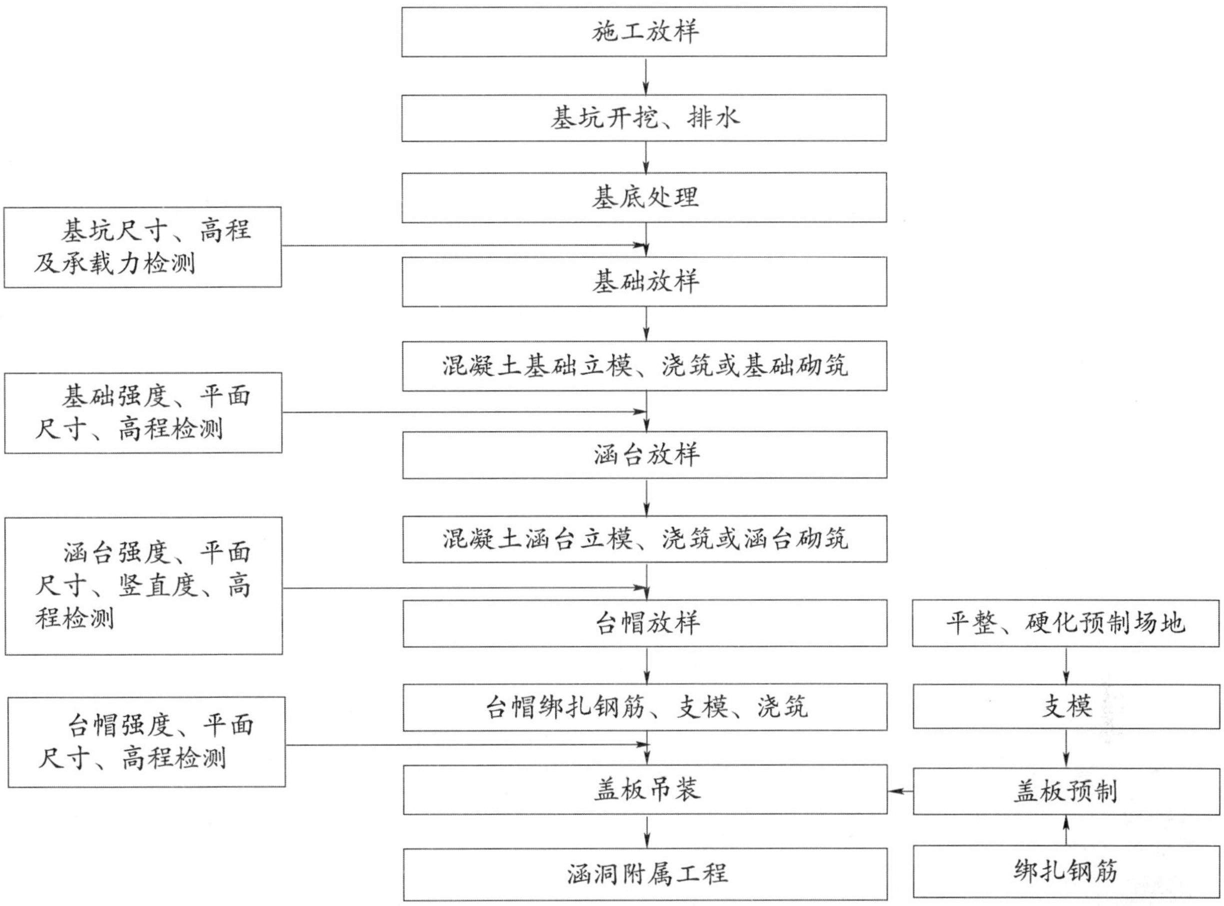

图 10-3-3　钢筋混凝土盖板涵施工流程图

图 10-3-4　预制盖板的堆放

(4)就地进行混凝土现场浇筑的盖板涵,支架拆除和涵顶填土应符合下列规定:

①先拆除拱架再进行拱顶填土时,混凝土强度达到设计强度的 85% 时方可拆除支架,达到设计强度的 100% 后方可进行涵顶回填土。

②在支架未拆除的情况下,盖板混凝土强度达到设计强度的 85% 时方可进行涵顶填土,但在盖板混凝土强度达到设计强度 100% 后方可拆除支架。

2. 钢筋构造图

钢筋混凝土盖板涵盖板钢筋构造如图 10-3-5 所示。

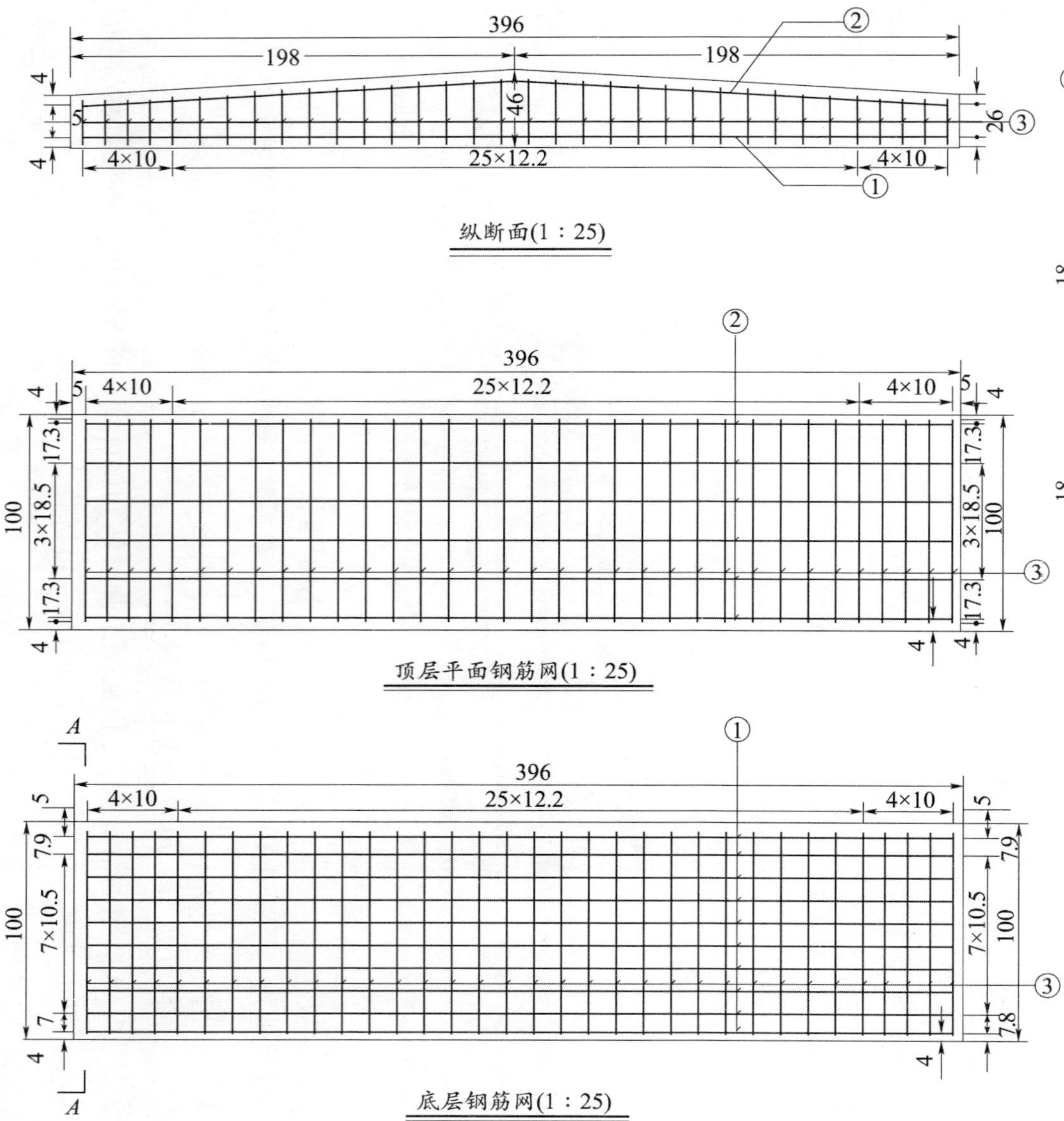

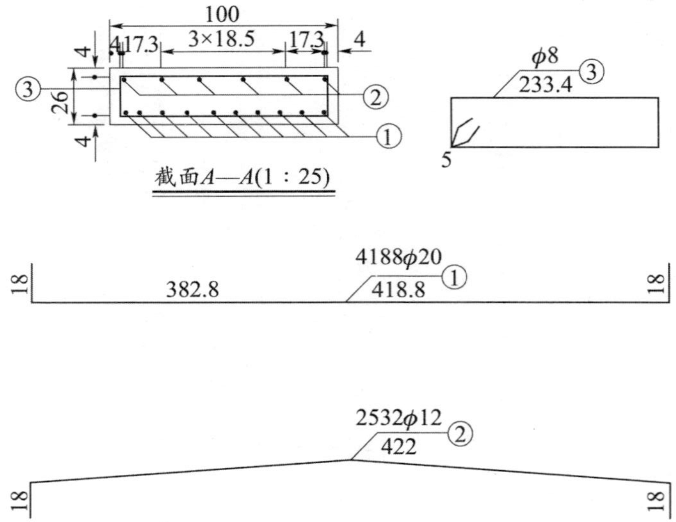

一块盖板的工程数量表

项目	直径	每根长度	根数	质量	圬工
单位	mm	cm	根	kg	m^3
①	φ20	419	10	103.3	1.2
②	φ12	422	6	22.5	
③	φ8	233	34	31.3	
合计				157.1	

注：本图尺寸除钢筋直径以毫米计外，其余均以厘米计。

图 10-3-5　钢筋混凝土盖板涵盖板配筋图

3. 防水层

涵洞的钢筋混凝土结构设置防水层的作用是防止水分侵入混凝土内,使钢筋锈蚀,缩短结构寿命。北方严寒地区的无筋混凝土结构也需要设置防水层,防止水分侵入混凝土内,因冻胀造成结构破坏。

防水层的材料多种多样。公路涵洞使用的主要防水材料是沥青,有些部位可使用黏土,以图节省工料费用。

1)防水层的设置部位

(1)各式钢筋混凝土涵洞(不包括圆管涵)的洞身及端墙在基础以上被土掩埋的部分,均须涂热沥青两道,每道厚1~1.5mm,不另抹砂浆。

(2)混凝土及石砌涵洞的洞身、端墙和翼墙被土掩埋的部分,只需将圬工表面凿平,无凹入存水部分可不设防水层。但北方严寒地区的混凝土结构仍需设防水层。

(3)钢筋混凝土圆管涵的防水层,管节接头采用平头对接,接缝中用麻絮浸以热沥青塞满,管节上半部从外往内填塞;下半部从管内向外填塞。管外靠接缝处裹以热沥青浸透的防水纸8层,宽度15~20cm。包裹方法:在现场用热沥青逐层黏合在管外壁上接缝处,外面在全长管外裹以塑性黏土。

在交通量小的县、乡公路上,可用质量好的软塑状黏质土掺以碎麻,沿全管敷设20cm厚,代替沥青防水层(接缝处理仍照前述施工)。

(4)钢筋混凝土盖板明涵的盖板部分表面可先涂抹热沥青两次,再于其上设2cm厚的防水水泥砂浆或4~6cm厚的防水混凝土。其上可按照设计铺设路面。涵、台身防水层按照上述方法处理。

2)防水材料

(1)沥青麻絮(沥青麻布)可采用工厂浸制的成品或在工地用麻絮以热沥青浸制。浸制后的麻絮,表面应呈淡黑色,无孔眼、无破裂和叠皱,撕裂断面上应呈黑色,不应有显示未浸透的布层。

(2)油毡是用一种特制的纸胎(或其他纤维胎),用软化点低的沥青浸透制成,浸渍石油沥青的称为石油毡,浸渍焦油沥青的称为焦油沥青油毡。为了防止在储存过程中相互黏着,油毡表面应撒一层云母粉、滑石粉或石棉粉。

(3)防水纸(油纸)是用低软化点的沥青材料浸透原纸做成的,除沥青层较薄,没有防黏层外,其他性质与油毡相同。

4. 沉降缝

1)沉降缝设置目的

结构物设置沉降缝的目的是避免结构物因荷载或地基承载力不均匀而发生不均匀沉陷,产生不规则的多处裂缝,而使结构物破坏。设置沉降缝后,可限定结构物发生整齐、位置固定的裂缝,并可事先对沉降缝处予以处理;如有不均匀沉降,则将其限制在沉降缝处,有利于结构物的安全、稳定和防渗(防止管内水流渗入涵洞基底或路基内,造成土质浸泡松软)。

2)沉降缝设置位置和方向

涵洞洞身、洞身与端墙、翼墙、进出水口急流槽交接处必须设置沉降缝,但无圬工基础的圆管涵仅于交接处设置沉降缝,洞身范围不设。具体设置位置视结构物和地基土的情况而定。

(1)洞身沉降缝

一般每隔4~6m设置一处,但无基础涵洞仅在洞身涵节与出入口涵节间设置,缝宽一般为3cm,两端与附属工程连接处也各设置一处。

(2)其他应设沉降缝处

凡地基土质发生变化、基础埋置深度不一、基础对地基的荷载发生较大变化处、基础填挖交界处、采用填石垫高基础交界处,均应设置沉降缝。

(3)岩石地基上的涵洞

凡置于岩石地基上的涵洞,不设沉降缝。

(4)斜交涵洞

斜交涵洞洞口正做的,其沉降缝应与涵洞中心线垂直;斜交涵洞洞口斜做的,沉降缝与路基中心线平行;但拱涵与管涵的沉降缝,一律与涵洞轴线垂直。

3)沉降缝的施工方法

沉降缝的施工,要求做到使缝两边的构造物能自由沉降,又能严密防止水分渗漏。故沉降缝必须贯穿整个断面(包括基础)。沉降缝具体施工方法如下:

(1)基础部分

可将原基础施工时嵌入的沥青木板或沥青砂板留下,作为防水之用。如基础施工时不用木板,也可用黏土填入捣实,并在流水面边缘以1:3水泥砂浆填塞,深度约为15cm。

(2)涵身部分

缝外侧以热沥青浸制的麻筋填塞,深度约为5cm,内侧以1:3水泥砂浆填塞,深度约为15cm,视沉降缝处圬工的厚薄而定。可以用沥青麻筋与水泥砂浆填满;如太厚,也可将中间部分先填以黏土。

(3)沉降缝的施工质量要求

沉降缝端面应竖直、平整,基础和涵身沉降缝上下不得交错,应贯通,嵌塞物应紧密填实。

(4)保护层

各式有圬工基础涵洞的基础襟边以上均顺沉降缝周围设置黏土保护层,厚约20cm,顶宽约20cm。对于无圬工基础涵洞,保护层宜使用沥青混凝土或沥青胶砂,厚度10~20cm。

沉降缝构造如图10-3-6所示。

5.涵洞进出水口

涵洞进出水口工程是指涵洞端墙、翼墙(包括八字墙、锥坡、平行廊墙)以外的部分,如沟底铺砌和其他进出水口处理工程。

1)平原区的处理工程

涵洞进出水口的沟床应整理顺直,与上、下游导流、排水设施(天沟、路基边沟、排水沟、取土坑等)的连接应圆顺、稳固,并保证流水顺畅。

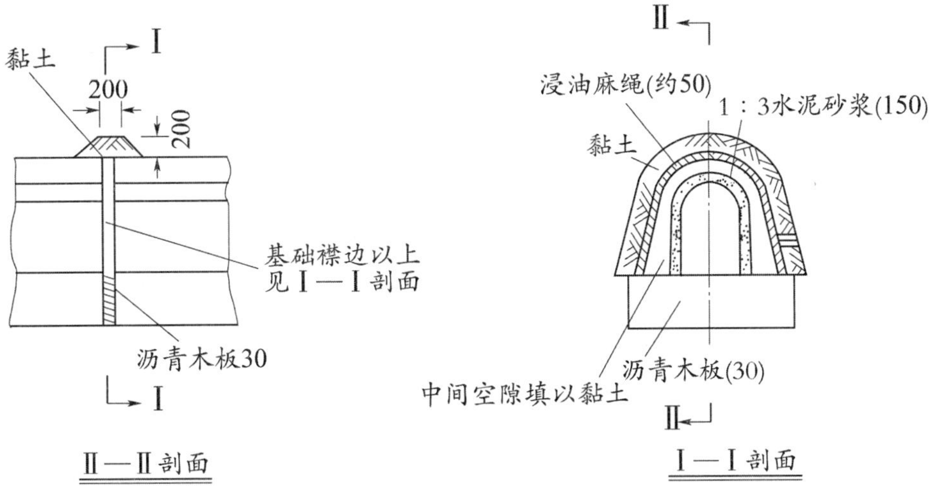

图 10-3-6 涵洞沉降缝(尺寸单位:cm)

2)山丘区的处理工程

在山丘区的涵洞底纵坡超过5%时,除进行上述整理外,还应对沟床进行干砌或浆砌片石防护。翼墙以外的沟床当坡度较大时,也应铺砌防护。防护长度、砌石宽度、厚度、形状等,应按设计图纸施工。如设计图纸漏列,应按合同规定向业主提出,由业主指定单位做出补充设计。

6. 涵洞缺口填土

(1)涵洞施工完成后,砌体砂浆或混凝土强度达到设计强度的85%时,方可进行涵洞洞身两侧的回填。

(2)填土的每侧长度均应符合设计规定;设计未规定时,应不小于洞身填土高度的一倍。填筑应在两侧同时对称、水平、分层进行,分层厚度宜为10～20cm,压实度不应小于96%。

(3)涵洞两侧紧靠涵台部分的回填土不得用大型机械进行压实施工,宜采用人工配合小型机械的方法夯填密实。

(4)机械填土时,应视通过涵顶的筑路机械重力的大小确定涵顶最小的填土厚度,一般情况下,涵洞顶部的填土厚度必须大于0.5m后方可允许车辆和筑路机械通过。

(5)回填缺口时,应将已成路堤土方挖出台阶。

三、钢筋混凝土盖板涵质量控制

1. 质量标准

钢筋混凝土盖板涵施工质量应符合表10-3-1的规定。

钢筋混凝土盖板涵施工质量标准　　表10-3-1

项　　目	规定值或允许偏差
轴线偏位(mm)	明涵≤20,暗涵≤50
流水面高程(mm)	±20
涵底铺砌厚度(mm)	+40,-10
涵长(mm)	+100,-50
跨径(mm)	±30

续上表

项目		规定值或允许偏差
净高(mm)		明涵≥设计值－20,暗涵≥设计值－50
混凝土或砂浆强度(MPa)		在合格标准内
涵台断面尺寸(mm)	片石砌体	±20
	混凝土	±15
垂直度或斜度		≤0.3%台高
涵台顶面高程(mm)		±10
盖板高度(mm)	明涵	+10,0
	暗涵	不小于设计值
盖板宽度(mm)	现浇	±20
	预制	±10
盖板长度(mm)		+20,－10
支承面中心偏位(mm)		≤10
相邻板最大高差(mm)		≤10

2. 外观鉴定

(1)涵洞内不得遗留建筑垃圾、杂物,进出口、洞身、与沟槽衔接处无阻水现象。

(2)锥坡不得出现塌陷和亏坡。

(3)盖板填缝不得出现脱落及超过0.5mm的裂缝。

(4)吊装孔应填塞密实。

(5)砌缝开裂、勾缝不密实和脱落的累计换算面积不得超过该面面积的1.5%,单个换算面积不应大于0.04m^2,且不应存在宽度超过0.5mm、长度大于砌块尺寸的非受力砌缝裂隙。换算面积应按缺陷缝长度乘以0.1m计算。

(6)砌缝应无空洞、宽缝、大堆砂浆填隙和假缝。

(7)混凝土表面不应存在《公路工程质量检验评定标准》(JTG F80/1—2017)附录P所列限制缺陷。

学习活动四　箱涵施工

学习目标

1. 认识箱涵基本结构组成并识读箱涵的施工图纸;
2. 能描述箱涵的施工工艺和流程;
3. 能简述箱涵施工注意事项;
4. 能评定箱涵的施工质量。

建议完成本学习活动的时间为4课时。

学习情境描述

根据设计某路南段 K5 +717 处设现浇钢筋混凝土箱涵一座,孔径为 4.5m × 2.5m,设计结构形式为暗涵、斜交,交角 79°00′00″,箱涵涵身顺水流方向全长 63.620m,箱涵的顶板厚度为 40cm、底板厚度为 50cm、侧墙厚度为 50cm,采用 C30 混凝土,基础厚 20cm 采用 C20 混凝土,垫层为厚 50cm 的碎石垫层,进出口分别设置 C20 混凝土一字墙。通过本次活动,我们要掌握箱涵的施工工艺流程和施工注意事项。

相关知识

一、箱涵结构组成

箱涵主要由钢筋混凝土涵身、端墙、基础、变形缝等部分组成。箱涵为整体闭合式框架结构,具有良好的整体性及抗震性能,但其施工复杂、造价高,所以一般在软土地基上采用,如图 10-4-1 所示。

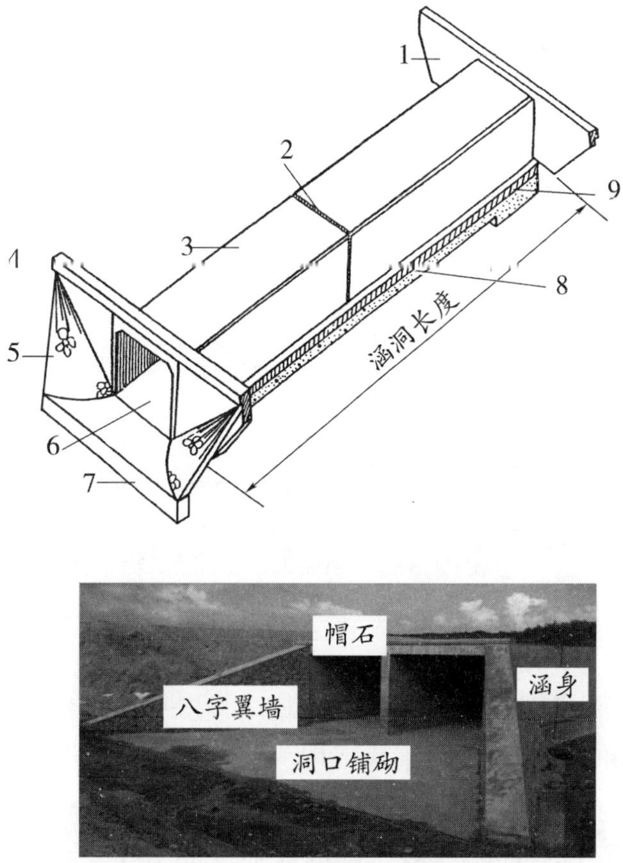

图 10-4-1　箱涵各组成部分

1-端墙;2-变形缝;3-钢筋混凝土涵身;4-帽石;5-锥坡;6-洞口铺砌;7-隔水墙;8-砂砾垫层;9-混凝土基础

二、箱涵施工工艺

箱涵施工流程如图 10-4-2 所示,涵身钢筋构造如图 10-4-3 所示。

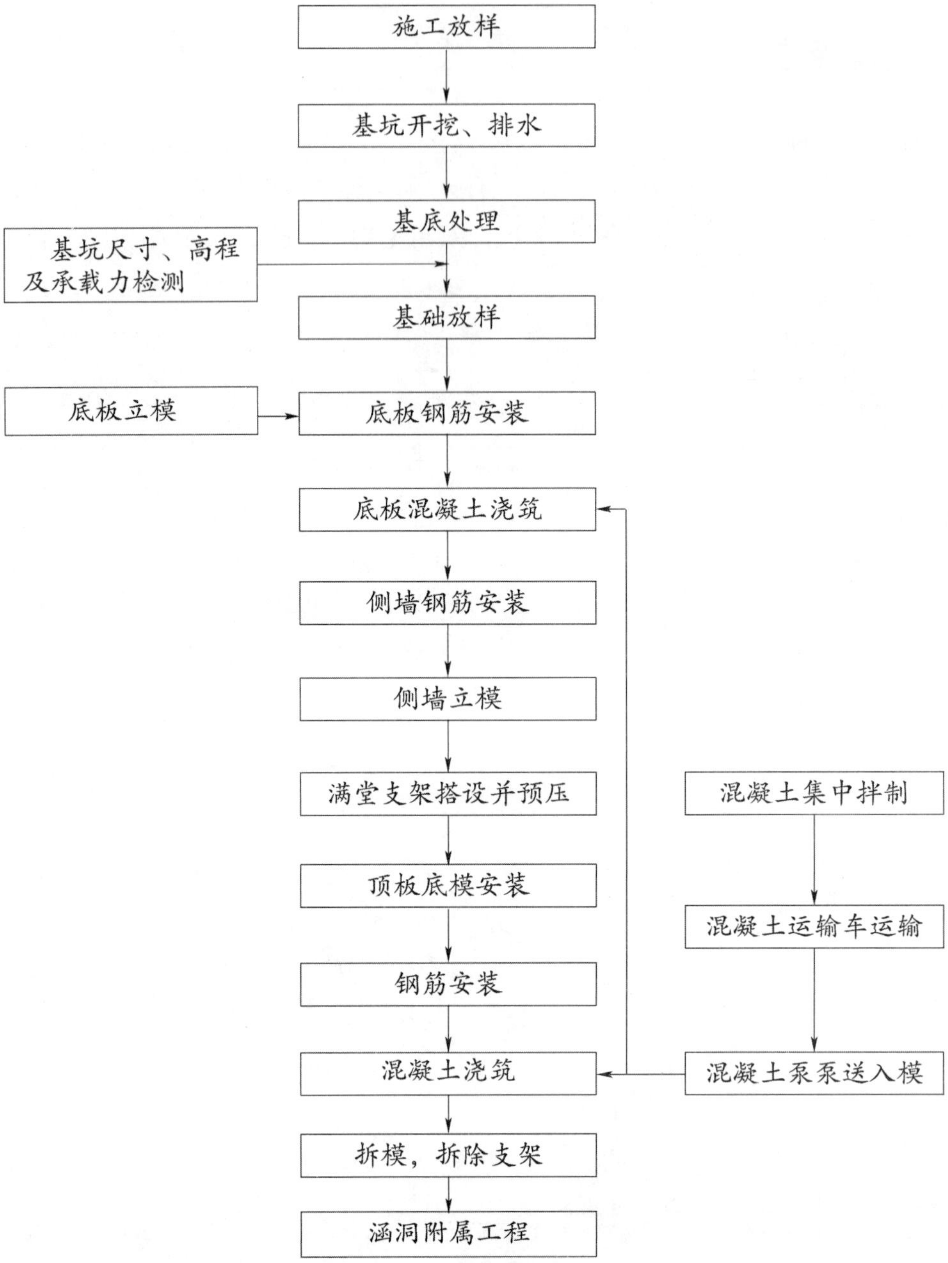

图 10-4-2　箱涵施工流程图

(1)涵身基础分为有圬工基础和无圬工基础两种。两种基础的构造及尺寸如图 10-4-4 所示。

(2)箱涵施工一般采用现浇,在开挖好的沟槽内设置底层,浇筑一层混凝土垫层,再进行钢筋现场绑扎,支内模和外模,较大的箱涵一般先浇筑底板和侧壁的下半部分,再绑扎侧壁上部和顶板钢筋,支好内外模,浇筑侧壁上半部分和顶板,如图 10-4-5 所示。待混凝土强度达到设计强度的 85% 时方可拆除支架;达到设计强度的 100% 后方可进行涵顶回填土。设计有具体要求的应执行其规定。

(3)当预制钢筋混凝土箱涵节段拼装时,接缝两侧的混凝土表面应采用清水冲洗干净,再按设计要求进行拼接施工。拼装时应符合下列规定:

①设计未规定时,预制构件的混凝土强度应达到设计强度的 85% 时,方可吊运、安装。

②构件安装前,应完成构件、地基、定位测量等验收工作。

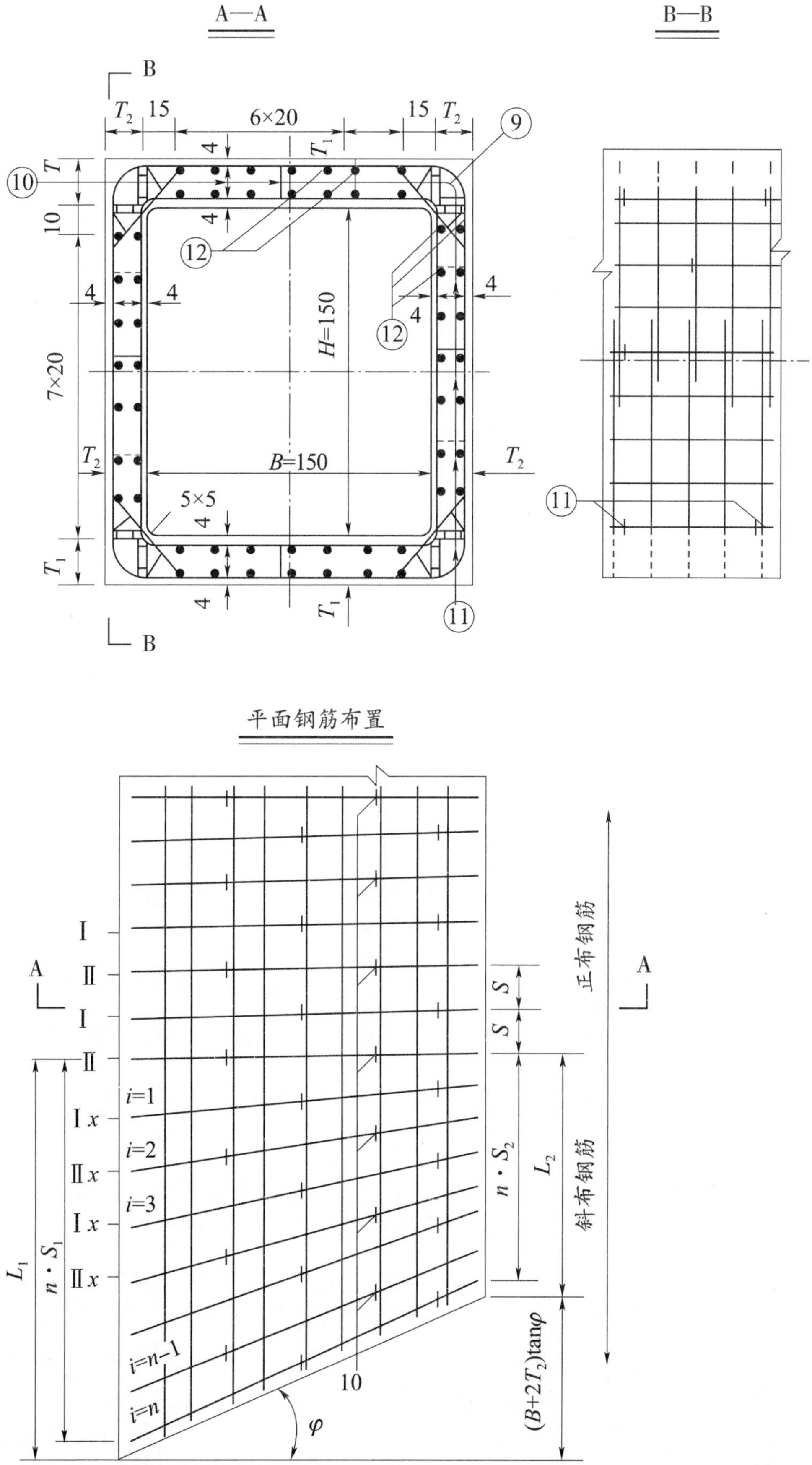

图 10-4-3 箱涵涵身钢筋布置图(尺寸单位:cm)

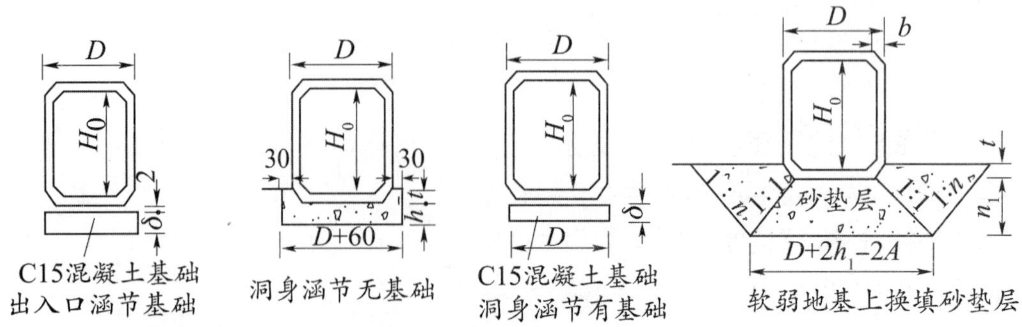

图 10-4-4 箱形涵洞基础类型(尺寸单位:cm)

H_0-涵节净高;t-涵节埋入垫层厚度;δ-C15 混凝土基础厚度;D-涵节外形宽度;h_1-换填砂垫层深度;n-挖基边坡(根据基底土质确定);b-涵节角隅倒角宽度

图 10-4-5 箱涵绑扎侧壁上部和顶板钢筋

三、箱涵质量控制

1. 质量标准

箱涵施工质量标准应符合表 10-4-1 的规定。

箱涵施工质量标准 表 10-4-1

项　目		规定值或允许偏差
轴线偏位(mm)		明涵≤20,暗涵≤50
流水面高程(mm)		±20
涵长(mm)		+100,−50
混凝土强度(MPa)		在合格标准内
高度(mm)		+5,−10
宽度(mm)		±30
顶板厚(mm)	明涵	+10,0
	不小于设计值	不小于设计值
侧墙和底板厚度(mm)		不小于设计值
平整度(mm)		≤8

2. 外观鉴定

(1)涵洞内不得遗留建筑垃圾、杂物,进出口、洞身、与沟槽衔接处无阻水现象。

(2)锥坡不得出现塌陷和亏坡。

(3)砌缝开裂、勾缝不密实和脱落的累计换算面积不得超过该面面积的1.5%,单个换算面积不应大于0.04m^2,且不应存在宽度超过0.5mm、长度大于砌块尺寸的非受力砌缝裂隙。换算面积应按缺陷缝长度乘以0.1m计算。

(4)砌缝应无空洞、宽缝、大堆砂浆填隙和假缝。

(5)混凝土表面不应存在《公路工程质量检验评定标准》(JTG F80/1—2017)附录P所列限制缺陷。

(6)箱涵浇筑外观质量应无建筑垃圾、杂物和临时预埋件。

小贴士

圆管涵、拱涵、钢筋混凝土盖板涵及箱涵各种涵洞施工时,同学们先要了解各种涵洞的构造,会放样涵位中心桩及涵洞的轴线。涵洞施工时,必须严格按照施工技术规范进行。

操作实训

制作涵洞模型

1. 安全教育

(1)使用刀、剪、针、锤等工具时,要小心谨慎,防止划伤、刺伤自己或旁边的同学。

(2)一旦被划伤,伤口容易发生感染,应视伤口的污染、深浅程度仔细处理或就医。

(3)一定要遵守纪律、服从管理、听从指挥。

2. 实训目的及要求

(1)实训目的:通过制作涵洞模型,加深对各种涵洞的构造认识,提高学生的实践动手能力和口语表达能力。

(2)实训要求:

①班级分组制作涵洞模型,包括圆管涵、石拱涵、盖板涵、箱涵四种形式,材料不限但构造要完整并在模型上标出各部位名称。

②各小组派代表上台讲解本组涵洞制作过程,并描述该涵洞组成构造。

3. 实训准备工作

实训宜在桥涵模型室或教室进行,但要布置出工作平台;准备制作模型可能用到的各种材料,如绘图纸、卡纸、泡沫熟料、糨糊、透明胶、双面胶、裁纸刀、剪刀、针、线、笔等。

4. 操作步骤

(1)各小组独立策划模型制作方案、计划、人员分工。

(2)根据方案准备材料、场地。

（3）模型制作：根据图纸按比例缩小，确定尺寸→绘制构件大样→裁剪→拼装→标注名称。

（4）各组代表讲解。

（5）自评与互评。

（6）教师巡回指导，维持秩序并解决问题。

5. 注意事项

（1）实训过程要注意安全，遵守纪律。

（2）在整个实训过程中一定要保证人人参与，所以分组、分工一定要合理。

（3）小组讲解时一定要注意声音洪亮，思路清晰，仪表大方。

6. 质量验收及评定

（1）各组所制作模型要从结构是否正确、外观是否美观、整体是否结实、标识是否准确、讲解是否得体五方面进行评价。

（2）各小组派代表对其他组的模型制作和讲解进行评价，指出其成功和不足之处并打分。

（3）指导教师对每组的模型制作和讲解进行评价，指出其成功和不足之处并打分。

复习思考题

一、填空题

1. 拱涵主要由基础、________、________、护拱、侧墙、铺底、沉降缝及排水设施等组成。

2. 基础、涵台、拱圈等结构物砌筑中一般采用________、________、粗料石和混凝土预制块。

3. 拱架和支架安装完毕后，应对其平面位置、________、________及纵横向稳定性进行检查，不符合要求者，立即进行纠正。

4. 盖板涵主要由________、涵台、________、基础、涵底铺砌、伸缩缝及防水层等部分组成。

5. 斜交涵洞洞口正做的，其沉降缝应与涵洞中心线________；斜交涵洞洞口斜做的，沉降缝与路基中心线________；但拱涵与管涵的沉降缝，一律与涵洞轴线________。

二、选择题

1. 先拆除拱架再进行拱顶填土时，拱圈和护拱砌筑砂浆或混凝土强度达到设计强度的（　　）后，方可拆除拱架，达到设计强度的（　　）后，方可进行涵顶回填土。

A. 85%、100%　　B. 50%、100%　　C. 70%、100%　　D. 70%、85%

2. 形状应大致方正，上下面大致平整，厚度200～300mm，宽度为厚度的1.0～1.5倍，长度为厚度的1.5～3.0倍,这种石料为(　　)。

A.块石　　B.粗料石　　C.细料石　　D.片石

3.下列哪些情况不采用有圬工基础的管涵(　　)。

A.管顶填土高度超过5m

B.最大洪水流量时,涵前壅水高度超过2.5m

C.河沟经常流水

D.地基土为岩石

4.下列哪种情况不需要设置沉降缝(　　)。

A.地基土质发生变化　　B.基础埋置深度不一

C.基础填挖交界处　　D.岩石地基

5.设计未规定时,箱涵预制构件的混凝土强度应达到设计强度的(　　),方可吊运、安装。

A.75%　　B.100%　　C.70%　　D.85%

三、判断题

1.施工中发现涵身长度不太够时,可以将所有接缝宽度适当加大来满足涵身长度。(　　)

2.拆卸拱架时应沿桥涵整个宽度上将拱架同时均匀降落,并从两边开始,逐步向跨径中点拆除。(　　)

3.竖缝较宽时,应在砂浆中塞以小石块,但不得在石块下面用高于砂浆砌缝的小石片支垫。(　　)

4.沉降缝端面应整齐、方正,基础和涵身上下不得交错,应贯通,嵌塞物应紧密填实。(　　)

5.箱涵施工一般采用现浇,在开挖好的沟槽内将模板、钢筋全部设置好后一次性浇筑。(　　)

四、简答题

1.涵洞放样时为防止在现场出现放样错误,可采取哪些方法进行检查?

2.请写出单孔有圬工基础管涵施工程序。

3.简述浆砌片石的技术要求。

4.预制涵洞盖板的安装应注意哪些事项?

5.结构物设置沉降缝的目的是什么?

参考文献

[1] 中华人民共和国行业标准. 公路工程技术标准:JTG B01—2014[S]. 北京:人民交通出版社股份有限公司,2015.

[2] 中华人民共和国行业标准. 公路桥涵施工技术规范:JTG/T 3650—2020[S]. 北京:人民交通出版社股份有限公司,2020.

[3] 中华人民共和国行业标准. 公路桥涵设计通用规范:JTG D60—2015[S]. 北京:人民交通出版社股份有限公司,2015.

[4] 交通部第一公路工程总公司. 公路施工手册《桥涵》(上、下册)[M]. 北京:人民交通出版社,2000.

[5] 中华人民共和国行业标准. 公路工程质量检验评定标准 第一册 土建工程:JTG F80/1—2017[S]. 北京:人民交通出版社股份有限公司,2017.

[6] 中华人民共和国行业标准. 公路斜拉桥设计细则:JTG/T D65-01—2007[S]. 北京:人民交通出版社. 2007.

[7] 中华人民共和国行业标准. 公路工程施工安全技术规程:JTG F90—2015[S]. 北京:人民交通出版社股份有限公司,2015.

[8] 中华人民共和国行业标准. 公路钢筋混凝土及预应力混凝土桥涵设计规范:JTG 3362—2018[S]. 北京:人民交通出版社股份有限公司,2018.

[9] 刘松雪、姚青梅. 道路工程制图. 3 版[M],北京:人民交通出版社,2012.

[10] 孙元桃. 桥涵工程施工技术[M],北京:人民交通出版社,2009.

[11] 李新梅. 桥涵施工与养护技术[M]. 北京:人民交通出版社,2005.

[12] 卫申蔚. 桥梁工程施工技术[M],北京:人民交通出版社,2008.

[13] 邵旭东. 桥梁工程. 5 版[M]. 北京:人民交通出版社股份有限公司. 2019.

[14] 盛洪飞. 桥梁墩台与基础工程[M]. 北京:人民交通出版社. 2014.

[15] 邝青梅. 桥涵工程施工技术[M]. 北京:中国劳动社会保障出版社,2015.

[16] 姚玲森. 桥梁工程. 5 版[M]. 北京:人民交通出版社股份有限公司. 2020.

学 习 任 务 五

a)预制场内装卸

b)架梁

龙门架实景图片

a)单梁架桥机

b)双梁架桥机

c)桁架式架桥机

架桥机实景图片

a)张拉台座　　b)预应力张拉

先张法施工图

箱梁端部后张法施工图

a)起重机就位　　b)0号块安装

一般梁段拼装施工典型示例

c)试拼

d)涂胶结材料

e)张拉临时预应力筋

f)张拉永久预应力筋

一般梁段拼装施工典型示例

学 习 任 务 六

a)混凝土拱平转合龙

b)钢拱平转合龙

拱肋合龙

a)首节段吊装

b)首节段安装

c)中间节段吊装

d)扣索固定的节段

拱肋节段吊装

学 习 任 务 七

a)缆索起重机吊装

b)缆载起重机吊装

c)桥面起重机吊装

加劲梁吊装形式